Michel Leiris
Die eigene und die fremde Kultur

Leiris gewinnt, als Pionier einer unorthodoxen Sozial- und Humanwissenschaft, zunehmend an Bedeutung. Mit dieser Auswahl soll eine Denk-, Erfahrungs- und Beschreibungspraxis vorgestellt werden, die der Forderung nach Interdisziplinarität eine elementare sinnliche und analytische Basis verschafft. Für Leiris ist Ethnologie die allgemeinste Wissenschaft vom Menschen. Der Ethnologe versucht, alle Zivilisationen zu berücksichtigen, und stellt sie – trotz der Komplexität ihres Überbaus – auf die gleiche Stufe. Damit arbeitet er am Abbau des Ethnozentrismus und Rassismus.

Michel Leiris, geboren 1901, ist Schriftsteller und Ethnologe. 1924 kam er zur surrealistischen Bewegung, 1929 trennte er sich von ihr. Die Ethnologie wurde für ihn in der Folge seiner ersten, mit Marcel Griaule unternommenen Forschungsreise nach Afrika – Reisen unter anderem nach Japan, China und Cuba folgten – zum Beruf und zum Feld seines politischen Engagements. Neben literarischen Arbeiten wie *L'Age d'homme* (dt. *Mannesalter,* 1975) und seiner großangelegten Autobiographie *La Règle du jeu* (4 Bde., 1948–1976) publizierte er ein umfangreiches ethnologisches Werk, das von mehr subjektiven Reisebeschreibungen bis zu streng ethnographischen Arbeiten und kulturpolitischen Aufsätzen reicht. Leiris ist wissenschaftlicher Mitarbeiter am Musée de l'homme in Paris.

Hans-Jürgen Heinrichs, geboren 1945, Schriftsteller und wissenschaftlicher Publizist, veröffentlichte vor allem Aufsätze zum Strukturalismus, zur Psychoanalyse- Anthropologie-Diskussion sowie literarische und literaturtheoretische Arbeiten. Zuletzt hat er Bachofens *Das Mutterrecht* und den dazugehörigen Materialienband (1975) herausgegeben.

Michel Leiris
Die eigene und die fremde Kultur

Ethnologische Schriften

Aus dem Französischen
von Rolf Wintermeyer
Herausgegeben und mit einer Einleitung
von Hans-Jürgen Heinrichs

Syndikat

Die Drucknachweise für die hier gesammelten Arbeiten finden sich am Schluß dieses Bandes.

CIP-Kurztitelaufnahme der Deutschen Bibliothek

Leiris, Michel:
[Sammlung <dt.>]
Ethnologische Schriften / Michel Leiris. Aus d. Franz. von Rolf Wintermeyer.
Hrsg. u. mit e. Einl. von Hans-Jürgen Heinrichs. – Frankfurt am Main : Syndikat.
[1]. → Leiris, Michel: [Sammlung <dt.>] Die eigene und die fremde Kultur

Leiris, Michel:
[Sammlung <dt.>]
Die eigene und die fremde Kultur / Michel Leiris. Aus d. Franz. von Rolf
Wintermeyer. Hrsg. u. mit e. Einl. von Hans-Jürgen Heinrichs. – 2. Aufl.
– Frankfurt am Main : Syndikat, 1979.
(Ethnologische Schriften / Michel Leiris ; [1])
ISBN 3-8108-0028-7

2. Auflage 1979
© der deutschen Ausgabe
Syndikat Autoren- und Verlagsgesellschaft, Frankfurt am Main 1977
Alle Rechte vorbehalten
Umschlag nach Entwürfen von Rambow, Lienemeyer und van de Sand
Motiv: Pablo Picasso »Michel Leiris«.
Farblithographie aus dem Besitz von Michel Leiris.
Gesamtherstellung: Wagner, Nördlingen
Printed in Germany
ISBN 3-8108-0028-7

Inhalt

Hans-Jürgen Heinrichs
Einleitung

faire feu de tout bois

> »Für mich zumindest können die traditionellen Fragen der Anthropologie nicht beantwortet werden durch ein starres Festhalten an dem einen oder anderen der emotiven, intellektuellen oder soziologischen Ansätze, denn irgendeinen davon abzulehnen heißt, einen Teil der Menschlichkeit des Menschen zu leugnen. Nichts Menschliches sollte der Wissenschaft vom Menschen fremd sein.« (Robin Fox 1967: 237)

> »Die Kulturologie geht oft so vor, als existierten die Menschen in Wirklichkeit gar nicht.« (Georges Devereux 1967: 115)

Michel Leiris' ethnologische Studien machen Dechiffrierangebote für die eigene und die fremde Kultur. Verstehen wir mehr vom Anderen und von anderem, verstehen wir mehr von uns – und umgekehrt. Der ›umstandslose Ansatz‹ beim ›Selbst‹ oder beim ›Fremden‹ mißlingt. Wir konstruieren Modelle, um das uns ›Nächste‹ und das uns ›Fremdeste‹ begreifbar und veränderbar zu machen.

Leiris möchte Ethnologie (zusammen mit Soziologie) in den Dienst der Erkundung aller Reichtümer und Kapazitäten eines Volkes stellen. Diesem Ziel soll unter anderem die Ausarbeitung einer »lokalen Ethnographie« dienen:

». . . dem Volk seine eigenen und besonderen Fähigkeiten bewußt zu machen, wobei ihm diese seine Originalität nicht von mehr oder weniger herablassenden Ausländern zugestanden, sondern von den Angehörigen des eigenen Volkes entdeckt wird; das Volk von seinem eventuellen Minderwertigkeitskomplex zu befreien sowie von der Neigung, die eigene Kultur im Vergleich zu der von den Kolonisatoren übernommenen, die mehr oder weniger zur Kultur der herrschenden Klasse geworden ist, zu unterschätzen . . .« (S. 122).[1]

Dies ist ein Aspekt des Versuchs, einen »revolutionären Gesamtzusammenhang« und eine »gesamtheitliche Kultur« zu erarbeiten, wie dies Leiris 1968 bei einem Kongreß in Havanna skizzierte.

---

[1] Seitenangaben ohne Nennung eines Autors beziehen sich immer auf die vorliegende Ausgabe. Die Arbeiten von Leiris sind nach der am Ende des Bandes aufgeführten Bibliographie zitiert.

Er hatte hier, acht Jahre nach der kubanischen Revolution, ein offenbar uneingeschränktes Vertrauen in eine neue Zivilisation, die entsprechend einem humanitären, auf Ausgleich zielenden Prinzip und unter bestmöglicher Nutzung der materiellen und kulturellen Ressourcen im Sinne der Völker politisch, wirtschaftlich und kulturell handeln könnte. Er glaubte an die reale Chance der ›unterentwickelten‹ Länder, den Kampf in der Weltwirtschaft aufzunehmen, und daran, daß die westliche Forschung beginnen könnte, prospektive (und, falls nötig, improvisatorische) Forschung zu betreiben, daß die Ethnographen bereit wären, sich den konkreten Anforderungen der revolutionären Bewegung zu unterwerfen. Der Beitrag der Künstler, die sich in den Dienst der Revolution und einer »kommunistischen Zivilisation« stellten, sollte in der Unterstützung und Vorausdeutung des »zukünftigen integralen Menschen« bestehen (S. 122 ff.). Leiris verstand diese Kunst als eine zugleich gesellschaftlich relevante, authentische und experimentelle Kunst, für deren Möglichkeit er sich etwa auf Picasso, Kafka, Bataille und Majakowski berief und für die er auch seinen eigenen Beitrag zu leisten versuchte. In diesem Verständnis einer sich stetig ausbreitenden Revolution, einer gesamtheitlichen (alle Errungenschaften in sich vereinigenden) Kultur und einer praktisch wirksamen und wegweisenden Kunst, hat Leiris eine Idee wieder aufgenommen, die er und seine Freunde seit den 20er Jahren zu formulieren versuchten: die Idee vom »ganzheitlichen Menschen« und der ganzheitlichen Erfassung des Menschen und seiner Gesellschaft.[2]

So wie sich Leiris in seinem literarischen Werk ganz der sprachlichen Erschließung des Konkreten aus seinen Erfahrungsmöglichkeiten widmete – »indem ich subjektiv schreibe, vermehre ich den Wert meiner Aussagen« (1934a: 213) – verfolgte er als Ethnologe immer einen »aktiven Humanismus« (1969c: 130), zu dessen Ausarbeitung er vor allem mit Alfred Métraux kooperierte.

Métraux hatte 1950 – während seiner ausgedehnten Studien über Schamanismus – den Rassismus als »eine der beunruhigendsten Äußerungen innerhalb der weltweiten Umwälzung« bezeichnet, eine Äußerung, die durch wissenschaftliche Forschung z. T. noch untermauert

---

[2] Vgl. Boyer 1974: 10: »Der totale Mensch ist derjenige, der die Welt als nicht abgeschlossen und aufgeteilt, sondern als unendlich offen ansieht. Dieser Mensch, der in jedem Satz die Seinskonstruktion in Zweifel zieht und sie ins Wanken bringt, findet sich in allem wieder, was menschlich ist, darüber hinaus jenseits von aller Zerstückelung. Und sein Wunsch ist dieser: *aus jedem Holz Feuer machen.*«

würde. Leiris nahm in seinem, von Métraux[3] angeregten Aufsatz *Rasse und Zivilisation* – publiziert in der Unesco-Reihe, in der ein Jahr später auch Lévi-Strauss' Arbeit »Rasse und Geschichte« erschien – diese Perspektive auf und führte sie in zweierlei Hinsicht weiter: Die Emanzipationsbestrebungen der sog. unterentwickelten Völker schaffen eine politische, wirtschaftliche und kulturelle Konkurrenzsituation – z. T. imaginiert und irrational forciert –, die sich als geeignet erweist, den Rassismus geradezu wieder herauszufordern; die Wissenschaft unterwirft sich in manchen Teilen dieser Situation, obwohl es keine hinreichenden Klassifikationsmuster für eine Rassen-Geschichte gibt – Leiris expliziert dies sehr breit – und »Rasse« besser durch den Begriff der Kultur bzw. Zivilisation ersetzt würde. Gebraucht man aber »Rasse« als einen, höchstens biologisch haltbaren Begriff – brauchbar in einer physischen Anthropologie –, dann löst sich die gesamte, im Ethnozentrismus[4] evozierte Aura dieses Begriffs auf: nämlich die Vorstellung von einer angeborenen Überlegenheit, der Glaube daran, daß man sich nur sich selbst verdankt und aufgerufen ist, anderen eine zivilisatorische Mission angedeihen zu lassen.

Die Ausbreitung des rassistischen Vorurteils ist jüngeren Datums: Es etabliert sich in der rassistischen Ideologie zu der Zeit, als das Ideal der Demokratie aufkommt und legitimiert die weltweite kolonialistische Ausbeutung. Leiris' Aufsatz *Rasse und Zivilisation* ist ein Manifest gegen das Vorurteil und seine historischen und kulturellen Folgen, eine im Ansatz ethnopsychoanalytische, -psychiatrische und sozialpsychologische Untersuchung, die es sich zur Aufgabe machte, eine Hierarchie der Zivilisation für Vergangenheit und Zukunft als ideologisch zu decouvrieren, die Gesamtheit von Wissenschaft, Kultur und Technolo-

---

[3] Auch Leiris' Arbeiten über den Vaudou und die Lyrik in Martinique, Guadeloupe und Haïti sind wesentlich von Métraux angeregt worden, der zur Zeit von Leiris' Aufenthalt in Haïti, 1948, im Auftrag des Außenministeriums für die Abteilung Sozialwissenschaften der Unesco arbeitete.
Bei Unesco erschienen drei Reihen: »Question Raciale devant la science moderne« (darin neben Leiris' und Lévi-Strauss' Arbeiten solche zu »Race et psychologie«, »Race et biologie« u. a.); »La question raciale et la pensée moderne« und »Race et Société« (worin Leiris' Arbeit »Contacts de civilisations en Martinique et en Guadeloupe« erschien). Leiris' Aufsatz »Rasse und Zivilisation« findet sich auch in »Le Racisme devant la science« und wird bis 1965 in 7 Sprachen übersetzt; es ist Leiris' meist verbreitete Arbeit. – 1950 publizierte Unesco darüber hinaus eine Erklärung »Es kann keine biologische Rechtfertigung für die Rassendiskriminierung geben« (in »Présence Africaine. L'Art Nègre«, Nr. 10–11, 1951: 248–254), die von Lévi-Strauss u. a. unterzeichnet war.
[4] Ethnozentrismus ist allerdings nicht nur eine Sichtweise der westlichen Kulturvölker, auch in China und Japan war er in den Jahrhunderten nach der ›europäischen Herausforderung‹ durchaus verbreitet; vgl. Bitterli 1976: 59, 67.

gie als das Produkt aller herauszustellen. Größe und Defizienz finden sich in allen Kulturen. Leiris definiert hier den Menschen allgemein als »kulturbegabtes Wesen«, dessen Kultur auch immer eine des sozialen »Erbes« und »Milieus« ist und ihn, soweit wir das rekonstruieren können, zu allen Zeiten bestimmt hat. Der »Naturmensch« ist ein Produkt exotischer Phantasie (S. 89 ff.) oder so Lévi-Strauss: »Alles, was nicht der Norm entspricht, nach der man selber lebt, wird aus der Kultur in den Bereich der Natur verwiesen.« (1952: 17) Bei einer kulturvergleichenden und historischen Analyse zeigt sich ebenso, daß keine Rasse von sich aus an eine bestimmte Kultur gebunden ist; daß kulturelle Veränderungen nicht mit solchen der Rasse zusammenhängen und daß das Rassenvorurteil »weder ererbt noch spontan entstanden (ist); es ist nichts als ein Vorurteil, d. h. ein nicht objektiv, sondern kulturell begründetes Werturteil«. (S. 118)

Leiris ist auch hier der mit utopischen Entwürfen operierende Humanist, der ein z. T. allgemein bekanntes Bildungsrepertoire ausbreitet – aber immer mit der Absicht, den Ethnozentrismus (gleich welcher Ausprägung) zu wiederlegen, in einer möglichst nicht intellektualistisch verbrämten und verschlüsselten Darstellungsweise. (Dabei werden manche Begriffe sehr unspezifisch gebraucht, z. B. der der Revolution, andere Begriffe und Perspektiven, wie die der Körpersprache und Körpertechnik, verheißungsvoll angedeutet.[5]

Leiris' Aufsätze *Rasse und Zivilisation, Ethnographie und Kolonialismus, Kulturelle Aspekte der Revolution* und *Contacts de civilisations en Martinique et en Guadeloupe* (mit einer Vornotiz von Métraux) sind vier Beispiele für einen »aktiven Humanismus«, der sich auf das (wenn auch zuweilen stark vereinfachende) Bekenntnis zu einer grundlegenden Bewußtseinsveränderung aller stützt. Die gegenwärtige Situation etwa in den ›unterentwickelten‹ Ländern Afrikas hat freilich die Hoffnung auf eine revolutionäre Entwicklung stark erschüttert.[6]

Was Leiris in seinem Havanna-Vortrag politisch konkretisierte, hatte er 1950 in dem (in *Les Temps modernes*[7] publizierten) Aufsatz *Ethno-*

---

[5] Vgl. M. Mauss (1950): *Die Techniken des Körpers* [1925] und Lévi-Strauss' Einleitung zu Mauss (1950); G. Devereux (1970).

[6] Meillassoux (1976) hat einige Bezüge konkretisiert und dabei z. T. auch wieder den Glauben an eine »Weltrevolution«, an eine mögliche Organisation des »Weltproletariats« angesichts der fundamentalen Krise des westlichen Kapitalismus genährt.

[7] Vor allem seit der (anfänglich gemeinsamen redaktionellen und auch später noch regen) Mitarbeit in der 1945 gegründeten Zeitschrift besteht bis heute zwischen Sartre und Leiris eine freundschaftliche Beziehung.

graphie und Kolonialismus in wissenschaftsgeschichtlicher Aufarbeitung vorbereitet. Angesichts der kolonialistischen Vergangenheit ethnographischer Arbeit und der Möglichkeiten einer Emanzipation der sog. unterentwickelten oder nicht-mechanisierten Gesellschaften von der fremden Macht und von einzelnen Eingriffen (wie denen des westlichen Wissenschaftlers und Technikers), formulierte Leiris auch hier sein Ideal einer »menschlichen Zivilisation«, die sich aus der »Emanzipationsbewegung des Volkes« ergeben sollte. Es schien ihm, mit Blick auf die damalige Entwicklung in China, möglich, daß eine Zivilisation erarbeitet werden könnte, die auf gegenseitiger bestmöglicher Entwicklung und Achtung des jeweiligen ethnischen Wertsystems aufbaut – unterstützt von einer (von innen und außen) zu leistenden »intellektuellen Ausrüstung« und einer »freien Kulturentwicklung« der ›unterentwickelten‹ Völker. Der Ethnograph könnte dazu beitragen, indem er seine Aufgabe darin sähe, jenseits von Bevormundung, Paternalismus und jenseits einer dem entsprechenden Konservierung alter Kulturen (und damit des politisch-unterdrückten status quo), die Entwicklung eines politischen, kulturellen und sozialen Selbstbewußtseins der Völker an der Leistungs-›Peripherie‹ zu unterstützen.[8] Dem sollte auch eine breite, den Intellektuellenkreis sprengende Publikationsarbeit dienen. Das Arbeitsfeld des Ethnographen sollte die im Laufe der Zeit sich verringernde Spannweite von anachronistischen bis zu kolonialisierten und halb-kolonialen Völkern (einschließlich der jeweils dort lebenden Weißen) umfassen. Dabei müsse auch die Untersuchung des *Alltagslebens* eine große Rolle spielen – eine grundlegende Perspektive auch für die von Leiris sehr geschätzten Arbeiten Jan Myrdals über China.

In der Einleitung zu den 1969 erschienenen *Cinq Etudes d'Ethnologie* fand Leiris für sein Programm auch die kurze Formel: »Liquider l'ethnocentrisme«. Aus der Zeit, bevor diese Sichtweise zum Thema eigenständiger Analysen wurde (vgl. Leclerc 1972), ist mir nur noch

---

Simone de Beauvoir (1972: 32 f.): »Die Freundschaften, die wir gegen Ende des Krieges geschlossen haben, sind nicht willkürlich zustande gekommen. Giacommeti lernten wir durch Lise kennen, andernfalls würde Leiris uns mit ihm bekannt gemacht haben. Wir liebten Leiris' Bücher, und Sartre arbeitete mit ihm im ›Comité National des Ecrivains‹ [C. N. E.] zusammen. Durch ihn wurden wir mit Salacrou, Bataille, Limbour, Lacan, Leibovitz und Queneau bekannt, die alle der intellektuellen Résistance angehörten.« Außer ihren gemeinsamen Freunden und einer ähnlichen ästhetischen Wahrnehmung verband sie auch die Arbeit in der Vereinigung »Les Amis de la Cause du Peuple« (vgl. ebd., S. 156 f., 439, 445).

[8] Vgl. zur Differenzierung auch Clastres 1974: 14 f.

Claude Lévi-Strauss' Engagement bekannt: für eine lokale Ethnographie und – ohne damit die koloniale Vergangenheit verschleiern zu wollen – für die Entwicklung eines Austausches der Ethnographen verschiedener Kulturen. Das erbringe eine perspektivenreichere Forschung und könne den Status des »Wilden«, den wir als »Studienobjekt« »beobachten«, radikal verändern. Natürlich könne und solle damit nicht verdeckt werden, daß der Abneigung der »Wilden« gegen die zivilisierten Feldforscher ein tiefbegründeter Haß auf die Kolonisatoren und deren Agenten zugrundeliegt und daß wir weiterhin für sie nie »die Rolle von ›Wilden‹ spielen können«. Aber:

»Unsere Wissenschaft würde möglicherweise wieder Boden gewinnen, wenn afrikanische oder melanesische Ethnologen, im Austausch gegen die Freiheit, die sie uns zugestehen, zu uns kämen und hier dasselbe täten wie wir früher bei ihnen.« (Lévi-Strauss 1961: 9 ff.; vgl. auch Leiris, S. 67 ff.)

Noch eine andere historische Wandlung zwingt die Anthropologen und Ethnologen zur Veränderung ihrer durch die kolonialistische Vergangenheit geprägten Einstellung: Die sogenannten archaischen, traditionalen oder primitiven Gesellschaften gliedern sich der sogenannten zivilisierten Welt ein. Gesellschaftsform, Kultur und prägende Sozialisation vereinheitlichen sich. Die Herausbildung universaler Gesellschaften, Kulturen und Wirtschaftsformen fordert von der Anthropologie, daß sie ihr Gesichtsfeld erweitert, will sie sich nicht in dem Maße, wie die primitiven Völker als geschlossene autonome Gebilde (und damit als klassische Studien*objekte*) verschwinden, selbst aufgeben. Nach einem Vergleich von Lévi-Strauss steht speziell der Ethnograph dem Verfall alter Kulturen wie der Astronom den sich von uns entfernenden Sternen gegenüber, deren schwindende Lichtkraft er mit Hilfe von elektronischen Verstärkern auszugleichen sucht. So wird die Anthropologie der Zukunft einerseits feinere Beobachtungsmethoden entwickeln müssen, um das »einmalige und unersetzliche Experiment, das in einer tausendjährigen Geschichte vorbereitet worden ist«, doch noch auszuwerten, und sie wird sich andererseits mehr der zivilisierten Welt und den ihr eingegliederten fremden Bestandteilen zuwenden. Die Anthropologie

»hätte ihre Rolle nur ausgespielt, wenn eine Kultur möglich wäre, in der alle Menschen, wo sie auch wohnen würden, welcher Art ihr Leben, ihre Erziehung, ihre Beschäftigungen, ihr Alter, ihr Glauben, ihre Sympathien und Antipathien auch wären, ihren Mitmenschen vollkommen durchsichtig und verständlich wären«. (Lévi-Strauss, ebd.)

Die zivilisierte Welt wird in ihren Kultur- und Wirtschaftsformen von Mechanismen, Strukturen und Modellen bestimmt, die zu einem Teil in ihr selbst nicht zu erforschen sind, da sie verdeckt und verzerrt sind. Dazu ist der Blick in die archivierte Vergangenheit und die ›Feld‹-Forschung (in fremder Kultur) notwendig. Die Rekonstruktion dieser Bereiche ist eine Aufgabe, die die Ethnologie jetzt in ihrer ökonomisch und soziologisch orientierten Forschung neu zu lösen hofft.

»Keine Humanwissenschaft, sei dies die Archäologie oder die Geschichte, die Anthropologie oder die Soziologie, die Demographie oder die Sozialpsychologie, kommt darum herum, die Frage nach den Beziehungen zwischen Ökonomie, Gesellschaft und Geschichte zu stellen und Antworten darauf zu geben, die wohlgemerkt jeweils spezifisch sein müssen.« (Godelier 1973: 24)

Die ökonomische Anthropologie hat eine Tradition, die im 20. Jahrhundert so markante Positionen aufweist, wie die Malinowskis in *The Argonauts of the Western Pacific* (1922), die von Firth in *Primitive Polynesian Economy* (1939) oder Evans-Pritchard in *The Nuer* (1940). Natürlich darf es nicht darum gehen, wie auch Engels ausdrücklich hervorhob, das ökonomische Moment als das einzig bestimmende herauszustellen, oder, andererseits, von der ökonomischen Analyse eklektischen Gebrauch zu machen; es gilt vielmehr, die ökonomischen Beziehungen in Struktur und Entwicklung in der jeweiligen Gesellschaft ›anteilmäßig‹ zu analysieren.

Meillassoux[9] (1975: 109–164) hat darüber hinaus deutlich gemacht, daß die Strategie kolonialistischer Ökonomie nicht darauf hinausläuft, die Produktionsverhältnisse etwa in Afrika radikal zu ändern und sie ihrer traditionellen, häuslichen Produktionsweise zu berauben, da auch innerhalb des kapitalistischen Systems selber die häusliche Produktionsweise (als Wert produzierende soziale Organisationsform) [10] verankert ist und Profit auch aus den Beziehungen zu den ›unterentwickelten‹ Ländern (und deren Arbeitskräften) zu ziehen versucht. Die Ausbeutungsstrategie im heimischen »integralen Kapitalismus« – gegründet auf die einträgliche kollektive Produktionsweise – wird so auf den »imperialistischen Kapitalismus« verlängert. Eine der dienlichsten

---

[9] Die internen Auseinandersetzungen und Querelen zwischen Godelier, Sève, Pouillon, Terray und Meillassoux interessieren hier natürlich nicht. Vgl. resümierend Pouillon (1976).

[10] »Letztlich beruhen alle modernen Produktionsweisen, alle Klassengesellschaften in bezug auf die Beschaffung von Menschen, d. h. von Arbeitskraft, auf der häuslichen Gemeinschaft und, im Kapitalismus, auf der Familie, die zwar ihre produktiven Funktionen eingebüßt hat, ihre reproduktiven jedoch immer noch bewahrt . . . In dieser Hinsicht sind die häuslichen Verhältnisse die organische Grundlage des Feudalismus, des Kapitalismus wie des bürokratischen Sozialismus.« Die Funktion der Familie als Produzentin des »*freien Arbeiters*« bleibt wesentlich. (Meillassoux 1975: 9)

Ideologien für den reibungslosen Ablauf dieser Verfahrensweise ist die des Rassismus: Sie regelt den auf Überausbeutung angelegten Arbeitsmarkt so, daß Konkurrenz- und Diskriminierungsprinzipien eine zugleich ängstliche und unsolidarische Atmosphäre unter den Arbeitskräften schaffen. Dies wird den Kapitalismus aber zunehmend vor ein gewichtiges Problem stellen:

Wenn er »mittels der imperialistischen Ausdehnung über einen kontinuierlichen Zufluß von frisch aus exogenen Sektoren kommenden und sofort bei Betreten des Arbeitsmarkts in Konkurrenz zueinander gebrachten Arbeitern verfügt, sichert er seine Reproduktion auf Kosten dieser Populationen, die er, statt sie zu integrieren, um ihre Erneuerung zu begünstigen, auf destruktive Weise ausbeutet . . . Wenn diese Arbeitskraft aus dem häuslichen Sektor physisch und sozial erschöpft sein wird, wenn diese ausgelaugten, hungernden Populationen verschwinden oder allesamt in übervölkerten Städten von der ›Nahrungshilfe‹ leben werden, dann werden auch die ›Puffer‹ der rassistischen Theoretiker der Überausbeutung ebenso wie die ›Entspannung à la Pompidou‹ vom Arbeitsmarkt verschwunden sein . . . Durch diese Politik des Verschleißes und der Zerstörung der menschlichen Produktivkräfte verurteilt sich der Kapitalismus selbst.« (Meillassoux 1975: 157–160)

Welche Gesetzmäßigkeiten bestimmen den Zusammenhang, in dem wir leben, in Staat, Kultur, Familie? Welche Strukturen, in die wir lebenspraktisch und ideologisch in unsere Gesellschaft verstrickt sind, können wir nur im Blick auf andere Gesellschaftsformen erkennen? Und wie wirkt sich unsere ökonomische und soziale Ordnung tatsächlich auf die ökonomischen und sozialen Verhältnisse in den nicht-industrialisierten Ländern an der Leistungs-›Peripherie‹ aus? Die moderne Ethnologie hat mehr als andere Disziplinen der Human- und Sozialwissenschaften um ihr Daseinsrecht zu kämpfen, und sie tut dies zunehmend im Rekurs auf ökonomische und soziologische Analysen, wobei sie riskiert, Bereiche wie etwa Kunst und Mythologie, Sprache und Verwandtschaftsstrukturen zu vernachlässigen, unterschiedliche Positionen (wie die von ökonomischer und struktularer Anthropologie) dogmatisch gegenseitig auszugrenzen.
Sowohl in der Durkheim-Schule als auch in der deutschen Ethnologie Ende des 19. Jahrhunderts und Anfang des 20. Jahrhunderts (Kohler, Bastian, Cunow u. a.) betrieb und beachtete man ökonomische und soziologische Analyse, aber man hatte auch einen originären Blick für Phänomene wie Magie oder Besessenheit, und man näherte sich ihnen in phänomenologischer oder erfahrungsmäßiger oder narrativer Deskription. Der Forscher mühte sich mehr ab – mit sich und dem Fremden. So auch Leiris. Dieses persönliche Engagement kann als

Legitimation gelten für *Authentizität* – oder wenn diese in fremder Kultur sich behaupten soll – für *Exotismus*, den die ›fortgeschrittene‹ Wissenschaft ablehnt. Leiris (1934 a: 226) erlaubt es sich, den I. Teil seines Afrika-Tagebuchs, nach 11 Reise-Monaten, mit dem, manchem sicher pathetisch klingenden Satz abzuschließen: »Eines wie langen Weges hat es bedurft, um endlich an der Schwelle des Exotismus zu stehen.«

Wenn wir den *Exotismus* in der Ethnologie heute neben einer Disziplin wie der ökonomischen Anthropologie verteidigen wollen – wozu es einige Gründe gibt, die nicht mit denen der Touristik- und Reklame-*Exotik* zu verwechseln sind – müssen wir ihn in der Konstruktion unserer Modelle, in der Theoriebildung selbst durchsetzen. Das Reisen kann dazu nur noch An-Trieb sein.

Geschichte und Chance der Ethnologie

> »Die Psychoanalyse und die Ethnologie haben in unserem Wissen einen privilegierten Platz inne . . ., weil sie an den Grenzen aller Erkenntnisse über den Menschen mit Sicherheit einen unerschöpflichen Schatz von Erfahrungen und Begriffen, aber vor allem ein ständiges Prinzip der Unruhe, des Infragestellens, der Kritik, des Bestreitens dessen bilden, was sonst hat als erworben gelten können.«
>
> (Michel Foucault 1966: 447)

Der Ethnograph arbeitet mit Klassifikationsmustern, die er in seiner Kultur ausgebildet hat, und mit dem Wissen, das er von der fremden Kultur erworben hat, sowie mit den beobachtbaren Gegebenheiten und dem Geschehen. Er versucht, im Idealfall, seine kulturspezifischen Einstellungen und Beurteilungskriterien in ihrer verzerrenden Auswirkung so gering wie möglich zu halten, um die andere Kultur auch in ihrer Eigengesetzlichkeit zu beschreiben. Seine Forschung wird jedoch nicht in dem Maße objektiv, wie er sich als Teil der Beobachtungs- und Erkenntnissituation ignoriert, sondern in dem Maße, wie er diese Abhängigkeiten thematisiert, ausdrücklich mit in die Untersuchung einbezieht. Denn: er muß seine Werkzeuge der Wahrnehmung, des Denkens und der Sprache gebrauchen, und die sind nun einmal geprägt und wiederum prägend; und er ist Teil eines bestimmten gesellschaftli-

15

chen Systems mit einer historischen Vergangenheit, was vor allem auch die enge Beziehung zwischen Ethnographie und Kolonialismus betrifft. Die Entwicklung der Ethnographie, Ethnologie und Anthropologie ist verbunden mit den Entdeckungs- und Forschungsreisen vom 15. bis zum 18. Jahrhundert, mit der kolonialistischen Expansion und wissenschaftlichen Erkundung sowie missionarischen Besetzung fremder Völker und Länder.[11]

Zugleich stellten die fremden Lebens-, Kultur- und Wirtschaftsformen eine gewaltige Herausforderung an Europa dar. Die erste Phase des Heraustretens aus der eigenen Kultur stand nicht im Zeichen der Aufklärung des Fremden, sondern des Mythos vom Wilden.

Die Anthropologie hatte bereits eine Vorgeschichte von einigen Jahrhunderten hinter sich, bevor sich eine methodologische und wissenschaftstheoretische Kontroverse auch bezüglich ethnographischer Arbeit Ende des 19. Jahrhunderts entwickelte. Wie Lévi-Strauss (1973: 42–62) schreibt, hätte sich die Ethnologie schon Mitte des 16. Jahrhunderts, nach Jean de Lérys Rückkehr aus Brasilien, ausbilden können; es vergingen dann aber noch einmal rund 200 Jahre, bis Rousseau den »ersten Traktat der allgemeinen Ethnologie« schrieb, und es dauerte noch rund weitere 150 Jahre, bis Emile Durkheim und Marcel Mauss ihre generelle Ablehnung der damals vorliegenden ethnographischen Texte aufgeben konnten: Als Durkheim Ende des 19. Jahrhunderts *Les Règles de la méthode sociologique* schrieb, stellte er mißtrauisch die »wirren und flüchtigen Beobachtungen von Reisenden« den »präzisen Texten der Geschichte« gegenüber. Die in der Einleitung zu *Les Formes élémentaires de la vie religieuse* (1912) zum Ausdruck kommende Aussöhnung mit der Ethnographie beruht nicht auf einer veränderten Haltung ihr gegenüber, sondern darauf, daß sich inzwischen eine Ethnographie allererst entwickelt hatte.

Uns gelingt es heute nur noch partiell, eine Zeit zu vergegenwärtigen, in der sich auf einmal völlig neue Räume erschlossen, in die man sich mit seiner ganzen Kultur ausbreitete, die man kolonisierte, d. h. realpolitisch und mit der eigenen Phantasie besetzte.

Die gesamte Reiseliteratur vor der Französischen Revolution versteht man, nach einem Wort von J. Poirier, als »Prähistorie der Ethnologie«, wobei die Einschätzung dieser Vorgeschichte zwischen *Hochschätzung* (als grundlegender Vorarbeit) und *Geringschätzung* (als der Ethnolo-

---

[11] Vgl. zur wissenschaftsgeschichtlichen Entwicklung: Derrida (1967: 427), Moravia (1970) und Lepenies (1976).

16

gie vorausgehend) schwankt. Die Reiselust und die Expansion – auch die koloniale – sind der sich entwickelnden Ethnologie zugehörig; die Formulierungen aus der Anschauung, die phantastische Ausschmükkung und die Systematisierungsversuche waren erste notwendige Erprobungen des Spielraums ethnologischer Forschung.

So wie die Schreckbilder-Utopien von Wells, Huxley oder Orwell die frühen Glücks-Utopien ersetzten, so ist an die Stelle der frühen ethnologischen Berichte unser gegenwärtiges Wissen über die Situation in den ›Eingeborenengesellschaften‹ getreten. Das Bild einer geschlossenen, intakten Sozialstruktur ist dem Bild der Auflösung, Degenerierung und des Schreckens gewichen.

Die Zerfallserscheinungen sind auf die Ausbeutung, auf die von Reisenden, Kolonisatoren und Missionaren eingeschleppten Krankheiten (gegen die der ›Eingeborene‹ ohne Abwehrkräfte ist und die er nicht mehr zu behandeln versteht), sowie auf die Zerstörung des demographischen Gefüges – des symbolisch und sozial begründeten Stammeslebens – zurückzuführen. Nun hat man oft die Illusion, dieser Prozeß beginne sich erst in den letzten Jahrzehnten abzuzeichnen, noch sei die Erde voll von Schlupfwinkeln ›Eingeborener‹; die Presse berichtet von Wilden, von Menschenfressern und steinzeitlichen Kulturen. In Wahrheit gibt es keinen Stamm mehr, der völlig beziehungslos und weltabgeschlossen existiert. Es sind skandalös inszenierte Nachrichten über Völker, die schon im nächsten Reiseangebot als folkloristisches Sonderangebot auftauchen, oder aber über einzelne Menschen, die sich noch einmal vor dem Zugriff der Zivilisation retten konnten.

Über den »vage humanitären Schleier« (Leiris, S. 53), den die Kolonialmächte über die Profitsicherung zu legen vermochten, hat man einen weiteren neokolonialistischen Schleier der touristischen Wilden-Hilfe ausgebreitet. Der Kolonialismus hat sich verändert und neue Formen angenommen, die von Leiris noch nicht untersucht werden konnten: Seine Reflexionen beziehen sich auf die allgemeine Erkenntnis, daß der Ethnograph mit dem Faktum des Kolonialismus aufs engste verknüpft ist und daß seine ›Objektivität‹ eine andere sein muß als die des Insektenforschers (»der voller Neugierde sich bekämpfende oder gegenseitig auffressende Insekten betrachtet«): bei einer ethnographischen Untersuchung beobachten wir immer »unsere Nächsten«. Die ›reine Wissenschaft‹ Ethnologie ist in jedem Fall ein Mythos, die Kulturenhierarchie eine ihr korrespondierende Ideologie (S. 54 ff.).

Leiris: »Es ist kindisch, die Kultur hierarchisieren zu wollen.« Der

Kolonialismus und Imperialismus – eine kindische Angelegenheit? Aimé Césaire gab in seinem 1955 geschriebenen *Discours sur le Colonialisme*, in dem er die Unfähigkeit der westlichen Zivilisation, sowohl das Problem des Kolonialismus als auch das des Proletariats zu lösen, herausarbeitete, Erläuterungen für diese Betrachtungsweise und weiterführende Hinweise: Wir müssen zugeben,

»daß die eigentlichen Leitbilder hier die des Abenteurers und des Piraten sind, des Kolonialwarenhändlers im Großformat und des Kaperkapitäns, des Goldsuchers und des Händlers, der Begehrlichkeit und der Gewalt, und dahinter: der unheilverkündende Schlagschatten einer Zivilisationsform, die sich zu einem bestimmten Zeitpunkt ihrer Geschichte von innen heraus gezwungen sieht, die Konkurrenz ihres antagonistischen Wirtschaftssystems im Weltmaßstab auszudehnen.« (Césaire 1955: 7 f.)

Die Ausdehnung, auch als Christianisierung und humanistisches, philanthropisches Unternehmen, als weltweite Kontaktaufnahme getarnt, führte zu einer Verrohung der Kolonisatoren und Kolonisierten. »Kolonisation = Verdinglichung.« (ebd.: 23)[12] Sache der Dekolonisation ist die Aufhebung dieser Verdinglichung und ihrer verheerenden Folgen in den fremden Kulturen: nicht der exotische Wunsch einer Wiedererlangung des vorkolonialen Kulturzustandes, sondern die Arbeit an autochthonen Sozialstrukturen, die Überwindung der kolonialen und neokolonialen Anteile, die sich auch noch auswirken, nachdem der Status völkerrechtlicher Souveränität erreicht ist. Es geht um den Aufbau einer »neuen Gesellschaft« (ebd.: 36 f.). Ich meine, daß sich diese Forderung durchhalten läßt, während der Glaube – wie dies Frantz Fanon 1959 formulierte –, »der Tod des Kolonialismus [sei] der Tod des Kolonisierten und zugleich des Kolonisators« auf eine Verkennung der Weiterwirkung von weltpolitischen Machtstrukturen einerseits hinausläuft und andererseits die gesamte Kultur eines Volkes vereinheitlicht und als kolonial-verdorben ausgibt, so als könne man eine »neue Natur« des Menschen schaffen.[13]

---

[12] Césaire (1955: 60 ff.) attackiert vor allem auch Roger Caillois, mit dem Leiris und Bataille 1937 das »Collège de Sociologie« gründeten und der 1954/55 einen Feldzug für die glorreiche, gesunde westliche Kultur antrat, wie auch Piron, gegen die Tendenzen eines Lévi-Strauss, Leiris' oder Eliade, die Kulturhierarchisierung aufzugeben. Im krassen Gegensatz zu Leiris' Forderung nach einer »lokalen Ethnographie« steht Caillois' Satz: »Es gibt nur eine weiße Ethnographie«. (Césaire 1955: 66). Zum Versuch einer auf Fanons Analysen und Forderungen aufbauenden »Soziologie der Dekolonisation in Afrika« vgl. Grohs/Tibi (1973). Vgl. auch Leclerc (1972: 125 ff.).

[13] Diesem überzogenen Fortschrittsglauben von Fanon (1959: 14–17) ist die Haltung M. Griaules entgegenzustellen: »Was ich verteidige . . . sind nicht unrettbar verlorene und rückständige Sitten, auch nicht tote Sprachen . . ., was ich verteidige, sind Ausdrucksweisen, wertvolle, vollkommene und lebendige Denksysteme, die überdies selbst unsere eigenen Systeme in einem beglückenden Ausmaß beeinflussen können.« (nach Leclerc 1972: 110, Anm. 11).

Was folgt daraus für die Ethnologie, wenn sie ihr kolonialistisches Erbe ernst nimmt? Sie kann sich nur schrittweise aus dieser Verstrickung lösen, sie wird in der praktischen ›Feld‹-Forschung ein neues Selbstverständnis, Auftreten und Kommunizieren versuchen müssen, und theoretisch wird eine Neugruppierung in der Ordnung des Denkens und der verwandten Disziplinen erforderlich werden.

Die – mit nicht unerheblichen Schwierigkeiten verbundene – Ausbildung einer lokalen Ethnographie, wie dies Leiris, Lévi-Strauss, Césaire und Fanon vorschwebt, könnte auch eine »internationale Neuverteilung der Wissenschaft« mit sich bringen – initiiert durch »das intuitive Verstehen des Sinns des Systems durch die Angehörigen dieses Systems«. Die Analyse und die »Neubewertung des Lebenszusammenhangs« ist z. T. durch die von fremden Beobachtern versuchte authentische Darstellungsform (so Griaule, J. Myrdal oder Lewis) begonnen worden und muß zum entscheidenderen Teil durch die Angehörigen der ›anderen‹ Kultur selbst geleistet werden (Leclerc 1972: 128 ff.).

Verstehen wurde von den Ethnologen als ein einseitiger Prozeß und nicht als gegenseitiger Austausch verstanden. Man ging immer – auch in den Sozial- und Humanwissenschaften allgemein – von einem »asymetrischen Verhältnis hochentwickelter Kulturen zu ›exotischen‹ primitiven Kulturen« aus. Wiggershaus (1975: 15) trifft diese Feststellung bezüglich Wittgenstein, der sich in den Jahren um 1931 mit Frazers *The Golden Bough* auseinandersetzte und, indem er seine Hoffnung auf die reine Beschreibung setzte, kommunikative Austauschprozesse zwischen den Kulturen theoretisch ausgrenzte. »Frazers Darstellung der magischen und religiösen Anschauungen der Menschen ist unbefriedigend: sie läßt diese Anschauungen als *Irrtümer* erscheinen ... Nur *beschreiben* kann man hier und sagen: So ist das menschliche Leben.« (Wittgenstein, in: Wiggershaus 1975: 38 ff.) Dies ist ein Kulturrelativismus, der den Ethnozentrismus eher stärkt. Aufzulösen ist er nur in der neuerlichen Durchdringung der Bezüge von Selbst- und Fremdverständnis, von Sprach- und Handlungszusammenhängen, von Sprachspiel, Lebensform und Regelsystemen. Linguistik, Soziologie und Psychoanalyse liefern dazu Erklärungsmodelle, deren Fortschritte ebenso an wissenschaftsinternen Kooperationen, wie etwa der Ethnopsychoanalyse, als auch an wissenschaftsüberschreitenden Konstruktionen, etwa auf Poesie hin, erkennbar sind.

Der Ethnograph organisiert an dem Ort, an dem er sich zumindest für einige Monate niederläßt, eine Forschungs-Situation. Er stellt mit bestimmten Voraussetzungen, unter bestimmten Bedingungen Fragen an die Mitglieder des anderen Volkes und speziell an Informanten, die ihm als Vermittler dienen. Sein Verständnis entwickelt sich in gemeinsamer Lebenspraxis, in der er sich mit dem Fremden identifiziert und sich distanziert, Verhaltensmuster übernimmt, sich in Beziehungen einläßt und sich emotional und zum Zwecke der Erkenntnis absetzt. Die unbestimmten und nur schwer aufzuklärenden, aber immer konstitutiven Momente sind dabei Projektion, Verdrängung, Mystifizierung und Rationalisierung. Der über diese Prozesse aufgeklärte Ethnograph weiß um die Kommunikationssituation, in der er steht und die er zu reflektieren hat. Er muß sehen, wie weit er Teilhabender sein kann, wie weit er immer ausgeschlossen bleibt und dies auch nötig für Erkenntnis ist. Über Identifikationsmöglichkeiten, praktische Fähigkeiten und Sprache erschließt er den Zugang zur Gruppe und begründet so die gemeinsame Lebenspraxis auf Zeit. Er wird ein »reflektierter Mitspieler«, der von innen heraus die Lebenswelt, die soziale Ordnung und die Symbolik zu erschließen versucht (vgl. auch Wellmer 1969).

Die Chance einer, an einer fremden Lebenswelt orientierten Untersuchung ist, daß sie nicht von vertrauten Bedingungen ausgeht, sondern auf einer Beobachtungssituation basiert, an der alles auffällig ist und in Frage gestellt wird. Das Erkenntnisinteresse kann erst gar nicht als ›rein‹ verstanden werden, es ist lebensgeschichtlich und situativ ›durchsetzt‹; Verstehen ist ebenso auffällig szenisches, situatives Verstehen. Die Aufklärung der Motivationszusammenhänge ist von einer ganz anderen Bedeutung, als wenn man etwa für einige Monate in eine isolierte Neubausiedlung zieht, um dort Lebenspraxis zu studieren, wo die Macht der objektiven Sachverhalte den subjektiven Anteil des Beobachters zum Verschwinden bringen kann. Im Vergleich zur gemeinsamen Lebenspraxis, wie sie in der westlichen Welt nach Feierabend vollzogen wird und deren Beschreibung ein ähnliches Unternehmen wäre, profitiert eine solche ethnographische Arbeit von wissenschaftlicher und exotistischer Neugierde und einem Interesse an einem menschlichen Zusammenleben, wie es in unserer Welt zunehmend unmöglich gemacht wird – vielleicht eine »Sehnsucht nach der verlorenen Kontinuität« (Bataille 1957: 17).

Diese Kontinuität ist in den primitiven Gesellschaften partiell erhalten, im Mythos, in der Symbolik, im Ritual, in der Magie. Alle diese Formen sind heute, und nicht nur in unserer Gesellschaft, reduziert, veräußerlicht, vermarktet, mechanisiert. Rituale sind gleichsam ›ritualisiert‹, d. h. ihrer Funktion entfremdet und ihres Inhalts entleert, desymbolisiert, dennoch nicht ohne das Potential ästhetischer und sozialer Gegenbewegung. Ritual und Magie sind ursprünglich Handlung und Kommunikation, die in den Alltag integriert sind und sich doch durch eine auffällige Durchführung und, nach Hubert und Mauss (1902–03), durch eine zum Ausdruck gebrachte primäre, religiöse Überzeugung abheben. Magie definiert sich demgemäß durch das soziale Bedingungsgefüge, unter dem ihre Riten vollzogen werden; magische Handlungen sind solche, an die eine ganze Gruppe glaubt, vergleichbar der Religion. Der für jedes Ritual bindende Begriff ist der des Heiligen: ein »sozialer Begriff«; magische Praktiken = »soziale Tatsachen«. Bataille (1957: 81, 156–158) hat demgegenüber die »*tiefe* Verwandtschaft von Heiligkeit und Überschreitung« herausgearbeitet – Leiris gründet seine Sichtweise auf der Anerkennung beider Positionen, wobei er Mauss' Definition der Magie als eines Gruppengeschehens nicht zu übernehmen scheint (vgl. S. 216).

Ritual ist sozial geprägte und ästhetisch gestaltete Botschaft, im Sinne der Struktur und der Stabilität einer Gruppe. Es setzt ein elementares, gleiches Symbolverständnis voraus. Schwindet dies und die Verbundenheit in der Tradition der Mythen und der Geschichte, löst sich das Ritual zum Formalismus auf. Leiris hat Beschneidungsriten (sie gehören zu jener Gruppe von Riten, die sich auf entscheidende Lebensphasen wie Geburt, Pubertät und Tod beziehen) bei den Dogon in Mali und den Namchi in Nord- und Mittelkamerun sowie Beschwörungsriten (sie richten sich auf Krankheit und Leid, auf Inszenierungs- und Agitationslust) in Äthiopien und Haïti beschrieben und analysiert. Er hat den von Michelet und Mauss eingeschlagenen Weg der Magie-Forschung fortgesetzt: von der »personalisierten Funktion« des Magiers auszugehen, seine *Techniken* und die Gebundenheit seines Zustandes an die *praktische* Durchführung in der Gruppe herauszustellen, wobei Leiris insbesondere die theatralischen und szenischen Momente des Geschehens neu bestimmt. Anders als für Mauss lebt die Magie, für Michelet, »*am Rande* der Religion«. (Barthes 1964: 12 f.)

Leiris nähert sich – außer in seinen mehr kulturpolitischen und humanwissenschaftlichen Aufsätzen – der fremden Kultur wesentlich über die philologische Arbeit der Übersetzung, Zerlegung, Deutung: Das »soziologische Genie« des ethnographischen Beobachters wird, nach dem *Manuel d'Ethnographie* eines seiner Lehrer, Marcel Mauss, daran gemessen, wie es soziale Morphologie, Physiologie und allgemeine

Phänomene in einem Studienplan zu organisieren weiß, wobei die Sprache ein »hervorragendes, aber sehr delikates Kriterium« für die Erfassung der anderen Kultur ist (Mauss 1947: 10–23). Leiris, offen für die Magie der Sprache[14], hat in seinen literarischen Arbeiten den Bezug zum Konkreten immer über die versuchte Erforschung seiner Person und in den ethnologischen Schriften über die angestrebte authentische Beschreibung der eigenen und der fremden Kultur behalten. Das Spiel mit dem Signifikanten hat sich nicht verselbständigt, losgelöst von Erfahrung und Beobachtung.

Leiris versucht, die »soziale Tatsache« und Lebenszusammenhänge über Beobachtungssituationen zu erfassen, die er als von seiner Sprache und seinem Körper, von Tradition und Artikulationsmöglichkeiten total abhängige begreift und als Teil der Analyse des Fremden versteht. Lenins Forderung von 1919 (vgl. Myrdal 1970): »unten [zu] beobachten«, wo am »Aufbau des neuen Lebens« gearbeitet wird, war für Leiris nie als »einfache Beobachtung« möglich.

Nach Devereux (1967) erreicht man die den Fakten kongruente Einfachheit, indem man Komplexität »frontal angeht« und dabei »die Schwierigkeit *an sich* als fundamentales Datum« behandelt. Diese in der Gesamtheit der Schritte besser als perspektivisch zu bezeichnende Annäherung hat ihren Plan in einem »verallgemeinerten Bezugsrahmen für die Erforschung des Verhaltens«, der die unterschiedlichsten wissenschaftlichen, vorwissenschaftlichen und nichtwissenschaftlichen Konzeptionen vereinheitlicht und verzerrt einschließt. Das Interaktionsfeld zwischen Objekt und Beobachter ist bestimmt durch die Persönlichkeit des Beobachters (vor allem auch seine ethnische Zugehörigkeit und sein geschlechtsgebundenes Verhalten), durch das von ihm getroffene Arrangement und das Verhalten des Objekts. Strebt er danach, beim Experiment das Verhalten des Objekts möglichst einzuschränken bzw. auszuschalten, um die größtmögliche Objektivität zu erzielen, wehrt er nicht fremdes Verhalten an sich ab, sondern die

---

[14] Lacan, als Sprachbesessener, nannte ihn vor allem auch wegen dieser Fähigkeiten »mein Freund Leiris«. Lacan führt Wortspiele vor – »Das Wort ist nicht Zeichen, sondern Bedeutungsknoten« –, in denen sich Leiris »besser als ich« auskenne. (Lacan 1966: 166 f.; der betreffende Aufsatz *Propos sur la causalité psychique* ist in der deutschen Lacan-Ausgabe nicht abgedruckt.) Artaud machte schon 1925 (in: *La Révolution surréaliste*, Nr. 3) bei Leiris' erster Veröffentlichung aus seinem *Glossaire: j'y serre mes gloses* auf die Bedeutung dieses Umgangs mit Sprache aufmerksam. Vgl. auch Lacan (1966: 98 f.), Lejeune (1975) und Heißenbüttel (1972: 80 ff.). Im Anschluß an Leiris' *Glossaire* verfuhr J.-A. Boiffard mit den Namen der Surrealisten in gleicher Weise: »Michel Leiris – le risque des échelles irisées« (in *La Révolution . . ., Nr. 4, 1925: 22*).

Angst, die es in ihm erregt – sei es Magie und Ritual oder das Verhalten einer verstümmelten Ratte oder das eines »gestörten« Elektrons. Der Wunsch nach Kaschierung der Angst im Namen der Objektivität läßt Pseudomethodologien entstehen. Solange er Übertragung, Gegenübertragung und Angst nicht als elementare Daten seiner Wissenschaft verstanden hat, solange er nicht aufdeckt, was *an ihm* vorgeht, mißversteht er etwas als natürlich, das künstlich ist. Erst die Analyse der Gegenübertragung liefert die entscheidenden Daten der *Natur*erkenntnis in den Verhaltenswissenschaften; der Beobachter verrät mehr wissenschaftlich Auswertbares als das untersuchte Objekt. Damit rückt – ähnlich wie dies einige »Anti-Psychiater« innerhalb der Psychiatrie gefordert haben – der Tierpsychologe, Anthropologe oder Psychoanalytiker in das Blickfeld, anstelle der Ratte, des Primitiven oder des Patienten.

Wie weit dem Wissenschaftler solche Drehung von der Beobachtung zum Beobachter, solche Verkehrung des Maßstabs, was wirklich und was zufällig ist, was objektiv und was subjektiv ist, gelingt, bestimmt darüber, ob seine Forschung eher »experimentell-manipulativen« oder eher »aufgeklärt wissenschaftlichen« Charakter hat. Der Punkt, den er in dieser Bewegung erreicht hat, sein Standpunkt, bemißt sich daran, wann er die Interaktion und die ihm mitgeteilte Information abbricht. Seine Forschungsergebnisse bezeichnen den Punkt, an dem er sagt: »Und dies nehme ich wahr!«, und meint: »Dies ist alles, was ich ertragen kann!« Diese *Kategorie* der Erträglichkeit ist das alles bestimmende Moment verhaltenswissenschaftlicher und ethnographischer Forschung.

Jeder Bezugsrahmen und jede Technik ist angstmindernd und macht Geschehen erträglicher – was legitim ist. Erst die Ausbildung der Technik zum Abwehrmanöver, das sich als wertfreie Beobachtungssituation tarnt, wird zur entscheidenden Quelle von Irrtümern. Kultur- und persönlichkeitsbestimmte »Isolierungsstrategien« »entgiften« angsterregendes Material. Exemplarische Angsterreger sind: psychotische Erfahrungen, die der Wissenschaftler durch Einstufung als »unverständlich« oder »fremdartig« abwehren kann; die Belebtheit der Wesen, mit denen man experimentiert, die – behavioristisch – dadurch abgewehrt wird, daß man so tut, als seien sie unbelebt; die »Unbelebtheit der Materie«, der man – animistisch – Belebtheit zuspricht; Beschneidungs- und Subinzisionsriten, denen man durch »teilnehmende Beobachtung« »begegnet« usw. Das Verstehen geht jeweils so weit, wie das Geschehen in einen hineinreicht, und zeichnet sich, wissenschaftlich, durch den Grad der erreichten Sublimierung aus. Nur, ob man diese Bewegung auf das sich selbst denkende Denken oder auf das Unbewußte bezogen sieht, unterscheidet (transzendentale) Philosophie und Logik von Psychoanalyse und Ethnopsychoanalyse. In jedem Fall bleibt zu bestimmen, wo der jeweilige Forscher die Trennung zwischen dem Objekt und sich selbst, als Beobachter, ansetzt – dem entspricht sein Verständnis seines »Selbst-Modells«, also das, was er noch als innerhalb der Grenzen seines Selbst und was er als außerhalb versteht. »Participation mystique«, «ozeanisches Gefühl« oder andere ekstatische Zustände sind extreme Verschiebungen der Grenzen des Selbst »über die Haut hinaus« (– die Erfahrung der Erektion als »Ich-fremd« ist eine Grenzverschiebung in entgegengesetzter Richtung). Entsprechend können wir uns »*in* das beobachtete System hinein›ausdehnen‹« und ebenso kann der »beobachtete oder manipulierte Organismus sich gleichermaßen *in* das beobachtende System (Beobachter, Experimentator, Abrichter) ›ausdehnen‹«. (Vgl. Heinrichs 1975a.)

Der »Ethnotheoretiker« – der manchen heute als der fortgeschrittenste Anthropologe/Ethnologe erscheint (vgl. *Alltagswissen . . .* 1973: 263 ff.) – hat zwar von der sozialwissenschaftlichen Laboratoriumssituation und der naturwissenschaftlichen Positivierung des Beobachters Abstand genommen und sich dem Alltagsleben (in der Art, wie es von den autochthonen Mitgliedern der jeweiligen Kultur praktiziert und verstanden wird) zugewandt, aber er verliert dabei den Blick für die »soziale Tatsache« in ihrer phänomenalen Vielfalt und lebendigen Erfahrbarkeit, Analysierbarkeit. Auf ihn jedoch kommt es an.

Der verantwortungsvolle Ethnologe

> »Difficultés *subjectives.*«
> (Marcel Mauss 1947: 9)

»Ethnologie ist eine Wissenschaft, in der sich der Forscher vielleicht persönlicher verbürgt als in jeder anderen Wissenschaft.« (Leiris 1969c: 5) Dieses Wissenschaftsverständnis ist geprägt von der Überzeugung der Surrealisten, die Artaud (der von 1924–1926 der surrealistischen Bewegung zugehörte) so formulierte: »Und wir Surrealisten hatten immer, überall das Bedürfnis, herauszutreten in eine Bewegung tödlicher Unzufriedenheit ... Weigerung und Heftigkeit.« (Artaud 1964: 143) Was er auch als »Manie, die Dinge klarzustellen«, und als »verzweifelte Weigerung« hervorhob und worauf er die Forderung nach individueller Revolte gründete – gegen die bedingungslose Verbindung von Surrealismus und Kommunismus – wendete etwa Paul Nizan[15] ins Allgemeine: Der Künstler habe die Aufgabe, sich dem revolutionären Proletariat zu verschreiben, die individuelle Weigerung und Negation dem revolutionären Kampf einzuordnen. Leiris wie auch Bataille scheinen immer der Meinung gewesen zu sein, beides praktizieren zu können – in der Umsetzung der »Wut in die Tat« (Bataille). Diese Auffassung sowie die Liebe zur Malerei und Musik, bei gleichzeitiger Verneinung jeglichen Moralisierens (dies alles im Gegensatz zur Gemeinde um Breton in der »rue Fontaine«) teilten die Mitglieder der »kleinen Bande von der rue Blomet« miteinander, die André Masson[16] in Le Havre um sich gesammelt hatte: vor allem Leiris, Artaud, Limbour und Bataille. Masson resümierte (in: *Critique* 1976: 767–772), sie hätten Marx und Lenin als wegweisend anerkannt, aber sie seien in erster Linie »Anarchisten«, »des rebelles toujours«, mit dem Glauben an die totale Freiheit und die Bedeutung der subjektiven Revolte (ohne Parteizugehörigkeit) gewesen; als besonders charakteristisch hierfür können eine spektakuläre Aktion von Leiris[17] und Limbours »Vagabundieren« gelten. Artaud wandte sich gegen die parteilich organisierte Revolution mit dem Argument, subjektives Leiden sei unvergleichbar und würde von jedem anders erfahren; allein darüber könne er kommunizieren.

Im Vergleich zu den Künstlern, denen sich Leiris auch im Verlauf der folgenden Jahrzehnte verbunden fühlte (vor allem Bataille – mit ihm

---

[15] Vgl. zu Nizan und zum Surrealismus in ihrem Verhältnis zur Revolte und zur organisiert revolutionären Bewegung: Nagel/Baier, Nachwort zu Nizan (1938); Schmidt, Nachwort zu Nizan (1971); Gorsen in: Dali (1971); Grössel (1976).

[16] Masson war für Leiris (1939a: 206) »ein wenig mein geistiger Vater« – der ihn im Traum ermordete. Bataille, den Métraux ›entdeckte‹, wurde von Leiris in die Gruppe um Masson eingeführt.

[17] Während eines tumultartigen Banketts zu Ehren von Saint-Pol-Roux (1925) – Leiris schrieb für ihn auch eine kleine Hommage – griff Leiris in die surrealistischen Aktionen ein, nahm die Rufe »Vive L'Allemagne! Vive la Chine« auf, schrie »A bas la France!« und provozierte bei der sich auf der Straße fortsetzenden Schlägerei die Polizei und die Menschenmenge dermaßen, daß man ihn fast gelyncht hätte. Die Surrealisten waren zu dieser Zeit sehr für Deutschland eingenommen – gegen den französischen Bürger, der in Deutschland den Erbfeind sah. »Wir ergreifen diese Gelegenheit, um uns öffentlich und in jeder Form mit all dem zu desolidarisieren, was französisch ist.« (Vgl. Nadeau 1944: 78–80; vgl. auch die extreme politische Aufwertung dieser Aktion durch Limbour, in *Critique* 1976: 775). Seine Aktionslust setzte Leiris 1968 auch direkt politisch ein.

und Caillois gründete er 1937 das »Collège de Sociologie«), konnte er der surrealistischen Bewegung, der er von 1924 an zugehörte, noch am meisten für seine weitere Arbeit abgewinnen. Dem entgegenzuwirken, was Bataille am Surrealismus tadelte: »trop d'emmerdeurs idéalistes«, sollte die Arbeit im »Collège« gewidmet sein. Leiris, der hier seinen Aufsatz über *Das Heilige im Alltagsleben* vortrug, war in der Zwischenzeit Ethnologe geworden und brachte dies in die soziologisch neu definierte Arbeit an »Gegenstandsbeziehungen«, an wechselseitigen Beziehungen von Mensch und Gesellschaft, ein. Leiris strebte die Erfassung des »ganzen Menschen« an – ausgehend von der Erinnerung an die eigene Kindheit mit den ihr eigenen sinnlichen und sprachlichen Sensationen und dem, was im Verlauf des Lebens sich davon in der Wahrnehmung und Rede erhalten hat, was magisch, *heilig* geblieben ist und als Abweichung weiterlebt und was sich verschliffen hat – auf immer oder bis es in einer Assoziation wieder erinnert wird.

Das Heilige – wie Leiris in einem Brief an Bataille (S. 241) sagt, möchte er es jedoch in der angestrebten neuen Soziologie nicht übermäßig exponieren – sei ein »subtil nuanciertes System des *Distinguo*« (S. 237), das von jedem mit dem ihm eigenen Eifer und der Aufrichtigkeit und Selbstbezogenheit, die er sich selbst zugesteht, zu erforschen ist.

In dem mit Bataille und Caillois gemeinsam angestrebten »bedingungslosen Fragen« (auch bezüglich der Konflikte und Aktionen: der Dynamik in der eigenen Gruppe), in dem Versuch, die »*totale* Aktivität des Seins« zu erfassen – »ausgehend von gewissen seltenen, flüchtigen und heftigen Augenblicken«, von »Berührungsmomenten« –, sah Leiris eine Tätigkeit, die er einerseits in der Folge von Durkheim und Mauss[18] als Soziologie bestimmen wollte und für die er andererseits eine wissenschaftlich nicht so festgelegte Kennzeichnung wünschte. In diesem Sinn schnitt er auch in seinem Aufsatz über das Heilige bereits mit dem ersten Satz jede allgemeine Diskussion ab: »Was ist für mich das *Heilige*? Oder genauer: worin besteht *mein* Heiliges?« (S. 228) Die ausdrücklich so bezeichnete »sociologie sacrée«[19] wäre sicher von Leiris, Bataille, Caillois und den anderen Mitgliedern des »Collège« in den folgenden Jahren wissenschaftstheoretisch weiter diskutiert wor-

---

[18] Vgl. auch Mauss' (1950/1975: 167 ff.) Begriff vom »totalen Menschen«.
[19] Bataille 1970b: 446 f. – Nachdruck der von Caillois verfaßten Einleitung zu den drei Texten »Pour un Collège de Sociologie«, die insgesamt publiziert sind in: La Nouvelle revue française, 26. Jahrg., Nr. 298, Juli 1938: 5–54. Vgl. auch Leiris 1938c.

den, hätte der Kriegsausbruch dem nicht ein Ende gesetzt. 1939 erschien noch eine gemeinsame, politisch etwas unbedarft wirkende Erklärung zur internationalen Krise, worin das »Collège« als eine nicht politische, sondern wissenschaftliche Organisation bezeichnet wird, verbunden mit der Hoffnung, es könne zu einem »Wirkungszentrum« werden.[20]

Leiris' Ideal: der »totale Mensch« soll »derjenige sein, für den real und imaginär eins sind, der seine Zugehörigkeit zur Natur erkannt hat und die natürlichen Produktionen nicht mehr von den seinen getrennt sieht« (1966a: 173). Leiris' Aufsatz über das Heilige markiert »den Anfang und Zielpunkt des ganzen Werkes . . . Er ist die ›Règle du jeu‹ im ganzen.«[21] Im Kontext dieses Bandes der ethnologischen und ethnographischen Schriften nimmt er den vermittelnden Platz zwischen der Beschreibung der eigenen und der fremden Kultur ein, »un projet d'une sorte d'auto-ethnographie« (Lejeune 1975: 9).

Für den *Schriftsteller* Michel Leiris, der sich von der surrealistischen Bewegung 1929 trennte, ohne deren psychologische und soziale Emanzipationschancen zu verschmähen, war die *Ethnologie* in der Folge seiner ersten, mit Marcel Griaule unternommenen Forschungsreise nach Afrika zum Beruf und Feld seines politischen Engagements

---

[20] Vgl. Bataille 1970a: 538–540. Nach der Auskunft von Leiris wurde diese Erklärung von Caillois ausgearbeitet; er habe nur widerwillig unterschrieben. Zur Aktivität und zum Programm des »Collège« vgl. Bataille 1970b: 289–374; 445–455; dort sind neben Batailles Beiträgen, dem Brief von Leiris an Bataille und dem Programm des »Collège« – beide Dokumente sind im Anhang dieses Bandes abgedruckt – auch Batailles enttäuschte Stellungnahme zu Leiris' Zweifel am »Collège« (ebd., 365 f.) und Batailles eigene Arbeiten zur Soziologie (ebd., 203 ff.) – Analysen subjektiver und objektiver Strukturen in politischen Herrschaftsverhältnissen und sozialen Verhältnissen – nachzulesen.
Bataille entwickelte seine Sicht später in *L'Erotisme* (Leiris gewidmet) eigenständig weiter. (Zur Interpretation vgl. auch Leclaire 1971: 81 f.) Bei Leiris gewinnt die Beschreibung von Verhaltens- und Redeweisen im heiligen (kultischen) Leben in den folgenden Jahren, etwa bis zur Publikation von *La Langue secrète des Dogons de Sanga* (1948) an Bedeutung. Caillois publizierte bereits 1939 eine dem Heiligen gewidmete Aufsatzsammlung unter dem Titel *L'homme et le sacré,* die er in den folgenden Jahren beständig erweiterte.
Ebenfalls 1939 veröffentlichten Leiris und Bataille *Le Sacré. Suivi de poèmes et de divers écrits* von Laure (Pseudonym für Colette Peignot, Batailles Gefährtin von 1934 bis zu deren Tod 1938; vgl. auch *L'Ephémère,* Nr. 2, 1967 und *Ecrits de Laure,* Paris (Pauvert) 1971.
Zur Thematisierung des Heiligen in Religionsgeschichte, Ethnologie und Soziologie vgl. auch E. Durkheim (1917: 9–64): Das Heilige und das Profane definieren sich einesteils gegenseitig; darüber hinaus bestimmt sich das Heilige durch seine Vorrangstellung und dadurch, daß »die heiligen Wesen oder Dinge Verbote verteidigen und schützen . . ., das Heilige ist der Ort einer Macht, einer Energie, die auf das Profane einwirkt . . .«; vgl. ebenso die Arbeiten von R. Otto, M. Eliade u. a.
[21] Boyer 1974: 49, vgl. auch 99; ebenso: Ronat 1975: 110.

geworden. Es blieb bis heute seine Absicht, die Kunst in ihren Selbst-
aussagenden Möglichkeiten schreibend auszuprobieren und weiterzu-
entwickeln, sie wie Majakowski oder Nizan im Kontext revolutionärer
Veränderung zu betrachten und diese Veränderung, als Auflehnung
vor allem der sog. unterentwickelten Völker gegen Imperialismus und
Kolonialismus zu begreifen, Formen der Unterdrückung, in die der
Ethnograph insofern verstrickt ist, als er in seinem Auftreten, im
Befragen, Vergleichen und Bewerten immer die herrschende kulturelle
und politische Macht vertritt. Dem Psychoanalytiker vergleichbar ist er
offenkundig mit seiner ganzen Person am Prozeß der Analyse beteiligt,
und die Chance seiner Wissenschaft besteht darin, aus dieser Verstrik-
kung ein Engagement gegen Unterdrückung und Diskriminierung,
gegen Ethnozentrismus und Rassismus zu entwickeln.

1930 hatte Leiris seine erste selbständige ethnographische Arbeit in
der kurz zuvor von Bataille gegründeten Zeitschrift *Documents* publiziert: *L'Oeil de l'ethnographe*. Er zeichnet darin mit einigen Strichen
seinen Weg von der Begegnung mit Raymond Roussels *Impressions
d'Afrique* – einem Wort- und Sprachspiel, das das ›wirkliche‹ Afrika
nur als ein Assoziationselement verwendet – bis zur Zusammenarbeit
mit Griaule. Er definierte hier erstmals die Ethnographie als eine
Wissenschaft, die sich dadurch auszeichnet, daß sie sich nicht auf die
Betrachtung des westlichen Menschen beschränkt, sondern vielmehr
alle Zivilisationen zu berücksichtigen versucht und sie – trotz der
Komplexität ihres Überbaus – auf die gleiche Stufe stellt. Sie ist die
allgemeinste Wissenschaft vom Menschen; »ihr Arbeitsfeld ist die
Totalität des Menschen, die sie in ihren wechselseitigen Beziehungen
studiert«. Der Abbau des Ethnozentrismus, die Liebe zur »poetischen
Konstruktion« (etwa Roussels), die (nicht ungetrübte) Lust am Reisen
und die (ebenso gebrochene) Faszination durch die ›Negerkunst‹ – das
sind die bestimmenden Momente und Perspektiven, die Leiris' weitere
Arbeit formten.

Von 1931 bis 1933 nahm Leiris an der ethnographischen und linguistischen Forschungsreise »Dakar-Djibouti«[22] teil, deren Funde und Ergebnisse in einem Sonderheft der Zeitschrift »Minotaure«[23] vorgestellt

---

[22] Die großen Griaule-Expeditionen waren: Abessinien (1928–29), Dakar-Djibouti (1931–33),
Sahara-Sudan (1935), Sahara-Kamerun (1936–37).

[23] Wie *Documents* und *La Révolution surréaliste* einer der gelungenen Versuche (in dem Jahrzehnt
seit 1924), Künstler und Wissenschaftler zusammenzubringen; vgl. auch Batailles Notiz (1970a:
337 f.) und Gorsens (in: Dalí 1974) Ausführungen zur Rezeption der Psychoanalyse bei den
Surrealisten, die wesentlich über Lacan verlief, der in *Minotaure* publizierte.

wurden. Die darin von Leiris verfaßten Beiträge zeigen ihn als ethnographischen Arbeiter und Liebhaber afrikanischer Kunst, im Sinne einer »ethno-esthétique«, wie dies später Delange (Leiris 1967c) formulierte. Um »diese Reise zu beschreiben, wie ich sie erlebt habe«, schrieb er ein Tagebuch, das er fast unverändert unter dem Titel *L'Afrique fantôme* (1934) publizierte – für seinen Lehrer Griaule ein Ärgernis.

Auf der Grundlage dieser und weiterer Afrika-Reisen und zahlreicher kleinerer Aufsätze erschienen 1948 und 1958 seine zwei breit angelegten Forschungen zur Geheimsprache der Dogon (in Mali) und zum Besessenheitskult in Äthiopien.[24] Für diese ethnographische Detailarbeit versuchte Leiris in den Jahren seit etwa 1950 einen allgemeinen ethnologischen, politisch bewußten Kontext zu entwickeln: *L'Ethnographe devant le colonialisme* und *Race et civilisation*. Seit etwa 1968 nimmt er, auf dem Hintergrund neuer Reisen (nach Martinique, Afrika und Kuba) diese Problematik im Zusammenhang der Diskussion um das Verhältnis von Zivilisation, Kunst und Revolution, von Kunst und Wissenschaft, wieder auf. Daneben publizierte er seine literarischen Arbeiten, vor allem die großangelegte Autobiographie *La Règle du jeu* (1948–1976). Anders als bei seinem Freund Raymond Roussel haben für ihn die Reisen – bei gleichzeitiger Auseinandersetzung mit der imaginär verzerrten und touristisch verdorbenen Realität – insgesamt etwas erbracht.

Sowohl die Vorstellung der Reise als auch tatsächlich durchgeführte

---

[24] Leiris nennt als seine Meister und Lehrer: Georges-Henri Rivière (»Promotor meiner Laufbahn als Afrikanist«), Marcel Griaule (»der meine erste Reise in das tropische Afrika initiierte«), Marcel Mauss und Paul Rivet (»die mir mit ihren Ratschlägen seit dem Beginn meiner ethnologischen Studien den Weg gewiesen haben«) (Leiris 1948b: XXIV). Seine, Griaules, Germaine Dieterlens, Deborah Lifszycs und Denise Paulmes Forschungen zu den Dogon – speziell auch zu deren Maskenkultur – wurden durch die ethnopsychoanalytischen Arbeiten von Parin/Morgenthaler (1963 ff.) wesentlich fortgeführt.
Die vom »Institut d'Ethnologie« (unter Rivet und Mauss) publizierten Studien geben einen guten Überblick über die französische ethnographische Forschung in den 2–3 Jahrzehnten ab 1926. Leiris' 10 Jahre nach dem Dogon-Buch veröffentlichter Gondar-Aufsatz fußte auf ersten eigenen Aufsätzen um 1934–38 sowie einigen ethnographischen und linguistischen Arbeiten (von Cohen, Griaule, Baeteman, Leslau u. a.) und Studien zur Psychopathologie. Studien zur Besessenheit, auf die sich Leiris bezieht, stammen von Oesterreich, Westermarck und vor allem seinem Freund Alfred Métraux, der 1942/44 und 1955/56 vier wichtige Aufsätze über Schamanismus publizierte, bevor er, auch 1958, seine grundlegende Studie *Le Vaudou haïtien* veröffentlichte. Die große Haïti-Nummer in *Présence Africaine* von Métraux, Leiris, Sylvain u. a. datiert von 1951. Zu modernen Studien zur Besessenheit vgl. P. J. Simon / J. Simon-Barouh: *Hâù Bóug. Un culte viêtnamien de possession transplanté en France*, Paris/Den Haag 1973, wo sich auch weitere Angaben finden; ebenso: R. Kriss und H. Kriss-Heinrich *Volksglaube im Bereich des Islam*, Wiesbaden 1960–62; und Heinrichs (1977).

Reisen müssen nicht der Erschließung neuer Räume dienen. Sie können gerade auch die eigene Abgeschlossenheit und Beziehungslosigkeit
manifestieren, so bei Jules Verne[24a] oder Roussel, der glaubte, daß er
auf Reisen für seine Bücher nichts gelernt habe, daß sie ihm vielmehr
die hermetische Allmacht seiner Imagination bewiesen hätten.
Roussel verschwand nach einer Stippvisite in Peking in seinem Wagen,
um nichts mehr von dem zu sehen, was so unvollständig und ichfremd
sich vor ihm abspielte. »Hinter ihm schlossen sich wieder die Länder
wie Lippen – für einen Augenblick geöffnet, für den Biß oder den
Kuß«. (Leiris 1969b: 126, vgl. auch 1972b: 10 ff.)

Ethnologische Poetologie

> »Die Sprache sammelt die Totalität dessen,
> was für uns Bedeutung hat, aber zerstreut es
> zugleich.«
>
> (Georges Bataille 1957: 357)

Es gibt Bücher, in denen der Körper und die Sprache des Autors in so
vielen Verästelungen gegenwärtig sind, daß sie den Raum zwischen
dem eigenen Körper und der eigenen Sprache und dem Körper und der
Sprache der anderen erschließen. Der Autor ist darin leiblich gegenwärtig, aber sein Körpergeruch vernebelt nicht die von ihm erschlosse-
ne Welt. Lévi-Strauss hat mit *Tristes tropiques*, Leiris mit *L'Afrique
fantôme*, Balandier mit *Afrique ambiguë* und Fichte mit *Xango* einen
solchen poetischen, körperlichen und exzessiven Text geschrieben, der

---

[24a] Roland Barthes (1957: 39 f.) charakterisierte Verne: Er »war ein Besessener des Ausfüllens:
unablässig vervollkommnete er die Welt, möblierte sie und füllte sie an wie ein Ei. Seine Bewegung ist
genau die eines Enzyklopädisten des 18. Jahrhunderts oder eines holländischen Malers. Die Welt ist
endlich, die Welt ist voll von zählbaren und sich berührenden Dingen. Der Künstler kann keine
andere Aufgabe haben als Kataloge und Inventarien aufzustellen [man vergleiche auch Mauss'
Definition des Ethnologen], die kleinen leeren Ecken zu vertreiben, um dort in dichten Reihen die
menschlichen Schöpfungen und Werkzeuge zu versammeln. Verne gehört zur progressistischen Linie
der Bourgeoisie: sein Werk verkündet, daß nichts dem Menschen entgehen kann; daß die Welt, selbst
die fernste, wie ein Objekt in seiner Hand ist; daß das Eigentum alles in allem nichts anderes ist als ein
dialektischer Moment in der allgemeinen Dienstbarmachung der Natur.« Sehend eignen wir uns
Fremdes an, in Identifizierungen, Distanzierungen oder gar ausschließenden Ausgrenzungen. Die
einen treiben so die Analyse der eigenen und der fremden Kultur voran, die anderen gestalten daraus
ihre hermetische Kosmogonie. Verne: »O meine Phantasie, meine Phantasie, weder eine Crampton-
Lokomotive noch ein elektrischer Funke noch ein tropischer Wirbelsturm kann mit dir Schritt
halten.« (Klingender 1968: 159).

zugleich Kulturanalyse inhaltlich und formal in einer Weise liefert, die Anlaß für im weitesten Sinne sozialwissenschaftliche und politische Diskussionen sein könnte. Die interdisziplinäre Praxis dieser Autoren ist durch eine elementare sinnliche und analytische Basis in ihrer Form des Denkens, der Erfahrung und Beschreibung gedeckt.

Fichtes *konsequent erweitertes* Programm: Ethnographie und Poesie nicht nur zu verbinden, sondern beide Produktionen im Sinne eines »concettos« entstehen zu lassen, beide Formen menschlicher Kreativität situativ neu zu entwickeln – von den Anfängen an, beziehungsweise aus den Situationen und Sensationen heraus, soweit man sie zu fassen bekommt. Dieses Programm setzt gegen das Spezialistentum und versucht, interdisziplinäres Denken hinter sich zu lassen, denn es zielt nicht auf Wissenschaft und Theoriebildung, sondern auf Bewußtseins-, Erfahrungs- und Erkenntnisprozesse. Der *Vorgang* des Erfassens von Fremdphänomenen ist dabei ebenso wichtig wie das Resultat. Der Vorgang der Selbstbeobachtung ist für dieses Erfassen konstitutiv. Das »Präparieren von Erfahrungstrophäen« lehnt Fichte ab; Devereux (1967) fordert für die Wissenschaft die »Wiedereinführung des Lebens« und die »Wiedereinsetzung des Beobachters«.

Leiris hat dies im Ansatz praktiziert – wiewohl er es sich nicht gestattet, sich in den ethnographischen Arbeiten als den ins Spiel zu bringen, der sich, wie in *Mannesalter* (1939a: 25, 99), entblößt: »...ich habe immer deutlicher das Gefühl, in einer Falle zu zappeln..., ich komme mir wurmstichig vor« – wie ein »›ausgehungerter Verdammter‹«.

Der Ansatz einer *ethnologischen Poetologie*[25], Ethnopoetik, »ethno-esthétique« (Leiris/Delange) oder, wie Heißenbüttel in bezug auf Fichtes *Xango* formulierte, einer »poetischen Anthropologie«: Sich im Fremden und das Fremde in sich aufzuklären, das Fremde im Bild oder in der Schrift versuchsweise ganzheitlich, komplex und heterogen zu organisieren, sich und die Ästhetik der Zeichen in dieser Organisation zu Teilen zu verwirklichen. Leiris ist Archäologe seiner »Règle du jeu«, seiner »Spielregel«, die er in seiner Sprache, seiner Vergangenheit und seinen Lebensformen zu entdecken sucht – im Austausch mit den Menschen anderer Kulturen, die er als Ethnologe bereiste und untersuchte. Lévi-Strauss (1955: 20) beschrieb den Reisenden als »Archäologen des Raums, der mit Hilfe von Bruchstücken vergeblich versucht, das Exotische zu rekonstruieren«; in *Traurige Tropen* sind

---

[25] Ein eigenes Programm in dieser Richtung verfolgt auch die Zeitschrift *Alcheringa. Ethnopoetics*, Berkeley.

Erfahrungsstruktur und ethnographische Modellbildung ethno-ästhetisch aufeinander bezogen.

Wenn sich Literatur diesen Erfahrungs- und Darstellungsmöglichkeiten öffnet und die Vergangenheit auch dokumentarisch und historisch in einem literarischen Entwurf zu rekonstruieren vermag, dann hat sie die ihr mögliche, durch den einzelnen Autor garantierte Vermittlung von Realität geliefert. Wissenschaft, zumal ökonomische und soziologische Analyse, müssen diese Authentizität, Erfahrungsintensität und versuchte Wahrhaftigkeit über aufgeklärte Methodik und Theoriebildung erreichen. Dazu gehört auch, daß die Forscher ihr Verstricktsein in die Beobachtungs- und Erkenntnissituation anerkennen und erforschen. Die Anthropologen sind dabei, dies zu tun. Voraussetzung dafür ist: Betroffenheit von objektiven Verhältnissen, Teilhabe an der auch durch unsere Geschichte verursachten Beschädigung und Vergiftung der anderen, Einsicht in die angstdurchsetzte und kulturspezifische Forschungssituation. Vielleicht setzt sich mit der Arbeit der eben angeführten Autoren das Verständnis für Ethnographie und eine am Menschen interessierte Soziologie in Deutschland durch.

Fichte hat einen Kulturraum beschrieben, den Leiris und vor ihm insbesondere Alfred Métraux ethnographisch und systematisch zu bearbeiten begonnen hatten: die afrobrasilianischen Riten und Religionen, mit dem Zentrum Haïti. So wie Métraux und Leiris das damalige Feld ethnographischer Arbeit erweiterten und sich auch intensiv dem Phänomen des Vaudou und anderer Besessenheitskulte zuwendeten, hat Fichte den Versuch gemacht, aus seiner kulturspezifisch eingeengten Literatenrolle auszusteigen und fremde Kultur in einer Weise bei uns vorzustellen, die die wissenschaftlichen und die auf Skandale ausgehenden Berichte über »Fremdartiges« und über »Wilde« überholt.

Aus seinem ethnopoetischen Verständnis heraus entwirft er Bilder einer zugleich poetischen und nackten Faktizität. Er präsentiert das ganze Geschehen aus seiner Einstellung heraus, aber seine Subjektivität ist stark genug, um sich nicht aufdrängen zu müssen. Wo der Autor »ich« sagt, ist er tatsächlich mitten drin. Das gilt auch für Leiris, als Autor von *L'Afrique fantôme*. Dieser Ich-Aussage hat Leiris (in seinem Gondar-Aufsatz) eine ethnographische Strukturanalyse des Schamanismus in Äthiopien folgen lassen. Ist sie notwendig? Und was hat sie erbracht?

In der Folge der soziologisch bestimmten Magie-Forschung von Mauss und in Fortsetzung der von Griaule vorgeführten ›Feld‹-Forschung widmete sich Leiris erstmals zu Ende seines ersten Afrika-Aufenthaltes (1931–33) bei den Äthiopiern von Gondar den Produktions- und Rezeptions-Formen der *Besessenheit* – einer typischen Form der »Technik der Ekstase« (Eliade 1951). Die von den zâr-Geistern Besessenen erwiesen sich als Manisch-Besessene, die z. T. ihre (auch simulierte) ›Krankheit‹ bei religiösen und privaten Festen oder auf Märkten dazu benutzten, die Umstehenden mit Possen und Gesängen in Verwunderung zu versetzen und sich dann von ihnen bewirten zu lassen. Einige zâr-Besessene bildeten sich zu Spezialisten heraus, die jene behandelten, die an der Besessenheit litten. Diese Meister und Meisterinnen benutzten ihrerseits den zâr-Kult für die effektivere Abwicklung des täglichen Lebens und ihrer Geschäfte; der zâr-Kult bietet Gelegenheit, etwa Schmucksachen zu erwerben – der zâr (!) nämlich äußert den Wunsch nach Schmuck durch den Mund des Besessenen.

Die Besessenheit hat einen institutionellen Charakter: Das bezeugt vor allem auch ihr Zusammenhang mit dem geselligen Leben und dessen jahreszeitlicher Regelung. Sind die sozialen Kontakte am intensivsten, an den offiziellen Festen und während der Trockenzeit, und herrscht möglichst Überfluß, nimmt das Maß der Besessenheit stark zu. Vor allem Frauen, Mädchen und Sklaven sollen dann von den zâr, die während der Regenzeit in ihren »Behausungen« verbleiben, heimgesucht werden. Zâr ist ein *Name* für ein Krankheitsrepertoire, das man (bis zu karnevalartigen Aufzügen) als eine Form der Geselligkeit inszeniert.

Die Besessenheit wird so im öffentlichen Leben spektakulär ausagiert. Sie ist harmlos und ohne weitere Folgen, wenn sie nur von Gauklern gleichsam zu Markte getragen wird. Sobald es jedoch im privaten Leben bei einer als besessen angesehenen Person für ausgemacht gilt, sie handle als bestimmter zâr und habe ein bestimmtes Gebaren oder ein bestimmtes Ensemble von Verhaltensmustern angenommen, kann man davon ausgehen, daß die angeblich ›besitzenden‹ Geister symbolischer Ausdruck einer ›Heil‹-Praxis und einer mythischen Tradition sind. Zâr-Besessenheitskulte sind das theatralisch inszenierte Spiel mit imaginären Personen, mit Personen, die der Besessene darstellt – man denke auch an die Bedeutung der Maske –, sie sind das parodistische, das transvestitische, exhibitionistische und hysterische Lust-Spiel. Im zâr, wie auch im Vaudou, finden ›Perversionen‹ und Beziehungsprobleme ihre theatralische Manifestation. André Schaeffner hat dafür den Begriff »Prätheater« geprägt.

Besessenheit scheint allgemein einen Doppelcharakter zu haben: einerseits simulierte und ritualisierte Wiederholung von geregelten Grundmustern und andererseits aktuelle Ekstase, der Glaube, von einer fremden Macht bewohnt zu sein. Während die Momente des Konventionellen (und Institutionellen) und des Theatralischen verhältnismäßig klar faßbar sind, bleibt die Interpretation der individuellen Deformation bzw. Unangepaßtheit problematisch; sind die Besessenheit und ihre rituelle (exhibitionistische, transvestitische, mit Requisiten wie Peitsche, Eisenstab und Trommel angereicherte) Ausführung Perversion, Größenwahn oder Eitelkeit, Gefallsucht und Aufschneiderei?

Diesen Fragen wird man analytisch nachgehen müssen – phänomenologische Beschreibungen liegen vor. Leiris hat Beispiele zitiert, wo die Verwandlung bei einem, von einem weiblichen zâr besessenen Mann soweit gegangen sein soll, daß er seine Redeweise verändert, Frauenarbeiten übernommen und zu menstruieren begonnen habe. Sicher ist in den meisten Fällen ein hoher Grad an Identifizierung (mit dem ›Geist‹) festzustellen; wo die Grenze zwischen Simulation, wirklichem Hermaphrodismus und ausgeprägtem Transvestitismus liegt, ist schwer auszumachen. Leiris sieht im Transvestitismus der äthiopischen Besessenen eine sich »in dem Rahmen der kollektiven Vorstellungen und Riten einschreibende Praxis« (S. 166).

Die *Logik* des zâr-Systems ist eine auf Herrschaft und Abhängigkeit aufgebaute. Die *Dramaturgie* regelt die Abläufe, Aktionen und Szenen streng bis in Einzelheiten, selbst Fragen der Beleuchtung etwa werden diskutiert, und Requisiten wie Degen oder Peitsche, die auch sprachlich eng in Verbindung mit den Geschlechtsteilen gebracht werden, sind an bestimmte Personen gebunden. Das *Repertoire* an Heil*verfahren* ist vielfältig und geht bis zu offen sexuellen Aktionen (vgl. etwa S. 185 f.). Entscheidend ist, ob die Patienten an die Behandlungsmethode glauben und sich auf sie, im Sinne ihrer Genesung, einlassen oder ob sie nur eine Schau für andere veranstalten wollen. Im Falle eines solchen »gespielten Theaters« sind weder die theatralischen noch die psychosomatischen und therapeutischen Vorgänge von besonderem Interesse. Im Falle des »gelebten Theaters« jedoch wird sowohl eine ursprüngliche psychodramatische, kathartische und aktionistische Form (bis zu einem Mitspieltheater) als auch ein therapeutisch gezieltes Ausagieren geübt, bei dem eine multiple Übertragungssituation psychosomatische Leiden und andere ›Verrücktheiten‹ zumindest ins Spiel bringt. So ist der zâr-Kult ein jeweils zeitlich begrenztes kollektives Leben in theatralischer Form – in formaler Nähe dessen, was Brecht »Lehrstück« nannte und was von anderen auf »Lehrexistenz« hin erweitert worden ist. Der zâr-Kult – eine vor allem weibliche Einrichtung[25a], deren mythischer Ursprung (in einer Version) auf Eva zurückgehen soll – dient so in seiner *gelebten* Form der Katharsis, dem »effektiven Vergnügen« und einer Euphorie, die den Besessenen stark an den Heilpraktiker und Spielleiter bindet. Darüber hinaus greift der zâr-Kult entschieden in das alltägliche Leben ein, und seine Wirkung erstreckt sich von der Zerstörung sozialer Lebensverhältnisse bis zur praktischen Entscheidungshilfe und »moralischen Stärkung«.[26]

In den letzten Jahren hat Fritz Morgenthaler (1974) eine Form von institutionalisiertem Transvestitismus in Neu-Guinea dargestellt – auch Leiris verweist auf solche Phänomene in Afrika und Melanesien, sowie auf die Studien von Ellis; Gorsen (1969/72) hat die Beziehungen zwischen transvestitischen Praktiken und künstlerischer Produktivität beschrieben. Weiterhin dürfte das von Hermann Argelander (1970) und Alfred Lorenzer (vgl. Heinrichs 1976a) herausgearbeitete *szenische Verstehen* für die Erfassung der psychischen Realität und in bezug auf die vielfachen Übertragungsvorgänge besonders wertvoll sein. Die Frage bleibt natürlich, wie sehr der Interpret Teilhaber der fremden Lebenspraxis sein muß – auch Leiris bringt sich ja in sehr unterschiedlichem Maß ins Spiel –, um die Szene verstehen zu können, in der sich der andere in der Wirklichkeit seiner Objektbeziehungen mitteilt. In jedem Fall gilt es, immer aufs neue das Verhältnis von Selbst-, Fremd-, Sinn- und Textverstehen und den darauf aufbauenden Deutungsprozeß analytisch zu bestimmen.

Die *ethnologische Poetologie* kommt, will sie sich nicht im Schein der Phänomene verlieren, nicht ohne diese analytische Perspektive aus. Der zâr-Kult stellt sich analytisch anders als phänomenologisch oder ästhetisch dar. Leiris' Analyse des zâr-Kultes ist die Analyse des

---

[25a] Vgl. auch Michelets Ausführungen zur »Affinität von Frau und Magie« (Barthes 1964: 12 ff.), Heinrichs (1975b) zu den Funktionen der Frau und der Mutter im kultischen Leben matriarchalisch orientierter Gesellschaften sowie Leiris' (S. 225 f.) Thematisierung der Gleichberechtigung im *zâr*-Kult.

[26] Zur weiteren Ausführung und zum Verhältnis von Schamanismus und Psychoanalyse, vgl. Heinrichs (1977); zum oben gebrauchten Begriff der »Lehrexistenz« vgl. Heinrichs (1973).

exzessiven Momentes in der »Règle du jeu«, das in der fremden Kultur beobachtet und für das Verständnis der eigenen Kulturgeprägtheit nützlich gemacht wird.

So wie Leiris in seiner ethnologischen Tätigkeit immer bemüht war, Phänomene des Fremden in einer, im Ansatz sozialpsychologischen, ethnopsychoanalytischen und linguistischen Analyse verstehbar zu machen, so verschrieb er sich in seiner literarischen Arbeit – vor allem in *L'Age d'homme* und in der vierbändigen Autobiographie *La Règle du jeu* – ganz der Eigenanalyse. Man kann sagen, daß kein Dichter je vor ihm versucht hat, in solcher Radikalität und Konsequenz das eigene Leben autobiographisch zu erforschen und es unermüdlich, und dennoch ohne jedes Pathos, anderen zugänglich zu machen. Minuziöse Rekonstruktionen seiner Kindheit, Beschreibung und Erforschung seiner Traum- und Alltagswelt, Decouvrierung all seiner Neigungen, Verhaltensweisen und Assoziationsformen zeichnen sein Verhältnis zu sich als Beobachter, Dichter und Alltagsmensch aus. Sein Leben ist Psycho-Analyse im elementarsten Sinn.

Sein Bezug zur Wissenschaft Psychoanalyse – wie auch zur Soziologie – ist dadurch gekennzeichnet, daß er deren methodische Vorgehensweisen anerkennt, deren Terminologie jedoch nur äußerst zurückhaltend anwendet. Sein Zugang zu Psychoanalyse und Soziologie ist insofern als elementar zu charakterisieren, als er die Analyse der Strukturen und Mechanismen des Traums, der Assoziationen und des Schreibvorgangs, des Sozialen, der Mythen und Riten, gleichsam als eine selbstverständliche, aber auf steter persönlicher Überprüfung aller Voraussetzungen und Bedingungen gründende Arbeit versteht.

Er versäumt nie, Phänomene, denen er sich in wissenschaftlicher Arbeit gewidmet hat, auch selbstanalytisch, in der Rekonstruktion frühkindlicher Bezüge und Sensationen nachzugehen, bzw. der privaten Darstellung eine allgemeinere folgen zu lassen. Dies trifft auch für das Phänomen des Schamanismus zu. 1938 schrieb Leiris in *Das Heilige im Alltagsleben*:

»Während dieser ganzen Zeit der Begeisterung für die Pferderennen stellten wir uns oft vor, mein Bruder und ich, wir würden später einmal Jockeys – wie so mancher Junge aus ärmeren Vierteln davon träumen mag, Radrennfahrer oder Boxer zu werden. Wie der Religionsstifter, der große Revolutionär oder der große Eroberer scheint auch der Champion ein Geschick zu haben ..., mit einem Sprung die ganze gesellschaftliche Stufenleiter zu erklimmen ... In gewisser Hinsicht erinnert er an den *Schamanen*, der ursprünglich auch nichts anderes ist als Unbemittelter und Benachteiligter und der dem

Schicksal gegenüber eine spektakuläre Revanche und Vergeltung erzielt, insofern er ganz allein, unter Ausschluß der anderen im Einvernehmen mit den Geistern steht.« (S. 233 f.)

Die Wissenschaft ist für Leiris die Möglichkeit, eine soziale Lebensform in seiner rückhaltlosen poetischen Praxis – »Nur die *totale* Poesie ist große Poesie« (1966b: 291) – zu finden, auch einen Status, den er, als Schriftsteller, sich total ausschreibend, vollends verletzte und dem er, innerhalb seiner wissenschaftlichen Publikationen immer genau entsprach. Die Irritation dieser Aufteilung ist ihm einmal mehr von seiten des Poeten in *L'Afrique fantôme* und einmal mehr von seiten des Wissenschaftlers im »Collège de Sociologie« gelungen – davon legt sein Aufsatz über das Heilige Zeugnis ab.

Während bei Leiris noch eine Arbeitsteilung von literarischer und ethnologischer Produktion besteht, hat Hubert Fichte sie bewußt aufgegeben. Die Authentizität seines Textes ist die einer Lebenspraxis. Fichtes Programm ist das einer endlichen authentischen Deskription, Leiris' Programm ist das einer unendlichen Analyse des Selbst *und* fortgesetzter Deskriptionen des Fremden.

Eine andere Form ist die *Vermischung* beider Praxisbereiche, die auch stärker den Bereich der Fiktion einbezieht: exemplarisch Castanedas Feldforschungs-Romane über Existenz und Lehre des Don Juan. In keinem Fall sind die so hergestellten Texte auf Literatur zu reduzieren, immer handelt es sich auch um Anthropologie und ›Feld‹-Forschung, die wissenschaftlich verfestigte Standards aufbricht und den Beobachter als emotional Teilnehmenden einsetzt, die dem Fremden das Exotische nicht nimmt, sondern es in allen Facetten schildert. Aber wie weit ist die Authentizität des Dargestellten durch den Autor verbürgt? Castaneda (1968: 20) formuliert ähnlich wie Leiris in *L'Afrique fantôme* seinen Versuch einer »subjektive(n) Version dessen, was ich während des Erfahrungsablaufes wahrnahm . . . Ich wollte den emotionalen Effekt, den ich erfahren habe, so vollständig wie möglich beschreiben.« Die Verteidigung des emotionalen Effekts in der Wissenschaft – das ist das Kriterium, das auch Devereux (1967: 20 f.), unter anderem auf Lévi-Strauss' *Traurige Tropen* Bezug nehmend, für die aufrichtige Wissenschaft forderte. Castaneda strebte darüber hinaus die Analyse des »Anschauungssystems« und der inneren Logik des Schamanismus an, wie er ihm von seinem Lehrmeister Don Juan vor allem praktisch vorgeführt wurde.

Die Selbsterfahrung des Körpers, der »Myriade von Selbsten«, Exerzitien mit dem eigenen Körper, die Faszination von Techniken zur Erlangung eines unbeschreiblichen Wissens, persönlicher Kraft und therapeutischer Heilkraft, die Veränderung unserer Raum- und Zeitordnung, die Vertiefung in unsere Traumwelt – »ein zweites Leben« (Nerval/Leiris 1945a) –, die veränderte Stellung in der Natur- und Dingwelt und schließlich die Lust am theatralischen Geschehen und dessen Inszenierung – alles Wünsche, Vorstellungen, Erfahrungen und Assoziationen, die Castaneda und Leiris durchaus gemeinsam haben.

Im Unterschied zu Leiris *inszeniert* Castaneda seine Sichtweise; Leiris demonstriert seine Sichtweisen selbstentblößend, Casteneda erweckt den Anschein, zum wahren Sein und zum Ursprung vorzudringen. Leiris zeigt: Das Original haben wir nie. Jede Erfahrung und jede Schrift ist immer schon Über-Setzung, wir halten uns in Zwischenbereichen (des Imaginären, des Symbolischen und des Realen) auf, wie Lacan und Leclaire sagen. Oder Pontalis (1965: 274) über Leiris' Versuch der Selbsterkenntnis: »Verlorene Mühe! Man mag sich noch so liebenswürdig zeigen, das Ungetüm weigert sich, herauszukommen.« Leiris ist Ethnologe des Selbst und der Anderen – sein System: das übergreifende Symbolsystem der Kulturen und Vorstellungswelten.

Eine *ethnologische Poetologie* umreißt die Dichtung des Fremden im Menschen in eigener und in anderer Kultur programmatisch. Dieses Programm – lebenspraktisch durch die Bewegung des Reisens erfüllt – hat in Leiris' Werk Gestalt angenommen: in Umschreibungen der Annäherung an die phantasiegesättigten Bedeutungsknoten und in assoziativ verstärkten Buchstabenverschlingungen, in Umschreibungen der Annäherung an das Ich, die Welt des Traumes und der Besessenheit, an die Strukturen der eigenen und der fremden Sprache. Resultat: »Was man zu fassen bekommt, ist immer der Schatten und nicht die Beute.« Diesem komponierten und mythisch durchsetzten Programm (vgl. Heinrichs 1976b) sind aber, wie gezeigt, die Inhalte; die wissenschaftliche Tradition und die Denkgeschichte, nicht gleichgültig.

Die exotistisch belebte Wissenschaft

> Authentizität ist unsere einzige Chance, den
> Exotismus, den wir verteidigen, zu leben.

Leiris hat als einer der ersten die persönliche Bürgschaft des Ethnologen für das, was er, in Kolonialismus und subjektive Vorlieben, Ängste und Deformationen verstrickt, von der fremden Kultur uns mitteilt, in aller Deutlichkeit herausgearbeitet. Seine Vorstellung lief auf die, auch wesentlich poetische Erfassung des »ganzen Menschen« hinaus – ausgehend von der Erinnerung an die eigene Kindheit, ausgehend auch von der Notwendigkeit einer Überwindung der kolonialistisch verdorbenen Ethnologie in einem aktiven Humanismus. Auch müsse an die Seite der »weißen Ethnographie« eine »lokale Ethnographie« treten. Hat man sich über die Notwendigkeit einer solchen Erweiterung der Ethnologie verständigt, bleibt immer noch die Frage nach der Notwendigkeit einer allgemeinen *Ethnopoetik*. Die Verteidigung der Ethnopoetik kann meines Erachtens nur als eine Verteidigung des *Exotismus* (nicht der Exotik) und der *Authentizität* geführt werden.

Das Heterogene und Inkohärente muß Spuren hinterlassen. Inwieweit ist einerseits eine »Erweiterung der Wissenschaft durch poetische Kategorien« und andererseits eine »Fundierung des Poetischen durch empirisches und logisches Vorgehen verschiedenen Typus'« (Fichte 1977) möglich? Leiris versucht, dieses Programm von beiden Seiten her zu erfüllen.

In Frankreich richtet sich das neuerliche Interesse an Leiris zunächst nicht auf seine ethnographische Arbeitsweise und seine ethnologischen Funde, sondern auf die Modernität seines Umgangs mit dem Körper und der Sprache: »Leiris erforscht . . ., das was man heute ›Spiel mit dem Signifikanten‹ nennen würde«; er »macht sich die logische Vorstellung von der Sprache als Ensemble der ›Vorschläge‹ zu eigen«; exemplarisch präsentiere *La Règle du jeu* diesen »Teufelskreis der Signifikanten und Signifikaten, auf allen Ebenen seines Diskurses (Ronat 1975: 7, 63). Solche Spielregel ist, in surrealistischer Perspektive, Lebensregel, die man so wenig faßt wie das Subjekt. Das Medium von Leiris' Arbeit ist die Sprache; die, die er selbst spricht, und die, die ihm von anderen – und speziell von Informanten etwa beim Studium der Geheimsprache der Dogon – zugetragen wird. Der von ihm erforschte ethnographische Raum ist ein wesentlich sprachlich belebter Raum.

Leiris wertet Beobachtungen poetisch und ethnographisch aus. Seine Erfahrungs- und Beschreibungspraxis erstreckt sich in beide Dimensionen. Leiris' Werk ist brüchig. Gemäß seiner psychischen Ökonomie fügen sich seine ethnographische und seine poetische Beschreibungspraxis nicht zu einem Kontinuum. Bezüglich dessen, was Creuzer im vorigen Jahrhundert die »wissenschaftliche Empfindung« nannte, gibt es einen Rückschritt von der erfahrungsgesättigten Intensität der Beschreibung in *L'Afrique fantôme* zu den zeitweilig trockenen, in wissenschaftlichen Details erstickenden Ausführungen in *La Langue secrète des Dogons de Sanga* und *La Possession et ses aspects théâtraux chez les Ethiopiens de Gondar*. Die äußerst verschachtelten Satzkonstruktionen sind hier – ohne die poetische Kraft – glanzlos. Dann ist Leiris auf der anderen Seite der écriture, die er für die literarische Realisierung so programmatisch bestimmt hatte:

als »Suche nach einer Lebensfülle, die eine Katharsis voraussetzen würde ... Gewisse Anfechtungen seelischer oder sexueller Art bloßzulegen, gewisse Schwächen und Verzagtheiten, deren er sich am meisten schämt, öffentlich zu bekennen ... wenigstens den Schatten eines Stierhornes in ein literarisches Werk hineinzubringen!« (1939a: 7,8)

Später hat Bataille diese Definition der »Literatur als Stierkampf«[27] als entscheidend für die Entstehung seines Werkes *L'Erotisme* bezeichnet. Der Exotismus, den wir verteidigen können, geht auf die Lust am Exotismus eines Bougainville oder Forster zurück, auf das Zeitalter der Entdeckungs- und Forschungsreisen und auf die ›erste anthropologische Periode‹ zwischen 1760 und 1790, zum Teil auch auf de Sades erotischen Exotismus in *Aline et Valcour*, insofern er erstmals die erotisch determinierten Projektionen in der Beschreibung des Fremden radikal ins Spiel brachte. Das Gegenteil des hier vertretenen Exotismus ist das, was man Exotik nennt:

»Wir sind nur zu sehr geneigt, ein Volk als glücklich zu betrachten, das uns durch die poetische oder ästhetische Rührung, die es vermittelt, glücklich macht, wenn wir es betrachten ..., Vorliebe für einen gewissen Primitivismus«. (Leiris, S. 60, 65)

Exotik ist die Verzerrung des Fremden zum »guten Wilden« oder »braven Kerl aus dem Busch« oder allgemein die Degradierung zum Projektionsobjekt. Die exotisch motivierte Begegnung gründet nicht

---

[27] Zur Symbolik des Stiers vgl. auch seinen Aufsatz *Sacrifice d'un taureau chez le Houngan Jo Pierre-Gilles* (1951) und die entsprechenden Passagen zu den Stieropfern im Gondar-Aufsatz, sowie die frühe Arbeit *Le Taureau de Seyfou Tchenger* (1933); *Abanico para los toros* (1969b: 140); 1969d: 110: »*Taureau* – au torse près, un grand centaure« (bis auf den Rumpf ein großer Zentaur).

darauf, etwas über den Anderen in dessen Ordnungen und über sich selbst erfahren zu wollen. Exotik ist ethnozentristische Ausschmückung und Verabenteuerung.

Die Grenze des ethnographischen *Exotismus:* Der dem Ethnographen fremde Raum ist begrenzt, ebenso die Aufgabe, die Motivation, das Ziel. Er muß sich Grenzen setzen, um eine Forschungssituation herzustellen, wie der Psychoanalytiker die psychoanalytische Situation, in der er nicht ißt, trinkt, liest, nicht mit dem anderen schläft oder ausgelassen ist. Der Rahmen schafft den Raum für kontrollierbare Gegenübertragung; man weiß, was man sich leisten kann, man sieht zu, man überwacht seine Wünsche und Ängste, aber man läßt sie zu! Man versucht, die projektiven Verzerrungen bei der Analyse des Fremden (im Unbewußten und Sozialen) gering zu halten. Man will verstehen, interpretieren, Aussagen machen.

Exotismus ist in seinen Anfängen eine unauflösbare Vermischung von Vereinnahmung und Aufklärung des Fremden, von Fremd- und Selbstverständnis, von Beobachtung, Beschreibung, Reflexion und Projektion, von Phantasie und Modellbildung. Die Entwicklung eines ersten wissenschaftlichen Status' der Ethnologie ist nicht ohne den – zumindest zeitweisen – Niedergang des Exotismus denkbar. Die Reiselust und die Formulierung aus der Anschauung, die phantastische Ausschmückung und die Systematisierungsversuche, waren erste notwendige Erprobungen des Spielraums ethnologischer Forschung, der ohne eine neuerliche Integration des Exotismus wieder schrumpft.

Wenn man davon ausgeht, daß Existenz die Verwirklichung von Lebensformen ist, dann kann die Wissenschaft, die man betreibt, Imaginationen freisetzen und als reale Existenzmöglichkeiten vor Augen führen; vorführen, was unlebbar schien und was lebbar ist, so daß Exotismus in der Wissenschaft auch hieße, das Leben (in) der Wissenschaft stark zu machen, sie für das Leben, das man wünscht, zu nutzen und stetig auszubauen. So ist die exotistisch belebte Wissenschaft die, die das Andere nicht reduziert und die Fremdheit in den eigenen und in den abgeschnittenen Lebensformen entfaltet.

Der Exotismus, den wir verteidigen können, kann nur der sein, der die Wahrheitssuche in der fremden Kultur auf die authentische Erfahrbarkeit bezieht, nichts ausschmückt im Sinne eines Meisterwerks (der Kunst oder Wissenschaft), sondern sich mit dem Lächerlichen und Nichtigen herumschlägt. Am 4. April 1932 vermerkt Leiris in *L'Afrique fantôme:*

»Seit gestern habe ich an dem Plan eines Vorwortes für die eventuelle Veröffentlichung dieser Notizen gearbeitet . . . Dieses Tagebuch ist weder ein Bericht der Dakar-Djibouti-Expedition noch könnte man es eine ›Reiseerzählung‹ nennen. Ich bin nicht qualifiziert, einen Gesamtbericht dieser wissenschaftlichen und offiziellen Expedition zu geben [. . .] Ich könnte ein Buch erscheinen lassen, das einem ziemlich trübsinnigen Abenteuerroman gleichkäme (wir leben nicht mehr im Zeitalter Livingstones oder Stanleys, und mir ist nicht danach, auszuschmücken) oder auch einen mehr oder weniger brillanten Essay im Sinne einer ethnographischen Verallgemeinerung (ich überlasse dies den Technikern in der Erziehung, ein Bereich, den ich nie wirklich zu dem meinen gemacht habe). Ich ziehe es vor, diese Notizen zu veröffentlichen [. . .] Titel des Buches ›Der Schatten des Abenteuers‹. Während ich diese Zeilen abschrieb, ist ein Schwarm Heuschrecken vorbeigeflogen. Übergenauigkeit dieses Vorwortes, dessen pseudophilosophisches Ende [über die Unmöglichkeit, authentisch für die anderen zu sprechen] ausgesprochen leer und prätentiös ist. Alles bleibt verwirrend. [. . .] Ich lese – im WC – die gestern geschriebene Version wieder. Vielleicht war sie die bessere. [. . .] Anderer Titel des Buches: ›Der Krebsgänger‹ (Le Promeneur du Cancer). Geplante Widmung: ›Meinem Freund Marcel Griaule, dem die Niederschrift dieses Buches zu verdanken ist‹ . . . Von Anfang an, während der Arbeit an diesem Tagebuch, habe ich gegen ein Gift gekämpft: die Idee der Veröffentlichung.«

Der Exotismus ist nicht etwa die Annäherung an die Wahrheit in dem Sinne, daß er die Ausbreitung unserer Wünsche, und noch umfassender, der exotistisch belebte Raum des Verdrängten wäre; ganz anders, er ist das Gegenbild dessen, was uns bedrängt, er ist die Gegenwunschwelt: Wir wünschen die Nähe in unserer Kultur und suchen sie in der anderen; wir hätten gern den angstlosen Bezug zu den Objekten in dem, was uns Alltag ist, und kaschieren unsere Angst in der Reiselust, sind auch im Fremden zu Hause, weil uns dort kein Kontakt unsere Vergangenheit so lebensnah vor Augen führt, daß wir uns gezwungen sähen, daran zu arbeiten. Der Exotismus ist die lebbare Analyse: negieren wir unseren Exotismus, sterben wir; leben wir unseren Exotismus als die Realisierung unserer Wünsche, irren wir – aus diesem Irrtum heraus formulierte auch Paul Nizan: »Reisen sind keine Lösung«, die Reisenden sind »nur die lächerlichen Zeugen einer menschlichen Ohnmacht« –; leben wir unseren Exotismus als eine in der Gegenbewegung sich realisierende Entdeckung unserer Wünsche, haben wir einen Schritt nach vorne gemacht.

Dies meint auch Leiris mit *L'Afrique fantôme:* das ›wirkliche‹ Afrika erfüllte seine Vorstellungen und seine Wünsche nicht; aber die exotistisch geprägte Konfrontation mit dem Anderen war ein erster großer Anfang seiner »Règle du jeu«.

Exotismus gehört dem Leben und der »guten Wissenschaft« zu, von der die iranische Mythologie sagt, daß sie eine »Quelle der Lust« sei

(Creuzer 1837: 316). Leiris hat die Stellung, die das Reisen dabei einnimmt, offensichtlich erfahren: In *L'Oeil de l'ethnographe* schrieb er als werdender Ethnograph, daß ihm das Reisen

»außer der besten Methode, eine wirkliche, d. h. lebendige Kenntnis zu erwerben, die Erfüllung gewisser Kindheitsträume sei und, zur gleichen Zeit, ein Mittel, um gegen das Alter und den Tod anzukämpfen . . .« (1930d: 404 ff.)

Und 1939 resümiert er in *Mannesalter*, als Schriftsteller:

»Als ich aus diesen höllischen Bannkreisen [regelmäßig fehlgeschlagene Liebesversuche, skandalöse Räusche, beinahe blutige Bisse, nächtliche Sauferei, begonnene Psychoanalyse 1929] herauskam, ergriff ich auf den Rat meines Arztes und weil ich selbst meinte, es fehle mir ein wenig die Erfahrung einer härteren Lebensweise, die Gelegenheit, eine lange Reise zu machen, und verreiste als Mitglied einer ethnographischen Expedition für fast zwei Jahre nach Afrika. Nach Monaten der Keuschheit und der Entsagung, während eines Aufenthaltes in Gondar, verliebte ich mich in eine Äthiopierin, die physisch und moralisch meinem doppelten Ideal der Lucretia und der Judith entsprach. Sie hatte ein schönes Gesicht, aber eine verfallene Brust und war in eine Toga von meist mehr als zweifelhaftem Weiß gewickelt, roch nach saurer Milch und besaß eine junge Negerin als Sklavin; sie sah aus wie eine Wachsfigur, und die bläulichen Tätowierungen, die sich ringförmig um ihren Hals legten, hoben ihren Kopf etwa wie ein durchsichtiger steifer Kragen, oder als hätte der Halsring einer lange zurückliegenden Marter auf ihrer Haut seine Spuren wie eine Stickerei zurückgelassen. War sie vielleicht nur ein neues Bild – diesmal in Fleisch und Blut – jenes Gretchens mit dem durchschnittenen Hals, deren Gespenst ich in der Oper niemals hatte richtig sehen können? Sie war syphilitisch und hatte mehrere Fehlgeburten gehabt. Ihr erster Ehemann war geisteskrank geworden, der letzte hatte sie zweimal töten wollen. Da sie, wie alle Frauen ihrer Rasse, die Klitoris amputiert hatte, mußte sie frigide sein, zumindest Europäern gegenüber. Als Tochter einer Art Hexe, die von verschiedenartigen Geistern besessen war, verstand es sich von selbst, daß sie diese Geister erben würde, und einige von ihnen hatten sie bereits mit Krankheit geschlagen und sie auf solche Weise als eine Beute gekennzeichnet, die sie unweigerlich in Besitz nehmen würden. Als sie einmal einen weiß und rot gefleckten Widder für einen dieser Geister hatte töten lassen, sah ich sie in der Trance keuchen, und – im Zustand völliger Besessenheit – das Blut des Opfers, das ganz heiß aus der durchschnittenen Kehle strömte, aus einer Porzellantasse trinken. Niemals habe ich mit ihr geschlafen, aber als dieses Opfer stattfand, schien es mir, als knüpfte sich zwischen ihr und mir eine Beziehung, inniger als jede Art von fleischlichem Verhältnis. Nach meiner Abreise von Gondar hatte ich schließlich im ›heißen Viertel‹ von Djibouti einige Zufallsbegegnungen mit Somalimädchen; dennoch habe ich von diesen lächerlichen und unglücklichen Liebschaften einen paradiesischen Eindruck bewahrt.
Im Jahre 1933 kehrte ich zurück und hatte wenigstens eine Legende zerstört: jene vom Reisen als Möglichkeit, sich selbst zu entfliehen . . .« (1939a: 202 f.)

Auch Leiris glaubte zeitweilig an eine tiefgreifende »Therapie der Ortsveränderung«, an den Exotismus als Wunscherfüllung, versteht dann aber den Exotismus in eigener und in fremder Kultur als einen

Weg, die Möglichkeiten und Verfehlungen zu entdecken und lebbar zu machen, als einen Weg versuchter Authentizität.

»Das Bemühen um Authentizität – der Maßstab jeder großen Poesie.« »Etwas was mir Genet sagte als ich ihn kennenlernte, gefiel mir ausgezeichnet: ›Ich schreibe, damit man mich liebt‹ – das schien mir von bedingungsloser Aufrichtigkeit zu sein.« (Leiris)

Leiris' literarisches Werk ist in Frankreich leicht zugänglich, während seine ethnologischen Schriften nur sehr verstreut vorliegen bzw. auch antiquarisch nicht mehr zu erhalten sind. In Deutschland kümmert sich seit einigen Jahren beharrlich ein kleiner Kreis von Liebhabern der französischen Literatur vor allem um den frühen Text *Mannesalter* und die Autobiographie *La Règle du jeu.* Zu den Interpreten, Übersetzern und Verbreitern gehören unter anderem Hanns Grössel, Helmut Heißenbüttel und Michael Krüger, denen ich, wie auch Hubert Fichte und Helmut Dahmer, für ganz unterschiedliche Anregungen danke. Mit dem Übersetzer Rolf Wintermeyer verbindet mich eine freundschaftliche Zusammenarbeit, die zur Lust an der editorischen Arbeit beitrug. Michel Leiris nahm sich die Zeit, Bezüge im Gespräch zu verlebendigen und stellte ein Ektachrom des Porträts, das ihm Picasso 1963 widmete, freundlicherweise zur Verfügung. Dem Freund Fritz Morgenthaler sei die Ausgabe gewidmet, da er heute, als Analytiker und Künstler, ähnlich wie damals Limbour, Bataille, Métraux und Leiris, »die Dinge in ihrer einzigartigen Realität ergriffen haben will«. (Leiris)

Bibliographie zur Einleitung

Das Erscheinungsdatum hinter dem Namen bezieht sich immer auf die Original-, bzw. Erstausgabe. Ist keine deutsche Ausgabe angegeben, so wird nach der Originalausgabe zitiert, sonst immer nach der deutschen Übersetzung bzw. der als letzte Ausgabe angegebenen Edition; darauf beziehen sich dann auch die beim Zitatnachweis angegebenen Seitenzahlen. Die Arbeiten von Leiris sind nach der Bibliographie am Ende des Bandes zitiert.

Alltagswissen, Interaktion und gesellschaftliche Wirklichkeit. Bd. 2: Ethnotheorie und Ethnographie des Sprechens (1973). Hg.: Arbeitsgruppe Bielefelder Soziologen. Reinbek (Rowohlt).

Argelander, H. (1970): »Die szenische Funktion des Ichs und ihr Anteil an der Symptom- und Charakterbildung.« In: *Psyche* 5, 24. Jahrg. 325–345.

Artaud, A. (1964): *Die Tarahumaras. Revolutionäre Botschaften.* München (Rogner u. Bernhard) 1975.

Balandier, G. (1957): *Afrique ambiguë.* Paris (Plon).

Barthes, R. (1957): *Mythen des Alltags.* Frankfurt/M. (Suhrkamp) 1974[3].

– (1964): Vorwort zu J. Michelet, *Die Hexe.* München (Rogner u. Bernhard) 1974.

Bataille, G. (1957): *Der heilige Eros.* Neuwied (Luchterhand) 1963.

– (1970a): *Œuvres complètes Bd. I,* Premiers Ecrits 1922–1940. Paris (Gallimard).

– (1970b): *Œuvres complètes Bd. II,* Ecrits posthumes 1922–1940.

Beauvoir, S. de (1972): *Alles in allem.* Reinbek (Rowohlt) 1976.

Bitterli, U. (1976): *Die ›Wilden‹ und die ›Zivilisierten‹. Grundzüge einer Geistes- und Kulturgeschichte der europäisch-überseeischen Begegnung.* München (Beck).

Boyer, A.-M. (1974): *Michel Leiris.* Paris (Editions Universitaires).

Castaneda, C. (1968): *Die Lehren des Don Juan. Ein Yaqui-Weg des Wissens.* Frankfurt/M. (Fischer). 1975[6].

– (1971): *Eine andere Wirklichkeit. Neue Gespräche mit Don Juan.* Frankfurt/M. (Fischer) 1975[3].

– (1972): *Reise nach Ixtlan. Die Lehre des Don Juan.* Frankfurt/M. (Fischer) 1975[2].

– (1974): *Der Ring der Kraft. Don Juan in den Städten.* Frankfurt/M. (Fischer) 1976[1].

Césaire, A. (1955): *Über den Kolonialismus.* Berlin (Wagenbach) 1968.

Chappuis, P. (1973): *Michel Leiris.* Paris (Seghers).

Clastres, P. (1974): *Staatsfeinde. Studien zur politischen Anthropologie.* Frankfurt/M. (Suhrkamp) 1976.

Creuzer, G. F. (1837): *Symbolik und Mythologie der alten Völker,* Bd. I, Hildesheim/New York (Olms) 1973.

Critique (1976): »Limbour l'irréductible«, Aug.–Sept., Nr. 351–352.

Dalí, S. (1971): *Unabhängigkeitserklärung der Phantasie und Erklärung der Rechte des Menschen auf seine Verrücktheit. Gesammelte Schriften.* München (Rogner u. Bernhard) 1974. Dtsch. von B. Weidmann, mit einer Studie von Peter Gorsen.

Derrida, J. (1967): *Die Schrift und die Differenz.* Frankfurt/M. (Suhrkamp) 1976.

Devereux, G. (1967): *Angst und Methode in den Verhaltenswissenschaften.* München (Hanser) 1973.

– (1970): *Normal und Anormal. Aufsätze zur allgemeinen Ethnopsychiatrie.* Frankfurt/M. (Suhrkamp) 1974.

Durkheim, E. (1917): *Textes 2.* Paris (Minuit).

Eliade, M. (1951): *Schamanismus und archaische Ekstasetechnik.* Frankfurt/M. (Suhrkamp) 1975.

Fanon, F. (1966): *Aspekte der Algerischen Revolution.* Frankfurt/M. (Suhrkamp) 1969.

Fichte, H. (1976): *Xango. Die afroamerikanischen Religionen. Bahia. Haiti. Trinidad.* (zus. mit E. Mau). Frankfurt/M. (Fischer).

– (1977): »Kultur haben immer die Sieger. Ketzerische Bemerkungen für eine neue Wissenschaft vom Menschen.« In: *Die Zeit,* 21. 1. S. 35.

Foucault, M. (1966): *Die Ordnung der Dinge.* Frankfurt/M. (Suhrkamp) 1974[2].

Fox, R. (1967): »Ein neuer Blick auf *Totem und Tabu*«, in: E. Leach (Hg.), *Mythos und Totemismus.* Frankfurt/M. (Suhrkamp) 1973.

Freud, S. (1912–13): *Totem und Tabu.* GW Bd. 9. Studienausgabe 9: 287 ff.

– (1916–17): *Vorlesungen zur Einführung in die Psychoanalyse.* GW Bd. 11. Studienausgabe Bd. 1: 118 f., 277.

– (1924): *Kurzer Abriß der Psychoanalyse.* GW Bd. 13: 403 ff.

Godelier, M. (1973): *Ökonomische Anthropologie. Untersuchungen zum Begriff der sozialen Struktur primitiver Gesellschaften.* Reinbek (Rowohlt) 1973.

Gorsen, P. (1969): *Das Prinzip Obszön. Kunst, Pornographie und Gesellschaft.* Reinbek (Rowohlt) 1970[2].

– 1972): *Pierre Molinier, lui-même. Essay über den surrealistischen Hermaphroditen.* München (Rogner u. Bernhard).

Grohs, G. und B. Tibi (1973): *Zur Soziologie der Dekolonisation in Afrika.* Frankfurt/M. (Fischer).

Grössel, H. (1974): »Die Autobiographie zum Tode. Michel Leiris und ›La Règle du jeu‹.« In: *Neue Rundschau,* 85. Jahrg. 2. Heft, 292–303.

– (1976): »Ein Stratege im Literaturkampf. Über Paul Nizan.« In: *Akzente,* Febr., Heft 1, 76–95.

Heinrichs, H.-J. (1973): »Methodendiskussion mit Brecht.« In: *Text + Kritik. Bertolt Brecht II.* München (Boorberg).

– (1975a): »Vom Nutzen der Psychoanalyse – Zu Georges Devereux' ›Angst und Methode in den Verhaltenswissenschaften‹.« In: *Psyche* 9, 29. Jahrg., 840–853.

– *(1975b): (Hrsg.) Johann Jakob Bachofen, Das Mutterrecht* und *Materialien zu Bachofens ›Das Mutterrecht‹.* Frankfurt/M. (Suhrkamp).

– (1976a): »Wahrheit – Ein Entwurf.« In: *Psyche* 1, 30. Jahrg., 50–80.

– (1976b): »Die Besinnung auf das Allgemeine. Zu dem Werk von Claude Lévi-Strauss.« In: *Psyche* 2, 30. Jahrg., 170–199.

– (1977): »Psychoanalyse und Schamanismus. Zur Forschung von Michel Leiris.« In: *Psyche* 5, 31. Jahrg., 457–475.

Heißenbüttel, H. (1972): *Zur Tradition der Moderne. Aufsätze und Anmerkungen 1964–1971.* Neuwied, Berlin (Luchterhand).

Hubert, H. und M. Mauss (1902–03): »Entwurf einer allgemeinen Theorie der Magie.« Zuletzt in: Mauss, *Soziologie und Anthropologie,* hrsg. von Henning Ritter. Bd. 1. München (Hanser) 1974: 43–179.

Klingender, F. D. (1968): *Kunst und industrielle Revolution.* Frankfurt/M. (Syndikat) 1976.

Lacan, J. (1966): *Schriften.* Olten und Freiburg (Walter), 2 Bde., 1973–75.

Leclerc, G. (1972): *Anthropologie und Kolonialismus.* München (Hanser) 1973.

Leclaire, S. (1971): *Das Reale entlarven. Das Objekt in der Psychoanalyse.* Olten, Freiburg (Walter) 1976.

Lejeune, P. (1975): *Lire Leiris. Autobiographie et langage.* Paris (Klincksieck).

Lepenies, W. (1976): *Das Ende der Naturgeschichte.* München (Hanser).

Lévi-Strauss, C. (1952): *Rasse und Geschichte.* Frankfurt/M. (Suhrkamp) 1972.

– (1955): *Traurige Tropen.* Köln (Kiepenheuer u. Witsch) 1974.

– (1958): *Strukturale Anthropologie.* Frankfurt/M. (Suhrkamp) 1967.

– (1961): *Die moderne Krise der Anthropologie.* Wiesbaden (Heymann) o. J.

– (1973): *Strukturale Anthropologie II.* Frankfurt/M. (Suhrkamp) 1975.

Mauss, M. (1923–24): »Die Gabe.« Dtsch. zuletzt in: *Soziologie und Anthropologie,* Bd. 2. München (Hanser) 1975.

– (1950): *Soziologie und Anthropologie.* Bd. 1. Mit einer Einleitung von C. Lévi-Strauss. München (Hanser) 1974.

– (1947): *Manuel d'Ethnographie.* Paris (Payot) 1971.

Meillassoux, C. (1975): ›*Die wilden Früchte der Frau‹. Über häusliche Produktion und kapitalistische Wirtschaft.* Frankfurt/M. (Syndikat) 1976.

Métraux, A. (1944): »Le shamanisme chez les Indiens de l'Amérique du Sud tropicale.« In: *Acta Americana* II, 1944: 197–219; 320–341.

‒ (1958): *Le Vaudou haïtien.* Paris (Gallimard). [1968: mit einem Vorwort von Leiris]

Moravia, S. (1970): *Beobachtende Vernunft. Philosophie und Anthropologie in der Aufklärung.* München (Hanser) 1973.

Morgenthaler, F. (1974): »Die Stellung der Perversionen in Metapsychologie und Technik.« In: *Psyche* 12, 28. Jahrg., 1077–1098.

Myrdal, J. (1970): *China ‒ die Revolution geht weiter.* München 1976[2].

Nadeau, M. (1944): *Histoire du surréalisme.* Paris (Seuil) 1970.

Nizan, P. (1938): *Die Verschwörung.* München (Rogner u. Bernhard) 1975. Dtsch. von Lothar Baier, mit einem Nachwort von Herbert Nagel und L. Baier.

‒ (1971): *Für eine neue Kultur.* Reinbek (Rowohlt) 1973. Dtsch. mit einem Nachwort von Delf Schmidt.

Parin, P., F. Morgenthaler, und G. Parin-Matthèy (1963): *Die Weißen denken zuviel. Psychoanalytische Untersuchungen bei den Dogon in Westafrika.* Zürich (Atlantis). München (1972).

‒ (1971): *Fürchte deinen Nächsten wie dich selbst. Psychoanalyse und Gesellschaft am Modell der Agni in Westafrika.* Frankfurt/M. (Suhrkamp) 1973[2].

Pontalis (1965): *Nach Freud.* Frankfurt/M. (Suhrkamp) 1974[2].

Pouillon, F. [Hg.] (1976): *L'Anthropologie économique,* Paris (Maspero).

Ronat, M. (1975): »Le passé composé« und »Une ethnographie particulière«, in: *la langue manifeste.* Paris (action poétique).

Wellmer, A. (1969): *Kritische Gesellschaftstheorie und Positivismus.* Frankfurt/M. (Suhrkamp).

Wiggershaus, R. [Hrsg.] (1975): *Sprachanalyse und Soziologie.* Frankfurt/M. (Suhrkamp).

Editorische Notiz

Alle Texte sind ungekürzt wiedergegeben. Außer den in ⟨ ⟩ stehenden Anmerkungen (die ich zur Erklärung eingefügt habe), stammen alle Anmerkungen von Leiris.

Bei einer Reihe von Ausdrücken und zeitbezogenen Stellungnahmen Leiris' genügt hier ein genereller Zusatz: Bezeichnungen wie »Französisch-Schwarzafrika« und »Französisch-Sudan« beziehen sich auf die zur Zeit der Niederschrift gültigen kolonialen Verhältnisse und benennen die Räume Zentralafrika und Westafrika, die heute politisch aufgegliederter sind. Bei Städtenamen habe ich die heutige nationale Zugehörigkeit angegeben.

Die im Gondar-Aufsatz vorkommenden Übersetzungen amharischer Ausdrücke wurden, Leiris' eigener Übersetzungspraxis folgend, auch aus dem Französischen wieder verhältnismäßig wörtlich übertragen, um den ursprünglichen Sprachduktus nicht völlig verschwinden zu lassen.

Hans-Jürgen Heinrichs

I. Die Ethnologie als Humanwissenschaft

Ethnographie und Kolonialismus (1950)[1]

Ethnographie läßt sich in groben Zügen definieren als die Erforschung von Gesellschaften unter dem Gesichtspunkt der Kultur, und als Versuch, ihre unterscheidenden Merkmale herauszustellen. Historisch hat sie sich zu der Zeit entwickelt, als auch die koloniale Expansion der europäischen Völker stattfand und immer größere Teile der Erde dem kolonialen System einverleibt wurden, das im wesentlichen auf die Unterwerfung eines Volkes durch ein anderes, besser ausgerüstetes, hinausläuft, wobei gleichzeitig ein vage humanitärer Schleier über das Endziel der Operation, die Profitsicherung für eine Minderheit von Privilegierten, ausgebreitet wird. *Verbreitung* der westlichen Kultur, die – trotz Erfindungen wie dem Senfgas (das Mussolini gegen die Abessinier einsetzte) und der heutigen Atombombe (die in den Händen der amerikanischen Regierung die Alte Welt bedroht) – als die vollkommenste angesehen wird; *Erschließung* von Gebieten, die anderweitig unproduktiv bleiben würden; *Ausbreitung* des Christentums und der Hygiene: dies sind die (guten oder schlechten) Gründe, die der moderne Kolonialismus für die Beherrschung von Ländern, die Ausbeutung ihrer Bewohner (und deren daraus resultierende Selbstentfremdung) am häufigsten anführen mag. Man sollte auch nicht vergessen, daß selbst Hitlerdeutschland eine Mission humanitären Charakters vorschob, als es seine Raubzüge und Plünderungen hinter der Maske einer Erneuerung Europas verbarg und seine Vernichtungen mit einer bestimmten Rassenhygiene rechtfertigte.

Obwohl im Grunde jede Gesellschaft unter diesem Gesichtspunkt untersucht werden kann, hat sich die Ethnographie das Studium der nicht-mechanisierten Gesellschaften zum Spezialgebiet erwählt, anders gesagt: jener Gesellschaften, die keine Großindustrie entwickelt haben und den Kapitalismus nicht oder gewissermaßen nur von außen, in der Form des ihnen aufgezwungenen Imperialismus kennen. In diesem Sinne – und ganz gleich, ob die Ethnographen dies wollen oder nicht –

---

[1] Diese Skizze gibt in einer hinlänglich überarbeiteten, aber doch die Umstände ihrer Entstehung nicht verleugnenden Fassung ein von einer Diskussion gefolgtes Referat wieder, das am 7. März 1950 in der »Association des Travailleurs Scientifiques« (Sektion Humanwissenschaften) vor einer, im wesentlichen aus Studenten, Forschern und Mitgliedern des Lehrkörpers zusammengesetzten Zuhörerschaft gehalten wurde.

erscheint die Ethnographie mit dem Faktum des Kolonialismus aufs engste verknüpft. Die meisten Ethnographen arbeiten in Territorien, die von ihrem Herkunftsland abhängig sind und einen kolonialen oder halb-kolonialen Status besitzen; und selbst wenn sie überhaupt keine direkte Unterstützung von den lokalen Vertretern ihrer Regierung bekommen, werden sie doch von ihnen geduldet und von der untersuchten Bevölkerung mit den Agenten der Verwaltung in eins gesetzt. Unter solchen Bedingungen erscheint es auch für den am meisten auf reine Wissenschaft versessenen Ethnographen von Anfang an schwierig, das Problem des Kolonialismus zu übersehen: Er ist wohl oder übel in das Spiel mit einbezogen, denn es handelt sich ja hier gerade nicht um ein nebensächliches Phänomen, sondern vielmehr um ein Grundproblem der auf diese Weise unterworfenen Gesellschaften, mit denen er sich befaßt.

Wenn die Ethnographie auch fraglos – falls sie eine Wissenschaft bleiben möchte – ein Höchstmaß an Unparteilichkeit anzustreben hat, so ist es doch nicht weniger unbestreitbar, daß sie als Humanwissenschaft eine – im Vergleich zu den physikalischen oder biologischen Wissenschaften – noch geringere Distanz für sich in Anspruch nehmen kann. Trotz aller Unterschiede in Hautfarbe und Kultur beobachten wir, bei einer ethnographischen Untersuchung, immer unsere Nächsten, und wir können ihnen gegenüber nicht die gleiche unberührte Haltung einnehmen wie z. B. der Insektenforscher, der voller Neugierde sich bekämpfende oder gegenseitig auffressende Insekten betrachtet. Darüberhinaus ist für die Ethnographie die *Unmöglichkeit,* eine Beobachtung vollständig dem Einfluß des Beobachters zu entziehen, noch weniger zu vernachlässigen als in den anderen Wissenschaften: sie hat hier viel weiter reichende Konsequenzen. Selbst wenn wir annähmen, daß wir uns im Namen der reinen Wissenschaft darauf beschränken sollten, unsere Untersuchungen ohne irgendwelche Eingriffe durchzuführen, so könnten wir doch nichts dagegen ausrichten, daß allein schon die Gegenwart des Untersuchenden innerhalb der Gesellschaft, über die er arbeitet, einen Eingriff darstellt: Seine Fragen, seine Äußerungen, ja der bloße Kontakt schaffen für den Befragten Probleme, die er sich sonst nie gestellt hätte; dies zeigt ihm seine Gewohnheiten in einem anderen Licht, eröffnet ihm neue Horizonte. Neben ihrer Untersuchungsarbeit erwerben die Ethnographen darüberhinaus Gegenstände, die für das Studium und die Aufbewahrung in Museen bestimmt sind. Zumindest im Falle der religiösen Objekte und der

Kunstgegenstände, die in ein Museum des Kolonialstaates überführt werden, wird das kulturelle Erbgut einer ganzen sozialen Gruppe seinen eigentlichen Eigentümern entzogen – wie immer auch die Entschädigung aussehen mag, die man den früheren Inhabern zukommen läßt. Es ist offensichtlich, daß dieser, im Zusammentragen von Sammlungen bestehende Teil der Arbeit – wenn man darin etwas anderes als einen Raub zu sehen berechtigt ist (in Anbetracht der wissenschaftlichen Bedeutung und der Chance, die Gegenstände besser zu konservieren als an Ort und Stelle) –, daß dieses Sammeln jedenfalls zu den Tätigkeiten des Ethnographen gehört, die ihm besondere Pflichten gegenüber der erforschten Gesellschaft auferlegen: Der Erwerb eines normalerweise nicht zum Verkauf bestimmten Objektes stellt eine Verkehrung der Bräuche und damit auch einen Eingriff dar; und derjenige, der sich dieses Eingriffes schuldig gemacht hat, kann durchaus nicht behaupten, er stehe vollkommen außerhalb der Gesellschaft, deren Gewohnheiten auf diese Weise durcheinandergebracht worden sind.

Wenn die reine Wissenschaft für die Ethnographie mehr noch als für andere Disziplinen offensichtlich ein Mythos ist, so muß man darüberhinaus doch zugeben, daß auch der Wille, nur Wissenschaftler zu sein, gegen die folgende Tatsache nichts vermag: Wir können uns als Ethnographen, die in Kolonialgebieten arbeiten und die nicht allein aus der europäisch-westlichen Welt stammen, sondern auch selbst Sachwalter und Abgesandte dieser Staaten sind, noch weniger als irgendwer sonst die Hände in Unschuld waschen, wo es um die Politik geht, die von diesen Staaten und ihren Vertretern den Gesellschaften gegenüber verfolgt werden, die wir uns zum Arbeitsfeld erwählt haben – Gesellschaften, denen wir, wenn auch vielleicht nur aus beruflicher Tücke, seit den ersten Kontakten jene Sympathie und geistige Offenheit bekundeten, die erfahrungsgemäß für den erfolgreichen Verlauf der Forschungen unabdingbar sind.

Wissenschaftlich gesehen steht jedenfalls außer Frage, daß wir zur richtigen Beurteilung der betreffenden Gesellschaften die Tatsache nicht unterschlagen können, daß sie dem Kolonialregime unterworfen sind und daß folglich selbst die am wenigsten davon berührten, die am wenigsten »zivilisierten«, gewisse Umwälzungen erlitten haben. Wenn wir objektiv sein wollen, müssen wir den *realen* Zustand dieser Gesellschaften in Betracht ziehen – d. h. ihren gegenwärtigen Zustand als Gesellschaften, die zu einem gewissen Grade dem ökonomischen, politischen und kulturellen Einfluß Europas ausgesetzt sind – und nicht von der Vorstellung einer irgendwie gearteten Integrität ausgehen, welche die zu unserem Zuständigkeitsbereich gehörenden Gesellschaften offenbar auch vor ihrer Kolonialisierung nie gekannt haben – gibt es doch höchstwahrscheinlich kein einziges Beispiel für eine Gesellschaft, die immer in vollständiger Isolation gelebt hätte, ohne jegliche Art von Beziehungen zu anderen Kulturen und folglich ohne von außen ein Minimum an Einflüssen erhalten zu haben.

Menschlich gesehen ist es uns aus dem obengenannten Grunde (unsere Zugehörigkeit zu einem Kolonialstaat und unsere Stellung als Funktionäre oder Beauftragte der Regierung dieses Staates) unmöglich, uns aus den Entscheidungen der Kolonialverwaltung herauszuhalten: Als Bürger und als Abgesandte haben wir unseren Teil der Verantwortung an diesen Handlungen zu tragen und im Falle, daß wir sie mißbilligen, würde es nicht genügen, sich rein platonisch davon zu distanzieren. Wir Ethnographen, die wir es uns – aus Motiven, die oft nichts mit der rein wissenschaftlichen Neugier zu tun haben – zum Beruf machen, die kolonialisierten Gesellschaften zu *verstehen,* haben die Pflicht, dem Kolonialstaat gegenüber, dem wir angehören, als die natürlichen Anwälte dieser Gesellschaften aufzutreten. Insofern es für uns eine gewisse Chance gibt, gehört zu werden, müssen wir beständig zur Verteidigung dieser Gesellschaften und ihrer Strebungen bereit sein, selbst wenn derartige Strebungen mit den sogenannten nationalen Interessen des Kolonialstaates kollidieren und einen Gegenstand des Ärgernisses darstellen.

Als einem Spezialisten für das Studium dieser, den meisten Europäern so ungenügend bekannten Gesellschaften und als Reisendem nach Gegenden, von denen dieselben Europäer nur eine sehr vage oder total falsche Vorstellung haben, obliegt es dem Ethnographen im übrigen, vom wahren Dasein dieser Gesellschaften Zeugnis abzulegen. Es ist somit zu wünschen, daß er – trotz des gewöhnlichen Widerwillens der Gelehrten gegen Vulgarisierungen – all die Möglichkeiten der Veröffentlichung in anderen als den wissenschaftlichen Publikationen nicht verschmäht und so der Wahrheit, die er zu sagen hat, die weitest mögliche Verbreitung verschafft. Die *Beseitigung* der Mythen (angefangen beim Mythos vom unbeschwerten Leben in den Tropen); die *Anprangerung* von Phänomenen der Absonderung und von anderen, das Fortbestehen eines Rassismus bekundenden Gewohnheiten – eines Rassismus, wie ihn selbst diejenigen Völker nicht verleugnen können, die man (wie die üblicherweise als »lateinisch« bezeichneten) für weniger geneigt hält, in der weißen Rasse die Herrenrasse zu sehen; die *Kritik* derjenigen offiziellen oder privaten Aktionen, die ihm für die Gegenwart oder die Zukunft der Völker schädlich scheinen, mit denen er sich befaßt: hierin bestehen die elementaren Aufgaben, die der Ethnograph, wenn er auch nur einen Funken beruflichen Gewissens besitzt, nicht umhin kommt, wenigstens in Betracht zu ziehen.

Es geht allerdings um mehr als um die bloße, allgemeine Behauptung dieser Pflicht zur Information der Öffentlichkeit und zur Kritik. Es versteht sich, daß jeder redliche intellektuelle Arbeiter, dem es möglich ist, sich öffentlich Gehör zu verschaffen, keine Angst vor einer Stellungnahme gegen die Irrtümer und Ungerechtigkeiten haben darf, für deren Denunzierung er am berufensten ist; es versteht sich auch, daß er nicht zögern darf, sich auf solche Weise zu kompromittieren, wenn ihm eine derartige Denunzierung das wirksamste, ihm zur Verfügung stehende Mittel zu sein scheint, um zu einer Besserung beizutragen, und er sich hierdurch nicht außerstande setzt, in ähnlichem Sinne eine noch entscheidendere Arbeit zu leisten. Wenn man jedoch vor allem bedenkt, daß die Ethnographen, als Fachleute für das Studium des Massenphänomens Kultur, im Zuge der wissenschaftlichen Spezialisierung auf die Kultur eines bestimmten Volkes oder einer bestimmten kolonialisierten Völkergruppe hin orientiert werden, so will es doch scheinen, daß man – ganz abgesehen von diesen ersten Pflichten, denen gegenüber jeder seine eigene Verantwortung zu übernehmen hat und im übrigen jeder Fall ein Einzelfall ist – von diesen Technikern die Erfüllung einer genauer umschriebenen Aufgabe zu erwarten berechtigt ist. Die genaue Beschaffenheit, der genaue Inhalt dieser Aufgabe und die (in Anbetracht der Abhängigkeit des Ethnographen von der Kolonialverwaltung voraussichtlich nicht problemlosen) Modalitäten ihrer Erfüllung sind erst die eigentlichen Punkte, an denen man eine Diskussion zwischen denjenigen Ethnographen angesetzt sehen möchte, die von einer echten Verbundenheit zu den Menschengruppen geprägt sind, deren Studium sie sich gewidmet haben. Es ist dies also keine Handlung des bloßen Protestes, sondern eine positive, aktive Aufgabe der Bewahrung von Kulturen, deren Träger diese Menschengruppen sind. Eine Bewahrung allerdings, die man nicht, wie viele Ethnographen dies tun, mit ihrer Konservierung verwechseln darf. Der Wunsch dieser Ethnographen geht dahin, die Kulturen, über die sie gearbeitet haben, so wenig wie möglich Veränderungen unterworfen zu wissen, und oft genug liegt die Vermutung nahe, daß es ihnen eigentlich nur darum geht, diese Kulturen weiter studieren, bzw. ihren Anblick weiter genießen zu können.

Eine Kultur, die sich als die Gesamtheit der (immer zu einem bestimmten Grade überlieferten und einer mehr oder weniger komplexen oder ausgedehnten Menschengruppe eigenen) Denk- und Handlungsweisen definieren läßt, ist von der geschichtlichen Entwicklung nicht zu trennen. Diese Kultur, die sich von Generation zu Generation überträgt und in einem mitunter ziemlich schnellen Rhythmus verändert (wie z. B. bei den Völkern der modernen westlichen Welt – obwohl hier auch zum Teil eine optische Täuschung im Spiel ist, welche uns die Bedeutung von Veränderungen überschätzen läßt, die um so beträchtlicher scheinen, je mehr sie mit unseren Gewohnheiten kollidieren) oder aber im Gegenteil so langsam voranschreitet, daß ihre Veränderungen nicht wahrnehmbar sind (wie es z. B. bei den afrikanischen Stämmen der Fall ist, auf die die äußere Beschreibung Herodots auch heutzutage noch annähernd zutrifft) – diese Kultur ist nichts Starres, sondern vielmehr ein lebendiger, sich bewegender Organismus. Durch all ihre traditionellen Inhalte bleibt sie an die Vergangenheit gebunden, gleichzeitig besitzt sie aber ihre eigene Zukunft: kann sie doch beständig durch Neues, noch Ungekanntes vermehrt und umgekehrt durch Verlust eines außer Gebrauch gekommenen, veralteten Elementes vermindert werden; allein schon in der Abfolge der Generationen wird sie jeden Augenblick von den neu Hinzugekommenen wieder aufgegriffen, denen sie eine Ausgangsbasis für die individuellen oder kollektiven Wege bereitstellt, die sich jeder von ihnen jeweils persönlich vorzeichnet.

Sobald nun aber jede Kultur als in beständigem Werden begriffen erscheint und in dem Maße, wie die tragende Menschengruppe sich erneuert, auch fortwährend erweitert und als Einheit überschritten wird, hat auch der Wille, kulturelle Besonderheiten einer kolonialisierten Gesellschaft zu bewahren, keinerlei Bedeutung mehr. Dieser Wille hieße vielmehr, daß man sich praktisch dem eigentlichen Leben einer Kultur entgegenzustellen sucht.

Wenn ein dahin gehender Wille aus dem Innern der Gesellschaft d. h. aus der Masse selbst, aus der sie besteht, hervorgehen würde, dann könnte er den Sinn einer zu erfüllenden Aufgabe erhalten: Die Gesellschaft selbst hätte dann eine Entscheidung über ihre eigene Zukunft und Entwicklung getroffen und man könnte dann lediglich (in mißbilligendem oder billigendem Sinne) zu diesem konservativen Willen Stellung nehmen. Wie dem auch sei, man wäre jedenfalls im Rahmen dieser Stellungnahme zu der Behauptung berechtigt, daß die Gesellschaft, die eine derartige Wahl träfe, gewissermaßen ihre eigene Geschichte zu den Akten legen und sich im Grunde auch als Repräsentant bestimmter Kulturformen verleugnen würde. Man muß in der Tat zugeben, daß eine wie immer geartete Gesellschaft ihre Blüte erst dann erreicht, wenn sie eine bestimmte Ausstrahlung erlangt und sich fähig gezeigt hat, auf die anderen Zivilisationen – deren Wertsysteme sie durch die Bereitstellung bestimmter Elemente bereichert – einen Einfluß auszuüben. Man weiß nun freilich, daß eine kolonialisierte Gesellschaft weder über die nötigen Mittel noch über das erforderliche Prestige verfügt, um einen tatsächlichen Einfluß auszuüben: Man mag etwa die Bedeutung der Kunst der Neger für die Entwicklung der zeitgenössischen westlichen Kunst anführen, dennoch könnte man wohl kaum behaupten, daß unsere Lebensweise oder gar unsere Weltanschauung durch diesen sicher wertvollen, aber doch minimalen afrikanischen Beitrag ernsthaft modifiziert worden wären. Eher als der (unter den Bedingungen der modernen Welt ohnehin utopische) Wunsch, in sich abgeschlossen zu bleiben, könnte sich für die kolonialen oder halb-kolonialen Gesellschaften – soweit es sich dabei um große Einheiten oder um Gruppen von Gesellschaften handelt, die untereinander wenig kulturelle Unterschiede aufweisen – folgender Weg als gangbar herausstellen: parallel zu einer Bewußtwerdung dessen, was sie kulturell an Originärem und Unersetzlichem darstellen (so daß eine gewisse Treue zur eigenen Vergangenheit bewahrt würde) müßten die regsten Elemente dieser Gesellschaft den Weg für die zu leistende Volksbildung und die Assimilierung unserer Techniken vorzeichnen, ohne die keine dieser Gesellschaften, denkt man dabei an die Gesamtheit ihrer Mitglieder, wird auskommen können; dies immer im Hinblick auf das Ziel, unter optimaler Ausnutzung der lokalen Möglichkeiten das bestehende Handikap zu überwinden und Bedingungen zu schaffen, unter denen die Stimme der befreiten – und demzufolge zu einer effektiven Teilnahme an der kulturellen Entwicklung befähigten – Massen eine Aussage und Botschaft nach außen geben und ihr Gehör verschaffen kann. In diesem Sinne muß die gegenwärtig unter dem Anstoß Mao Tse Tungs in China geleistete Arbeit all denen, die davon überzeugt sind, daß die westlichen Völker allein nicht dazu in der Lage sind, eine wirklich menschliche Zivilisation zu begründen, als eine

Eröffnung von Perspektiven erscheinen, die zu großen Hoffnungen berechtigen. Soweit man es beurteilen kann, unterscheidet sich eine derartige Umwälzung radikal von dem, was sich während der letzten Jahrzehnte in Japan abspielte: Sie stellt eine Emanzipationsbewegung *des Volkes* dar und nicht einfach eine Angleichung an die kapitalistischen Länder wie im Falle Japans, das sich vom traditionellen Feudalstaat zur imperialistischen Macht entwickelt hat.

Bei einer Gesellschaft, die allzu beschränkt ist oder unter Bedingungen lebt, die es ihr nie erlauben werden, eine Ausstrahlung auf andere Kulturen zu gewinnen, könnte man es für angebracht halten, sie ganz sich selbst überlassen zu sehen – in der Annahme, sie könne so wenigstens weiterbestehen wie sie ist. Eine derart der totalen Isolation ausgelieferte Gesellschaft wäre jedoch, einmal angenommen, dies sei überhaupt möglich, zu einem mehr oder weniger langen Dahinvegetieren verdammt: man ließe sie im Grunde nur »ihres schönen Todes sterben«. Und wenn man – anstatt sie von allen Verbindungen abzuschneiden – das System der Reservate auf sie anwendet (das ja einen ärztlichen Beistand z. B. nicht ausschließt), so wird das Spiel doch immer noch von diesem Minimum an Kontakten verfälscht, und es ist sehr wahrscheinlich, daß die durch einen derartigen Kunstgriff bewahrte Kultur schnell zu einem Objekt der touristischen Neugier von Reisegesellschaften wird. (Es hat ja auch etwas Schockierendes an sich, eine ganze Gesellschaft unter Verschluß in eine Vitrine zu setzen und Menschen wie Tiere zu behandeln, die man in den Zoo einpfercht oder zu Laborexperimenten in ein Vakuum einschließt.) Man kann wohl anführen, daß die Mitglieder der auf diese Weise abgesonderten Gesellschaften größere Chancen haben, ein glückliches Leben zu führen, als wenn sie, in unsere Welt einbezogen, deren Wechselfällen ausgesetzt wären. Nichts jedoch ist weniger gewiß. Wir sind nur zu sehr geneigt, ein Volk als glücklich zu betrachten, das uns durch die poetische oder ästhetische Rührung, die es vermittelt, glücklich macht, wenn wir es betrachten. Man weiß ja auch, wie prekär diese – was die Ausdehnung der zugestandenen Gebiete angeht, ohnehin schon sehr reduzierten und spärlichen – Konservierungsmaßnahmen sind (ein schlagendes Beispiel dafür ist Kenia) und daß sie jederzeit einer Revision unterzogen werden können, sobald aus irgendwelchen ökonomischen oder militärischen Gründen ein Bedarf danach auftaucht.

Die Kultur als etwas zu beschreiben, dessen Wesen darin liegt, sich zu verändern, scheint dem Imperialismus in gewissem Sinne eine Recht-

fertigung zu liefern. Die Notwendigkeit, als zurückgeblieben betrachtete Völker zu erziehen – und zwar sowohl in deren eigenem Interesse als auch im Interesse der gesamten Menschheit – ist in der Tat eines der von den Kolonialisten am häufigsten gebrauchten Argumente (obwohl sie im Grunde gerade eine Evolution, die letzten Endes nur zu ihrer Eliminierung führen kann, fürchten und unter den verschiedensten Vorwänden zu verlangsamen suchen). Wie dem auch sei, insofern die Kolonialisierung – so sehr auch ihre unausweichliche Zerstörung menschlicher Werte und ihr immenser Verschleiß an Arbeitskraft zugunsten einiger weniger außer Frage steht – nicht allein Fortschritte auf dem Gebiet der Technik und der Hygiene nach sich zieht, sondern notgedrungen auch die Gründung eines Minimums an Schulen beinhaltet, können sich die Kolonisatoren ohne allzu große Unverschämtheit diese Rolle des Erziehers zugute halten. Man kommt jedoch nicht umhin zu bedenken, daß diese Bildung, deren Verbreitung bei diesen Völkern offenbar von großer Wichtigkeit ist, doch nicht dazu dienen kann, an die Stelle unserer Vorstellungs- und Wertsysteme (die nichts außer pragmatischen Erwägungen für a priori wertvoller zu halten berechtigt) die ihren zu setzen. Es geht vielmehr darum, daß diese Völker so bald wie möglich eine intellektuelle Ausrüstung erwerben, wie wir sie besitzen, daß sie fähig werden, dieselben praktischen Ergebnisse zu erzielen und demzufolge in der Lage sind, ihr Geschick in die Hand zu nehmen. Eine solche Erziehung muß folglich, falls man sie für menschlich nützlich hält, auf breitester Ebene und so schnell wie irgend möglich durchgeführt werden; und man muß hinzufügen, daß sie um so schneller und besser geleistet werden kann, als die in Frage stehenden Völker einsehen, daß sie dieser Waffe in ihrem Kampf gegen die Unterdrückung dringend bedürfen – eine Unterdrückung, die im Wesen des Kapitalismus selbst begründet liegt (Konzentration der Produktionsmittel in den Händen einer privilegierten Klasse) und die selbst dann noch Unterdrückung ist, wenn sie in der Gestalt des allergütigsten Paternalismus auftritt. Man muß außerdem bedenken, daß dieser Kampf in sich selbst eine Erziehung darstellt, denn nicht Resignation und Sichfügen in ein Leben unter Vormundschaft, sondern die Gewöhnung daran, Verantwortung auch selbst zu übernehmen, macht dazu fähig, die eigenen Geschicke zu lenken.
Der Ethnograph ist verpflichtet – ganz gleich, wie er das Kolonialregime beurteilt – im Augenblick zumindest mit dessen faktischer Existenz zu rechnen, und hat ohne Zweifel das Recht, Stellungnahmen und

Gutachten abzugeben (d. h. »Kollaborateur« dieses Regimes zu sein), insofern man überhaupt – was ohnehin nur in beschränktem Maße der Fall ist – auf ihn als Experten zurückgreifen will. Es scheint z. B., daß der Ethnograph, der daran gewöhnt ist, die Zivilisationen relativistisch und die Ideen mit den konkreten »Begleit«-Umständen unauflöslich verbunden zu sehen, in der Erziehung (um bei der Kultur im engeren Sinne zu bleiben) diejenigen Kräfte zu unterstützen hat, die die Meinung vertreten, der Unterricht in den kolonialisierten oder halb-kolonialisierten Gebieten müsse zumindest am Anfang so weit wie möglich auf den geographischen und geschichtlichen Rahmen des jeweiligen Landes Bezug nehmen, wenn man aus dem Kind nicht einen »entwurzelten« Menschen mit einer bloßen Scheinbildung machen will. Obwohl die staatlichen Behörden die Notwendigkeit einer dahin gehenden Anstrengung eingesehen haben, werden diese Bemühungen doch von den Ansprüchen einer definitionsgemäß auf die Erzeugung von Regierungstreue abzielenden Erziehung gehemmt und bleiben unzureichend: Kann man etwa eine Geschichte Französisch-Westafrikas wirklich als eine lokale Geschichtsschreibung ansehen, wenn mehr als die Hälfte von der Eroberung und Erforschung durch die Europäer handelt? Aus demselben Grunde wird mancher Ethnograph auch denjenigen zustimmen, die es beklagen, daß das Kind durch den in der Sprache der Kolonisatoren erteilten Unterricht (wie es in den französischen Territorien praktiziert wird) seiner eigenen Muttersprache zugunsten einer anderen Sprache entfremdet wird, deren an ein unterschiedliches Wertsystem gebundene Begriffe sich zum großen Teil ihres Inhaltes entleeren, wenn man sie anderen Lebensweisen gewissermaßen aufpfropft, anstatt sie in diese zu integrieren. Die Lösung dieser Schwierigkeiten muß wohl (wie Léopold Sedar Senghor schon empfohlen hat) in der Richtung eines zweisprachigen Unterrichts gesucht werden (d. h. in Französisch und in einem der am meisten verbreiteten Dialekte); diese Art der Ausbildung würde nicht dieselbe Entfremdung bewirken wie der nur in Französisch gehaltene Unterricht und würde das Kind gleichzeitig vor der Gefahr bewahren, sich aufgrund seiner Unkenntnis bzw. mangelhaften Kenntnis einer der großen sogenannten »Kultursprachen« von der Außenwelt abgeschnitten zu sehen und ohne Möglichkeiten der Verteidigung dazustehen.

In den Grenzen eines so allgemein gehaltenen Referats (dessen Ziel nicht darin besteht, Lösungen anzubieten, sondern vielmehr die Aufmerksamkeit auf bestimmte Probleme zu lenken, die die Berufsausübung dem Ethnographen heute stellt) ist es selbstverständlich unmöglich, auf alle die Gebiete einzugehen, auf denen der Ethnograph – zumindest im Sinne einer vorläufigen Sichtung und Ausgestaltung der Lebensbedingungen bei den noch nicht zur Unabhängigkeit gelangten Völkern – die Gelegenheit hätte, eine nützliche Arbeit zu leisten. Dazu gehören die Organisation der Arbeit, die Arten der Industrialisierung, Wohnungsfragen und die Förderung des Handwerks, wobei allerdings zu sagen ist, daß derartige Eingriffe mit der größtmöglichen Vorsicht durchgeführt werden müssen, wenn sie nicht im Gegenteil der freien Kulturentwicklung dieser Völker entgegenwirken sollen; denn die vorgesehenen Maßnahmen können letztlich genauso zur Verlängerung der Bevormundung oder zum beschleunigten Niedergang dessen führen, was man zu schützen gedachte (wie es bei so vielen Vorkehrungen zur Förderung der »Kunst der Eingeborenen« der Fall ist).

Wenn auch die Ethnographie bei ihrer Anwendung auf koloniale Probleme – mit den angezeigten Einschränkungen – sicher zahlreiche Dienste leisten und hier und da den Schock allzu brutaler Zusammenstöße mildern kann (wie Lucien Lévy-Bruhl dies 1926 bei der Gründung des Ethnologischen Instituts der Universität Paris aufzeigte), so kann sie doch zweifellos auch außerhalb des Bereiches einer behördlichen Anwendung von einigem Nutzen für die sich emanzipierenden Völker sein, bei denen eine Reflexion über den Stellenwert der Besonderheiten ihrer überlieferten Kultur ansetzt.

Was die Bewahrung der Kulturen angeht, so habe ich schon gesagt, daß es meiner Ansicht nach vergeblich wäre, sie unverändert zu konservieren: Dies würde – einmal angenommen, daß man dazu überhaupt in der Lage wäre – im Grunde auf ihre Versteinerung hinauslaufen und, vom kolonialistischen Standpunkt aus gesehen, die Aufrechterhaltung des status quo bedeuten. Ohne uns die Rolle von Führern anzumaßen – denn es ist an den Kolonialisierten selber, ihre Aufgaben zu entdecken und nicht an uns Ethnographen, sie ihnen von außen her zu offenbaren – und auch ohne uns als Ratgeber aufspielen zu wollen – darin läge eine dem Paternalismus noch sehr nahestehende Selbstgefälligkeit –, müssen wir immerhin bedenken, daß wir diesen Völkern beim Studium ihrer Kulturen Materialien liefern, die ihnen jedenfalls bei der Definition ihrer Aufgaben zu helfen geeignet sind; und es gilt weiter zu bedenken, daß wir lediglich unsere Funktion als Wissenschaftler erfüllen, wenn wir sie von diesen Arbeiten profitieren lassen, die sie in erster Linie betreffen, weil sie ja schließlich ihr Gegenstand sind. Archive auch für diejenigen Völker einzurichten (und ihnen ungehindert zugänglich zu machen), die eine Schrift besitzen und demnach imstande sind, eine Geschichtsschreibung nicht nur mit mündlichen Überlieferungen zu bestreiten, die jedoch nicht über die notwendigen Methoden zur positiven Erforschung ihres eigenen sozialen Lebens verfügen – ist eine Aufgabe, deren Bedeutung, nicht nur für den Fortschritt des Wissens im allgemeinen, sondern auch für das zu gewinnende Selbstbewußtsein dieser Völker, kaum überschätzt werden kann: eine Arbeit für Techniker, die unter den gegenwärtigen Bedingungen – in Anbetracht der notgedrungen verschwindend geringen Zahl von Personen aus den betreffenden Ländern, die bislang das Interesse und die Möglichkeit gehabt haben, sich der Ethnographie zu verschreiben – niemand außer uns zu leisten imstande ist. Um dieser Arbeit allerdings ihre wahre Tragweite zu verleihen, müssen wir ihren Resultaten die weitestmögliche Verbreitung zuteil werden lassen, damit sie von nun ab – mangels eines umfangreicheren Publikums – der größtmöglichen Anzahl von Intellektuellen in den kolonialisierten Ländern zu Gehör kommen. Solche Studien, die zeigen, daß diese im Vergleich zu den unsrigen angeblich zurückgebliebenen oder weniger zivilisierten Kulturen durchaus wert sind, ernstgenommen zu werden und oft sogar von einer wirklichen Größe zeugen, können in der Tat bei den mehr oder weniger direkten Vertretern dieser Kulturen nur zur Überwindung des Minderwertigkeitskomplexes beitragen, den das Kolonialregime bei vielen erzeugt hat und der allzuviele dazu führt, die von den Europäern, die in ihrem Lande eine privilegierte Kaste bilden, angenommene Kultur für die einzige zu halten, die diesen Namen wirklich verdient. Obwohl uns nun das Studium derjenigen Gesellschaften, die noch weniger als die anderen von der Kolonialisierung berührt sind und einen sozusagen »archaischen« (oder, was vielleicht eher zutrifft, »anachronistischen«) Charakter besitzen, von der Beschäftigung mit aktuelleren Problemen abhält, so hat es doch unzweifelhaft den Vorteil, für die künftigen Mitglieder der besagten Gesellschaften das ungefähre Bild dessen festzuhalten, was sie einmal gewesen sind (unter der Bedingung freilich, daß ihnen der totale Zerfall erspart bleiben sollte). Wenn es uns gelänge, diesen Arbeiten die nötige Verbreitung zu sichern, anstatt daß sie nur für uns und unsere ausländischen Kollegen publiziert werden, so würde dies die Gelegenheit schaffen, all den kolonialisierten Menschen, die unsere Arbeiten lesen können, ein Zeugnis von dem zu vermitteln, was Mitglieder ihrer Völkergruppe mit den eigenen Mitteln zu leisten imstande waren.

Die Erarbeitung dieser Studien duldet nun insofern keinen Aufschub, als die bis jetzt in etwa bewahrten Gesellschaften aufgrund des Vordringens der Europäer jeden Augenblick von einer mehr oder weniger schnellen und tiefgreifenden Veränderung bedroht sind, wenn sie nicht ganz einfach der inneren Dekadenz anheimfallen. Da kaum Aussicht besteht, daß die, den Studien als Forschungsobjekte zugrunde liegenden und sie motivierenden Gruppen diese Arbeit bald selbst übernehmen können, ist es unerläßlich, daß sich bestimmte Forscher dieser Aufgabe widmen. Man muß sich jedoch vor einer bei den Ethnographen, jedenfalls in Frankreich, zu stark verbreiteten Tendenz in acht nehmen und die Studenten davor warnen, sich, aus Vorliebe für einen gewissen Primitivismus oder weil diese Gesellschaften im Vergleich zu den anderen den Anreiz größerer Exotik bieten, bevorzugt nur mit den Völkern zu befassen, die man als relativ intakt bezeichnen kann. Man muß immer wieder betonen, daß man bei einem solchen Vorgehen Gefahr läuft, sich von den eigentlich brennenden Fragen abzuwenden und dabei ein wenig wie jene, in Schwarzafrika noch zu vernehmenden Kolonialverwalter zu verfahren, die den »braven Kerl aus dem Busch« loben und ihn dem »Entwickelten« der Städte gegenüberstellen, den sie umso strenger beurteilen, als er – im Gegensatz zum modernen Vertreter des »guten Wilden« der Autoren des 18. Jahrhunderts – nicht so einfach zu verwalten ist. Zu behaupten, daß Völker, deren Kultur uns als reiner erscheint, etwa authentischere Afrikaner sind als die anderen, für unecht und vermischt gehaltenen, wäre in etwa dasselbe, als wenn man sagen wollte, die bretonischen Bauern seien authentischere Franzosen als die Bewohner der großen Städte, nur weil diese letzteren an Kreuzungspunkten leben, an denen sich viele Strömungen überschneiden. Im Gegenteil, es ist keineswegs paradox und auf jeden Fall nicht weniger legitim, zu behaupten, daß unter den Afrikanern (da ich nun einmal dieses Beispiel gewählt habe) die menschlich gesehen Interessanteren gerade jene »Entwickelten« sind, die die Dinge auf eine neue Weise betrachten, und daß man gerade unter diesen (infolge einer unzulässigen Verallgemeinerung zu oft als bloße auf Ansehen und Stellungen erpichte Nachahmer betrachteten) Menschen die definitionsgemäß authentischsten Afrikaner antrifft, d. h. diejenigen, die sich ihrer Lage als Kolonialisierte und als Farbige voll bewußt sind, die immer schwerer die von den Europäern importierte kapitalistische Unterdrückung ertragen und zu den Initiatoren sowohl ihrer eigenen Emanzipation als auch der Emanzipation derer geworden sind, die, weniger noch durch die Rasse als aufgrund der objektiven Bedingungen, ihre Brüder sind. Das heißt aber, was immer man von einer Bewegung wie dem Rassemblement Démocratique Africain halten mag, daß man ihre afrikanische Authentizität nicht unter dem Vorwand abstreiten kann, sie habe in der westlichen Kultur eine Waffe und in der Französischen Kommunistischen Partei einen Verbündeten gefunden; und es ist im übrigen für den Sittengeschichtsschreiber oder auch für den Ethnographen nicht ohne Reiz zu beobachten, daß man sich schlau darin gefällt, die Rolle der »ausländischen« Propaganda hervorzuheben, wenn heute breite Massen in Französisch-Schwarzafrika (und ganz besonders in der Elfenbeinküste, die von zahlreichen weißen Siedlern planmäßig aufgeteilt wurde) ihre Lage als Ausgebeutete erkennen und den Kampf gegen diese Ausbeutung organisieren, wobei hinzugefügt werden muß, daß diese Offensive gegen die Bewegung der sozialen Emanzipation genau in dem Moment einsetzte, als davon die Rede war, dieselben Territorien den Investitionen amerikanischen Kapitals zu öffnen.

Rein vom Standpunkt der wissenschaftlichen Forschung aus scheint es schließlich, daß viel aus dem Kontakt mit jenen Menschen zu lernen ist, die man mit dem ziemlich unschönen Ausdruck »Entwickelte« bezeichnet. Gerade weil man bei diesen Menschen aufgrund ihres Kultivierungsprozesses nur wenige von den Merkmalen wiederfindet, die wir bei anderen Afrikanern zu beobachten gewohnt waren, besteht hier die Chance, bestimmte Charakterzüge aufzufassen, angesichts derer man sich fragen könnte, ob ihr Fortbestehen nicht das sichtbar macht, was in den Kulturen der Persönlichkeit am unverlierbarsten ist und ihr am tiefsten entspricht: Die Kulturen erscheinen dann in diesen Menschen, als hätten sie so etwas wie einen Prozeß der Klärung durchgemacht; Züge – oder besser: eine Haltung – treten hervor, die dem entsprechen, was ein Volk in seiner Kultur an Unveräußerlichem besitzen kann, was an ihr am wenigsten den historischen Wechselfällen unterworfen ist, Züge also, die *die besondere Weise des Menschseins in dieser Kultur* ausmachen. Diese Lebensweise würde dann – zumindest für einen großen Zeitraum – das darstellen, was man mit Recht als die eigentliche Originalität dieses Volkes bezeichnen könnte.

Es scheint demnach in jedem Fall ein Irrtum zu sein, das Arbeitsfeld der Ethnographie auf die Folklore zu reduzieren, wie dies in der Tat allzu oft geschieht, den Vorrang den angeblich unberührten Gesellschaften zu geben (d. h. denjenigen, die sozusagen außerhalb des Kreislaufs unseres modernen Lebens geblieben sind und deren Bestand ein wenig wie ein anachronistisches Fortleben erscheint) und die Menschen links liegen zu lassen, für die der Zugriff der westlichen Zivilisation immer spürbarer wird: die Bewohner der Städte z. B., diejenigen, die man – je nach ihrer sozialen Klasse – entweder mit der ärgerlichen Bezeichnung »Entwickelte« oder aber mit dem nicht weniger unangenehmen Namen »Stammesflüchtige« belegt.

Im Hinblick auf dieses, schließlich sehr einfache Ziel, der französischen Ethnographie eine Orientierung zu geben, die ich nicht zögern würde als realistischer zu bezeichnen, ohne dabei den vagen und ungewissen Charakter eines derartigen Ausdruckes zu verkennen, gälte es, die Studenten (die sich nur zu leicht bei der Wahl ihrer zukünftigen Forschungsrichtung vom Reiz der Mythen und Riten verführen lassen: eine Anziehung, die sich zweifellos durch die immense Bedeutung rechtfertigt, den dieser Teil der Forschung besitzt – wenn auch nur deswegen, weil Mythen und Riten in einer gegebenen Gesellschaft die »Tradition« im eigentlichen Sinne darstellen –, eine Anziehung freilich, die nicht vergessen machen darf, daß diese Riten und Mythen zumindest einen Großteil ihres Sinnes verlieren, sobald man bei ihrem Studium auch nur ein wenig den sozialen Kontext vernachlässigt), es gälte also, die Studenten daran zu gewöhnen, daß eine bestimmte Arbeit, die vielen undankbar erscheint, genauso wert sein kann, die Besten unter ihnen zu fordern: das Studium der Gesellschaften im durchaus banalen Sinne der Untersuchung alltäglichen Verhaltens oder etwa der Ernährung (die so oft unzureichend oder unausgeglichen ist) und des Lebensstandards.

Im Sinne dieser »realistischen« Perspektive wäre es gleichfalls zu wünschen, daß man Kolonialgesellschaften *in ihrer Gesamtheit* untersuchen könnte: die Forschung dürfte sich nicht allein auf die Eingeborenen beschränken, sondern hätte auch die Europäer und die anderen am Ort lebenden Weißen mit einzubeziehen (oder sie müßte sich wenigstens mit der Analyse der Beziehungen zwischen den Eingeborenen und diesen Nicht-Kolonialisierten befassen). Eine derartige Studie würde unweigerlich hervorheben, wie sehr der Bezug Kolonialist – Kolonialisierter vom menschlichen Standpunkt aus jedem der beiden Teile abträglich ist und eine Situation der Ungleichheit darstellt, die sich auf beiden Seiten nur demoralisierend auswirken kann, indem sie den einen zur Maßlosigkeit und den anderen zur Unterwürfigkeit anhält.

Ein weiterer Punkt, auf den es unbedingt die Aufmerksamkeit zu lenken gilt, ist folgender: Wenn man die Ethnographie als eine der Wissenschaften betrachtet, die zur Ausbildung eines wahrhaften Humanismus beitragen sollen, so ist es jedenfalls bedauerlich, daß sie gewissermaßen einseitig geblieben ist. Das heißt: wenn es auch wohl eine westliche Ethnographie gibt, die die Kulturen anderer Völker studiert, so existiert das Umgekehrte doch keineswegs; kein einziges der anderen Völker hat in der Tat bis jetzt Forscher hervorgebracht, die fähig, bzw. materiell dazu in der Lage wären, eine ethnographische Untersuchung unserer Gesellschaften durchzuführen. Im Hinblick auf das Wissen im allgemeinen besteht hier bei Lichte besehen eine Ungleichheit, die die Perspektive verfälscht und – da sich unsere Zivilisation somit außerhalb der Reichweite der Gesellschaften befindet, die ihrerseits dem Zugriff unserer Forschung ausgesetzt sind – zur Absicherung und Rechtfertigung unserer Selbstüberhebung noch beiträgt.

Es steht außer Frage, daß ich hier keinesfalls etwas vorschlagen möchte, was beim aktuellen Kräfteverhältnis ohnehin utopisch wäre: in den kolonialisierten Ländern einheimische Ethnographen heranzubilden, die die Aufgabe übernehmen könnten, zu uns zu kommen und unsere Lebensformen zu erforschen. Ich übersehe dabei nicht, daß das Problem auch dann noch nicht gelöst werden könnte, wenn das Projekt nicht so utopisch wäre, denn diese Forscher würden mit den von uns gelehrten Methoden arbeiten und die sich herausbildende Ethnographie wäre somit noch stark westlich geprägt. Die rein theoretische Frage, die ich hier aufwerfe, bleibt also als solche bestehen. In einem analogen Sinne ist jedoch eines durchaus zu verwirklichen (und es mangelt im übrigen nicht an positiven Beispielen): die Ausbildung einheimischer Ethnographen, die sich dem Studium ihrer eigenen oder der benachbarten Gesellschaften widmen. Durch die systematische Entwicklung einer Ethnographie, die den Einheimischen zu verdanken wäre und der unsrigen sich gegenüberstellen würde, gewänne man über bzw. für die in Frage stehenden Gesellschaften Studien, die von zwei unterschiedlichen Standpunkten ausgingen: vom Standpunkt des Europäers, der – welch große Anstrengungen er auch immer unternehmen mag, um auf gleichem Fuß mit der von ihm beobachteten Gesellschaft zu stehen – doch nicht gegen die Tatsache ankommt, daß er Europäer ist; auf der anderen Seite vom Standpunkt des Kolonialisierten, der in seinem eigenen oder einem ihm nahestehenden Milieu arbeitet und von dem man hoffen kann, daß sich seine Sichtweise mehr oder weniger von der unsrigen unterscheidet. Ob sich daraus nun wirklich neue Einsichten über die untersuchten Gebiete ergeben oder nicht, die Ausbildung einer ziemlich großen Anzahl von Ethnographen aus den Kolonialgebieten wäre zumindest insofern von Nutzen, als die Kolonialisierten bei der (unvermeidlichen) Loslösung von ihren Gebräuchen doch eine, wie man annehmen sollte, lebendigere Erinnerung an sie bewahren würden: diese, von Angehörigen des eigenen Volkes ausgeführten Studien erlaubten ihnen eine Einschätzung der Bedeutung und des Wertes dieser Gebräuche, und diejenigen, die sich so mit dem Studium ihrer eigenen Lebensweisen befassen, würden *ipso facto* ihnen gegenüber eine geistige Haltung einnehmen – jene Stellung des Beobachters, der im Überblick den Dingen ihren wahren Platz zuweist –, die weniger eine pauschale Verleugnung als vielmehr eine Überwindung darstellte.

Es ist schließlich wichtig, darauf aufmerksam zu machen, daß die Orientierung der ethnographischen Forschung, ob sie nun einem organisierten Programm entspricht oder der individuellen Laune überlassen bleibt, sich immer nach der Vorstellung richtet, die man sich in dieser westlichen Welt, zu der wir gehören, von der Bedeutung bestimmter Probleme macht, die von uns, aus sehr verschiedenen und vielleicht ausgezeichneten Gründen, für die dringendsten oder die wichtigsten gehalten werden, aus Gründen aber doch, die auch im günstigsten Falle immer nur *die unsrigen* Gründe bleiben. Es wäre in dieser Hinsicht angebracht, die Kontakte zwischen den z. B. an Pariser Institute gebundenen Ethnographen und den in Paris lebenden Intellektuellen (Politikern, Schriftstellern oder Künstlern, Studenten usw.) der kolonialen oder halb-kolonialen Länder auszubauen und zu systematisieren. Bei der Orientierung der Forschungen könnte man sich so von den Wünschen dieser verschiedenen Gruppen von Intellektuellen leiten lassen, die bei dem, was sie als die *wahren* Bedürfnisse ihres Landes ansehen, bestimmte Probleme analysiert sehen wollen. Theoretisch gesehen wäre eine derartige Mitwirkung von Vertretern der kolonialisierten Völker an der Ausrichtung der sie betreffenden Studien nur normal in einem Land wie Frankreich, das (in freilich sehr beschränktem Maße) in den parlamentarischen Versammlungen des Mutterlandes gewählte Gesandte dieser selben Völkergruppen aufnimmt. In der

Praxis jedoch, wenn man zusieht, wie sehr die Politik dieses Landes, dessen Imperium sich jetzt mit dem Namen »Französische Union« schmückt, sowohl in den Formen als auch in ihren Zielen eine kolonialistische Politik geblieben ist (was sich in der blutigen Unterdrückung und den brutalen Polizeimethoden, die man zur Erstickung der madegassischen Forderungen anwandte, zeigt, ganz zu schweigen von dem für beide Seiten mörderischen und ruinösen Unternehmen des Vietnam-Krieges, der unter Mißachtung des prinzipiellen Selbstbestimmungsrechtes der Völker geführt wird), läßt sich nicht bestreiten, daß man in dem oben formulierten Anliegen kaum mehr als einen frommen Wunsch zu sehen hat. Diese von mir gewünschte Ethnographie, die in erster Linie darauf abzielt, den Interessen und Strebungen der kolonialisierten Völker, so wie diese selbst sie verstehen, zu dienen, hat – beim gegenwärtigen Stand der Dinge und falls nicht eine vollständige Umwälzung eintreten sollte – sicherlich nur geringe Chancen, von offizieller Seite her gefördert zu werden. Bei den gegenwärtigen Verhältnissen kann man nicht umhin, ganz im Gegenteil festzuhalten, daß der Ethnograph, wenn er offen seine vollständige Solidarität mit dem Gegenstand seiner Studien zu erkennen gibt, in vielen Fällen nichts anderes erreicht als an der Ausführung seiner Forschungsaufgaben gehindert zu werden.

Da das koloniale Regime einen Zustand darstellt, den alle (selbst die, die seine Verlängerung wünschen) übereinstimmend für notwendigerweise zeitlich beschränkt halten (denn die mit der Kolonialisierung verbundene ökonomische, soziale, intellektuelle und sonstige Entwicklung versetzt virtuell die Massen der diesem Regime unterworfenen Völker in die Lage sich zu emanzipieren), so ist es von einem im engsten Sinne nationalen Gesichtspunkt aus allerdings gewiß, daß die einzige gesunde Politik darin bestehen würde, diese Emanzipation auf eine Weise vorzubereiten, die so wenig wie möglich Schaden entstehen ließe, und folglich zu versuchen, die Emanzipation eher zu beschleunigen als zu bremsen: kann doch kaum ein Zweifel daran bestehen, daß eine Politik, die die Völker an ihrer Emanzipation hindert, sich schließlich gegen die Nation wenden muß, die diese Knebelung beabsichtigte. In diesem Sinne könnte eine von einem offen oder verdeckt kolonialistischen Geist befreite Ethnographie voraussichtlich dazu beitragen, in Zukunft zwischen dem Mutterland und seinen ehemaligen Kolonien wenigstens auf dem Gebiet der kulturellen Beziehungen ein Mindestmaß an gutem Einvernehmen zu gewährleisten.

Von einem weniger begrenzten Gesichtspunkt aus kommt man schließlich nicht umhin, daran zu erinnern, daß auch unser Leben von ökonomischen Kräften beherrscht wird, deren Kontrolle wir nicht in der Hand haben, daß wir demzufolge ebenfalls eine Unterdrückung erfahren und daß der Aufbau einer von ihr befreiten Welt eigentlich nicht zu denken ist, ohne daß alle diejenigen – ob sie nun kolonialisiert sind oder nicht –, die die Auswirkungen dieser Unterdrückung ertragen, sich gegen den gemeinsamen Feind zusammenschließen: eine Bourgeoisie, die zu sehr mit ihrer Stellung als beherrschender Klasse verwachsen ist, um nicht – wissentlich oder unwissentlich – zu versuchen, diesen Zustand der Unterdrückung um jeden Preis aufrechtzuerhalten. Wenn man demnach nicht mehr auf der Ebene der privilegierten Minoritäten bleibt, sondern vielmehr die großen Massen in Betracht zieht, so erscheinen die Interessen derjenigen Völker, die die Ethnographie ins Leben gerufen haben, und die Interessen der von ihnen erforschten Völker schließlich als übereinstimmend.

Dennoch bleibt zu betonen, daß der Ethnograph, wenn er durch seine zu freien Äußerungen und den Willen, seine klarsichtige und kompetente Unterstützung den ihre Befreiung erkämpfenden Völkern zur Verfügung zu stellen, auf Seiten der Kolonialmacht vielleicht seine eigene Ausschaltung bewirkt, sich andererseits bei den Kolonialisierten möglicherweise nur unnütz aufspielen würde; denn die materielle Befreiung – die notwendige Bedingung für jede weitere Erfüllung irgendeiner Aufgabe – kann erst durch Mittel erreicht werden, die gewaltsamer und direkter sind als die Möglichkeiten, über die die Gelehrten als solche verfügen.

Solange er sich nicht entschieden hat, an seiner eigenen Befreiung zu arbeiten, indem er an den Kämpfen in seinem eigenen Lande teilnimmt, solange ist es gewiß, daß der von dem beschriebenen Anliegen erfüllte Ethnograph sich auch weiter mit seinen Widersprüchen herumschlagen wird.

Rasse und Zivilisation (1951)

> Die Natur der Menschen ist immer die gleiche;
> was sie trennt, sind ihre Bräuche.
>
> (Konfuzius, 551–478 v. Chr.)

Der letzte Weltkrieg mit seinen unzähligen zivilen und militärischen Opfern ging zu Ende, ohne daß die Menschheit durch die Niederlage Hitlerdeutschlands und der ihm verbündeten und verbundenen Mächte wirklich zur Ruhe gekommen wäre. Die Machtübernahme war im Zeichen der rassistischen – insbesondere antisemitischen – Ideologie erfolgt, und der Krieg, der »alle Deutschen in einem größeren Deutschland« vereinen und der ganzen Welt die Vorherrschaft des germanischen Herrenmenschen aufzwingen sollte, wurde im Namen dieser Ideologie geführt. Man konnte glauben, daß mit der Niederlage des Hitlerregimes auch der Rassismus am Ende gewesen wäre. Dies hieße jedoch, den Rassismus auf sehr eingeschränkte Weise zu sehen und ihn auf seine allerdings extremste und bösartigste Spielart, den nationalsozialistischen Rassismus, zu reduzieren und darüber zu vergessen, daß die Vorstellung einer angeborenen Überlegenheit bei der Mehrzahl der Weißen – und auch bei denen, die sich keineswegs für Rassisten halten – fest verwurzelt ist.

Große Erfindungen und Entdeckungen, technische Ausrüstung, politische Macht: all dies sind wohl Gründe für den Stolz des Weißen auf seine Überlegenheit; es bleibt jedoch zumindest zweifelhaft, ob durch diese Errungenschaften das Maß an Zufriedenheit für die Gesamtheit der Menschheit gewachsen ist. Wer könnte tatsächlich behaupten, daß der Pygmäe, der in den Tiefen der kongolesischen Urwälder jagt, ein weniger menschengemäßes Leben führt als der europäische oder amerikanische Fabrikarbeiter? Und wer könnte vergessen, daß die Entwicklung unserer Wissenschaften, wenn sie auch unbezweifelbare Fortschritte, z. B. auf dem Gebiet des Gesundheitswesens ermöglichte, uns gleichzeitig erlaubte, die Vernichtungsmittel so weit zu perfektionieren, daß bewaffnete Konflikte seit einigen Jahrzehnten das Ausmaß regelrechter Weltbrände angenommen haben. Jedoch selbst in einer Welt, die durch die zur Verfügung stehenden Kommunikationsmittel zu einem einzigen Durchgangsort geworden ist, nimmt der Mensch weißer Rasse und westlicher Kultur noch immer die ersten Plätze ein, und zwar ungeachtet all der bedrohlichen Anzeichen für eine Umwälzung, die er von innen oder von außen gegen eine Zivilisation anlaufen sieht, die er als einzige für wert hält, diesen Namen zu tragen. Und wenn ihm seine privilegierte Stellung als das Zeichen einer Vorherbestimmung erscheint, Werte zu schaffen, die die Menschen anderer Rassen und anderer Kulturen bestenfalls fähig wären, passiv zu übernehmen, so hindert ihn seine kurzsichtige Geschichtsauffassung daran, zu erkennen, daß er diese privilegierte Stellung noch gar nicht so lange innehat und daß sie durchaus nur ein Übergangsphänomen sein könnte. Obwohl der Weiße gern anerkennt, daß er mehrere Erfindungen von den Chinesen übernommen hat (denen er eine gewisse Weisheit immerhin zugesteht) und daß der Jazz z. B. von den Negern stammt (was ihn übrigens nicht daran hindert, sie weiterhin als große Kinder zu betrachten), bildet er sich trotz alledem ein, sich niemandem zu verdanken, sich quasi selbst geschaffen zu haben und sich ganz allein rühmen zu können, gewissermaßen bei seiner Geburt und aufgrund seiner ihm eigenen Konstitution eine zivilisatorische Mission übernommen zu haben.

Alfred Métraux, einer der Ethnographen, die über die meisten Gebiete dieser Erde gearbeitet haben, schreibt 1950: »Der Rassismus ist eine der beunruhigendsten Äußerungen innerhalb der weltweiten Umwälzung, die sich augenblicklich ereignet. Zur gleichen Zeit, in der unsere industrielle Zivilisation auf alle Gebiete der Erde übergreift und Menschen aller Hautfarben von ihren ältesten Traditionen losreißt, wird eine angeblich wissenschaftliche Doktrin vorgeschoben, um diesen von ihrem kulturellen Erbe abgeschnittenen Menschen die vollständige Teilhabe an den Vergünstigungen der aufgezwungenen Zivilisation vorzuenthalten. Unsere Zivilisation trägt demnach einen verhängnisvollen Widerspruch in sich: Einerseits wünscht und verlangt sie die Angleichung der anderen Kulturen an die Werte, denen sie eine unbezweifelbare Vollkommenheit zuschreibt, zum anderen kann sie nicht zugeben, daß zwei Drittel der Menschheit fähig sein könnten, das aufgezeigte Ziel zu erreichen. Eine seltsame Ironie will es, daß die schmerzhaftesten Opfer des rassistischen Dogmas gerade jene Menschen sind, die durch ihre Intelligenz oder ihre Bildung die Falschheit der rassistischen Ideologie bezeugen.«[1]

Eine nicht weniger seltsame Ironie zeigt sich in Folgendem: in dem Maße, wie die für minderwertig gehaltenen Rassen beweisen, daß sie in

[1] Alfred Métraux in: *Le Courrier de l'Unesco*, 1950, Bd. III, Nr. 6–7.

der Lage sind, sich zu emanzipieren, nimmt auch der Rassismus – aufgrund der Verschärfung der Antagonismen, die sich einstellt, sobald die farbigen Menschen zu Konkurrenten der Weißen werden oder ihnen ein Minimum an politischen Rechten zugestanden wird – entschiedenere und offenere Formen an, und es ist ein kaum geringeres Paradox, daß man gleichzeitig die Argumente dafür unter dem Deckmantel der Wissenschaft – dieser Gottheit der Moderne – präsentiert und mit ihrer Objektivität jenes obskure Dogma zu rechtfertigen sucht.

Gewiß hat es nicht – der Autor des zitierten Artikels weist darauf hin – an Anthropologen gefehlt, die den rein konventionellen Charakter der Merkmale aufgezeigt haben, mit deren Hilfe man die Einteilung des Menschengeschlechts in verschiedene Gruppen vorgenommen hat, und die zum anderen bekräftigt haben, daß es keine reinen Rassen geben kann. Man kann es außerdem heute für gesichert ansehen, daß »Rasse« einen Begriff ausschließlich biologischer Natur darstellt, von dem ausgehend es – zumindest beim aktuellen Stand unseres Wissens – unmöglich ist, auch nur die geringste gültige Schlußfolgerung auf den Charakter und die geistigen Fähigkeiten eines bestimmten Individuums zu ziehen. Das ändert allerdings nichts daran, daß der eingestandene oder uneingestandene Rassismus weiterhin verheerende Auswirkungen hat; und für die meisten ist das Menschengeschlecht auch weiterhin in klar gegeneinander abgegrenzte ethnische Gruppen eingeteilt, jede mit einer ihr eigenen, erblich überlieferten Mentalität begabt. Und es gilt als eine Art von Grundwahrheit, daß die weiße Rasse – ungeachtet all ihrer nachweisbaren Mängel und trotz aller Tugenden, die man anderen Rassen zugestehen will – zumindest durch die anerkannt besten ihrer Völker die hierarchische Spitze der Pyramide einnimmt.

Der Irrtum, der dem Rassenvorurteil so etwas wie eine theoretische Basis verleiht, beruht in erster Linie auf einer Verwechslung von *natürlichen* Gegebenheiten einerseits und *kulturellen* Tatsachen andererseits, oder, genauer gesagt, von Eigenschaften, die ein Mensch aufgrund seiner Geburt und ethnischen Abstammung besitzt, und Eigenschaften, die er dem Milieu verdankt, in welchem er aufgewachsen ist: ein *soziales* Erbe, das man nur zu oft – aus Unwissenheit oder mit Absicht – von dem zu unterscheiden vergißt, was an ihm *rassisches* Erbe ist: bestimmte auffällige Züge seiner äußeren Erscheinung (wie z. B. die Hautfarbe) und andere, weniger auffällige. Wenn es offenbar reale psychische Unterschiede zwischen den einzelnen Menschen gibt, so können sich diese, obwohl unsere Kenntnisse hierüber noch sehr unzureichend sind, zum Teil der persönlichen biologischen Abstammung verdanken, auf keinen Fall jedoch sind sie durch das erklärbar, was man gemeinhin »Rasse« nennt, d. h. die ethnische Gruppe, der das Individuum durch seine Abstammung angehört. Auch wenn im Laufe der Geschichte sehr unterschiedliche Zivilisationen entstanden sind und wenn zwischen den gegenwärtigen Gesellschaften mehr oder weniger tiefgreifende Unterschiede bestehen, so kann der Grund dafür nicht in der rassischen Entwicklung der Menschheit gesucht werden, die sich durch Faktoren wie z. B. Modifikationen im Zusammenspiel der Gene oder erbdeterminierenden Partikel, durch deren Strukturänderung, durch Kreuzung und natürliche Selektion immer mehr auseinanderentwickelt und differenziert hat, ausgehend von dem, allen heute die Erde bewohnenden Völkern vermutlich gemeinsamen Urstamm. Diese Unterschiede schreiben sich in den Rahmen kultureller Variationen ein, die man nicht durch den biologischen Unterbau, ja nicht einmal durch den Einfluß der geographischen Umwelt erklären könnte, obwohl es unmöglich ist, die Rolle dieses letzteren Faktors zu vernachlässigen – wenn auch nur als Bestandteil der Bedingungen, denen sich die Gesellschaften gegenübergestellt sehen.

Obwohl der Ursprung der Rassenvorurteile anderswo zu suchen ist als in pseudowissenschaftlichen Theorien, die nicht der Grund, sondern vielmehr ein Ausdruck für diese Vorurteile sind und nur im nachhinein als Rechtfertigung und Propagandamittel eingesetzt werden, ist es nicht unwichtig, derartige Theorien zu bekämpfen, die immer wieder eine große Zahl auch gutwilliger Menschen in die Irre führen.

Das Ziel der vorliegenden Studie besteht darin, eine Zusammenfassung zu geben von dem, was man wissenschaftlich gesichert jeweils den Bereichen von »Rasse« und von »Zivilisation« zuzuweisen berechtigt ist; aufzuzeigen, daß ein Individuum, abgesehen von dem, was aus seiner eigenen persönlichen Erfahrung stammt, den bedeutsamsten Teil seiner psychischen Bedingtheit von der Kultur bezieht, die sich im übrigen selbst historisch ausgebildet hat; der Erkenntnis Gehör zu verschaffen, daß das Rassenvorurteil, weit davon entfernt, lediglich eine Ausformulierung von etwas Instinktivem zu sein, tatsächlich ein »Vorurteil«, d. h. ein vorgefaßtes Urteil darstellt, dessen Ursprung kultureller Natur ist und das sich vor nicht einmal drei Jahrhunderten aus politischen und ökonomischen Gründen ausgebildet und zu den bekannten Entwicklungen geführt hat.

Die Grenzen des Begriffs »Rasse«

Auf den ersten Blick möchte es scheinen, als ob der Begriff der
»Rasse« ein ganz einfacher, für alle klarer und evidenter Begriff sei:
ein amerikanischer Büroangestellter der Wall Street, ein vietnamesi-
scher Zimmermann, der am Bau einer Dschunke arbeitet, ein Bauer
aus Guinea, der sein Feld mit der Hacke bestellt – all diese Menschen
gehören deutlich verschiedenen Rassen an, der erste der weißen, der
zweite der gelben, der dritte der schwarzen; sie führen ihr Leben auf
sehr unterschiedliche Weise, sprechen nicht dieselbe Sprache und üben
aller Wahrscheinlichkeit nach verschiedene Religionen aus. Es steht
für uns außer Frage, daß jeder dieser drei Männer einen besonderen
Menschentyp repräsentiert: körperliche Verschiedenheit, zu der nicht
nur die Verschiedenheit der Kleidung hinzukommt, sondern auch
diejenige der Beschäftigung und, wie anzunehmen ist, auch der sonstigen Gewohnheiten und Weisen zu fühlen, zu denken, zu handeln, kurz
all dessen, was eine Persönlichkeit konstituiert. Da sich uns eine Person
im wesentlichen durch ihren Körper offenbart, stellen wir einen voreili-
gen Kausalbezug zwischen ihrer äußeren Erscheinung und ihren Verhaltensweisen her: Es scheint uns in der Natur der Dinge zu liegen, daß
der weiße Angestellte seine Freizeit beim Lesen eines Readers Digest
verbringt, daß der Mensch gelber Hautfarbe seine Einkünfte beim
Glücksspiel riskiert und daß sich der Schwarze bei Vollmond mit den
anderen Dorfbewohnern zu Gesang und Tanz zusammenfindet. Wir
neigen dazu, in der Rasse den ausschlaggebenden Faktor zu sehen, von
dem sich alles übrige herleitet, und wenn wir bedenken, daß es heute
eine beträchtliche Anzahl von Menschen gelber und schwarzer Rasse
gibt, die dieselben Berufe ausüben und denselben Lebensrahmen
besitzen wie die Weißen, so sehen wir darin unwillkürlich eine Art von
Anomalie oder wenigstens eine artifizielle Transformation, so als ob
ihr wahres Wesen von etwas Fremdartigem, ihnen nicht Zugehörigem
verstellt würde, das ihre Echtheit in Frage stellt.
Als sehr deutlich erscheint uns also die Unterscheidung zwischen den
drei großen Gruppen, in die Wissenschaftler fast übereinstimmend die
Gattung des *Homo sapiens* einteilen: Kaukasoide (oder Weiße), Mongoloide (oder Gelbe, zu denen man in der Regel auch die Indianer
zählt), Negroide (oder Schwarze). Eine solche Unterscheidung wird
allerdings erschwert, sobald wir in Erwägung ziehen, daß zwischen
diesen verschiedenen Gruppen Vermischungen auftreten. Ein Indivi-

duum, dessen einer Elternteil weißer und dessen anderer Elternteil schwarzer Rasse ist, wäre das, was man einen »Mulatten« nennt; heißt dies aber nun, daß man ihn der weißen oder der schwarzen Rasse zuzurechnen hat? Ohne ein erklärter Rassist zu sein, wird ein Weißer aller Wahrscheinlichkeit nach einen »Farbigen« in ihm sehen und dazu neigen, ihn zu den Schwarzen zu zählen – eine offensichtlich willkürliche Einordnung, denn vom anthropologischen Standpunkt aus gesehen gehört der Mulatte nicht weniger zur weißen Rasse als zur schwarzen. Wenn es also Menschen gibt, die als Weiße, Schwarze oder Gelbe betrachtet werden können, so muß man auch anerkennen, daß es andere gibt, die sich aufgrund ihrer gemischten Herkunft einer angemessenen Klassifizierung entziehen.

Die Rasse unterscheidet sich von der Kultur, von der Sprache und von der Religion

Trotz strittiger Fälle – sind z. B. die Polynesier Kaukasoide oder Mongoloide? soll man die Äthiopier als Schwarze oder als Weiße betrachten? sie besitzen die Züge der einen wie der anderen Rasse und belegen, beiläufig gesagt, die schwarzen Sudanneger, bei denen sie traditionellerweise ihre Sklaven holten, mit dem verächtlichen Namen »Schankallas« – ist die Klassifizierung auf der Ebene der großen rassischen Gruppen relativ einfach: Es gibt Völker, die unbestreitbar dem einen oder anderen der drei Zweige angehören; niemand könnte Einwände dagegen erheben, daß man einen Engländer als Weißen, einen Baoule als Schwarzen oder einen Chinesen als Gelben bezeichnet. Erst wenn man versucht, innerhalb jeder einzelnen dieser drei Gruppen Untergruppen zu unterscheiden, tritt das Irreführende an der Vorstellung zutage, die man sich gemeinhin von der Rasse macht.
Daß ein Engländer ein Weißer ist, versteht sich von selbst und braucht nicht weiter diskutiert zu werden. Es wäre jedoch absurd, von einer englischen »Rasse« zu sprechen oder etwa die Engländer als der »nordischen Rasse« zugehörig zu betrachten. Die Geschichte lehrt uns in der Tat, daß sich das englische Volk wie alle anderen Völker Europas nach und nach durch den Beitrag der verschiedensten Völkerschaften gebildet hat: Sachsen, Dänen, aus Frankreich kommende Normannen fielen abwechselnd in das keltische Land ein, und selbst die Römer sind seit der Zeit des Julius Cäsar auf die Insel vorgedrungen. Wenn es im übrigen möglich ist, einen Engländer an der Art und

Weise sich zu kleiden oder ganz einfach an seinem Verhalten zu erkennen, so ist es doch unmöglich, ihn als solchen zu identifizieren allein aufgrund seiner physischen Erscheinung: Wie bei allen anderen Europäern gibt es auch bei den Engländern blonde und braune, große und kleine, sowie (um eines der in der Anthropologie gebräuchlichsten Kriterien aufzugreifen) Dolichozephale (Menschen mit länglichem Schädel) und Brachyzephale (Menschen mit breitem Schädel). Man mag behaupten, es sei nicht schwer, einen Engländer an bestimmten äußeren Charakteristika zu erkennen, die sein ihm eigenes Verhalten ausmachen: Zurückhaltung in den Gesten (im Gegensatz zum angeblichen Gestikulieren der Südfranzosen), Gangart, Gesichtsausdruck (in dem sich das widerspiegeln soll, was man mit dem ziemlich vagen Begriff des Phlegmas bezeichnet). Wer jedoch eine derartige Behauptung aufzustellen wagte, müßte beständig damit rechnen, sich Irrtümer nachweisen zu lassen, denn bei weitem nicht alle Engländer besitzen diese Eigenschaften, und selbst wenn man zugibt, daß es sich dabei um die Eigenschaften des »typischen Engländers« handelt, so gilt doch, daß diese *äußeren* Charakteristika keine *körperlichen* Merkmale sind: die Körperhaltungen, die Art und Weise, sich zu bewegen und die Gesichtsmuskeln spielen zu lassen, hängen mit dem Verhalten zusammen: Es sind Gewohnheiten, die sich aus unserer Zugehörigkeit zu einem bestimmten sozialen Milieu erklären. Weit davon entfernt, *Natur*gegebenheiten darzustellen, sind es vielmehr kulturelle Phänomene, und wenn man sie auch gegebenenfalls als Charakteristika betrachten kann, die einer bestimmten Klasse einer Gesellschaft (und nicht einer Nation, was eine unzulässige Verallgemeinerung wäre), einem bestimmten Land oder einem bestimmten Gebiet des besagten Landes gemein sind, so könnte man sie doch nicht zu den Unterscheidungsmerkmalen der Rassen zählen.

Es ist demnach wichtig, die »Rasse« nicht mit der »Nation« zu verwechseln, wie dies nur zu oft durch den unklaren und laxen Gebrauch des Wortes in der Umgangssprache geschieht – eine Unklarheit übrigens, die ihren Widerhall in der Politik findet und deren Denunzierung deshalb nicht bloß eine Angelegenheit für Puristen ist.

Auf den ersten Blick könnte man meinen, daß sich nichts geändert hätte, wenn von der »lateinischen Rasse« die Rede ist, wo es »lateinische Zivilisation« heißen müßte; denn die Lateiner haben als Rasse, d. h., nach der Definition von Prof. H. V. Vallois[2], als *natürliche*

---

[2] ⟨H. V. Vallois, *Anthropologie de la population française*, 1943.⟩

Gruppierung von Menschen, die eine Anzahl gemeinsamer, erblich überlieferter körperlicher Merkmale aufweisen, niemals existiert. Es hat wohl ein Volk gegeben, das lateinisch sprach und dessen Zivilisation sich zur Zeit des römischen Reiches auf den größten Teil Westeuropas und selbst auf einen Teil Afrikas und des Orients ausgedehnt hat, als die *pax romana* einer großen Zahl sehr verschiedener Völkerschaften auferlegt wurde und Rom zu einer der kosmopolitischsten Städte geworden war, die die Menschheit jemals gekannt hat. Die Latinität ist deshalb nicht auf Italien, ja nicht einmal auf den europäischen Mittelmeerraum beschränkt geblieben: Man kann ihre Spuren in Ländern wie England und dem westlichen Teil Deutschlands auffinden, deren Bewohner sich nicht als der lateinischen Welt zugehörig betrachten. Wenn auch die sogenannte »lateinische Rasse« ganz offenbar nur wenig zur Besiedlung dieser Länder beigetragen hat, so besagt dies doch keinesfalls, daß sie zu der Behauptung berechtigt wären, sie hätten mit der »lateinischen Zivilisation« nichts gemein.

Eine ähnliche und von der rassistischen Propaganda auf die bekannte Weise ausgebeutete Konfusion ergab sich in bezug auf die »Arier«. Was auch immer Graf von Gobineau, der mit seinem 1853–1857 erschienenen *Essai sur l'inégalité des races humaines*[3] zu einem der ersten Vertreter der Idee von der Überlegenheit der nordischen Rasse wurde, über sie gesagt hat: Es gibt keine arische Rasse. Man kann lediglich auf die Existenz einer Gruppe von Völkern schließen, die im zweiten Jahrtausend vor unserer Zeitrechnung in den Steppen Turkestans und Südrußlands gelebt und allesamt dieselbe Kultur besessen und dieselbe Sprache gesprochen haben müßten: das Indoeuropäische, von dem neben anderen Sprachen das Sanskrit, das Altgriechische, das Lateinische sowie die Mehrzahl der heute in Europa gesprochenen Sprachen sich herleiten, denn die Ausbreitung und der Einfluß dieser Völker betrafen ein Gebiet von beträchtlichem Ausmaß. Die Tatsache nun aber, daß man eine gemeinsame Sprache spricht, bedeutet selbstverständlich noch lange nicht, daß man auch zur selben Rasse gehört. Nicht das biologische Erbe, sondern die erhaltene Erziehung bestimmt, ob jemand chinesisch spricht, wo andere englisch, arabisch oder russisch sprechen. Es ist nicht weiter nötig, auf die Verheerungen einzugehen, denen die Idee einer angeborenen Überlegenheit der angeblichen »arischen Rasse« zum Vorwand gedient hat.

[3] ⟨Dtsch. *Versuch über die Ungleichheit der Menschenracen*, Stuttgart 1900–02; und: *Die Ungleichheit der Menschenrassen*, Berlin 1935.⟩

Eine weitere Verwechslung, die leider immer noch geläufig ist, besteht hinsichtlich der Juden: Auch von ihnen nimmt man an, sie würden eine Rasse darstellen, obwohl man sie doch lediglich in konfessioneller Hinsicht (aufgrund ihrer Zugehörigkeit zur jüdischen Religion) oder bestenfalls von einem kulturellen Gesichtspunkt aus definieren kann; denn es versteht sich, daß die Praxis der Segregation, die das Christentum Jahrhunderte lang gegenüber den Juden geübt hat, und die mehr oder weniger offene Verfemung, der sie noch in zahlreichen Gebieten der Erde ausgesetzt sind, notwendigerweise bei den Juden der verschiedensten Länder zur Aufrechterhaltung bestimmter Verhaltensweisen geführt haben, die nicht nur auf den religiösen Bereich beschränkt blieben. Die Hebräer waren, wie die heutigen Araber, ursprünglich Hirten semitischer Sprache. Sehr früh vermischten sie sich mit anderen Völkern des Vorderen Orients (darunter die indoeuropäisch sprechenden Hetiter) und hatten Schicksalsschläge zu erdulden wie die Zeit in Ägypten, die im Exodus ihr Ende nahm (2. Jahrtausend v. Chr.), die babylonische Gefangenschaft (6. Jahrhundert v. Chr.) und anschließend die Unterwerfung durch die Römer: Schon vor der Diaspora oder Zerstreuung der Juden im ganzen römischen Reich, nach der Zerstörung Jerusalems durch Titus im Jahre 70 n. Chr. führten also diese Wechselfälle zu zahlreichen Vermischungen. In der Antike sollen dem jüdischen Volk in etwa dieselben rassischen Elemente eigen gewesen sein wie den auf den Inseln und in Kleinasien lebenden Griechen. Vom anthropologischen Standpunkt aus können die heutigen Juden – trotz des angeblich existenten »jüdischen Typs«, der im übrigen für die Ashkenazim oder Juden des Nordens und für die Sephardim oder Juden des Südens wieder verschieden ist – so wenig definiert werden, daß selbst die Nationalsozialisten (abgesehen von den besonderen Kennzeichen, die hier nicht weiter erwähnt zu werden brauchen) zur Durchführung ihrer Rassendiskriminierung auf das Kriterium der Religion zurückgreifen mußten: Es galt der als Jude, dessen Stammbaum eine bestimmte Anzahl von Vorfahren aufwies, die sich zur jüdischen Religion bekannten. Dies zeigt die Inkonsequenz von Doktrinen wie der des Rassismus, die je nach den politischen Zielen, ihre Verfechter nicht davor zurückschrecken läßt, wissenschaftlich erwiesene Tatsachen zu entstellen und selbst Einsichten eines elementaren gesunden Menschenverstandes zu verdrehen.

80

Was ist eine Rasse?

Da eine Nation keine Rasse darstellt, die Rasse nicht als Kultur-, Sprach- oder Religionsgemeinschaft definiert werden kann und man geographisch keiner der drei großen rassischen Gruppen strikte Grenzen zuweisen kann (die europäische Expansion hat in der Tat dazu geführt, daß man Weiße heutzutage in den unterschiedlichsten Regionen der Erde antrifft; auf der anderen Seite gibt es gegenwärtig in Amerika – ganz zu schweigen von den Indianern – eine große Zahl von Gelben, sowie Millionen von Schwarzen, die Nachkommen der zur Zeit des Sklavenhandels nach Amerika verbrachten Afrikaner), muß sich die Untersuchung dessen, was eine Rasse ist, auf das Gebiet der physischen Anthropologie beschränken. Sie ist die einzige Disziplin, in der ein derartiger – im wesentlichen biologischer, weil auf Vererbung begründeter – Begriff einen gewissen Wert haben könnte. Es wäre freilich prinzipiell möglich, von hier aus zu untersuchen, ob die Zugehörigkeit eines Individuums zu einer bestimmten Rasse nicht psychologische Konsequenzen hat, die das Individuum in der Folge kulturell spezifizieren.

Wir haben gesehen, daß der Begriff der »Rasse« sich auf das Kriterium erblicher physischer Merkmale stützt, mit deren Hilfe man die Gattung des *Homo sapiens* in verschiedene, den sogenannten »Arten« in der Botanik entsprechende Untergruppen einteilen kann. Da man sich jedoch bei der Definition einer Rasse nicht auf ein einziges Merkmal beschränken kann, wird das Problem selbst unter diesem rein »botanischen« Gesichtspunkt prekär: Es gibt z. B. Hindus mit dunkler Haut, die sich von den Schwarzen in anderer Hinsicht zu sehr unterscheiden, als daß man sie zu ihnen zählen könnte. Darüber hinaus gibt es bei jeder der in Frage stehenden Eigenschaften eine graduelle Abstufung, so daß die Einteilung in Kategorien, die in der Realität gar nicht so vorkommen, auf willkürliche Weise geschehen muß. In der Praxis wird eine Rasse oder eine rassische Unterkategorie als Gruppe definiert, deren Mitglieder *im Durchschnitt* innerhalb der willkürlich festgesetzen Grenzen der physischen Charakteristika bleiben, die man als unterscheidende Merkmale der Definition zugrundelegt. Von einer Volksgruppe zur anderen ergeben sich folglich Überschneidungen. So sind z. B. die hellhäutigsten Individuen in den Volksgruppen, die man als zur schwarzen Rasse gehörig betrachtet, bisweilen nicht stärker oder sogar weniger dunkelhäutig als die am wenigsten Hellhäutigen in den als weiß betrachteten Völkerschaften. Man erhält also keine Übersicht über die Rassen mit klaren und deutlichen Unterscheidungen, sondern gelangt lediglich dahin, Reihen von Individuen zu isolieren, welche die Gesamtheit all der Merkmale aufweisen, die man als konstitutiv für eine bestimmte Rasse ansieht. Diese Individuen können dann als die typischsten Vertreter der Rasse betrachtet werden, deren unterscheidende Merkmale man nicht alle oder nur in einem geringeren Maße bei ihren Artgenossen wiederfindet. Heißt dies nun aber, daß diese typischen Individuen die fragliche Rasse in ihrem Reinzustand (oder wenigstens annähernd) repräsentieren, während alle übrigen nur unreine Vertreter sind?

Nichts berechtigt zu derartigen Behauptungen. Da sich das biologische Erbe eines Individuums aus einer Vielzahl von Eigenschaften zusammensetzt, die vom Vater und von der Mutter stammen, Eigenschaften, die man, dem von Ruth Benedict in ihrem Referat über die Mendelschen Vererbungsgesetze gebrauchten Bild zufolge, »nicht als Tinte und Wasser verstehen kann, die sich miteinander vermengen, sondern als einen Satz von Perlen, der sich bei jedem Individuum auf neue Weise zusammenfügt«[4], so werden unablässig Individuen erzeugt, die noch nicht existierende Kombinationen aufweisen, und es entsteht innerhalb weniger Generationen eine große Anzahl verschiedener Merkmalsverbindungen. Der »Typus« entspricht keineswegs einem Edelzustand der Rasse; er hat einen hauptsächlich statistischen Wert und drückt kaum mehr aus als die Häufigkeit bestimmter *auffälliger* Kombinationen.

Vom genetischen Standpunkt aus gesehen wäre es auch kaum einzusehen, wie die aktuelle Menschenwelt nicht wenigstens ein wenig chaotisch sein sollte, denn schon in den prähistorischen Epochen treten sehr verschiedene Typen in Erscheinung und es ist anzunehmen, daß es schon sehr früh in der Entwicklung der Menschheit zu Wanderungen und gegenseitiger Vermischung gekommen ist. Was z. B. Europa anbetrifft, so findet man bereits in der älteren Steinzeit verschiedene Menschenarten: den Heidelberg-Menschen und den Menschen von Swanscombe, dessen Äußeres noch archaisch ist. Es folgen dann mehrere Rassen aufeinander: In der mittleren Altsteinzeit finden wir den Neandertaler (eine sehr primitive Art der Gattung *Homo sapiens* oder aber eine eigene Gattung); im jüngeren Paläolitikum erscheinen die Vertreter des gegenwärtigen *Homo sapiens:* der Cro-Magnon-

---

[4] ⟨Ruth Benedict, *Race, science and politics*, 1945.⟩

Mensch (von dem man noch heute Spuren bei den Bewohnern der kanarischen Inseln, den Abkömmlingen der früheren Guanchen finden soll), der Chancelade-Mensch (den man wegen bestimmter Züge zu Unrecht mit den Eskimos in Verbindung gebracht hat), der Grimaldi-Mensch (dessen Typus an die aktuellen Negroiden erinnert). In der mittleren Steinzeit ist eine Vermischung der Rassen festzustellen, aus der in der jüngeren Steinzeit die Nordländer, die Mittelmeerbewohner und die Alpenmenschen hervorgehen, Gruppen also, die bis auf den heutigen Tag die wesentlichen Elemente der Bevölkerung Europas ausgemacht haben.

Im Falle kleiner, relativ beständiger und isolierter Gesellschaften (wie etwa der Eskimos, die – ökonomisch beinahe abgeschlossen – von der Jagd auf Robben und andere Wassersäugetiere leben) haben die Vertreter der verschiedenen Stämme, aus denen sich die Gemeinschaft zusammensetzt, ungefähr dasselbe biologische Erbe, und es ließe sich in diesem Sinne von Reinheit der Rasse sprechen. Dies gilt jedoch nicht für umfangreichere Gruppen, bei denen die Kreuzungen zwischen Familien in zu großem Maßstab und unter Einmischung von Elementen allzu unterschiedlicher Herkunft stattgefunden haben. Angewandt auf große Gruppen mit sehr bewegter Vergangenheit, die über große Gebiete verteilt sind, bedeutet das Wort »Rasse« lediglich, daß man – über die nationalen oder Stammes-Unterscheidungen hinaus – noch Einheiten definieren kann, die durch eine bestimmte Häufung körperlicher Merkmale charakterisiert werden. Im übrigen sind solche Einheiten zeitlich begrenzt, denn sie betreffen Massen, die sich notwendigerweise (schon durch ihre demographische Bewegung) verändern und in einem historischen Spiel fortwährender Kontakte und Vermischungen begriffen sind.

Was verdankt der Mensch seiner Rasse?

Vom Standpunkt der physischen Anthropologie aus gesehen setzt sich also die Gattung des *Homo sapiens* aus einer bestimmten Anzahl von Rassen oder Gruppen zusammen, die sich gegeneinander abgrenzen durch die Häufigkeit bestimmter, auf erblichem Wege übermittelter Kennzeichen, die allerdings nur einen sehr geringen Teil des allen Menschen gemeinsamen biologischen Erbes darstellen. Obwohl somit die Gemeinsamkeiten zwischen den Menschen weitaus größer sind als die Unterschiede, neigen wir doch dazu, Differenzen als grundlegend zu betrachten, die nichts anderes als Variationen eines und desselben Themas darstellen. So wie uns bei Menschen aus unserer Umgebung die äußeren Unterschiede wahrscheinlich ausgeprägter erscheinen als bei Personen, die uns fremd sind, so haben wir auch in bezug auf die körperlichen Unterschiede zwischen den menschlichen Rassen den – falschen – Eindruck, sie seien beträchtlich, denn eine derartige Unterschiedlichkeit fällt gerade bei den uns nahestehenden Wesen eher auf als bei denen, die zu anderen Spezies gehören.

Man ist umso eher geneigt, diese Unterschiede in der äußeren Erscheinung mit psychischen Unterschieden in Verbindung zu bringen, als die Menschen verschiedener Rassen in der Tat oft verschiedene Kulturen besitzen: Ein hoher Gerichtsbeamter einer unserer großen Städte unterscheidet sich körperlich von einer bedeutenden Persönlichkeit im Kongo, und sie haben auch nicht dieselbe Mentalität. Dennoch gibt es keine aufzeigbare Kausalbeziehung zwischen ihrer unterschiedlichen physischen Erscheinung und ihrer unterschiedlichen geistigen Haltung. Es läßt sich lediglich festhalten, daß diese beiden Personen verschiedenen Kulturen angehören, und diese Verschiedenheit geht nicht einmal so weit, daß man nicht bestimmte, in der einigermaßen vergleichbaren sozialen Stellung begründete Ähnlichkeiten zwischen ihnen entdecken könnte; über die Eigenschaften hinaus, die allen Menschen ohnehin gemeinsam sind, werden denn auch ein Bauer aus der Normandie und ein Mandinge-Bauer, die beide von dem Stück Land leben, das sie besitzen, als Bauern wenigstens ein Minimum an Vergleichspunkten aufweisen.

Man hat angenommen, daß den angeblich »primitiven« Zügen, die die Weißen im Äußeren der farbigen Menschen zu entdecken glauben (beiläufig eine naive Illusion – denn in bezug auf bestimmte Merkmale wäre es wohl eher der Weiße mit seinen schmalen Lippen und seiner üppigen Behaarung, der in die Nähe der Menschenaffen zu rücken wäre), eine Unterlegenheit psychischer Natur entspräche. Aber weder die Forschungen der Anthropologen, die Faktoren wie Gewicht oder Struktur des Gehirns bei den verschiedenen Rassen untersucht haben, noch die Arbeiten der Psychologen, die direkt darauf abzielten, die intellektuellen Fähigkeiten zu bewerten, haben irgend etwas Beweiskräftiges zu Tage gefördert.

Man hat feststellen können, daß die Gehirnmasse der Neger um ein weniges geringer ist als die der Europäer; es ist jedoch unmöglich,

Schlußfolgerungen aus einem derart geringfügigen Unterschied zu ziehen, der wesentlich geringer ist als die zwischen den einzelnen Individuen ein und derselben Rasse zu beobachtenden Unterschiede, und das Beispiel bestimmter berühmter Persönlichkeiten, deren Gehirn nach ihrem Tode gewogen wurde und sich als merklich leichter herausstellte als der Durchschnitt, zeigt, daß einem schwereren Gehirn nicht notwendigerweise eine größere Intelligenz korrespondiert.

Und in dem Maße, wie man die psychologischen Tests verbesserte, um so weit wie möglich die an die physische und soziale Umwelt gebundenen Faktoren zu eliminieren (wie etwa die Einflüsse des Gesundheitszustandes, des Milieus, der erhaltenen Erziehung, des Ausbildungsgrades usw.), stellte sich auch immer deutlicher die grundsätzliche Vergleichbarkeit der intellektuellen Fähigkeiten bei den verschiedenen Menschengruppen heraus. Auf keinen Fall ließe sich von einer Rasse behaupten, daß sie mehr (oder weniger) intelligent sei als eine andere; wenn sich auch unzweifelhaft feststellen läßt, daß ein Individuum, das einer armen und isolierten Gruppe oder einer niederen sozialen Schicht angehört, benachteiligt ist im Vergleich zu den Mitgliedern einer Gruppe, die in ökonomisch besseren Umständen lebt (d. h. keine Unterernährung zu befürchten oder unter gesundheitsschädlichen Bedingungen zu leben hat und eine größere Zahl von Anregungen erhält), so sagt dies alles noch nichts über die Fähigkeiten, die dasselbe Individuum in einem günstigeren Milieu entwickeln könnte.

Wenn man umgekehrt auf dem Gebiet der Sinneswahrnehmungen eine Überlegenheit der sogenannten »Primitiven« über die »Zivilisierten« zu beobachten glaubte – eine Überlegenheit, die man für die logische Folge der angenommenen Unterlegenheit auf intellektuellem Gebiet hielt –, so hat man auch hier zu schnell gefolgert und die Rolle der sensoriellen Schulung außer acht gelassen: Wer z. B. in einem Milieu lebt, in dem die Jagd und das Sammeln wildwachsender Früchte und Pflanzen die hauptsächlichen Nahrungsquellen darstellen, der erwirbt im Vergleich zum Zivilisierten eine beträchtliche Überlegenheit in der Kunst, die visuellen, auditiven und Geruchs-Eindrücke aufzuschlüsseln, in der Geschicklichkeit, sich zu orientieren usw. Das Ausschlaggebende ist auch hier eher der kulturelle als der rassische Faktor.

Alle Untersuchungen des Charakters schließlich konnten seine Abhängigkeit von der Rasse nicht nachweisen: In allen ethnischen Gruppen findet man sehr verschiedene Charaktertypen, und es gibt keinen Grund, anzunehmen, daß dieser oder jener Gruppe eine größere

Gleichförmigkeit in dieser Hinsicht zuteil geworden wäre. Wenn man z. B. den Schwarzen allgemein eine Veranlagung zur Sorglosigkeit zuschreibt und den Gelben zur Kontemplation, so macht man sich einer groben Schematisierung schuldig und mißt den allein von äußeren Umständen abhängigen Beobachtungen einen absoluten Wert bei. Der Neger würde den Weißen ohne Zweifel weniger sorglos erscheinen, wenn diese nicht als Vorlage für ihr Bild des Negers ein Individuum genommen hätten, das, nach Sklaverei und Kolonisierung, aus seinem Lebensmilieu herausgerissen ist und in Abhängigkeit von einem Herrn lebt, zu einer Arbeit gezwungen, der kein Interesse entgegengebracht werden kann; so bleibt dem Sklaven – wenn er der Abstumpfung entgeht, die solche Lebensbedingungen herbeizuführen geeignet sind – eigentlich nur die Wahl zwischen Revolte und einem resignierten oder lächelnden Fatalismus (wobei das zweite bisweilen nur eine Maske für das erste ist). Auch der Gelbe würde ihnen höchstwahrscheinlich weniger »kontemplativ« veranlagt erscheinen, wenn China nicht von Anfang an durch seine Philosophen und durch die von China übernommenen Erfindungen bekannt geworden wäre, sondern durch seine literarischen Schöpfungen der realistischen Richtung. So führt uns z. B. der erstmals 1610 publizierte, freizügige Roman *Kin P'ing Mei* Chinesen vor, die sich weit eher den Stürmen der Galanterie zuwenden als den Künsten oder der Mystik. (Man braucht im übrigen nur an Japan zu erinnern, das sich bekanntlich ab 1868 zu einer wahrhaft imperialistischen Macht entwickelte, nachdem es jahrhundertelang ohne äußere Kriege gelebt und sich vornehmlich Fragen der Etikette und der Würdigung ästhetischer Werte gewidmet hatte.)

Es ergibt sich also aus den im Laufe der letzten 30 oder 40 Jahre sowohl von Anthropologen als auch von Psychologen durchgeführten Untersuchungen, daß der rassische Faktor keineswegs eine ausschlaggebende Rolle bei der Ausbildung der Persönlichkeit spielt. Es liegt kein Grund vor, hierüber erstaunt zu sein, wenn man bedenkt, daß psychische Eigenheiten ja nicht auf direktem Wege übermittelt werden können (es gibt z. B. kein Gen, das jemanden zerstreut oder aufmerksam machen würde). Die erbliche Übertragung kommt hier nur insoweit ins Spiel, als sie auf Organe einwirkt, von denen die psychische Aktivität abhängt, wie etwa das Nervensystem und die inneren Drüsen, deren Rolle für die Bestimmung der emotionellen Züge zweifellos wichtig ist, die aber bei normalen Individuen für die Entwicklung der geistigen und seelischen Qualitäten anscheinend weniger bedeutsam sind als die Unterschiede in der Umwelt. Was hier in erster Linie den Ausschlag gibt sind Faktoren wie der Charakter und das intellektuelle Niveau der Eltern (denn das Kind wächst ja in beständigem Kontakt mit ihnen heran), die soziale Erziehung genauso wie der eigentliche Unterricht, die religiöse Erziehung und das Trainieren der Willenskräfte, die berufliche Beschäftigung und die Funktion in der Gesellschaft, kurz, Faktoren, die nichts mit dem biologischen Erbe des Individuums und noch weniger mit seiner »Rasse« zu tun haben, sondern zum größten Teil von dem Milieu abhängen, in dem es sich entwickelt hat, von dem sozialen Rahmen, in den es eingefügt ist und von der Zivilisation, der es zugehört.

Der Mensch und seine Zivilisationen

So wie dem Begriff der Natur der Begriff der Kultur gegenübersteht, das Rohprodukt dem handgefertigten Objekt oder das bebaute Land dem unberührten Boden, so war auch lange – und ist für die meisten westlichen Menschen auch heute noch – die Idee der »Zivilisation« einer Vorstellung von »Wildheit« gegenübergestellt, (worunter man die Lebensbedingungen des, auf Lateinisch *silvaticus*, Waldmensch, genannten »Wilden« versteht). Hier wird anscheinend, zu Recht oder zu Unrecht, das Stadtleben als ein Symbol für Verfeinerung genommen, im Vergleich zum angeblich rauheren und gröberen Leben im Urwald oder im Busch, so als ob eine derartige Gegenüberstellung zweier Lebensweisen es erlauben würde, das Menschengeschlecht in zwei Kategorien einzuteilen. In bestimmten Regionen der Erde würde es also Völker geben, die, aufgrund ihrer Art zu leben, als »Wilde« einzustufen wären, wohingegen in anderen Teilen die sogenannten »zivilisierten« Völker lebten, die man sich als entwickelter oder verwickelter vorstellt und als die Inhaber und Verbreiter von Kultur par excellence betrachtet; als solche würden sie sich radikal von den Wilden abheben, die dem Naturzustand angeblich noch sehr nahe stehen.
Der westliche Mensch, der im Zuge der großen (von den maritimen Entdeckungen Ende des 15. Jahrhunderts eingeleiteten) kolonialen Expansionsbewegung auch in den von Europa am weitesten entfernten und klimatisch unterschiedlichsten Gebieten Fuß gefaßt hat (wobei er

wenigstens vorübergehend in allen diesen Gebieten seine politische Herrschaft errichtete und die ihm eigenen Kulturformen mitbrachte), bildete sich vor noch gar nicht langer Zeit ein – und dabei überließ er sich einem sicherlich naiven Egozentrismus, obwohl ein gewisser Stolz auf die beeindruckende Entwicklung der Techniken im Abendland auch wieder verständlich war –, daß Zivilisation mit *seiner* Zivilisation und Kultur mit *seiner eigenen* Kultur identisch seien, zumindest mit derjenigen, die in der westlichen Welt den bestgestellten Klassen eigen war. Die exotischen Völker, mit denen er in Beziehung trat, um ihr Land auszubeuten, sich mit in Europa nicht vorhandenen Waren zu versorgen, neue Absatzmärkte zu finden oder lediglich, um seine vorausgegangenen Eroberungen zu sichern, betrachtete er dabei immer entweder als unkultivierte, ihren Instinkten überlieferte »Wilde« oder als »Barbaren« – ein Terminus, der im antiken Griechenland zur abwertenden Bezeichnung der Landesfremden diente –, d. h. er betrachtete sie als wohl halbwegs zivilisierte, aber nichtsdestoweniger niedriger stehende Völker.

Ob man nun aber das Dasein dieser angeblich kulturlosen Menschen mehr oder weniger mit dem Verhalten wilder Tiere in eins setzt oder aber ihrem als »primitiv« und noch unverdorben angesehenen Leben einen paradiesischen Charakter verleiht – die meisten Bewohner der westlichen Länder sind doch auf jeden Fall davon überzeugt, es gäbe Menschen im Naturzustand, Nicht-Zivilisierte, deren Entwicklungsgrad die Menschheit in einem Stadium repräsentiert, das im individuellen Leben der Kindheit entspricht.

Dank dem Prestige der hinterlassenen Monumente oder allein aufgrund ihrer Beziehungen zur klassischen Antike, d. h. der griechisch-römischen Welt, haben bestimmte große Kulturen, oder Abfolgen von Kulturen, die sich im Orient herausbildeten, schon ziemlich früh Bürgerrecht im Pantheon des westlichen Denkens gefunden: Die Kulturen, die den Vorderen Orient (Ägypten und Palästina, das anstelle von Denkmälern die Heilige Schrift hinterließ) und den Mittleren Orient (Assyrien, Chaldäa und Persien) zum Schauplatz hatten, konnten eine genügende Ausstrahlungskraft gewinnen, um sehr schnell in die Kategorie der »Zivilisationen« aufgenommen zu werden, die man dieses Namens für würdig hielt. Indien, China, Japan und die großen amerikanischen Staaten, die vor der Entdeckung der Neuen Welt durch Christoph Kolumbus existiert hatten, wurden auch bald in dieses Pantheon aufgenommen, und niemand würde heute bestreiten, daß ihnen nicht zumindest ein sehr ehrbarer Platz in einer allgemeinen Geschichte der Menschheit eingeräumt werden muß. Es hat jedoch wesentlich länger gedauert, bis das westliche Denken sich der Tatsache öffnete, daß auch technisch wenig fortgeschrittene Völker ohne eigene Schrift – z. B. die Mehrzahl der Schwarzafrikaner, der Melanesen und Polynesier, die gegenwärtigen Indianer und Indios Nord- und Südamerikas und die Eskimos (obwohl man bei manchen dieser Völkergruppen den Gebrauch der Bilderschrift und mnemotechnischer Zeichen findet) – dennoch ihre »Zivilisation« besitzen, d. h. eine Kultur, die selbst bei den unscheinbarsten Gruppen zu einem bestimmten Zeitpunkt ihrer Geschichte eine gewisse Ausstrahlungskraft besessen hat, auch wenn diese Kraft heute verloren gegangen und die gesamte Kultur womöglich im Rückschritt begriffen ist. Von solcher Ausstrahlung zeugen bestimmte Züge, die mehreren über ein mehr oder weniger großes geographisches Gebiet verteilten Gesellschaften gemeinsam sind.

Die Kenntnisse, die die moderne westliche Wissenschaft in der Mitte des 20. Jahrhunderts auf dem Gebiet der Ethnographie, die sich heute als methodisch fundierte Disziplin konstituiert hat, besitzt, berechtigen zu der Behauptung, daß es gegenwärtig keine einzige Menschengruppe gibt, von der man sagen könnte, sie lebe im »Naturzustand«. Um sich davon zu überzeugen, genügt es, das folgende elementare Faktum in Betracht zu ziehen: Nirgends auf der Welt findet man ein Volk, das den Körper ganz in seinem ursprünglichen Zustand beließe, ohne jegliche Bekleidung, ohne Schmuck oder irgendwelche anderen Korrekturen (Tätowierungen, Schmucknarben oder sonstige Verstümmelungen), so als sei es unmöglich – wie unterschiedlich auch die Vorstellungen auf jenem Gebiet sein mögen, das man in der westlichen Kultur als Scham oder Sittsamkeit bezeichnet –, sich mit diesem Körper zu begnügen und ihn so zu nehmen, wie er von Geburt an ist. Der Mensch im Naturzustand ist in Wahrheit nichts als eine Hervorbringung des Geistes: Er unterscheidet sich ja gerade erst vom Tier durch den Besitz einer Kultur, die selbst den Tierarten, die wir für den Menschen am nahestehendsten halten, nicht eigen ist. Ihnen fehlt eine symbolische Intelligenz, die weit genug entwickelt wäre, um die Ausarbeitung von Zeichensystemen wie der artikulierten Sprache und die Herstellung von Werkzeugen zu ermöglichen, die, als solche, für einen wiederholten Gebrauch aufbewahrt werden. Wenn es nicht genügt zu sagen, der Mensch sei ein *soziales Tier*, denn sehr unterschiedliche Tierarten leben gleichfalls in einem quasi sozialen Gefüge, so kann er doch als ein *kulturbegabtes Wesen* definiert werden, denn von allen Lebewesen ist er das einzige, das im Umgang mit seinen Artgenossen und mit seiner Umwelt so kunstvolle Gebilde wie die Sprache und eine bestimmte Ausrüstung an Werkzeugen ins Spiel bringt.

Was ist Kultur?

Wie bei den Säugetieren setzt sich auch beim Menschen die Totalität des Verhaltens zusammen aus instinktiven Verhaltensweisen, die Bestandteil seiner biologischen Ausstattung sind, aus Verhaltensweisen, die aus seiner individuellen Erfahrung resultieren und an den ihm wirklich eigenen Teil seiner Geschichte gebunden sind, und aus Verhaltensweisen, die er von anderen Mitgliedern seiner Gattung erlernt hat. Beim Menschen jedoch, der zur Bildung und zum Gebrauch von Zeichen besonders befähigt ist, also Dinge benutzen kann, indem er ihnen einen vereinbarten Sinn beilegt, besteht für die Erfahrung – die auf diese Weise leichter zu vermitteln und gewissermaßen zu horten ist, denn die Totalität des Wissens einer jeden Generation kann vermittels der Sprache auf die nachfolgende übertragen werden – die Möglichkeit, sich als »Kultur« zu organisieren. Als solche stellt sie das sowohl vom biologischen Erbe als auch vom individuell Erworbenen geschiedene soziale Erbe dar, das, gemäß Ralph Linton[5], nichts anderes ist als ein »organisiertes Ensemble von erlernten Verhaltensweisen und Resultaten aus Verhaltensweisen, dessen konstituierende Faktoren von den Mitgliedern einer bestimmten Gesellschaft«, bzw. einer bestimmten Gruppe von Gesellschaften »geteilt und übermittelt werden.«
Während die Rasse ein Phänomen der bloßen *Vererbung* darstellt, ist die Kultur wesentlich Sache der *Tradition* im weiteren Sinne des Wortes: Daß eine Wissenschaft oder ein religiöses System der Jugend von ihren Erziehern formell beigebracht wird, daß sich ein Gebrauch von einer Generation auf die andere überträgt, gewisse Reaktionsweisen wissentlich oder unwissentlich den Älteren von den Jüngeren entlehnt werden, eine in einem bestimmten Land praktizierte Technik oder Mode auf ein anderes Land übergeht, daß sich eine Meinung dank einer besonderen Propaganda oder auch gewissermaßen selbsttätig, im Zuge der Konversation, verbreitet, daß der Gebrauch irgendeines

[5] ⟨Ralph Linton, *The cultural background of personality*, 1945.⟩

Gerätes sich spontan oder mit Hilfe von Werbekampagnen durchsetzt, daß eine Geschichte oder ein Witz von Mund zu Mund geht – all dies sind Phänomene, die als unabhängig vom biologischen Erbe erscheinen und eines gemeinsam haben: Sie beruhen sämtlich auf der Übertragung (durch Sprache, Bild oder bloßes Beispiel) von Faktoren, deren Gesamtheit die Lebensweise eines bestimmten Milieus, einer bestimmten Gesellschaft oder Gruppe von Gesellschaften während eines Zeitraumes von größerer oder geringerer Dauer charakterisiert und nichts anderes als die »Kultur« des betreffenden sozialen Milieus darstellt.

Insofern die Kultur all das in sich begreift, was sozial vererbt oder übermittelt ist, vereinigt sie in sich Elemente der verschiedensten Art und Provenienz: Meinungen, Kenntnisse, Gefühle, Literatur (auch die mündliche Überlieferung der schriftlosen Völker ist oft sehr reich) sind kulturelle Elemente genauso wie die Sprache oder jedes andere Symbolsystem (etwa die religiöse Emblematik), das für sie als Träger fungiert. Verwandtschaftsgesetze, Erziehungssysteme, Regierungsformen und alle anderen Arten der Strukturierung sozialer Bezüge sind gleichfalls kulturell bestimmt. Gesten, Körperhaltungen, ja sogar der Gesichtsausdruck sind zum großen Teil sozial – durch Erziehung oder Nachahmung – erlernt, d. h. kulturell bedingt. Die Wohnungs- und Kleidungstypen, die Gerätschaften, die handwerklich oder industriell verfertigten Gegenstände und Kunstgegenstände, die immer zu einem gewissen Grade in einer Tradition stehen, repräsentieren unter anderem auch den materiellen Aspekt der Kultur. Weit davon entfernt, sich auf das zu beschränken, was man gesprächsweise unter einer »kultivierten« oder »nicht sonderlich kultivierten« Person versteht, d. h. einer Person mit mehr oder weniger reichen und vielseitigen Kenntnissen in den wichtigsten Zweigen von Kunst, Literatur und Wissenschaft, wie sie sich in den westlichen Ländern herausgebildet haben; weit davon entfernt also, sich mit dieser »Prestige-Kultur« zu decken, die nur Blüte und Auswuchs eines umfassenden Ganzen ist, von dem sie konditioniert wird und dessen bloß fragmentarischer Ausdruck sie ist, muß die Kultur vielmehr als ein Komplex verstanden werden, der in Wahrheit die Gesamtheit jener mehr oder weniger kohärenten Ideen, Mechanismen, Institutionen und Gegenstände umgreift, die – explizit oder implizit – das Verhalten der Mitglieder einer gegebenen Gruppe bestimmen. In diesem Sinne ist sie eng sowohl mit der Zukunft als auch mit der vergangenen Geschichte dieser Gruppe verbunden. Einerseits erscheint sie als das Produkt ihrer Erfahrungen, also dessen, was an früheren *Antworten und Lösungen* für die verschiedenen Situationen und Probleme, denen sich die vorausgehenden Generationen gegenübersahen, aufbewahrt wurde, andererseits bietet sie jeder aufsteigenden Generation eine Ausgangsbasis für die Zukunft, ein System von Regeln und Verhaltensmustern, von Werten, Begriffen, Techniken, Instrumenten usw., von denen aus sich die Handlungen der neu Hinzugekommenen strukturieren und das jeder wenigstens teilweise wiederaufnimmt, um es auf seine Weise und gemäß seinen Mitteln in den eigenen Lebenssituationen zu verwenden. Ein solches Ensemble kann sich demzufolge nie als ein für allemal abgeschlossen darstellen. Es ist vielmehr beständigen Veränderungen unterworfen, die bald so minimal sind oder so langwierig, daß man sie kaum oder über lange Zeit nicht bemerkt, bald aber auch ein solches Ausmaß annehmen und mit so extremer Geschwindigkeit sich abspielen, daß sie den Charakter und den Verlauf einer Revolution annehmen.

Kultur und Persönlichkeit

Vom psychologischen Standpunkt aus gesehen besteht die Kultur einer Gesellschaft aus der Totalität der Denk- und Reaktionsweisen sowie aus den gewohnten Formen des Verhaltens, die die Mitglieder dieser Gesellschaft durch Erziehung oder Nachahmung mehr oder weniger als Gemeingut erworben haben.

Ganz abgesehen von den individuellen Besonderheiten, die definitionsgemäß, da sie sich nicht aus der Gemeinschaft herleiten, auch nicht als »kulturell« betrachtet werden können, steht es außer Frage, daß sich nicht alle für die Kultur einer Gesellschaft konstitutiven Elemente bei allen Mitgliedern dieser Gesellschaft wiederfinden lassen. Wenn es Faktoren gibt, die man für allgemein halten muß, so gibt es doch auch andere, die aufgrund gerade der Arbeitsteilung, der keine der gegenwärtig existierenden Gesellschaften entgeht, selbst wenn sie nur in der Aufteilung der technischen Arbeiten und sozialen Funktionen unter den beiden Geschlechtern und den verschiedenen Altersstufen besteht, zum Besonderen bestimmter, wohldefinierter Personengruppen werden. Wieder andere bleiben bestimmten Familien oder Sippschaften vorbehalten, oder aber sie sind – wie der Geschmack, die Meinungen, der Gebrauch bestimmter Möbel, ein gewisser Komfort usw. – lediglich gemeinsames Gut einer bestimmten Anzahl von Personen ohne besondere Beziehungen untereinander. Diese ungleichartige Verteilung der Kulturelemente erscheint – direkt oder indirekt – an die ökonomische Struktur der Gesellschaft und, bei Gesellschaften mit nur schwach entwickelter Arbeitsteilung, an ihre Einteilung in Kasten oder Klassen gebunden.

Die Kultur, die je nach der Gruppe, Untergruppe und, zu einem bestimmten Grade, auch nach dem jeweiligen Familienkreis, Veränderungen unterworfen ist, der eine mehr oder weniger ausgeprägte Strenge und Starrheit eigen ist und die sich, je nach Art der anvisierten Elemente, mit mehr oder weniger Zwang durchsetzt – diese Kultur stellt auf der individuellen Ebene einen ausschlaggebenden Faktor bei der Ausbildung der Persönlichkeit dar.

Insofern die Persönlichkeit objektiv gesehen mit der Gesamtheit der Aktivitäten und psychologischen Haltungen eines Individuums übereinstimmt, die als originales Ganzes organisiert ist und die *Singularität* dieses Individuums ausdrückt – ganz gleich, welchem allgemeinen Typ es sich zuordnen läßt –, steht sie in Abhängigkeit von verschiedenen Faktoren: vom biologischen Erbe, das sich auf die körperliche Konstitution auswirkt (jeder ist im übrigen von Geburt aus mit einer Reihe von instinktiven, oder besser: *nicht erlernten* Verhaltensweisen versehen, denn es gibt streng genommen keine »Instinkte«, die nach der Art von Kräften wirken würden); von den Situationen, die das Individuum privat und auch beruflich oder in der Öffentlichkeit durchlebt hat, anders gesagt, von seiner persönlichen Geschichte seit der Geburt bis zu dem (eventuell sehr spät anzusetzenden) Moment, an dem man seine geistige und körperliche Ausprägung als beendet ansehen kann; von dem kulturellen Milieu schließlich, zu dem es gehört und aus dem es, durch soziale Überlieferung, einen Teil seiner *erlernten* Verhaltensweisen bezieht.

Das biologische Erbe übt wohl einen Einfluß auf die Persönlichkeit des Individuums aus, und zwar in dem Maße, wie es ihm bestimmte Besonderheiten seines Körperbaus verdankt, und insofern es insbesondere von seinem Nervensystem und von der Funktion seiner inneren Drüsen abhängig ist. Es ist jedoch kaum sinnvoll, dieses Erbe unter dem Aspekt der Rasse statt unter dem der familiären Abstammung und Vererbung zu sehen. In Ermangelung der nötigen Informationen, selbst im engen Rahmen der Sippe, über die biologische Konstitution aller Vorfahren eines bestimmten Individuums, wissen wir nur wenig über das, was ihm sein biologisches Erbe mitgegeben hat. Andererseits ist es sicher, daß alle normalen Menschen, gleich welcher Rasse, dieselbe allgemeine Ausstattung an nicht erlerntem Verhalten besitzen: Die Untersuchung des kindlichen Verhaltens zeigt die Gleichartigkeit der initialen Reaktionen auf und legt dar, wie sich die späteren Unterschiede im Verhalten aus den Unterschieden der individuellen Struktur und der ersten Lernprozesse erklären. Die unterschiedlichen Charakterzüge der einzelnen Persönlichkeiten treten demnach nicht auf der Ebene der sogenannten Instinkte in Erscheinung. Man muß sich gleichfalls vor Augen führen, daß sich das nicht erlernte Verhalten auf die Grundreflexe reduziert. Im allgemeinen möchte man nämlich ihren Bereich auf unzulässige Weise ausdehnen und ist geneigt, Äußerungen des Instinkts auch in Handlungen zu sehen, die in Wahrheit das Ergebnis von Gewohnheiten sind, die zwar nicht von einem speziellen Dressurprozeß herrühren, aber doch so früh angenommen worden sind, daß man sich vorstellt, es mit etwas Angeborenem zu tun zu haben.

Wenn es nun fraglos außer den individuellen Verschiedenheiten auch noch Unterschiede gibt, die man als mehr oder weniger spezifisch für die Menschen einer bestimmten Gesellschaft, verglichen mit denen anderer Gesellschaften, ansehen kann, so wird man solche Unterschiede im Bereich des erlernten Verhaltens suchen müssen – und diese Unterschiede sind definitionsgemäß kultureller Art.

Um die Bedeutung abzumessen, die der Zivilisation bei der Ausbildung der Persönlichkeit zukommt, genügt es, in Betracht zu ziehen, daß die Kultur nicht lediglich als auf dem Wege der Erziehung überliefertes Erbe eine Rolle spielt, sondern daß sie die ganze Erfahrung konditioniert. Das Individuum kommt in einer bestimmten physischen Umgebung (der bio-geographischen Umwelt) und in einem bestimmten sozialen Milieu auf die Welt. Die physische Umgebung ist selbst jedoch nicht »natürlich«, sondern, in freilich unterschiedlichem Ausmaße, auch wieder »kulturell« geprägt: Die Wohnstätte einer bestimmten Gruppe ist – bei Seßhaften, die z. B. Landwirtschaft betreiben oder ein Stadtleben führen – immer mehr oder weniger von dieser Gruppe selbst geformt worden, und sogar bei den Nomaden bestimmen künstliche Elemente wie Zelt oder Hütte den Lebensrahmen mit. Der Bezug des Individuums zu den künstlichen oder nicht künstlichen Elementen seiner Umgebung stellt sich außerdem nicht unmittelbar her, sondern erst auf dem Umweg über die Kultur, die Kenntnisse, Ansichten und Aktivitäten der besagten Gruppe. Der Einfluß der sozialen Umwelt schließlich macht sich auf doppelte Weise bemerkbar: auf direktem Wege, durch die dem neu Hinzugekommenen im Verhalten der übrigen Mitglieder seiner Gesellschaft bereitgestellten Vorbilder und durch die Sprache, die gewissermaßen den Abriß einer Enzyklopädie darstellt, in welcher sich die ganze vergangene Erfahrung einer Gruppe kristallisiert hat; auf indirektem Wege, insofern die verschiedenen Personen, die in der Geschichte des Individuums seit der entscheidenden, die ganze spätere Entwicklung prägenden Phase der frühesten Kindheit eine Rolle spielen, in ihrer Persönlichkeit und in ihrem Verhalten ihm gegenüber selbst von der betreffenden Kultur beeinflußt sind.

Die Einwirkung der Kultur auf das Individuum ist ganz allgemein so stark, daß selbst die Befriedigung seiner elementarsten Bedürfnisse, die man als biologisch bezeichnen könnte, da die Menschen sie mit den anderen Säugern gemeinsam haben: z. B. Ernährung, Schutzfunktionen, Fortpflanzung, außer unter ganz ungewöhnlichen Umständen immer im Banne der Regeln bleibt, die von den Gebräuchen und Gewohnheiten diktiert worden sind. Ein gewöhnlicher Abendländer wird nie Hundefleisch essen, wenn er nicht Gefahr läuft, Hungers zu sterben, und umgekehrt würden sich die Menschen vieler Völker bei bestimmten Speisen, die uns höchst schmackhaft vorkommen, nur ekeln. Man kleidet sich seinem bzw. dem Rang entsprechend, den man für den seinigen ausgeben möchte, und der Brauch oder die Mode hat dabei vielfach den Vorrang vor praktischen Erwägungen. In keiner Gesellschaft schließlich ist der geschlechtliche Verkehr frei, und es gibt überall von Kultur zu Kultur wiederum unterschiedliche Regeln zur Ächtung bestimmter, von den Mitgliedern einer gegebenen Gesellschaft als inzestuös und demnach als Verbrechen angesehener Verbindungen. Es ist außerdem bemerkenswert, daß der Mensch auch da noch seine wenigstens partielle Abhängigkeit von seiner Kultur nicht verleugnen kann, wo er am weitesten von allem sozialen Kontext entfernt zu sein scheint: im Traum z. B., der keineswegs das Produkt einer frei spielenden Phantasie ist, wie man lange angenommen hat, sondern vielmehr mit einem direkt oder indirekt aus dem kulturellen Umfeld bezogenen Bildmaterial Besorgnisse und Konflikte ausdrückt, die sich je nach der Kultur unterscheiden. Die Kultur ist also auf allen Ebenen des individuellen Lebens beteiligt und zeigt sich genauso in der Art, die körperlichen Bedürfnisse zu befriedigen, wie im geistigen Leben des Menschen und in seinen moralischen Imperativen.

Wenn es auch unbenommen bleibt, daß, psychologisch gesehen, nicht alle Individuen gleichermaßen begabt zur Welt kommen, so ergibt sich doch aus all dem, daß das Kriterium ihrer Zugehörigkeit zu dieser oder jener ethnischen Gruppe kein Urteil über die verschiedenen Fähigkeiten erlaubt, die sie später beweisen können, und daß, im Gegenteil, das kulturelle Milieu einen Bestimmungsfaktor ersten Ranges darstellt – nicht allein, weil von ihm der Inhalt und die Form der Erziehung abhängen, die man dem betreffenden Individuum zuteil werden läßt, sondern weil es die eigentliche Lebenswelt ausmacht, innerhalb derer und aufgrund derer das Individuum reagiert. Es ist anzunehmen, daß z. B. ein afrikanisches Kind, dessen Betreuung weiße Eltern schon unmittelbar nach seiner Geburt übernehmen und das von diesen Eltern aufgezogen wird wie ihr eigenes Kind, im Vergleich zu ihren anderen, leiblichen Kindern desselben Geschlechtes keine bemerkenswerten, seiner Herkunft zuzuschreibenden psychischen Unterschiede aufwiese, daß es sich in derselben Sprache und mit demselben Akzent ausdrückte, mit ähnlichen Ideen, Gefühlen und Gewohnheiten versehen wäre und sich von seinen Adoptivbrüdern oder Schwestern nur in dem durchaus normalen Maß unterschiede, in dem sich auch die Individuen irgendeiner sozialen Gruppe, gleichgültig wie groß und zahlreich auch die Ähnlichkeiten zwischen ihnen sind, von einander unterscheiden. Man muß allerdings hinzufügen, daß es sich hier lediglich um eine theoretische Konstruktion handelt, denn selbst wenn die Adoptivfamilie ohne jegliches rassistische Vorurteil wäre, so würde sich das betreffende Individuum doch, und sei es auch nur durch seine äußeren Besonderheiten, in eine Lage versetzt sehen, die sich in Wahrheit von der der anderen Kinder unterscheiden würde. Um dem Experiment Gültigkeit zu verleihen, müßte man auf jeden Fall den in seiner Ausrichtung und in seinem Ausmaß nicht voraussehbaren Einfluß ausschalten können, den die Tatsache, wenn nicht von seiner unmittelbaren Umgebung, so doch zumindest vom Rest der Gesellschaft als verschieden angesehen zu werden, auf ein solches Adoptivkind ausüben müßte. Man kann annehmen, daß das, was als Differenzierungsfaktor eine Rolle spielen würde, weniger die *Rasse,* als vielmehr das *Rassenvorurteil* wäre, das für alle die, die Gegenstand seiner Ächtung sind, auch wenn sie nicht zu Opfern einer aktiven Diskriminierung werden, eine Situation schaffen kann, die grundverschieden von der Lage derjenigen Personen ist, denen keine vorgefaßte Meinung unterstellen kann, sie seien nicht »wie alle anderen«.

Wie leben die Kulturen?

Eine Kultur – die spezifische Lebensweise einer bestimmten Masse von Menschen zu einer bestimmten Epoche – kann nie vollkommen statisch sein. Sie erscheint im wesentlichen als ein zeitlich begrenztes System von großer Plastizität, da sie insoweit zumindest, als sie als organisiertes, trotz aller Veränderungen wiedererkennbares Ganzes existiert, einer Gruppe eigen ist, die sich durch Tod und Geburt in beständiger Erneuerung befindet; da sich ihr Wirkungsfeld zu erweitern oder zu verringern, d. h. eine demographisch größere oder kleinere Zahl von Familien, Clans, Stämmen oder Nationen zu umfassen vermag; da sie in jedem Augenblick ihrer Geschichte von einem Ensemble (durch Erbschaft oder Entlehnung) sozial überlieferbarer Elemente repräsentiert wird und somit, allerdings nicht ohne Ausstöße, Zusätze, Modifikationen und Umschmelzungen, durch die Wechselfälle der von ihr charakterisierten, veränderlichen Gruppe hindurch bestehen bleiben kann; da sie gegebenenfalls mit der Gruppe selbst in Verfall kommt und ausrangiert wird oder aber sich neue Elemente aneignet, bestimmte eigene Elemente exportiert, die Kultur einer anderen Gruppe durch politische Annexion oder auf irgendeinem anderen Wege mehr oder weniger ersetzt, bzw. umgekehrt sich in eine fremde Kultur integriert, in ihr aufgeht, wobei sie nur noch in einigen ihrer Züge weiterbesteht oder vielleicht nicht einmal eine nennenswerte Spur hinterläßt. Fast überall hört man die Alten die Lebensart der Jungen kritisieren und mit der guten alten Zeit vergleichen: Es wird also explizit oder implizit zugegeben, daß sich in den Gebräuchen etwas geändert hat und daß die Kultur der Gesellschaft, zu der sie gehören, sich entwickelt hat. Solche Veränderungen können nun auf zweierlei Art stattfinden: als von innen kommende Innovation in der Form einer Erfindung oder Entdeckung, als von außen kommende Erneuerung im Sinne einer spontanen oder erzwungenen Entlehnung.

Ob es sich nun um eine Erfindung handelt, eine bislang unbekannte Anwendung von Kenntnissen gleich welcher Art oder um eine Entdeckung, die Erweiterung des Wissens durch eine neue wissenschaftliche oder sonstige Erkenntnis – da sie nie voraussetzungslos vom Nullpunkt ausgeht, ist eine derartige Erneuerung auch nie eine absolute Neuschöpfung. Die Erfindung des mechanischen Webstuhls setzte nicht nur die Kenntnis bestimmter Gesetze und einfacher Maschinen voraus, sondern entsprach auch den Bedürfnissen der europäischen Industrie zu einem bestimmten Zeitpunkt ihrer Entwicklung; die Entdeckung Amerikas wäre ohne die Erfindung des Kompasses unmöglich gewesen, und Christoph Kolumbus hätte zweifellos nicht einmal die Idee gehabt, diese Reise zu unternehmen, wenn nicht historisch der Bedarf nach einem Seeweg für den Indienhandel spürbar geworden wäre; im ästhetischen Bereich ist z. B. Phidias nicht ohne Polyklet zu denken, noch die gegenwärtige andalusische Volksmusik ohne die arabische Musik; ein Staatsmann wie Solon schließlich stützte sich auf das Volk von Athen und auf bereits vorhandene Strebungen, als er seinen Mitbürgern neue Gesetze gab, die die jeweilige Stellung der verschiedenen Klassen der Athener Gesellschaft seiner Epoche lediglich kodifizierten. Eine Erfindung, Entdeckung oder irgendeine anders geartete Innovation kann also nicht ausschließlich *einer* Person zugeschrieben werden. Zwar haben alle Zivilisationen ihre Erfinder oder anderen Neuerer gekannt. Ganz abgesehen aber davon, daß Erfindungen nicht auf einmal, sondern in Etappen geschehen (Beispiel: die Entwicklungsreihe, die von der 1663 unter Verwendung einer 50 Jahre älteren Idee des Franzosen Salomon de Caus vom Marquis von Worcester in der Nähe von London gebauten »Dampf-Fontäne« bis hin zur 1814 von George Stephenson erprobten Lokomotive *The Rocket* führte, wobei der »Kochtopf« des Franzosen Denis Papin und die Erfindung der Dampfmaschine durch James Watt die Zwischenglieder in dieser Entwicklung bilden) – Erfindungen wie auch Entdeckungen sind immer nur mehr oder weniger tiefgreifende Modifikationen von größerer oder geringerer Tragweite. Sie stehen in einer Reihe von unzähligen anderen Erfindungen in einer Kultur, die selbst das Resultat einer kollektiven Aktivität ist und von den Menschen der vorausgehenden Generationen durch eigene Neuschöpfungen oder Anleihen bei anderen Gesellschaften geschaffen wurde.Dies gilt gleichermaßen für die Erneuerungen auf den Gebieten von Religion, Philosophie, Kunst oder Moral, als auch für die Innovationen in den verschiedenen Zweigen der Wissenschaft und der Technik. Die großen Religionsstifter wie Buddha, Jesus oder Mohammed sind im Grunde nichts anderes als Reformatoren, die eine mehr oder weniger vollständige Umschmelzung einer schon bestehenden Religion vornehmen, oder aber reine Synkretisten, die Elemente verschiedenster Herkunft zu einem neuartigen System vereinigen. Die philosophische oder moralische Reflexion in einer bestimmten Kultur schließt ebenfalls an überlieferte Probleme an, die man in jeder Epoche wieder auf andere Weise stellt und löst und über die gleichzeitig abweichende Meinungen bestehen können – was nicht etwa besagt, daß sie in keiner Tradition stehen, denn jeder Denker nimmt die Frage immer an dem Punkt auf, wo sie einer seiner Vorgänger liegen ließ. Ein Werk der Literatur oder der bildenden Kunst hat – so revolutionär es auch erscheinen mag – ebenfalls immer seine Vorläufer: Die kubistischen Maler z. B. beriefen sich auf den Impressionisten Paul Cézanne, und sie konnten aus der Skulptur der afrikanischen Neger nicht nur bestimmte Lehren ziehen, sondern fanden in ihr auch ein Beispiel, das ihnen erlaubte, die Berechtigung ihrer eigenen Versuche aufzuzeigen. Bei den sozialen Bezügen im eigentlichen Sinne wird jeder »Nonkonformismus«, den es bei allen Völkern und in allen sozialen Schichten gibt, in der Regel von einem Vorbild angeregt, und selbst wenn er tatsächlich erneuernd wirkt, so beschränkt er sich doch darauf, etwas absichtlich wieder aufzugreifen und weiterzutreiben, was sich bei anderen nur mehr oder weniger stark angedeutet hatte. Eine Kultur erscheint demnach also nie als die Leistung eines »zivilisationsstiftenden Heroen«, wie zahlreiche Mythologien glauben machen möchten, ja nicht einmal als das Werk einiger großer Genies, Erfinder oder Gesetzgeber. Sie ist vielmehr das Ergebnis einer Kooperation. In gewissem Sinne wären es die ältesten Vertreter des Menschengeschlechtes, die man am ehesten als »Schöpfer« bezeichnen könnte, obgleich man auch hier bedenken muß, daß hinter ihnen nicht das Nichts stand, sondern das Beispiel anderer Arten.

Die heutigen Menschen der westlichen Kultur sind ganz allgemein von den Erfindungen und Entdeckungen fasziniert, die ihrer Zivilisation zugeschrieben werden können, ja es fehlt nicht viel und sie würden sich einbilden, auf diesem Gebiet ein Monopol zu besitzen. Das heißt aber gleichzeitig zu vergessen, daß solch herausragende Leistungen wie die Einsteinsche Relativitätstheorie oder die Atomspaltung erst am Ende einer langen vorbereitenden Entwicklung auftreten und daß manche, heute überholten Erfindungen anonym gebliebener Personen in ihrer Zeit und an ihrem Ort von einem Genie zeugten, das demjenigen unserer berühmtesten Gelehrten zumindest ebenbürtig ist: Die Ureinwohner Australiens, welche Bumerangs anfertigten, die zu ihrem Ausgangspunkt zurückzukehren vermögen, verfügten offenbar weder über Laboratorien noch über wissenschaftliche Forschungsinstitute, und dennoch gelang es ihnen, diese, ballistisch gesehen, sehr komplizierten Geräte herzustellen. So haben auch die Vorfahren der gegenwärtigen

Polynesier, als sie ohne Kompaß und mit ihren Auslegerpirogen als einzigen Fahrzeugen von Insel zu Insel ausschwärmten, Leistungen vollbracht, die in nichts denjenigen des Christoph Kolumbus und der großen portugiesischen Seefahrer nachstehen.

Die Fruchtbarkeit der Kontakte

Obwohl keine Kultur absolut starr ist, sind die Bedingungen für die Weiterentwicklung der Kultur einer Gruppe bei größerer Bevölkerungsdichte doch zweifellos günstiger. Die Vielfältigkeit der Kontakte zwischen den einzelnen Individuen ist für jeden der Grund, ein intensiveres geistiges Leben zu führen. Wie Emile Durkheim[6], der Begründer der französischen Soziologie anmerkte, besteht auf der anderen Seite in diesen zahlenmäßig stärkeren und dichteren Gruppen die Möglichkeit einer ausgeprägteren Arbeitsteilung. Die größere Spezialisierung der Aufgaben geht nicht nur mit einer Perfektionierung der Techniken einher, sondern bewirkt die Einteilung der Mitglieder solcher Gruppen in unterschiedliche soziale Klassen, zwischen denen unweigerlich auf Fragen der materiellen Beteiligung und des Prestiges beruhende Spannungen und Konflikte auftreten, was früher oder später die Veränderung der etablierten Kulturformen nach sich ziehen muß. In Gesellschaften von derart komplexer Struktur, sieht sich ganz allgemein jedes Individuum vielfältigen Situationen gegenübergestellt, die es dazu verpflichten, seine Verhaltensweisen zu erneuern und die herkömmlichen Antworten und Lösungen zu modifizieren, damit sie seinen vielseitigen Erfahrungen wieder entsprechen.

Je weniger ein Volk isoliert lebt, je mehr es nach außen hin aufgeschlossen ist und während des Friedens und sogar im Krieg Kontaktmöglichkeiten mit anderen Völkern besitzt (denn obwohl der Krieg gewiß keine wünschenswerte Form des Kontaktes ist – geschieht es doch oft, daß die Kultur eines Volkes ihn nicht überlebt oder nur in einigen Überresten die Katastrophe der militärischen Eroberung oder der Unterwerfung übersteht –, so stellt er doch immerhin eine Art der Kontaktaufnahme zwischen den Völkern dar), um so mehr Chancen bestehen für die Kultur eines Volkes, sich zu entwickeln und zu bereichern: durch direkte Entlehnungen, durch die vielseitigeren Erfahrungen und aufgrund der Notwendigkeit, auf neuartige Situationen

6 ⟨Emile Durkheim, *De la division du travail*, 1920.⟩

und Fragen neue Antworten zu finden. Ein gutes Beispiel für ein kulturelles Stagnieren durch Isolation bieten die Tasmanier, die durch die geographische Lage ihrer Insel von der übrigen Menschheit abgeschnitten waren und technisch noch auf der Stufe der mittleren Steinzeit standen, als sich die Engländer zu Beginn des vorigen Jahrhunderts bei ihnen niederließen. Allerdings haben die Tasmanier von diesem Bruch ihrer Isolation keineswegs profitiert, denn sie wurden nach und nach in ihren Kämpfen gegen die Siedler dezimiert und sind heute total verschwunden. Man muß daraus den Schluß ziehen, daß der kriegerische Kontakt, wenn er auch im Prinzip einen kulturellen Entwicklungsfaktor darstellt, doch, um fruchtbar sein zu können, notwendigerweise zwischen Völkern mit nicht zu unterschiedlichem technischem Niveau stattfinden muß (andernfalls führt er zur bloßen Ausrottung einer der beiden Beteiligten oder zu seiner Herabwürdigung auf einen Zustand der Sklaverei, der die vollständige Zersplitterung der traditionellen Kultur nach sich zieht). Es ist gleichfalls unabdingbar, daß die ins Spiel gebrachten technischen Vernichtungsmittel noch nicht – wie es leider bei den großen Nationen unserer modernen Welt der Fall ist – einen solchen Grad an Wirksamkeit erreicht haben, daß *beide* Gegner vollständig ruiniert oder gar vernichtet aus der Auseinandersetzung hervorgehen.

Kontakte zwischen Personen und zwischen Völkern, Entlehnungen, der Gebrauch schon existierender Elemente für neue Kombinationen, Entdeckungen von nicht bekannten Dingen und Situationen scheinen demnach die Wege zu sein, auf denen – von innen her oder von außen kommend – eine Kultur sich verändert. Die Rolle der Entlehnungen, die insofern ökonomisch sind, als sie es einer Gesellschaft ersparen, alle zu der übernommenen Erfindung führenden Etappen selbst zu durchlaufen, ist so groß, daß sich von den Kulturen – wie von den Rassen – behaupten läßt, daß sie niemals »rein« sind: Es gibt keine einzige, die nicht in ihrer gegenwärtigen Verfassung aus der Kooperation verschiedener Völker resultiert. Die Zivilisation, auf die die westlichen Menschen so stolz sind, ist dank zahlreicher Beiträge entstanden, von denen viele von Nicht-Europäern stammen. Das Alphabet z. B. ist zuerst von semitischen Gruppen in der Nähe der Halbinsel Sinai den Phöniziern übermittelt worden, dann auf die Griechen und Römer übergegangen und hat sich schließlich in den nördlichen Teilen Europas verbreitet. Unser Zahlensystem ist– genau wie die Algebra – arabischen Ursprungs. Darüber hinaus haben arabische Gelehrte und

Philosophen eine große Rolle bei den verschiedenen »Renaissancen« gespielt, deren Schauplatz das mittelalterliche Europa geworden ist. Die ersten Astronomen treten in Chaldäa hervor, und der Stahl wurde in Indien oder Turkestan erfunden. Der Kaffee stammt aus Äthiopien. Tee, Porzellan, Schießpulver, Seide, Reis und der Kompaß kamen aus China zu uns, das im übrigen schon lange vor Gutenberg die Buchdruckerkunst kannte und schon sehr früh Papier herzustellen wußte. Den Tabak, die Kartoffel, Chinin, Kakao, Kokain, Vanille verdanken wir den Indianern Amerikas. Das alte Ägypten hat Griechenland stark beeinflußt, und wenn das berühmte »griechische Wunder« hat geschehen können, so gerade deshalb, weil Griechenland ein Knotenpunkt gewesen ist, an dem viele Völker und Kulturen aufeinandertrafen. Man kann schließlich unmöglich übersehen, daß die Höhlenzeichnungen und Höhlengemälde der prähistorischen Epochen des Aurignacien und des Magdalénien, die ältesten Kunstwerke, die man in Europa kennt und von denen man behaupten darf, daß ihre Schönheit bis heute unübertroffen ist, das Werk von Angehörigen der sogenannten Rasse der »Grimaldimenschen« darstellen, die vermutlich den heutigen Negroiden verwandt sind. Und man sollte im übrigen auch nicht vergessen, daß, in einer anderen künstlerischen Sphäre, der Jazz, der heute für die Freizeit eine so große Rolle spielt, von den Nachfahren der afrikanischen Neger ausgebildet wurde, von Menschen also, die als Sklaven in die Vereinigten Staaten gebracht worden sind und denen dieses Land im übrigen – ganz gleich, was man dort von diesen Negern halten mag – die mündlichen Überlieferungen verdankt, die als Ausgangsbasis für die international bekannten Erzählungen des *Uncle Remus* dienten.

Rasse, Geschichte und kulturelle Unterschiede

So zahlreich die Austauschprozesse auch sein mögen, die im Laufe der Geschichte zwischen den verschiedenen Kulturen stattgefunden haben und obwohl keine dieser Kulturen als ganz unvermischt gelten kann, so ist es doch eine Tatsache, daß kulturelle Unterschiede real bestehen und daß man Kulturen, deren jede eine eigene Physiognomie besitzt, in einem zeitlichen und räumlichen Rahmen definieren kann. Es hat z. B. eine germanische Kultur gegeben, die Tacitus beschrieben hat, und wenn er sich für diese Kultur interessierte, so gerade deswegen, weil sie sich von der lateinischen unterschied. Heutzutage werden die Ethnographen mit dem Studium von Kulturen beauftragt, die ziemlich weit entfernt sind von derjenigen Kultur, die sich, bis auf einige Varianten, als der Gesamtheit der westlichen Nationen gemeinsam erwiesen hat. Sollte etwa zwischen Rasse und Zivilisation ein Kausalbezug von Ursache und Wirkung bestehen, so daß also letzten Endes jede der verschiedenen ethnischen Gruppen für die Hervorbringung ganz bestimmter Kulturformen prädestiniert wäre? Die Vorstellung eines derartigen Bezuges hält jedoch der Prüfung durch die Tatsachen nicht stand, und es kann heute als gesichert gelten, daß die vererbten körperlichen Unterschiede als Grund der zwischen den verschiedenen Völkern feststellbaren kulturellen Unterschiede keine nennenswerte Rolle spielen; es ist vielmehr die Geschichte dieser Völker, bzw. für jedes von ihnen: die Summe der sukzessiven, in einer bestimmten Verkettung und Abfolge gelebten Erfahrungen, die es hier in Betracht zu ziehen gilt.

Man stellt zuallererst fest, daß eine gegebene Zivilisation nicht das Produkt einer bestimmten Rasse ist, sondern daß die Beteiligung mehrerer Rassen bei der Schaffung einer Zivilisation durchaus die Regel ist. So z. B. auf dem Boden Ägyptens die sogenannte »ägyptische Zivilisation«, ein Kontinuum von Kulturformen, die sich von der jüngeren Steinzeit an, als in der Gegend von Fayum schon derselbe Weizen und dieselbe Gerste angebaut wurden wie heute, bis zum 3. Jahrhundert unserer Zeitrechnung, als sich das Christentum dort ausbreitete, herausgebildet haben: Seit der Jungsteinzeit bekunden Gräberfunde das Vorhandensein einer kamitischen Bevölkerung in Ägypten, zu der seit dem Beginn der dynastischen Epochen ein sehr unterschiedlicher Menschenschlag hinzukommt. Abgesehen von den Invasionen, die das Land durchzustehen hatte – den Einfall der Hyksos, eines Nomadenvolkes, das im 2. Jahrtausend v. Chr., aus Asien kommend, das Pferd und den Kampfwagen einführte, die Invasionen der Libyer und der »Seevölker«, darunter vielleicht die Achäer, der Assyrer, der Perser, deren Oberherrschaft die Ägypter nur mittels der Annexion durch Alexander im Jahre 332 v. Chr. entgingen, was sie bis zur Niederlage von Antonius und Kleopatra im Jahre 31 v. Chr. in den Einflußbereich der griechischen Zivilisation versetzte –, unterhielt Ägypten nach einer Periode fast vollkommener Abgeschlossenheit enge Beziehungen zu seinen Nachbarn im Vorderen Orient. Durch alle Wechselfälle seiner Geschichte hindurch, die sich auf den schon sehr früh festgelegten körperlichen Typus nicht sonderlich ausgewirkt zu haben scheinen, sondern vielmehr kulturelle Konsequenzen hatten, war Ägypten der Schauplatz, auf dem sich ohne allzu große Erschütterungen eine Zivilisation entwickelte, deren materielle Grundlage die natürliche Oase der von alljährlichen Hochfluten fruchtbar gemachten Nilufer war. In der hellenistischen Epoche besaß Alexandria, die am Kreuzungspunkt zwischen Afrika, Asien und Europa gelegene Hauptstadt der Ptolemäer, als kosmopolitische Stadt einen Glanz und eine Bedeutung von beträchtlichem Ausmaß. Auch in Europa, so läßt sich feststellen, sind im Laufe der Prähistorie mehrere Rassen aufeinander gefolgt, und seit der Steinzeit bestehen Handelswege, die auf die Existenz eines regelrechten »kulturellen Austauschs« zwischen verschiedenen Völkern schließen lassen. In Äquatorialafrika bemerkt man, daß selbst die Pygmäen, deren Techniken der Nahrungsbeschaffung sich auf das Sammeln und Jagen beschränken, eine Art von ökonomischer Symbiose mit ihren Nachbarn, den seßhaften Negern eingehen, indem sie die Produkte ihrer Jagd gegen deren landwirtschaftliche Erzeugnisse eintauschen. Ein derartiger Zustand der Symbiose kann nicht ohne Konsequenzen für die anderen kulturellen Bereiche bleiben, und die verschiedenen Pygmäenstämme haben denn auch heute die Sprache der ackerbauenden Neger angenommen, mit denen sie auf solche Weise verbunden sind.

Wenn es nun schon keine Kultur zu geben scheint, deren Elemente einer einzigen Rasse zu verdanken sind, so läßt sich darüber hinaus noch aufzeigen, daß keine Rasse notwendigerweise an eine einzige Kultur gebunden ist. Es haben denn auch in der Tat bedeutende soziale Umwälzungen stattgefunden, die in keiner Weise mit einer Veränderung des rassischen Typus zusammenfielen, und Japan, mit dem von Kaiser Mutsu-Hito (1866–1912) bewirkten Umschwung, stellt in dieser Hinsicht keine Ausnahme dar. Die Mandschus z. B., ein rauher Stamm von tungusischen Nomaden, eroberten in der Mitte des 18. Jahrhunderts China und stellten anschließend eine Dynastie, die glorreich über ein Land herrschte, dessen Zivilisation zu dieser Zeit eine ihrer größten Blüten erlebte und das – nach dem Sturz der Manschudynastie im Jahre 1912 und der Proklamation der Republik – heute auf dem Wege der Sozialisierung ist. Als nach dem Tode Mohammeds die Ausbreitung des Islam begonnen hatte, gründeten bestimmte arabische Stämme große Staaten und errichteten Städte, in denen die Künste und Wissenschaften in höchster Blüte standen;

andere, in Arabien zurückgebliebene Gruppen blieben dagegen einfache Hirten und trieben ihre Herden weiter von einem Weideplatz zum anderen. Die Geschichte Schwarzafrikas, eines Teils der Welt, der zu dieser Zeit durch seine relative Isolation ziemlich benachteiligt war, bevor er von den Razzien der muselmanischen Sklavenjäger, dem europäischen Sklavenhandel und schließlich dann von der kolonialen Eroberung von Grund auf erschüttert wurde, zeigt uns, daß es dort in einer Epoche, die nach unserer Zeitrechnung dem europäischen Mittelalter entspricht, Reiche gegeben hat, die, wie dasjenige von Ghana in Westafrika, die Bewunderung der arabischen Reisenden hervorriefen; und man findet heute dort, z. B. in Nigeria, große Städte, die vor der europäischen Besetzung gegründet wurden, während die politische Organisation mancher afrikanischer Negerstämme nie über den Rahmen des Dorfes hinausgegangen zu sein scheint. Und wie könnte man auch weiterhin behaupten, daß jeder Rasse ein ganz bestimmter Kulturtyp eigen ist, wenn man neben den Schwarzen des afrikanischen Kontinents gleichzeitig auch jene übrigen etwa 35 Millionen in Betracht zieht, die heute einen Teil der Bevölkerung Nord- und Südamerikas und der Antillen darstellen? Als Nachfahren jener Afrikaner, die unter den schrecklichen Bedingungen der Sklaverei in eine andere Welt verpflanzt und ihres eigenen Selbst beraubt worden waren – was eine vollständige Erschütterung ihrer Kultur zur Folge hatte –, ist es ihnen gelungen, sich einem kulturellen Milieu anzupassen, das von demjenigen, in dem ihre Vorfahren großgeworden waren, ausgesprochen verschieden ist. Sie vermochten es in vielen Fällen, ungeachtet der Macht des ihnen gegenüber geübten Vorurteils, einen wesentlichen Beitrag zum Leben und zur Austrahlung dieser Zivilisation zu leisten, deren unbestrittene Repräsentanten die westlichen Menschen zu sein glaubten. Es genügt, um bei der Literatur zu bleiben, das Beispiel Aimé Césaires anzuführen, eines aus Martinique stammenden Negers, der gegenwärtig zu den größten französischen Dichtern zählt, oder das Beispiel Richard Wrights, eines Negers aus Mississippi, den man als einen der talentiertesten amerikanischen Romanautoren ansehen kann.

Auch die Geschichte Europas beweist, wie Völker sich in ihren Sitten und Gebräuchen ändern können, ohne daß sich gleichzeitig ihre rassische Zusammensetzung merklich ändert, und wie wenig greifbar demzufolge auch der sogenannte »Nationalcharakter« ist. Wer würde z. B. in den geruhsamen skandinavischen Ackerbauern von heute die Nachfahren jener gefürchteten Wikinger wiedererkennen, die im 9. Jahrhundert auf dem Seewege große Teile von Europa unsicher machten? Und welcher Franzose würde in den Zeitgenossen Karl Martells, des Siegers über die Araber bei Poitiers (732), seine Landsleute sehen, wenn ihm nicht die nationale Überlieferung in der Form des heutigen Schulunterrichts beigebracht hätte, sie als solche zu betrachten? Man muß außerdem daran erinnern, daß die Briten, als Julius Cäsar im Jahre 52 v. Chr. an der Küste Großbritanniens landete, so sehr für Barbaren gehalten wurden, daß Cicero in einem Brief seinem Freund Atticus davon abrät, sich mit britischen Sklaven zu versorgen, weil sie »so extrem dumm sind und unfähig, etwas zu lernen«. Andererseits darf man auch nicht vergessen, daß Europa nach dem Zusammenbruch des römischen Reiches Jahrhunderte gebraucht hat, um Staaten bilden zu können, die eine solide Organisationsstruktur und militärische Stärke besaßen: Das ganze Mittelalter über, dessen Ende man gewöhnlich 1453, mit dem definitiven Fall des byzantinischen Reiches, der Einnahme Konstantinopels durch Mohammed II., ansetzt, muß sich Europa unablässig zur Wehr setzen, bald gegen mongolische Völker wie die Hunnen, die beinahe bis zum Atlantik vorstießen, die Avaren, die Magyaren, die sich in Ungarn festsetzten, und gegen die Türken, die einen Teil Südosteuropas jahrhundertelang beherrschten, bald gegen die Araber, die sich nach der Eroberung Nordafrikas gleichzeitig in Spanien und auf den Mittelmeerinseln niederließen. Zu diesem Zeitpunkt hätte man wohl kaum voraussagen können, daß die Europäer einmal große Reiche gründen würden.

Analoge Beispiele für die Schwankungen in den Fähigkeiten einer und derselben Nation bietet uns die Geschichte der schönen Künste: Eine bestimmte Nation tritt auf dem Gebiete der Musik, der bildenden Künste oder der Architektur eine gewisse Zeit lang hervor und bringt dann zumindest ein paar Jahrhunderte lang nichts Nennenswertes mehr zustande. Aber wer würde behaupten wollen, daß diese Fähigkeiten auf dem Gebiet der schönen Künste solchen Fluktuationen deshalb unterworfen sind, weil in der Zusammensetzung der Gene Änderungen aufgetreten sind?

Man wird also vergeblich in den mit der Rasse zusammenhängenden biologischen Faktoren nach einer Erklärung für die feststellbaren Unterschiede in den kulturellen Leistungen der verschiedenen Völker suchen. Und wenn man die Erklärung für diese Differenz z. B. in den Wohnbedingungen zu finden glaubt, so erhält man kaum weniger enttäuschende Ergebnisse. Nordamerikanische Indianer von körperlich sehr gleichartiger Konstitution weisen denn auch in der Tat sehr unterschiedliche Kulturformen auf, etwa die kriegerischen Apachen des Südwestens, die, rassisch gesehen, mit den viel friedsameren Pueblos identisch sind; und es zeigt sich darüber hinaus, daß auch ein bestimmtes Klima keineswegs eine bestimmte Art des Wohnens und der Kleidung vorschreibt. Im ⟨ehem. west-⟩ afrikanischen Sudangebiet findet man z. B. sehr unterschiedliche Häuserformen und neben beinahe nackten Völkern auch Gruppen, die ausnehmend reich bekleidet sind. Wohl steht das Leben einer Gruppe in Abhängigkeit vom biologisch-geographischen Milieu: In den arktischen Regionen käme kein Ackerbau in Frage, ebensowenig wie die Viehzucht in weiten Teilen Afrikas, solange dort die Tse-tse-Fliege das Großvieh bedroht. Gewiß ist auch ein gemäßigtes Klima für die menschliche Ansiedlung und die demographische Entwicklung im allgemeinen günstiger als ein extremes Klima, dennoch vermögen unterschiedliche Techniken gleichartige biologisch-geographische Bedingungen auf unterschiedliche Weise auszunutzen. Wie Pierre Gouron aufzeigt, hat z. B. in den tropischen Gebieten Asiens die Technik der überschwemmten Reisfelder schon seit langem eine sehr große Bevölkerungsdichte ermöglicht, wohingegen die Kargheit und Instabilität der Böden sich dem in den Tropen überall dort in den Weg gestellt haben, wo trockene Kulturen auf feuergerodeten Waldflächen angelegt wurden. Die kulturelle Unterschiedlichkeit ließe sich demnach eher durch die Berücksichtigung der *Geschichte* der einzelnen Völker erklären, als durch ihre gegenwärtige geographische Situation. Die Kenntnisse, die noch in den verschiedenen Gebieten erworben wurden, die sie im Laufe ihrer oft langen und komplizierten Wanderungen durchquert haben, zu einer Zeit, als sie sich noch nicht in den Territorien niedergelassen hatten, in denen wir sie heute antreffen, die größere oder geringere Isolation, in der sie gelebt haben, oder umgekehrt die Kontakte, die sie mit anderen Völkern unterhalten haben, und die Möglichkeit, von anderen, unterschiedlichen Kulturen Erfahrungen zu entlehnen – dies sind die ausnahmslos aus der Geschichte dieser Völker herzuleitenden Faktoren, die eine ausschlaggebende Rolle zu spielen scheinen.

»Die Geschichte der Menschheit«, schreibt Franz Boas[7], »beweist, daß die Fortschritte in der Kultur von den Gelegenheiten abhängen, die

[7] ⟨Franz Boas, *Racial Purity*, 1940.⟩

einer bestimmten Gruppe geboten werden, aus den Erfahrungen ihrer Nachbarn zu lernen. Die Entdeckungen einer Gruppe gehen auf andere über, und je vielseitiger die Kontakte sind, desto größer sind auch die Lernmöglichkeiten. Die Stämme mit der einfachsten Kultur sind im allgemeinen diejenigen, die über lange Zeiträume hinweg isoliert waren und folglich nicht von den kulturellen Leistungen ihrer Nachbarn profitieren konnten.«

Die kulturelle Blüte der europäischen Völker – man darf nicht vergessen, daß die Expansion nach Übersee noch sehr jungen Datums ist und heute von der Entwicklung gerade jener Völker wieder eingedämmt wird, denen gegenüber die Europäer einen technischen Vorsprung gehabt hatten – hängt damit zusammen, daß diese Bevölkerungen sich in der Lage sehen, zahlreiche Beziehungen sowohl untereinander als auch mit den Menschen anderer Kulturen aufzunehmen. Die Römer, die man als die Gründer des ersten großen Staates ansehen kann, der auf europäischem Boden entstanden ist, sind beim Aufbau ihres Reiches dem Beispiel der Asiaten gefolgt, und das byzantinische Reich, das einzige dauerhafte Staatsgebilde in der Nachfolge des römischen Reiches, verdankte hinsichtlich seiner administrativen Struktur den Persern mehr als Rom. Die relative Isolation, in der die Afrikaner so lange gelebt haben, ist andererseits ein Grund zur Bewunderung, insofern sie trotz dieser ungünstigen Ausgangsbedingungen noch vor dem 15. Jahrhundert n. Chr. einen Staat wie Bénin haben errichten können, ein blühendes Königreich, wo die Kunst der Bronze- und Elfenbeinbearbeitung so bemerkenswerte Werke hervorgebracht hat, daß man sie lange dem portugiesischen Einfluß zuschrieb, und insofern sie Tombuktu, die Hauptstadt des Songhai-Reiches zu einem der bedeutendsten geistigen Zentren des Islam zu machen wußten. Für Afrika wie für andere Teile der Welt ist es sicher bedauerlich, daß die schnelle Expansion der Europäer zu einer Zeit, als diese über technische Mittel verfügten, die zu denen der anderen Völker in keinem Verhältnis standen, viele Kulturen, von denen keiner wissen kann, wie sie sich entwickelt hätten, einfach im Keime erstickt und unter ihrer Masse begraben hat.

Läßt sich eine Rangordnung der Kulturen aufstellen?

Die Kultur der verschiedenen Völker spiegelt im wesentlichen ihre geschichtliche Vergangenheit wider und variiert gerade im Rahmen ihrer unterschiedlichen Erfahrungen. Ebenso wie für das Individuum zählt auch für die Völker das *Erworbene* viel mehr als das *Angeborene;* und da das Erworbene aus jeweils unterschiedlichen Erfahrungen resultiert, ist die Erde heute von kulturell sehr verschiedenen Menschengruppen bevölkert, und für jede dieser Gruppen lassen sich bestimmte vorrangige Beschäftigungen und Besorgnisse ausmachen, die dem Ausdruck M. J. Herskovits[8] zufolge als der »Brennpunkt ihrer Kultur« angesehen werden können.

Für was sich eine Gesellschaft interessiert und was sie für wesentlich hält, kann vollkommen von dem abweichen, was eine andere Gesellschaft an die erste Stelle rückt. Die Hindus haben die Techniken der Selbstbeherrschung und der Meditation sehr weit entwickelt, bis vor kurzem jedoch den materiellen Techniken nur ein geringes Interesse entgegengebracht, um deren Perfektionierung sich unsere amerikanischen und europäischen Zeitgenossen so bemühen, die wieder im allgemeinen kaum zur metaphysischen Spekulation und noch weniger zur Philosophie geneigt sind. In Tibet hat das klösterliche Leben immer das militärische Leben, dessen Bedeutung für uns so tragische Konsequenzen zeitigte, in den Hintergrund gedrängt. Während einerseits bei bestimmten kamitischen Negern Ostafrikas der Viehzucht ein derartiger Wert beigemessen wird, daß das Vieh eher noch einen Schatz und ein Vermögen darstellt als ein Mittel, den Lebensunterhalt zu sichern, und man z. B. bei den Banioros eine Aufteilung in zwei Klassen beobachten kann, wobei die Mitglieder der höher gestellten Klasse Viehzucht betreiben und die der niedrigen Klasse Ackerbau, lassen andererseits viele schwarzafrikanische Bauern Westafrikas ihre Herden von den Peulh hüten, einem Volksstamm, den sie verachten. Die Existenz solcher kulturellen Spezialisierungen müßte zur Vorsicht gemahnen, wo es darum geht, ein Urteil über den Wert einer Zivilisation zu fällen: Es gibt keine einzige, die man nicht in bestimmter Hinsicht als defizient ansehen könnte, während sie auf anderen Gebieten einen hohen Grad der Entwicklung erreicht, oder die sich nicht, näher betrachtet, als viel komplexer herausstellen würde, als die anscheinende Einfachheit des Ganzen vermuten ließ. Die präkolumbianischen Indianer, die kein einziges Tier als Zugtier gebrauchten und weder das Rad noch das Eisen kannten, hinterließen dennoch grandiose Monumente, die von einer weit fortgeschrittenen sozialen Organisation zeugen und zu den schönsten zählen, die von Menschen je erbaut

[8] ⟨M. J. Herskovits, *Man and his Works,* 1949.⟩

wurden. Eines dieser präkolumbianischen Völker, die Maya, erfanden, unabhängig von den Arabern, die Null. Die Chinesen, von denen niemand bestreiten wird, daß sie die Schöpfer einer großen Zivilisation sind, haben lange Zeit den Mist ihrer Tiere nicht für den Ackerbau verwandt noch deren Milch zur Ernährung. Die technisch auf der Stufe der Jungsteinzeit stehenden Polynesier haben eine sehr reiche Mythologie entwickelt. Den Negern, die man für gerade gut genug hielt, um in den Pflanzungen der Neuen Welt als Arbeitskräfte zu dienen, verdanken wir einen beträchtlichen Beitrag auf dem Gebiet der Künste, und darüber hinaus wurden in Afrika zum ersten Mal die große und kleine Hirse angebaut, Geteidesorten, die sich seitdem in Asien verbreitet haben. Und selbst die Australneger, deren Technik zu den rudimentärsten überhaupt gehört, wenden Heiratsregeln an, die auf einem Verwandtschaftssystem von extremster Subtilität beruhen. Wie weit auch – vom technischen Standpunkt aus gesehen – unsere eigene Zivilisation entwickelt sein mag, sie ist doch in vieler Hinsicht unvollkommen: Phänomene wie die große Zahl von gesellschaftlich Unangepaßten, zeigen dies zur Genüge, ganz zu schweigen von den sozialen Problemen, die die westlichen Länder noch nicht gelöst haben, oder den Kriegen, auf die sie sich immer wieder einlassen.

In Wirklichkeit kann man von beinahe allen Kulturen sagen, daß sie jeweils sowohl Erfolge als auch Mißerfolge, Tugenden und Fehler gekannt haben. Selbst die Sprache, als Instrument und Vorbedingung des Denkens, kann nicht dazu dienen, eine hierarchische Ordnung der Kulturen aufzustellen. Man findet z. B. ausnehmend reiche grammatikalische Formen in den Idiomen von schriftlosen und als »nicht-zivilisiert« geltenden Völkern. Es wäre gleichermaßen vergeblich, eine Kultur nach unseren eigenen Moralvorstellungen zu beurteilen; abgesehen davon, daß unsere Moral allzu oft nur in der Theorie besteht, erweisen sich nämlich viele exotische Gesellschaften in bestimmter Hinsicht als menschlicher denn die anderen. Der große Afrikanist Maurice Delafosse[9] weist z. B. darauf hin, daß es »in den negroafrikanischen Gesellschaften weder Witwen noch Waisen gibt, da sich um die einen und um die anderen entweder die Familie oder der Erbe des Gatten kümmert«. Es gibt Zivilisationen, in Sibirien und anderswo, in denen Menschen, denen wir als Anormalen aus dem Weg gehen würden, für von den Göttern inspiriert gehalten werden und demzufolge ihren Platz im sozialen Leben finden. Die sich kulturell von uns

[9] ⟨Maurice Delafosse, *Civilisations négroafricaines*, 1925.⟩

unterscheidenden Menschen sind weder moralischer noch unmoralischer als wir; jede Gesellschaft besitzt ihr sittliches Ideal, nach dem sie die Bösen und die Guten voneinander scheidet, und man kann jedenfalls die Moral einer Kultur oder einer Rasse nicht aufgrund des von unserem Standpunkt aus bisweilen tadelnswerten Verhaltens derjenigen ihrer Repräsentanten beurteilen, die unter ganz besonderen Bedingungen leben, weil sie entweder dem kolonialen Regime unterworfen sind oder aber aus militärischen Gründen bzw. als Arbeitskräfte, die in der Mehrzahl der Fälle ein miserables Leben führen, unvermittelt in ein anderes Land verpflanzt werden. Man vermag schließlich auch nicht das Argument jener Anthropologen zu übernehmen, die gewisse Völker, unter dem Vorwande, sie hätten keine »großen Männer« hervorgebracht, als minderwertig einstufen. Abgesehen davon, daß man sich erst noch darüber einigen müßte, was unter einem »großen Mann« zu verstehen ist – ein Eroberer, dessen Taten unzählige Opfer gefordert haben? ein großer Gelehrter, Künstler, Philosoph oder Dichter? ein Religionsstifter? ein großer Heiliger? –, ist es natürlich klar, daß ein sogenannter »großer Mann«, dessen Größe zunächst einmal darin besteht, früher oder später von einem breiten sozialen Milieu anerkannt zu werden, definitionsgemäß in einer isolierten Gesellschaft nicht auftreten kann. Man muß allerdings betonen, daß auch in den lange Zeit isoliert gebliebenen Regionen, in Afrika und in Polynesien etwa, markante Persönlichkeiten hervorgetreten sind: Der mandingische Kaiser Gongo Mussa, der im 14. Jahrhundert die Bauweise eingeführt haben soll, nach der noch heute im Westsudan die Moscheen und reichen Häuser gebaut werden; der Zulu-Eroberer Tschaka, dessen Leben dem Sutho-Schriftsteller Thomas Mofolo Ende des letzten Jahrhunderts den Stoff für ein bewundernswertes, in seiner Muttersprache geschriebenes Epos geliefert hat; der liberianische Prophet Harris, der 1913–14 in der Elfenbeinküste ein synkretistisches Christentum predigte; der König von Thonga Finau, der König von Honolulu namens Kamehameha, ein Zeitgenosse von Cook, und noch viele andere mehr sind vielleicht nur deshalb nicht – und dies ist eine Frage der Quantität und nicht der Qualität – von einer genügend großen Masse anerkannt und zu »großen Männern« geworden, deren Wirkung und Renommee unserem Alexander, Plutarch, Luther oder Sonnenkönig vergleichbar wäre, weil sie an ein kulturell zu geschlossenes und demographisch allzu begrenztes Milieu gebunden waren. Man kann im übrigen nicht bestreiten, daß selbst sehr einfache Techniken ein großes Wissen und viel Geschick voraussetzen und daß die Ausbildung einer einigermaßen ihrem geographischen Milieu angepaßten, wenn auch noch so rudimentären Kultur nicht zu denken wäre, wenn in der betreffenden Gemeinschaft sich nur mittelmäßige geistige Fähigkeiten gezeigt hätten.

Da unsere Vorstellungen von der Kultur selbst Bestandteil einer Kultur sind, nämlich derjenigen der Gesellschaft, welcher wir angehören, ist es uns unmöglich, die Stellung des außenstehenden Beobachters einzunehmen, die allein es erlauben könnte, eine gültige Rangordnung der verschiedenen Kulturen aufzustellen: Die Urteile auf diesem Gebiet sind notwendigerweise relativ, vom jeweiligen Standpunkt abhängig, und mancher Afrikaner, Inder oder Ozeanier wäre genauso berechtigt, die bei den meisten von uns bestehende Unwissenheit in der Frage der eigenen Genealogie gleich streng zu beurteilen wie wir seine Unkenntnis der Gesetze der Elektrizität oder des archimedischen Prinzips. Was man jedoch als objektiv gegebenes Faktum festhalten kann, ist die Existenz von Zivilisationen, denen zu einem bestimmten Zeitpunkt der Geschichte hinreichend perfektionierte technische Hilfsmittel zur Verfügung stehen, damit sich das Kräfteverhältnis zu ihren Gunsten auswirkt und sie versuchen können, die anderen, technisch schlechter ausgerüsteten Gesellschaften, mit denen sie in Kontakt treten, zu verdrängen. Dies ist im Augenblick für die westliche Zivilisation der Fall, deren Expansion man – bei allen politischen Schwierigkeiten und trotz aller Antagonismen der sie vertretenden Nationen – auf weltweiter Ebene voranschreiten sieht, wenn auch manchmal nur durch die Verbreitung ihrer Industrieprodukte. Diese wissenschaftlich und technisch abgestützte Kapazität der Expansion erscheint schließlich und endlich als das entscheidende Kriterium, welches es erlaubt, einer jeweiligen Zivilisation mehr oder weniger »Größe« zuzuerkennen. Es versteht sich jedoch, daß dieses Wort nur in einem gewissermaßen quantitativ-volumenmäßigen Sinne genommen werden darf und daß man im übrigen den Wert einer Wissenschaft – sowie die Frage, ob sie lebendig ist oder tot, oder sich überhaupt von einer Magie unterscheidet – nur von einem rein pragmatischen Gesichtspunkt aus, d. h. im Hinblick auf ihre Ertragsleistung, bewerten kann. Wenn die experimentelle Methode, in deren Anwendung der Westen und die verwestlichten Länder sich heute hervortun, im Vergleich zu den aprioristischen und empiristischen Methoden ein unbestreitbarer Fortschritt ist, dann vor allem in dem Maße, wie ihre Resultate im Unterschied zu den anderen Methoden den Ausgangspunkt für neue, ihrerseits Anwendungsmöglichkeiten eröffnende Entwicklungen darstellen können. Und es versteht sich im übrigen, daß die Wissenschaften, die in ihrer Gesamtheit das Produkt unzähliger Einzelschritte und unterschiedlichster Prozesse darstellen, zu denen alle Rassen seit Jahrtausenden beigetragen haben, in gar keinem Fall von den Weißen als ihr ausschließlicher Besitz und Erbteil oder als Zeichen einer ihnen innewohnenden angeborenen Fähigkeit betrachtet werden können.

Nach diesen ausdrücklich formulierten Vorbehalten läßt sich auch die grundlegende Bedeutung hervorheben, welche die Technologie, anders gesagt, die Mittel, auf die natürlich gegebene Umwelt einzuwirken, nicht allein für das bloße Leben dieser Gesellschaft, sondern auch für deren Entwicklung besitzt. Die großen Etappen der Menschheitsgeschichte sind von technischen Fortschritten markiert worden, die weitreichende Auswirkungen auf alle anderen kulturellen Bereiche gezeitigt haben: die Herstellung von Werkzeugen und der Gebrauch des Feuers zu Beginn der prähistorischen Epoche und noch vor dem *Homo sapiens;* die Nahrungsgewinnung durch Domestizierung der Tiere und Pflanzen, die eine größere Siedlungsdichte erlaubte und bestimmte Menschengruppen dazu führte, sich in Dörfern niederzulassen, die wieder eine beträchtliche Verwandlung der natürlichen Umwelt darstellten, und – mit zunehmender Spezialisierung der Aufgaben – verschiedene Handwerkszeuge herzustellen. Diese ganze Entwicklung setzte gleichzeitig eine ökonomische Ausweitung voraus, die einen genügenden Spielraum für umfangreiche Entwicklungen in anderen Bereichen entstehen ließ. Schließlich ist noch die Schaffung des Machtpotentials zu nennen, das den Anbruch des modernen Zeitalters markiert. Wenn die ersten, auf der Landwirtschaft fußenden Zivilisationen von einiger Bedeutung und Reichweite noch auf Gebiete begrenzt blieben, deren Fruchtbarkeit von großen Flüssen gewährleistet wurde, so stützten sich handeltreibende Zivilisationen in der Folge auf innere Meere oder auf Meere mit zahlreichen Inseln – die Phönizier, Griechen und Römer z. B. auf das Mittelmeer, die Malayen auf die Meere der Insulinde. Später dann haben die auf der Schwerindustrie basierenden Zivilisationen ihre Lebenszentren in den kohlereichen Gebieten Europas, Nordamerikas und Asiens gefunden, während gleichzeitig Handelsverkehr und Güteraustausch weltweite Dimensionen annahmen. Und heute, da wir schon ins Atomzeitalter eingetreten sind, weiß noch niemand, an welchen Punkten der Erde sich – wenn es nicht vorher zu

einem vernichtenden Weltbrand kommt – die wichtigsten Produktions-
stätten befinden werden, oder ob sich die großen künftigen Zivilisationen nicht Gebiete zum Lebensrahmen erwählen werden, die uns heute
als benachteiligt und unwirtlich vorkommen und in denen Menschen
leben, deren einziges Unrecht darin besteht, zu einer technisch weniger
ausgerüsteten Kultur als der unsrigen zu gehören, zu einer Kultur auch,
die geringere Möglichkeiten bietet, auf die natürliche Umwelt einzuwirken, sich jedoch einer größeren Ausgeglichenheit in den sozialen
Beziehungen erfreut.

Es gibt keine angeborene Abneigung zwischen den Rassen

Die körperlichen Unterschiede, die man zwischen den Menschen der
verschiedenen Rassen beobachten kann – man darf nicht vergessen,
daß die einzigen Unterschiede, die die Anthropologen bis jetzt als
praktische Hilfsmittel für die Diskriminierung haben ausfindig machen
können, nur oberflächliche Merkmale betreffen: Farbe der Haut,
Farbe und Form der Augen und der Haare, Form des Schädels, der
Lippen und der Nase, Statur usw. – diese Unterschiede erlauben es
nicht, bei den jeweiligen Angehörigen einer besonderen Art des Menschengeschlechts auf eigene Seins- und Handlungsweisen zu schließen.
Sobald man das Feld der reinen Biologie verläßt, verliert das Wort
»Rasse« jegliche Bedeutung. Über die politische Unterteilung in Nationen hinaus kann man die Menschen unzweifelhaft verschiedenen
Gruppen zuweisen, die jeweils durch eine gewisse Einheitlichkeit des
Verhaltens gekennzeichnet sind. Diese Gruppen und Kategorien lassen
sich jedoch erst im Hinblick auf die verschiedenen »Kulturen«, anders
gesagt, vom Standpunkt der Geschichte dieser Zivilisation aus, aufstellen. Im übrigen fallen diese Kategorien nicht mit den aufgrund von
Ähnlichkeiten in der körperlichen Erscheinung getroffenen Einteilun-
gen zusammen und können auch nicht zur Aufstellung einer Rangordnung dienen, denn diese müßte notwendigerweise auf rein pragmatischen Erwägungen beruhen, ohne jeden absoluten Wert, da sie
zwangsläufig an unser eigenes kulturelles System gebunden ist. Außerdem wäre eine solche Rangordnung, da die Kulturen noch veränderli-
cher und beweglicher sind als die Rassen und ein bestimmtes Volk nach
langen Jahrhunderten annähernder Stagnation dennoch einer sehr
rapiden kulturellen Entwicklung fähig ist, nur für eine begrenzte Zeit

114

gültig. Man kann sich fragen, woher unter solchen Bedingungen das Vorurteil stammt, das gewisse Menschengruppen aufgrund einer angeblichen Benachteiligung durch ihre rassische Konstitution für minderwertig ausgeben möchte.

Aus einer Untersuchung der von der Geschichtswissenschaft und Ethnographie bereitgestellten Tatsachen geht ohne weiteres hervor, daß Rassenvorurteile keineswegs allgemein verbreitet, sondern vor noch nicht allzu langer Zeit erst entstanden sind. Zwar gibt es in manch einer Gesellschaft, die in den Untersuchungsbereich der Ethnographen fällt, einen der Gruppe eigenen Stolz; doch auch wenn sich diese Gruppe im Vergleich zu den anderen für privilegiert hält, so spielt sie sich doch nicht als »Rasse« auf und sieht darin z. B. kein Hindernis, um sich bei den anderen Gruppen mit Frauen zu versorgen oder bei Gelegenheit Bündnisse mit ihnen einzugehen. Was die Einheit dieser Gruppe ausmacht, ist viel weniger das »Blut« als vielmehr die gemeinsamen Toten oder die gemeinsam vollbrachten Taten. In der Mehrzahl der Fälle ist eine solche Gruppe auch in Wirklichkeit gar keine Rasse – allerhöchstens ein Bruchteil einer Rasse, wenn man sie als sehr isoliert annimmt –, sondern lediglich eine Gesellschaft, deren Antagonismus zu den anderen Gesellschaften, gleichgültig ob er traditionell besteht oder von momentanen Interessen abhängt, nicht biologischer Natur, sondern rein kulturell bedingt ist. Diejenigen, die von den Griechen als »Barbaren« bezeichnet wurden, wurden nicht als rassisch minderwertig betrachtet, sie hatten lediglich noch nicht dasselbe Zivilisationsniveau erreicht wie die Griechen. Alexander vermählte sich selbst mit zwei persischen Prinzessinnen, und 10 000 seiner Soldaten gingen Ehen mit Hindufrauen ein. Das römische Reich war vornehmlich darauf bedacht, von den unterworfenen Völkern Tribute zu erheben und hatte, da es nicht dieselben Ziele einer systematischen Ausbeutung der Erde und der Menschen verfolgte wie die moderneren Formen des Imperialismus, demnach gar keinen Grund, diese Völker rassisch zu diskriminieren. Die christliche Religion lehrte die Brüderlichkeit unter den Menschen, und wenn sie auch nur allzu oft diesem Prinzip zuwiderhandelte, so bildete sie doch nie eine rassistische Ideologie aus: Die Kreuzzüge wurden gegen die »Ungläubigen« geführt, die Inquisition verfolgte die Ketzer, und wenn sich die Juden, Katholiken und Protestanten gegenseitig zerfleischten, so waren es doch nie rassische, sondern religiöse Gründe, die angegeben wurden. Dies ändert sich erst mit der Epoche der beginnenden kolonialistischen Expansion der europäischen Völker, als es gilt, eine Rechtfertigung für so viele Gewalttaten und Unterdrückungen zu finden. Nun dekretierte man diejenigen als minderwertig, deren Land man ausbeutete oder die man – auf wenig christliche Weise – zu Sklaven machte, und ächtete die hintergangenen Völker vor der ganzen Menschheit, was in Anbetracht der unterschiedlichen Sitten und der als eine Art von Stigma fungierenden Hautfarbe leicht zu bewerkstelligen war.

Die ökonomischen und sozialen Wurzeln des Rassenvorurteils treten sehr deutlich hervor, wenn man bedenkt, daß der erste große Theoretiker des Rassismus, Graf von Gobineau, selbst erklärt, seinen allzuberühmten *Essai* zur Bekämpfung des Liberalismus geschrieben zu haben: Es ging ihm darum, die in ihren Kasteninteressen von der zunehmenden Masse der Demokraten bedrohte europäische Aristokratie zu verteidigen, zu der er selbst gehörte. Er machte folglich die Aristokraten zu Vertretern einer angeblich überlegenen, der »arischen« Rasse und schrieb ihr einen zivilisatorischen Auftrag zu. Anthropologen wie die Franzosen Broca und Vacher de Laponge und der Deutsche Ammon versuchten gleichfalls, mit Hilfe der Anthropometrie den Nachweis zu führen, daß die soziale Einteilung in Klassen auf rassischen Unterschieden beruht und folglich in der Natur der Dinge liegt. Aber schon die außerordentliche Vermischung der menschlichen Gruppen, die seit der Vorgeschichte in Europa wie in der übrigen Welt stattgefunden hat, genügt, um zusammen mit den unablässigen Bevölkerungsbewegungen im modernen Europa die Nichtigkeit eines solchen Unterfangens aufzuzeigen. Später nahm der Rassismus die bekannten akuten und extremen Formen an und trat namentlich in Deutschland in seiner nationalistischen Spielart hervor, ohne dabei in seinem innersten Wesen jedoch den Charakter einer Ideologie zu verlieren, die darauf abzielt, zugunsten des ökonomischen Profits einer Minderheit bestimmte Kastenunterschiede zu schaffen oder zu perpetuieren, und zwar ganz gleich, ob es darum geht, den Zusammenhalt einer zur »Herrenrasse« ernannten Nation zu verstärken, Kolonisierten das Gefühl einer hoffnungslosen Unterlegenheit gegenüber ihren Kolonisatoren einzuprägen, innerhalb eines Landes den sozialen Aufstieg eines Teiles der Bevölkerung zu verhindern, Konkurrenten auf beruflichem Gebiet zu eliminieren, oder aber darum, die allgemeine Zufriedenheit durch die Bereitstellung eines Sündenbocks zu neutralisieren, der bei dieser Gelegenheit ausgeplündert wird. Eine bittere Ironie liegt in der Tatsache, daß sich der Rassismus gerade zur selben

Zeit entwickelt hat wie das demokratische Ideal, zu einer Zeit, als man sich zur Beruhigung der Gemüter immer dann auf das neu erworbene Prestige der Wissenschaft stützen mußte, wenn man auf allzu auffällige Weise die Rechte eines Teils der Menschheit verletzte oder ihm die Anerkennung verweigerte.

Das Rassenvorurteil ist nicht angeboren. Wie Ashley Montagu[10] anmerkt, »ist es unverkennbar, daß dort, wo in Amerika Weiße und Schwarze gewöhnlich in Nachbarschaft leben, die weißen Kinder erst dann lernen, sich für etwas besseres zu halten als die Negerkinder, wenn man ihnen gesagt hat, daß es sich so verhält«. Wenn man auf der anderen Seite bei einer mit Vorsatz ausgeschlossenen Gruppe eine Neigung zum Rassismus beobachtet, die sich entweder in der absichtlichen Heiratsbeschränkung auf die eigene Gruppe oder in der mehr oder weniger aggressiven Hervorkehrung der Tugenden der eigenen »Rasse« äußert, so ist darin nur eine normale Reaktion von »Erniedrigten und Beleidigten« auf die Verfolgung und Verfemung zu sehen, der sie ausgesetzt sind, und man kann aus dieser Reaktion kein Indiz für die Allgemeinheit des Rassenvorurteils machen. Welche Rolle auch immer die Aggressivität in der menschlichen Psyche spielen mag – es gibt keine Tendenz, die die Menschen deshalb zu feindlichen Akten gegenüber anderen Menschen antreiben würde, weil diese als zu einer anderen Rasse gehörig betrachtet werden; und wenn diese Akte auch nur allzu oft begangen werden, so doch nicht aufgrund einer biologisch verankerten Feindseligkeit, denn es hat meines Wissens noch nie eine Schlacht zwischen Hunden gegeben, bei der z. B. die Spaniel gegen die Bulldoggen angetreten wären.

Es gibt keine Herrenrassen einerseits und Sklavenrassen andererseits: Mit dem Menschen ist nicht auch gleichzeitig die Sklaverei entstanden. Sie ist erst in Gesellschaften hervorgetreten, die technisch weit genug entwickelt waren, um Sklaven unterhalten und aus ihnen Nutzen für die Produktion ziehen zu können.

Sexuell gesehen läßt sich offenbar keine Abneigung zwischen den verschiedenen Rassen feststellen: Alle einschlägigen Fakten bezeugen vielmehr, daß Rassenvermischungen schon seit unvordenklichen Zeiten vorgekommen sind und immer existiert haben. Und es steht fest, daß sie jedenfalls keine schlechten Ergebnisse zeitigen, denn eine so glorreiche Zivilisation wie z. B. die griechische scheint gerade das

---

[10] ⟨Ashley Montagu, *Man's Most Dangerous Myth: the Fallacy of Race*, 1942.⟩

Resultat eines ziemlich zusammengewürfelten menschlichen Milieus zu sein.

Das Rassenvorurteil ist weder ererbt noch spontan entstanden; es ist nichts als ein Vorurteil, d. h. ein nicht objektiv, sondern kulturell begründetes Werturteil: Weit davon entfernt, in den Dingen selbst zu liegen, gehört es vielmehr zu jenen Mythen, die viel eher von einer gezielten, auf Vorteile bedachten Propaganda ausgehen als von einer seit Urzeiten bestehenden Tradition. Da es im wesentlichen an Antagonismen gebunden ist, die in der ökonomischen Struktur der modernen Gesellschaften begründet liegen, wird es auch genau wie andere Vorurteile, die weniger Ursache als Symptom sozialer Ungerechtigkeit sind, erst dann verschwinden können, wenn die Völker in der Lage sind, diese Struktur zu verändern. Auf der Grundlage der gleichberechtigten Kooperation aller menschlichen Gruppen eröffnen sich dann für die Zivilisation ungeahnte Perspektiven.

Kulturelle Aspekte der Revolution (1968)[1]

Überlegungen zur wissenschaftlichen Forschung, den soziologischen Untersuchungen und dem künstlerischen Schaffen in der Kulturentwicklung eines Landes, das das Stadium der Unterentwicklung überwindet.

Notwendigkeit eines möglichst schnellen technischen Fortschrittes; Frage von Leben oder Tod für ein Land, das wohl unabhängig, aber noch »unterentwickelt« ist: Verbesserung der Lebensbedingungen, Schaffung von Abwehrmöglichkeiten gegen den Druck und die Angriffe des Imperialismus.

Deshalb Einführung der modernsten Techniken auf allen Gebieten und Ausbildung der zur Anwendung dieser Techniken nötigen Fachkräfte, ohne allerdings – wenigstens für eine Übergangszeit – die Kooperation ausländischer Spezialisten auszuschließen.

Verpflichtung allerdings, dem mehr oder weniger dringenden Bedarf Rechnung zu tragen und einen – dies versteht sich von selbst – sinnvollen Gebrauch von den Techniken zu machen, deren Einführung man für nützlich hält. Dies setzt eine vertiefte Kenntnis der lokalen Verhältnisse voraus und macht die Durchführung systematischer Untersuchungen in zweifacher Hinsicht notwendig:

1. Untersuchung der geographischen, klimatischen und sonstigen Bedingungen. Dies erlaubt es zu bestimmen, a) ob es angebracht ist oder nicht, die in Frage kommende Technik einzuführen (einfaches Beispiel: die Schädlichkeit der unbedachten Anwendung des Pfluges bei bestimmten afrikanischen Böden, deren ziemlich dünne Humusschicht direkt über einer unfruchtbaren Lateritschicht liegt); b) inwieweit es z. B. möglich ist, zu neuen Arten des Anbaus oder der Aufzucht überzugehen, und welche Arbeiten und Vorsichtsmaßnahmen eventuell hierfür nötig sind.

2. Studium der Bevölkerung, der die Anwendung der neuen Technik zufallen würde. Die gewohnte Lebensweise dieser Menschen wird in vielen Fällen beträchtlich durcheinandergebracht werden, was eine

---

[1] Vom 4. bis zum 11. Januar 1968 fand in Havanna ein Kongreß von Intellektuellen aus aller Welt statt, auf dem die Probleme der Kultur in den »unterentwickelten Ländern« erörtert wurden. Die folgenden Aufzeichnungen, die hier fast unverändert wiedergegeben werden, habe ich zum größten Teil meinem Vortrag auf diesem Kongreß zugrundegelegt.

Anpassung und die Ausarbeitung von Problemlösungen nötig macht. (Die Ansiedlung einer neuen Industrie z. B. stellt nicht nur Probleme der technischen Ausbildung, sondern auch Wohnungsprobleme sowohl materieller als auch sozialer Art, denn die Betroffenen, Bauern etwa, die sehr verstreut wohnen, werden nicht ohne weiteres zu einer geballten Wohnform übergehen wollen – wie groß auch immer ihr Vertrauen zur Revolution sein mag.)

Als Gegenstand einer prospektiven Forschung darf diese *Untersuchung der örtlichen Bedingungen* nicht lediglich im Hinblick auf die eventuelle Einführung neuer Techniken durchgeführt werden, sie muß gleichzeitig das Ziel haben, eine vollständige Kenntnis der Ressourcen des Landes zu vermitteln und so die Nutzung dieser Reichtümer zu ermöglichen. Ein umfangreiches Programm, dessen Verwirklichung beiläufig den Vorteil hat, einen Anreiz für die ausführenden Wissenschaftler darzustellen, die dadurch einen Grund erhalten am Ort zu bleiben, anstatt sich von den imperialistischen Ländern abwerben zu lassen. Dementsprechend bezieht sich diese Studie auf:
1. natürliche Ressourcen, 2. kulturelle Ressourcen.

1. Ausforschung sämtlicher verwertbarer Reichtümer sowohl mineralischer als auch pflanzlicher und tierischer Natur. Gerade dies wurde in der Regel von den Kolonisatoren vernachlässigt, die nur auf die Produkte bedacht waren, für welche sie sich speziell interessierten. Diese der eigentlichen Erschließung vorausgehende Erforschung kann vollständig nur im revolutionären Zusammenhang und von dem Augenblick an durchgeführt werden, wo es darum geht:
a) *all das* zu verwenden, was *allen* zugute kommt, anstatt nur auf das abzuzielen, woraus eine privilegierte Klasse Nutzen ziehen kann;
b) zur Bekämpfung des Imperialismus nach allen erdenklichen Mitteln zu greifen (so daß die Revolution hier als der direkte Anstoß zur Forschung fungiert). Um der vom amerikanischen Imperialismus sehr forcierten »Entwicklungs-Forschung« entgegentreten zu können, gilt es – neben einer Forschung modernsten Zuschnitts – auch eine Art von improvisierter, bzw. guerillaartig organisierter Forschung voranzutreiben: ähnlich wie man gegen einen immensen Aufwand an perfektionierten Waffen auch zu den elementarsten Mitteln greift, was allerdings, soweit sie zur Verfügung stehen, die gleichzeitige Anwendung der perfektionierten Waffen nicht ausschließt (Beispiel: die außergewöhnliche Findigkeit, die die Vietnamesen in dieser Hinsicht mitten im

120

Kriege beweisen). Diese rein lokale Forschung, deren Ziel in der Ausnutzung auch der kleinsten Ressource besteht, schafft die Möglichkeit, jeglicher Art von Blockade standzuhalten, und stellt darüberhinaus eine Erweiterung des menschlichen Wissens im allgemeinen dar.

2. Mit Hilfe von Soziologie und Ethnologie Erkundung all der Reichtümer und Kapazitäten, die sich unmittelbar von den Menschen und ihrem Leben in der Gesellschaft herleiten; kulturelle Reichtümer, die als solche – wenn auch unter anderen Formen – in der neuartigen Kultur bewahrt werden sollten, welche die Revolution aufzubauen trachtet. Nach marxistischer Auffassung ist die Revolution ja auch in der Tat keine tabula rasa, sondern eine Erweiterung und Überwindung. Eine Vielzahl traditioneller Elemente ist durchaus gültig, und es wäre zu wünschen, daß man ihnen eine neue Existenzberechtigung und Zielsetzung verleiht und sie in den revolutionären Gesamtzusammenhang einbezieht, anstatt sie künstlich, als eine mehr oder weniger pittoreske, aber in Zukunft (bis auf einige Ausnahmen wie der in vielen Teilen der Antillen und Südamerikas noch sehr lebendig gebliebene Karneval) leblose Folklore aufrechtzuerhalten. Es ließen sich zahlreiche Beispiele für die Einfügung derartiger Elemente in einen neuen Zusammenhang anführen:

– die medizinische Rationalisierung der Akkupunktur und der alten Pharmakopöe in China,

– der heutige medizinische Gebrauch des Kurare, des ursprünglichen Pfeilgiftes der Indianer Südamerikas,

– der *Yoga* der Hindus, der, von allem mystischen Ballast befreit, zu einer der heute am häufigsten in der Psychotherapie angewandten Entspannungsmethoden geworden ist.

Freud hat nicht allein die Mythologie des antiken Griechenland (Ödipus) benutzt; bei seiner Analyse des Inhalts der Träume, von denen man bis dato kaum mehr als die Ablaufmechanismen untersuchte, kehrte er auf seine Weise zu den Praktiken der alten Traumdeuter zurück, die aus der Bedeutung der Träume eine Weissagung für die Zukunft herauszulesen suchten.

Auf medizinischem Gebiet ist weiter die Analogie zwischen dem in der Psychotherapie geläufigen und in verschiedener Form angewandten Psychodrama und einer Art von »gelebtem Theater« zu erwähnen, das sich auf die Besessenheitskulte stützt, die in Afrika, auf den Antillen, in Brasilien und in anderen Teilen Südamerikas weit verbreitet sind.

Auf künstlerischem Gebiet darf man schließlich nicht vergessen, daß der Jazz und manche andere Tanzmusik, die heute eine so enorme Rolle für die Freizeitgestaltung spielen, in wesentlichen Momenten auf die traditionelle Musik Schwarzafrikas zurückgehen.

Der von außen kommenden und im Zusammenhang mit dem Kolonialismus eingeführten Ethnographie, Geschichte und Archäologie eine »lokale« Ethnographie, Geschichtsschreibung und Archäologie entgegensetzen mit dem Ziel:

1. dem Volk seine eigenen und besonderen Fähigkeiten bewußt zu machen, wobei ihm diese seine Originalität nicht von mehr oder weniger herablassenden Ausländern zugestanden, sondern von den Angehörigen des eigenen Volkes entdeckt wird; das Volk von seinem eventuellen Minderwertigkeitskomplex befreien sowie von der Neigung, die eigene Kultur im Vergleich zu der von den Kolonisatoren übernommenen, die mehr oder weniger zur Kultur der herrschenden Klasse geworden ist, zu unterschätzen:

2. im Sinne der Entwicklung des menschlichen Wissens im allgemeinen Ergänzung der klassischen Geschichtsschreibung und Ethnographie durch ein Pendant, das dieselben Phänomene vom Gesichtspunkt des anderen und bisher stumm gebliebenen Partners aus beschreibt. Dies soll keinen engstirnigen nationalen Hochmut produzieren, sondern die Perspektiven wieder zurechtrücken, die von dem Ethnozentrismus, der dem Imperialismus innewohnt, verfälscht worden sind: es gilt, dem betreffenden Volk den wahren Platz zu zeigen, den es in der Kultur und der Geschichte der Menschheit einnimmt, und von hier aus vorzuführen, welchen Beitrag es zur kommunistischen Zivilisation leisten kann.

Die Kultur des nicht mehr entfremdeten Menschen müßte eine *gesamtheitliche Kultur* sein, die sämtliche menschlichen Errungenschaften in sich zusammenzufassen hätte, ohne irgend etwas gültiges beiseite zu lassen, eine Kultur, die in der Lage wäre, alle Möglichkeiten und Fähigkeiten des Menschen auszuschöpfen und die jedem Mann und jeder Frau den ungehinderten Gebrauch von Geist und Körper gewährleistete. Im Prinzip müßten demnach alle existierenden Kulturen in sie eingehen bzw. in ihr auf einer anderen Ebene wiederaufgenommen werden, denn jede partikulare Kultur, auch die bescheidenste, zeichnet sich in einem bestimmten Punkt durch eine besondere Perfektion aus: so z. B. die Geschicklichkeit der Pygmäen, sich im Walde zu orientieren; die rhythmische »Begabung« in den schwarzen Gemeinschaften; die bei vielen asiatischen Völkern stark entwickelten Techniken der Selbstbeherrschung und der Meditation; bei den Festen vieler nichtindustrialisierter Gesellschaften die gesteigerten Möglichkeiten, »sich auszuleben« usw.

Wenn sich ein im Stadium der Unterentwicklung befindliches Volk aus taktischen Gründen, anders gesagt, in unmittelbarer Zukunft, technisch entwickeln und so schnell wie möglich mit einer materiellen Ausrüstung versehen muß, so darf man darüber nicht aus dem Auge verlieren, daß es strategisch, das soll heißen, im Hinblick auf das langfristige Endziel der Revolution, auf den von seiner Entfremdung befreiten, integralen Menschen, wünschenswert ist, daß seine Bemühungen zur technischen Angleichung an die auf diesem Gebiet begünstigteren Völker nicht zum totalen Verschwinden dessen führt, was seine Eigenart ausmacht. Es wäre demnach nützlich, für jeden einzelnen Fall zu untersuchen, wie man vorgehen müßte, damit die rasche Beseitigung des sogenannten Zustandes der »Unterentwicklung« – eine Veränderung im wesentlichen technischer und ökonomischer Art, die sich allerdings nicht ohne eine revolutionäre Umgestaltung der Gesellschaft verwirklichen läßt und die schon für sich allein eine tiefgreifende Umwälzung der lokalen Kultur darstellen würde – damit also die Beseitigung der technischen Unterentwicklung mit so wenig wie möglich unwiederbringlichen Verlusten erkauft wird, denn auch der nicht entfremdete Mensch, gleichgültig für wie frei und begabt man ihn auch immer halten mag, kann doch nicht alles noch einmal erfinden.

Dank der ethnologischen Forschungen, des Films, der Tonaufzeichnungen und der systematischen Sammlung von Gegenständen ist es jedenfalls möglich, *Archive* einzurichten, die wenigstens davon Zeugnis ablegen können, was diese in Zukunft verschwundenen Kulturen einmal gewesen sind.

(. . .) Als soziales Erbe, das sich von einer Generation auf die andere überträgt und das jeder auf eigene Rechnung wiederaufnimmt und mehr oder weniger modifiziert, ist die Kultur nichts Starres, sondern ein lebendiger Organismus. Durch all ihre traditionellen Inhalte bleibt sie an die Vergangenheit gebunden; gleichzeitig besitzt sie aber ihre eigene Zukunft, kann sie doch beständig durch Neues, noch Ungekanntes vermehrt und umgekehrt durch den Verlust eines ihrer Elemente vermindert werden. In der Abfolge der Generationen sieht sie sich so jeden Augenblick anerkannt oder verworfen von den neu Hinzugekommenen, denen sie eine Ausgangsbasis für die individuellen oder kollektiven Wege bereitstellt, die sie sich jeweils persönlich vorzeichnen. Eine ein für allemal festgelegte Kultur wäre so etwas wie eine tote Sprache. Eine Gesellschaft, die am Leben bleiben will, kann sich demnach nicht mit einer Bildungsanstrengung begnügen, die alle Mitglieder der Gesellschaft zu so (im engen Sinne des Wortes) »kultivierten« Menschen wie nur möglich und zu hochqualifizierten Fachkräften für die anstehenden Arbeiten machen möchte. Sie muß der Forschung und der schöpferischen Arbeit ein Maximum an Anstößen vermitteln.

Es versteht sich von selbst, daß eine der vordringlichsten Aufgaben eines noch unterentwickelten Landes in der Alphabetisierung und der Verbreitung des Wissens mit allen nur möglichen Mitteln besteht. Dennoch ist diese Bewußtmachung des Erreichten nur ein im großen und ganzen der *Vergangenheit* zugewandter Teil der Arbeit: er betrifft das schon Geleistete der Kultur, die doch auch in ihrem *Werden* aufzunehmen ist. Dieser zweite Gesichtspunkt erscheint um so dringlicher, als die Revolution durch die Befreiung der Menschheit von den verschiedenen, in der Ausbeutung des Menschen durch den Menschen begründeten Formen der Absonderung und Aufspaltung für die Kultur unbegrenzte Perspektiven eröffnet, die man nicht verspielen darf.

Zu sagen, daß die wissenschaftliche Forschung so weit wie möglich vorangetrieben werden muß, heißt, wie mir scheint, offene Türen einrennen, und ich denke, daß die entsprechenden Aktivitäten der Vereinigten Staaten zur Genüge zeigen, daß man nicht erst revolutionär sein muß, um in diesem Punkt einer Meinung zu sein.

Strittiger ist die Frage der Anregung des literarischen und künstlerischen Schaffens; denn wenn es auch auf dem Gebiete der Wissenschaften einleuchtet, daß nicht nur die angewandte Forschung zu fördern ist, deren Entwicklung an die Fortschritte der »reinen« Forschung gebunden ist, so scheint es doch, als stelle die Reinheit des »Forschens« im Bereich der Literatur und der Künste einen Luxus dar, dessen sich die von dringlicheren Aufgaben geforderte Revolution ohne weiteres entschlagen kann.

Definitionsgemäß ruft die Revolution auch eine revolutionäre Kunst und Literatur hervor, d. h. eine Kunst, die nicht nur auf die Aufrechterhaltung des status quo oder auf bloße Unterhaltung abzielt. Es stellt sich jedoch die Frage, was man unter »revolutionärer« Kunst und Literatur verstehen soll:

– eine unmittelbar für die Revolution brauchbare Kunst und Literatur, eine fordernde oder didaktische Kunst und Literatur, die im wesentlichen eine Schule der Revolution wäre und der Propaganda dienen würde?

– eine Kunst und Literatur, die auf ihrem eigenen Gebiet revolutionär wäre, im radikalen Bruch mit dem Akademismus, einem rein mechanischen Überdauern von Formen, die sich des lebendigen Inhalts, den sie zu einer bestimmten Zeit einmal besessen haben mögen, entleert haben?

Ohne jeden Zweifel muß die Revolution unterrichten und für ihre eigene Propaganda sorgen. Sie benötigt dafür also eine entsprechende Literatur und Kunst. Taktische Notwendigkeit. Obwohl man andererseits nicht die Verständnisfähigkeit der Massen unterschätzen und sich einbilden darf, daß ihnen nur eine besonders vorgekaute Kunst zugänglich wäre. Insofern das Verständnis dieser Kunst und Literatur im übrigen nicht die geringste Anstrengung vom Betrachter oder vom Leser erfordert, unterhält sie lediglich die Trägheit des Geistes und verfehlt ihre erzieherische Aufgabe. Dichter wie Majakowski und in unseren Tagen Aimé Césaire haben bewiesen, daß man unmittelbar revolutionäre Werke schreiben kann, ohne dadurch zum »Vulgarisieren« genötigt zu sein.

Wenn auch die Revolution eine in ihrer unmittelbaren Bedeutung revolutionäre Kunst verlangt, so darf diese taktische Forderung doch nicht auf Kosten der Strategie erfüllt werden, und man sollte nicht vergessen, daß eine Kunst und Literatur, um ganz und gar revolutionär zu sein, d. h. um allen Ansprüchen der Revolution zu genügen, nicht lediglich eine Anfeuerung, Propagierung oder Leitung des revolutionären Geistes anstreben darf, sondern daß sie wenigstens durch bestimmte Aspekte darauf abzielen muß, in Vorausdeutung des zukünftigen »integralen Menschen« schon hier und jetzt den heutigen Menschen zu verwandeln, der noch kaum begonnen hat, sich seiner Ketten zu entledigen. Hierin liegt denn auch der revolutionäre Wert all jener Werke, die die Unterminierung der beruhigenden Stereotypen betreiben, auf die der entfremdete Mensch sich stützen zu können glaubt – Werke, die von Grund auf unsere Wahrnehmung der Welt umstürzen (Picasso), die ein brennenderes Bewußtsein von der Lage des Menschen vermitteln (Kafka) oder aber dem Mann und der Frau die Doppelbödigkeit ihrer Wünsche entdecken (Bataille).

Zu arbeiten ohne von außen kommende Direktiven, ohne oder fast ohne vorgefaßte Ideen und ganz so, als ob er sich zu einer Entdeckung

aufmachte, ist für den Künstler ohne Zweifel der beste Weg, den Stereotypen zu entgehen und ein wahrhaft authentisches und kreatives Werk zu schaffen. Für den Schaffenden geht es nicht darum, ein »Meisterwerk« zu vollbringen – ein Begriff, der auf die frühere Zeit zurückgeht, als man, um als Meister in seiner Zunft aufgenommen zu werden, seine Geschicklichkeit als Handwerker unter Beweis zu stellen hatte und ein im eigentlichen Sinne des Wortes als meisterhaft anerkanntes Werk anfertigen mußte. Dieser Begriff bewahrt in der kapitalistischen Gesellschaft noch einen bestimmten Sinn: den eines Werkes, das ganz besonders wert zu sein scheint, von einem Liebhaber oder einem Museum angekauft zu werden; er ist jedoch inakzeptabel für eine revolutionäre Gesellschaft, setzt er doch voraus, daß das Kunstwerk als eine Ware behandelt wird, nach der eine größere oder geringere Nachfrage bestehen kann. Für den Schaffenden handelt es sich immer darum, auszuprobieren und sich vorzuwagen: Wenn er eine Arbeit beginnt, weiß er nicht bestimmt, wohin dies führen wird, denn er arbeitet ja gerade, um es zu erfahren, um zu wissen, wohin es ihn führt. Gerade diese Art voranzukommen, so wie man sich mit seiner Machete durch das Gestrüpp einen Weg bahnt, nennt man »Schaffen«.
In bezug auf Kunst und Literatur hat die Revolution sich selbst gegenüber die Pflicht, den Künstlern und Schriftstellern nicht allein gänzliche Freiheit zu lassen, indem sie sich darauf beschränkt, von ihnen wie von allen anderen die Erfüllung ihrer Aufgaben als Revolutionäre zu verlangen – sie muß das künstlerische Experiment auch so weit wie möglich erleichtern. In einem Land, in dem der Imperialismus in seiner kolonialen oder neo-kolonialen Ausprägung die Entfremdung der Individuen in der Form einer Überlagerung der bodenständigen Kultur durch eine fremde bis zur äußersten Grenze gesteigert hat, in einem Lande, in dem man mehr als irgendwo sonst auf der Suche nach der eigenen Identität ist, müssen dem freien Experimentieren die Wege so weit wie nur immer möglich geebnet werden. Es ist dies die einzige Chance, der doppelten Gefahr zu entgehen: entweder die allerneuesten und von außen gelieferten Vorbilder, »dernier cri« zu imitieren oder aber sich im Gegenteil in der erklärten Absicht, zu einer »nationalen« Kunst zu gelangen, die traditionellen Muster zu Vorbildern zu nehmen. Beide Lösungen sind aber gleichermaßen falsch, denn die eine wie die andere geht von Stereotypen aus und kann demnach auch nur zu Unechtheit führen.
Auf dem Gebiete der Erziehung scheint es notwendig, für Kunst und

Literatur, sobald die Verhältnisse es erlauben, zahlreiche Informationskampagnen vorzusehen, deren Programm ziemlich universell sein muß, damit sowohl die oft sehr reichen Künste und die mündliche Überlieferung der von der kapitalistischen Welt noch unlängst als »primitiv« bezeichneten Völker als auch die gewagtesten Formen der Kunst und Literatur von heute nicht ausgeschlossen bleiben. Die Künstler sollten ohne jeglichen Dirigismus informiert werden. An ihnen ist es dann, ihren Weg zu finden, *ausgehend* von den Kenntnissen, die man ihnen so vermittelt hat und gegebenenfalls *gegen* diese Kenntnisse.

Im künstlerischen Bereich kann der Schaffende nie von der gegebenen Kultur zufriedengestellt werden. Was ihn zum Experimentieren treibt, ist gerade das Bedürfnis, mit dem Bestehenden zu brechen und etwas anderes zu machen. So daß selbst eine kommunistische Gesellschaft keine Maßnahmen zu seiner »Ermutigung« ergreifen kann, denn dies würde *ipso facto* auf seine Domestizierung hinauslaufen. Sie kann ihm lediglich die Ausübung seiner unbeschränkten Freiheit der Forschung garantieren, ohne Vorbehalte und in dem Bewußtsein, daß diese in vollständiger Freiheit ausgeführten Arbeiten der Revolution nur förderlich sein können auf ihrem Weg zur totalen Freiheit.

Graffiti abyssins (1934)

Zu den sprechendsten Zeichen, die der Mensch den Dingen einprägt
– denn überall neigt er dazu, die Natur zu vergewaltigen, sie entweder
im Hinblick auf eine bestimmte Ausbeutung zu verwandeln oder ihr
auf anscheinend uneigennützige Weise die Spuren seines Wirkens
einzugraben – zählen in allen bekannten Gesellschaften die Graffiti.
Nicht nur die zugänglichen Stellen der öffentlichen Monumente in
unseren großen Städten, die Rinde der Wald- und Parkbäume und die
Wände der sogenannten Bedürfnisanstalten sind mit diesen Markzei-
chen, diesen Spuren, Zeichnungen und Inschriften von oft großer Lyrik
bedeckt. Die überreiche Verbreitung in Raum und Zeit läßt darauf
schließen, daß die Kunst des Graffito wahrscheinlich einem der ältesten und am tiefsten verwurzelten Bedürfnisse der Menschheit entspricht.
Graffiti finden sich schon seit den frühesten Zeiten der Vorgeschichte,
denn die Höhlenmalerei ist ja wohl nichts anderes, und auch heute
stößt man auf sie in allen Gegenden der Erde, bei den Völkern aller
Rassen und unter allen klimatischen Bedingungen: entweder als symbolische Zeichnungen mit religiöser Bedeutung oder in der Form von
reinen Ideogrammen, die dann im eigentlichen Sinne eine Schrift
darstellen.
Die hier versammelten Zeichnungen sind nicht zur Bilderschrift zu
rechnen, sondern zur eigentlich graphischen Kunst. Sie wurden anläßlich einer 1928–29 von Griaule und Larget unternommenen Expedi-

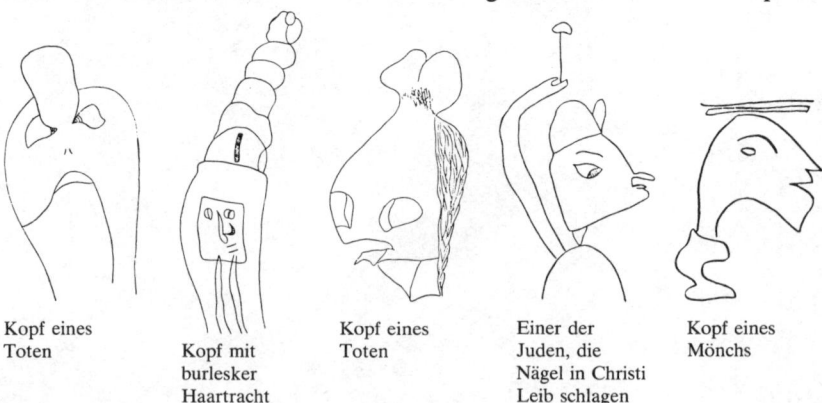

Kopf eines
Toten

Kopf mit
burlesker
Haartracht

Kopf eines
Toten

Einer der
Juden, die
Nägel in Christi
Leib schlagen

Kopf eines
Mönchs

128

Folge von Gestalten

tion in der abessinischen Provinz Godscham zusammengetragen. Sie stammen sämtlich aus Kirchen und wurden mit Hilfe der Kinder interpretiert, die sie dort auch gezeichnet hatten.

Im Innern Abessiniens stellt die Kirche die einzige Schule dar. Dort lernen die Kinder, die kirchlichen Texte zu lesen und zu schreiben. In Momenten der Unachtsamkeit und wenn sie nichts anderes zu tun haben, bedecken sie – hinter dem Rücken ihres Schulmeisters, der sie bestrafen würde, falls er sie dabei erwischte – die passenden Teile des Gebäudes mit Zeichnungen. Sie verwenden dabei Kohlestücke aus dem Weihrauchfaß, manchmal Kreide oder einen europäischen Bleistift oder sonst irgendwelche spitzen Gegenstände.

Die dargestellten Themen sind fast ausschließlich religiöser Natur: Köpfe, die den hohen Turban der Priester tragen, Trommler oder

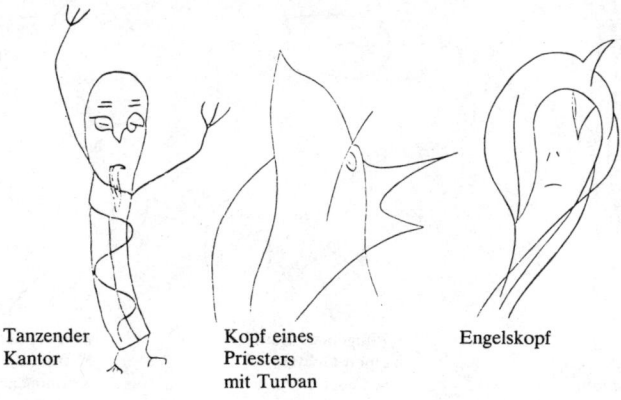

Tanzender
Kantor

Kopf eines
Priesters
mit Turban

Engelskopf

Tanzende Kantoren

Sistrum-Spieler, die die liturgischen Gesänge begleiten, Mönche, tanzende Kantoren, heilige Ritter beim Töten von Ungeheuern, Geistliche mit ihrer rituellen Ausstattung und ihren Schmuckgegenständen, Köpfe von Toten, angeregt vom Anblick des Leichnams im Totenhemd und auf groteske Weise entstellt, oder aber Juden, im Profil gesehen, wie es der Kodex der äthiopischen Malerei für die Darstellung von Bösen und Ungläubigen vorschreibt, die dabei sind, Jesus ans Kreuz zu schlagen, Gestalten aus dem gewöhnlichen Leben, Vögel usw.

Während die offizielle äthiopische Kunst in ihrer strikten Unterwerfung unter die Regeln von sehr archaischer Machart und zu traditionalistisch ist, um der individuellen Gestaltung und Schöpfung einen großen Spielraum einzuräumen, ist der bloß spielerische Graffito an nichts gebunden, was seinem Schöpfer Fesseln anlegen könnte. Dies ist

Der heilige
Sebastian am
Marterpfahl

Pflügender Bauer,
einen Ochsen
schlagend

Kantor, der das
Sistrum und den
Krummstab hält

130

der Grund auch für die außerordentliche Vielfalt von Stilen – wandelbar wie die Fluktuationen der persönlichen Phantasie – und für jenen Überfluß an seltsamen Figuren, die genauso übertragen werden, wie das Gehirn sie hervorbringt (und im übrigen simultan zu ihrer Erzeugung), die sozusagen im Zuge der zeichnenden Hand geschaffen werden, im Irren der unbeschäftigten Finger über eine plane Fläche, gelenkt allein von der ihnen eigenen Bewegung und oft nur dem Bilder auslösenden Zufall der Flecken oder den Unebenheiten der Fläche gehorchend.

Es ist anzumerken, daß diese Zeichnungen immer durch und durch realistisch sind und daß ihre Motive in der Regel dem Arbeitsalltag der Schöpfer entlehnt sind: Leute und Dinge, die zur Kirche gehören, Heilige zu Pferd wie in den kirchlichen Gemälden. Der Grad der Entstellung variiert von Fall zu Fall.

Es gäbe viel zu sagen über den flüchtigen Charakter der Ausführung dieser Zeichnungen. In der Tat handelt es sich ja um eine heimliche und eilige Tätigkeit, die aus diesem Grunde gewissermaßen dem Traum verwandt ist, in diesem Fall um eine Art von Flucht, gleichzeitig Befreiung und Vergeltung, die man sich in der satirischen Laune dem Lehrer gegenüber herausnimmt. Außerdem legt schon allein die Tatsache, daß man mit einem Nagel in Holztüren oder Steinmauern ritzt oder aber in blau, ocker oder schwarz daraufschreibt, Zeugnis ab von einem diffusen Willen zur Rebellion, zum Anschlag auf die äußere Welt, von einem Willen, der in den Anfängen der Kunst ein ebenso starkes Gewicht zu haben scheint wie der Wunsch, die Welt durch den magischen Gebrauch der Zeichen, der die Grundlage ist für die geschriebene Sprache, in die Schranken zu weisen. In der Tat bedeutet ja auch die Eindämmung der Welt zugleich noch Revolte und Haß gegen das, was sie ist, und es gibt zweifellos keine, weder magische noch rein technische Tätigkeit, die nicht letzten Endes geprägt wäre von einer gewissen sadistischen Freude.

Heiliger Ritter

II. Elementare Ethnographie und Soziologie

Die Besessenheit und ihre theatralischen Aspekte bei den Äthiopiern von Gondar (1958)

Einleitung

Auf den wenigen Seiten, die das Entscheidende seines Beitrages zur Erforschung der Besessenheit durch die *zâr*-Geister bei den Amhara oder Äthiopiern im engeren Sinne enthalten – ein Beitrag, der 1930 als Anhang zu einer Schrift über ein Manuskript medizinisch-magischer Provenienz veröffentlicht wurde, welches sein Lehrer Marcel Cohen auf einer 1910-1911 nach Schoa[1] unternommenen linguistischen und ethnographischen Exkursion erworben hatte –, vermerkte Marcel Griaule bereits, daß in dieser Provinz und in der von Bêgamder »die Kranken [des *zâr*] oft mehr oder weniger offen Manisch-Besessene sind, die mit ihren Possen und Gesängen die Leute in Verwunderung versetzen. Man begegnet ihnen zu den Markttagen, bei den religiösen oder privaten Festen, überall dort, wo sie sicher sein können, eine Menge Leute um sich zu versammeln.« Und weiter unten: »Viele dieser angeblichen *zâr* sind Simulanten auf der Suche nach Unterhaltung und guter Bewirtung. Vor einigen Jahren mußte die Regierung zur Unterbindung dieser Mißbräuche eine entsprechende Bekanntmachung öffentlich ausrufen lassen. Seitdem ist die Zahl der Besessenen stark zurückgegangen.«[2]

Nach meiner Rückkehr von der Expedition Dakar-Djibouti (zweite Expedition Griaule 1931–1933) legte ich ein erstes Ergebnisprotokoll meiner Untersuchung bei der alten, zu den Honoratioren gehörenden Gondarianerin *Malkâm Ayyahu* aus dem Viertel von Baâtâ vor, einer Besessenen, die – wie dies sehr häufig der Fall ist – zur Spezialistin für die Behandlung der Leiden geworden ist, für die man die *zâr* verantwortlich macht, und zur Leiterin einer fast ausschließlich weiblichen, den Kult dieser Geister praktizierenden Gruppe. Mein eigenes Ergebnis war folgendes: »Bei Malkâm Ayyahu, die von einer großen Anzahl

---

[1] ⟨Eine südöstlich von Gondar gelegene Provinz. Gondar selbst liegt in der Provinz Amhara, nördlich des Tanasees. Das dort gesprochene Amharisch ist zugleich die Staatssprache Äthiopiens. Unter den semitischen Sprachen ist es dem Ge'ez am ähnlichsten.⟩

[2] »Le livre de recettes d'un dabtara abyssin«, *Travaux et mémoires de l'Institut d'ethnologie*, Paris 1930, XII, S. 129–135.

verschiedener *zâr* besessen war, schien jeder ihrer alltäglichen Handlungen ein spezieller *zar̂* zugewiesen zu sein. So erfüllte sie als *Abbâ Yosêf* ihre christlichen Pflichten und gab ihrer Umgebung moralische Ratschläge, als *Sayfu-Čangar* betrieb sie ihr *gandâ* [wörtlich »Tränke«: Utensil der Heilspezialisten, ein Tablett zum rituellen Servieren des Kaffees], als *Abbâ Qwasqwes* hatte sie früher Häuser gebaut und dann verkauft, arbeitete sie an der Wiederinstandsetzung ihres gegenwärtigen Hauses und wickelte sie im allgemeinen ihre Geschäfte ab, als *Šankit,* die schwarze Dienerin von *Rahêlo* [einer der bedeutendsten unter den als weiblich angesehenen *zâr*], empfing sie ihre Gäste und bot ihnen Getränke und Speisen an. Auch vom Rituellen her hatten bestimmte *zâr* eine genau definierte Rolle, so z. B. *Grâñ Sellatê*, in dessen Namen sie die Zerlegung der Opfertiere leitete. – Die Beobachtung der Lebensweise Malkâm Ayyahus [. . .] führte mich schließlich dazu, ihre *zâr* als eine Art von Garderobe aus verschiedenen Persönlichkeiten zu betrachten, die sie, je nach den Notwendigkeiten und Zufällen ihres alltäglichen Lebens, anlegen konnte, die ihr Verhaltensweisen und vorgezeichnete Haltungen anboten – auf halbem Wege zwischen dem Leben und dem Theater. [. . .] Eine eingehende Untersuchung könnte sicherlich noch viele Erkenntnisse über diese zweideutigen Zustände gewinnen, bei denen es unmöglich scheint, abzuwägen, wie sehr das Verhalten des Ausführenden von der Konvention und wie weit es von echter Beteiligung bestimmt ist.«[3]

Aus den beiden gerade angeführten Zeugnissen geht schon hervor, daß die Besessenheit durch den *zâr* im öffentlichen Leben einerseits vielfach einen offen spektakulären Charakter annimmt, insofern diejenigen, die man in solcher Weise für krank hält, die Rolle von Gauklern spielen, die sich der Menge zur Schau stellen, und daß andererseits im privaten Leben – sobald es bei einer als besessen angesehenen Person für ausgemacht gilt, sie handle als der (oder die) bestimmte *zâr,* und sie ein bestimmtes Gebaren oder ein bestimmtes Ensemble von Verhaltensmustern annimmt – die angeblich »besitzenden« Geister praktisch symbolischen Figurationen jener Verhaltensweisen gleichkommen: Im Grunde stellen sie mythische Gestalten dar, den Drehpunkt vielfältiger Aktionen, welche durch ihr Eingreifen jeweils zu kleinen Dramen

[3] »Le culte des zars à Gondar (Ethiopie septentrionale)«, in: *Aethiopica II,* New York, Nr. 3, Juli 1934, S. 96–103 und Nr. 4, Oktober 1934, S. 125–136. Vergleiche ebenfalls »La croyance aux génies ›Zar‹ en Ethiopie du Nord«, in: *Journal de psychologie normale et pathologique,* Paris, Januar–März 1938, XXXV, 1–2, S. 107–125.

werden. Man darf hier daran erinnern, daß im antiken Griechenland das Auftreten theatralischer Gattungen wie des Dithyrambus und des satyrischen oder silenischen Dramas an einen auf Besessenheitsriten basierenden Kult gebunden ist, den Kult des Dionysos.[4] Wenn man von dieser Verbindung einmal ausgeht, ist man auch versucht, weiterzugehen und, zumindest in vielen Punkten, die äthiopischen Besessenheitsgeister, die nicht lediglich Typen darstellen, sondern den in ihrem Namen begangenen Handlungen ein dramatisches Kolorit verleihen, wesensmäßig in eins zu setzen mit Figuren, die dem eigentlichen Bereich des Theaters angehören, wie z. B. die von den römischen Schauspielern der antiken Atellanes verkörperten Gestalten oder in noch nicht so weit zurückliegenden Zeiten ihre italienischen Nachfolger der *commedia dell'arte*: von der Tradition geformte Charaktere, die in den verschiedensten Intrigen, in welche sie verwickelt werden, eine gewisse Stabilität bewahren, insofern jeder Figur ein besonderes Register von Verhaltensweisen entspricht, das dem Schauspieler für seine jeweiligen Improvisationen zur Verfügung steht.

Beim gegenwärtigen Stand unseres Wissens erscheint die Besessenheit durch den *zâr*, indem sie den Vorwand für Tänze und öffentliche Gesänge liefert, zunächst einmal auf ganz unmittelbare Weise als Spektakel; bis zu einem gewissen Grade verdient sie jedoch auch in anderer Hinsicht die Charakterisierung als »theatralisch«: nicht nur auf Grund dessen, was von Beginn an an Konventionellem in die vom Ritual definierten Formen einfließt, sondern auch wegen der Art und Weise, wie man darin eine große Zahl von imaginären Personen mit ein für allemal festgelegten Eigenschaften auftreten sieht, die der Patient objektiv darstellt, wobei er bezeichnenderweise bisweilen mit Schmuck oder sonstigem speziellem Zubehör versehen ist, das wie eine Maske das Zurücktreten des Trägers hinter die Wesenheit, deren Rolle er zu spielen hat, anzeigt.[5]

Als Entsprechungen zu unserem Begriff des »Theaters« im eigentlichen Sinne müssen jedenfalls bestimmte, im wesentlichen auf die Unterhaltung einer Menge abzielende Praktiken verstanden werden:

---

[4] Über den Dionysoskult als Besessenheitskult vgl. H. Jeanmaire, »Le traitement de la mania dans les ›mystères‹ de Dionysos et des Corybantes«, in: *Journal de psychologie . . .*, XLII, 1, S. 64–82 und allgemeiner: *Dionysos, histoire du culte de Bacchus,* Payot, Paris 1951. Ein Kapitel dieses letzteren Werkes (S. 268–331) ist der Frage der Ursprünge des griechischen Theaters gewidmet.

[5] Über die Maske als »Weise der Entlehnung einer Persönlichkeit, einer Rolle« vgl. Maurice Leenhardt, »Le masque calédonien«, in: *Bulletin du Musée d'Ethnographie du Trocadéro*, Paris, 6. Juli 1933, S. 3–21.

insbesondere die kleinen parodistischen Lustspiele, welche die Besessenen des einen oder anderen Geschlechtes manchmal im Laufe der das Zeremoniell begleitenden Lustbarkeiten improvisieren. Es ist außerdem unbestreitbar, daß der *zâr*-Kult auch abgesehen von diesen im eigentlichen Sinne dramatischen Aspekten ein Element des Spektakels enthält – man braucht nur daran zu denken, daß die in den Versammlungen des *zâr* immer wieder liturgisch verwandten Tänze und Gesänge dort durchaus ihre mehr oder weniger aufgeklärten Kenner und Liebhaber finden, die es nicht versäumen, ein ästhetisches Urteil über sie abzugeben.

Wohl auch zum Theater, aber nur in einem sehr weiten Sinne, sind hingegen folgende Phänomene zu rechnen: die in der Regel eher provozierte als spontan erfolgende Inbesitznahme durch den *zâr*; die in diesem Milieu so oft zu beobachtenden Simulationen und Betrügereien; der Anteil des Spiels selbst bei Fällen wirklicher Besessenheit; das Vergnügen, das viele Anhänger, Frauen zumindest, darin finden, sich zu kostümieren; und ganz allgemein gesehen der Exhibitionscharakter ihrer Krisen, die nur dann aufzutreten scheinen, wenn eine gewisse Öffentlichkeit gewährleistet ist.

Von den Materialien, die ich über den Glauben an den *zâr* habe zusammentragen können, sollen hier außer den offen theatralischen Manifestationen, zu denen bestimmte Zusammenkünfte von Besessenen manchmal den Anlaß geben, nicht nur die verschiedenen Phänomene berücksichtigt werden, welche auf die eine oder andere Weise in den ästhetischen Bereich und in die Nähe des Theaters zu gehören scheinen, sondern alle diejenigen, die die entscheidende Rolle verdeutlichen könnten, die in der Besessenheit, wie sie noch vor der Zeit der italienischen Besetzung bei den Äthiopiern von Gondar beobachtet werden konnte, von konventionellen und künstlichen Elementen – man könnte, ohne allzu metaphorisch zu werden, fast sagen: vom »Theater« – gespielt wird. Dabei soll vergleichend auf weitere afrikanische Völker Bezug genommen werden, bei denen ähnlich geartete Praktiken zu finden sind, sowie auf den haïtischen *Vaudou*, einen synkretistischen Kult, dessen schwarz-afrikanischer Ursprung klar nachgewiesen ist und dessen Adepten römisch-katholischen Glaubens sind. Eine derartige Sichtung der Fakten, von denen viele zu den Institutionen zu zählen sind, die André Schaeffner in einer allgemein gehaltenen Studie als »Prätheater« bezeichnet hat[6], soll eine Vertie-

---

[6] A. Schaeffner, »Le Pré-Théâtre«, in: *Polyphonie*, Paris 1947–1948, I, S. 7–14.

fung und gleichzeitig eine Verifizierung der beiden obengenannten Zeugnisse ermöglichen und einen Beitrag zum Studium jener »zwiespältigen Zustände« leisten, deren wissenschaftlicher Erforschung ich 1934, nach meiner Rückkehr aus Äthiopien nachgegangen war.

Die Forschungen, welche die Grundlage für diese Arbeit bilden, wären nicht möglich gewesen, wenn ich nicht in der Person des heute an der Nationalbibliothek von Addis Abeba arbeitenden, gebildeten Äthiopiers Abba Jérôme Gabra Moussié *(ğarom gabra musê)* einen hervorragenden Führer, der mich in den Kreis der besessenen Gondarianerinnen einführen konnte, und gleichzeitig einen Mitarbeiter gefunden hätte, der nicht allein in der Lage war, mir als Dolmetscher zu dienen, sondern auch selbständig manche Erklärung oder spontane Reflexion aufzufangen und in Aufzeichnungen festzuhalten wußte, die zusammen mit Liedern und Redensarten oder Sinnsprüchen ein lebendigeres Material darstellten als all das, was man durch Befragung erreichen kann. Das Wesentliche dieser von ihm zusammengetragenen Dokumentation in amharischer Sprache ist in den vier Taschennotizbüchern enthalten, die zum Fonds Griaule in der Manuskriptabteilung der Pariser Nationalbibliothek gehören, wo sie unter den Ziffern 236 A, B, C und D verzeichnet sind. Von diesen an Ort und Stelle und auf sehr provisorische Weise übersetzten Texten werden hier einige Abschnitte zitiert, für deren Durchsicht ich Joseph Tubiana, Professor an der Ecole nationale des Langues Orientales vivantes, meinen Dank ausspreche.

Das 1934 unverändert publizierte Tagebuch[7], das ich während der Expedition Dakar-Djibouti geführt hatte, gibt eine detaillierte Darstellung dieser Monate, die Abba Jérôme und ich im Kreise Malkâm Ayyahus und der Mitglieder ihrer kleinen Gruppe verbracht haben. Man findet dort namentlich Aufzeichnungen mehrerer Sitzungen und Zeremonien des *zâr*, unter anderem die Opferhandlungen, welche die Expedition Dakar-Djibouti, um *de visu* bestimmte Elemente des Rituals studieren zu können, selbst veranlaßt hatte, so wie das irgendeine fromme Person auch hätte tun können, um sich der Gunst der Geister zu versichern. In diesem Buch, das durch den persönlichen Charakter der Aufzeichnungen zu einer Art von »Stimmungs«-Buch wurde, fürchte ich, demjenigen nicht immer die gebührende Gerechtigkeit widerfahren lassen zu haben, dank dessen Feinsinnigkeit und Klugheit

---

[7] *L'Afrique fantôme,* Paris (Gallimard) 1934; vermehrte und mit einem Vorwort versehene Ausgabe 1951; ⟨Neuausgabe 1968⟩.

ich heute über 20 Jahre alte Dokumente in der Gewißheit auswerten kann, daß sie von mehr als rein retrospektivem Interesse sind. In gewissem Sinne möchte diese Studie über die theatralischen Aspekte der Besessenheit bei den Äthiopiern von Gondar also gleichzeitig eine Huldigung, wenn nicht gar eine Wiedergutmachung, sein – eine Hommage an die erstaunliche Persönlichkeit eines ehemaligen Gefährten.

1. *Zâr-Kult und Schamanismus*

Dr. Jean Filliozat schreibt über den Schamanismus im allgemeinen, der in Afrika weit verbreitet ist und von dem der *zâr*-Kult nur einen der typischsten Fälle unter all denen darstellt, die dieser Institution zugerechnet werden können: »Die Kulthandlungen der sibirischen Schamanen [. . .] gehen häufig mit frenetischen Tänzen einher, die von einer Trommel, einem der gebräuchlichsten Requisiten des Schamanen begleitet werden. Man hat sich mit der Frage auseinandergesetzt, ob es sich um Besessenheit in ihrer extremen Form handelt oder um das Simulieren von Zuständen der Besessenheit, die früher gegeben waren und deren einmal ausgeprägte Grundzüge rituell reproduziert werden. Der Schamane geht in seiner Frenesie in der Tat nicht ziellos vor: Alles verläuft so, als ob er wie ein Schauspieler die Rolle eines Rasenden spiele, bei der die Abfolge der Gesten und Worte von vornherein festgelegt ist. Dieser Umstand spricht jedoch nicht gegen das Bestehen eines wirklichen Zustandes der Besessenheit. [. . . Die] Schamanen erhalten eine Unterweisung und Einweihung, übernehmen die in ihrem Milieu geläufigen Vorstellungen und sind davon überzeugt, zumindest zwei Schutzgeister zu besitzen, von denen einer in der Regel der Geist eines früheren Schamanen ist. Sie eignen sich also die Verfahren und Sprüche ihrer Vorgänger an und versuchen, sie wiederzugeben. Dies erklärt den stereotypen Charakter ihrer Praktiken. Die Besessenheit, von der sie sich befallen glauben, ist wohl eine Rolle, die sie spielen, aber nichts spricht dagegen, daß sie diese Rolle nicht in gutem Glauben spielen, d. h. daß sie nicht nur auf eine bestimmte Weise handeln, sondern auch davon überzeugt sind, unter der Einwirkung einer Macht zu handeln.«[8]

Diese Ausführungen des Dr. Filliozat über den Anteil des Konventio-

[8] J. Filliozat, *Magie et médecine*, Paris (Presses Universitaires de France) 1944, S. 79–80.

nellen und des Theaters beim Schamanismus treffen im großen und ganzen auch auf die Besessenheit durch die *zâr* zu, die im hamitisch-semitischen Raum ein Äquivalent zu diesem Schamanismus darzustellen scheint.

In Äthiopien werden gewisse *zâr* wenn nicht als Geister früherer Zauberer, so doch jedenfalls als von menschlicher und historisch festzumachender Abstammung, angesehen. So ist gemäß Malkâm Ayyahu und einem ihrer hauptsächlichsten Anhänger, dem *alaqâ* Enqo Bâhrey, *gabaz* (Vorsitzender des Kirchenvorstandes) der Johannes-der-Täufer-Gemeinde in Gondar, der weibliche *zâr* Abarraš, Mutter der *kaberê* genannten Gattung von Geistern (tigreanische Geister, die angeblich erst seit der Epoche der Derwischkriege, d. h. gegen Ende des letzten Jahrhunderts in Erscheinung getreten sind) eine Frau, die der Djinn (auf amharisch *ǧenn*, ein Wassergeist von ausgesprochen unheilbringendem Charakter) aus der Region von Awsâ in Tigre entführt und zu dem See getragen haben soll, wo er zu Hause ist; außerdem sollen die weiblichen *zâr* Šašitu, Enqwelâl und Dirâ von einem Menschen gezeugt worden sein, denn es wird von ihnen behauptet, sie seien die Töchter des Kaisers Iyâsu (1680–1704), der als ehemaliger großer *dabtarâ* oder »Weiser« gilt und genau wie die anderen früheren Herrscher die Kunst der Geisterbeschwörung beherrscht haben soll. Eine sehr verbreitete Überlieferung, die mir von dem *alaqâ* Tadelâ Sâhlu aus Gondar mitgeteilt wurde, berichtet von den Söhnen des im 6. Jahrhundert unserer Zeitrechnung in Aksum regierenden Kaisers Kâlêb: Drei von ihnen, Zaba Esraêl, Zaba Dâwit und Zaba Esṭifânos, alle drei »Söhne der Nacht« *(ya-lêlit leǧoč)* übten ein unsichtbares Königtum als *zâr* aus, während ihr Bruder Gabra Masqal, der »Sohn des Tages« *(ya-qan leǧ)* als Mensch über die Menschen herrschte. In diesem stark synkretistisch geprägten Kult, der in christlichen Kreisen auch Entlehnungen aus dem Islam enthält, werden außer den *zâr* auch zahlreiche *wâley* (moslemische Heilige) angerufen, denen man eine frühere leibliche Existenz zuschreibt. Es ist weiter zu erwähnen, daß die Besessenheit durch bestimmte *zâr* als erblich gilt[9] und es als die Norm angesehen wird, daß nach dem Tode

---

[9] M. Leiris, »Le culte . . .«, op. cit., S. 134 ff. Der erblich übertragene *zâr* wird *yâbbât qollê*, »*qollê* der Väter« genannt. Das Wort *qollê* bezeichnet gewöhnlich Schutzgeister, die an bestimmte Orte gebunden sind. Besonders zu vermerken ist außerdem der Ausdruck *yâbbât amlâk*, »Gottheit der Väter«, mit dem der große *zâr* aus Godscham namens Grâñ bezeichnet wird. Diese beiden Ausdrücke könnten eventuell einen Bezug zwischen dem *zâr*-Kult und dem Ahnenkult anzeigen.

eines den Beruf des Heilspezialisten ausübenden Besessenen zumindest ein Teil seiner ihn beherrschenden Geister auf ein Mitglied seiner
Familie oder auf einen seiner Adepten übergeht, der so zu seinem
Nachfolger wird. Der *alaqâ* Gassasa, *dabtarâ*[9a] des Viertels von Baâtâ
in Gondar und Fachmann für die Verfertigung von Amuletten, erzählt,
daß der Sohn eines gewissen *dağâzmâč* Gassasa, nachdem er von dem
zâr Asaggad besessen worden war und den Heilberuf ausgeübt hatte,
seinen Namen *(sem)* Asaggad seinem Schüler, dem *bâlâmbârâs* Kalkây
vererbte, welcher zuerst drei Monate in Addis-Alam (dem moslemischen Viertel von Gondar) praktizierte und sich dann in der Gegend
von Tallamt in Tigre niederließ. In solchen Fällen scheint es unver-
meidlich, daß die Krisen des Besessenen trotz eventueller Varianten in
äußerer Haltung und Benehmen praktisch nur die Krisen des verstor-
benen Besessenen wiederholen, von dem die ihn beherrschenden Geister oder ein Teil dieser sogenannten Geister herstammen; es ist ganz
so, als wenn es darum ginge, die Rolle eines anderen Schauspielers
wiederaufzunehmen, die dieser seinerseits von einem Vorgänger übernommen hat.

Wie der sibirische Schamanismus setzt auch der *zâr*-Kult eine Einweihung voraus, und es geht demzufolge in die Diagnose jedes Falles von
Besessenheit durch einen Spezialisten ein beträchtliches Quantum an
abgekarteten Manövern und Kunstgriffen ein. Seinem Patienten gegenüber nimmt dieser Spezialist in der Tat die Stellung eines Eingeweihten ein, der einen Neuling einzuführen hat; denn die Krisen, die
als Beweis für die Heimsuchung durch einen derartigen Geist gelten,
haben in der Regel sehr stereotype Formen, und es gibt in der Tat
– wenn nicht gar in der Theorie – eine Unterweisung in diesen vom
Brauch festgelegten Formen.

»Ein ungebildeter *zâr* schont sein Pferd nicht«, sagt ein bei Heilspezialisten und Besessenen verbreitetes Sprichwort.[10] Die Rolle des Spezialisten besteht also einesteils darin, den neuen *zâr* zu erziehen, d. h. dem
als Reittier des *zâr* betrachteten Patienten beizubringen, auf korrekte
Weise den *gurri* auszuführen[11] (heftige Bewegungen und lautstarkes

---

[9a] ⟨Alle amharischen Ausdrücke werden von Leiris im Verlauf des Textes mehrmals erklärt bzw.
übersetzt.⟩

[10] Der Besessene wird in der Tat als das Pferd *(faras)* des beherrschenden Geistes angesehen. Man
findet eine analoge Vorstellung bei den alten Griechen in den Kulten des Pan, der Hekate, der großen
Mutter und des Dionysos (Jeanmaire, *Dionysos*, op. cit., S. 284 ff.).

[11] Vgl. das Verb *agworrâ:* »1) er brüllte, heulte; 2) weinte heulend und schreiend.« (s. v. ⟨vgl. das
entsprechende Stichwort bei⟩ J. Baeteman, *Dictionnaire amarigna-français*, Diré Daoua 1929). Aus

Ausstoßen des Atems: charakteristische Erscheinungsformen der Trance, die für jeden einzelnen *zâr* wieder anders und im übrigen nicht bei allen gegeben sind), ohne mit allzu großem Ungestüm zu tanzen oder sich zu bewegen, um mögliche Verletzungen zu vermeiden, und sich, ganz allgemein gesehen, seinem Initiator gegenüber gelehrig zu zeigen: »Ein wohlerzogener *awlyâ* [Synonym für *zâr*]«, erklärt Malkâm Ayyahu, »ist von der Mutterbrust an dressiert wie ein Sklave. Wir lehren ihn alles, sagen ihm: Wasch die Füße, koch den Kaffee, mach die Soße.«[12]

Außerdem macht der Neuling, der zum ersten Mal einem *wadâğâ* beiwohnt, einer nächtlichen Versammlung, bei der mit Hilfe von Gesängen und Trommelbegleitung der *zâr* beschworen wird, den *gurri* nie spontan: Um dieses Zeichen effektiver Besessenheit zu erkennen zu geben, bedarf er einer Anleitung durch den Heilspezialisten, der ihn nach und nach diesem Ziel näherbringt; gegebenenfalls versetzt er ihm Stöße an Kopf oder Schultern, nimmt ihn bei einem oder beiden Armen, gibt ihm leichte Fußtritte oder schlägt ihn ein wenig mit der Peitsche, oder aber – wie ich es Malkâm Ayyahu habe praktizieren sehen – er prägt seinem Kopf die vorgeschriebene Bewegung mit Hilfe der um seinen Hals gewundenen Peitsche ein – eine Art von Lehrzeit, die mehrere Sitzungen in Anspruch nehmen kann. Es kommt gleichfalls vor, daß Adepten dem Neuling eine Demonstration des *gurri* liefern, indem sie ihn vor ihm ausführen, als wollten sie ihn durch Ansteckung dazu verleiten, dasselbe zu tun. Aber ganz gleich, ob es sich um Neulinge oder um ältere Adepten handelt – der Chef der Bruderschaft verfolgt immer aufmerksam die Art und Weise, wie der *gurri* gemacht wird: Regelmäßig und mit mäßiger Geschwindigkeit

Gründen redaktioneller Bequemlichkeit schreibe ich hier »den *gurri* machen/ausführen«, wo man auf amharisch eine Verbalform gebrauchen würde.

[12] Nationalbibliothek, Fonds Griaule, Ms 236, B Blatt 18: *baserâɛat* [sic] *yaddaga awlyâ, bannâtu ṭut siṭabâ ğammero endammiqaṭâ naw bâryâw* [;] *eger eṭab bun aflâ wâṭ serâ eyyâln hullun esmâstamerawâllan.* Malkâm Ayyahu zufolge wäre der *awlyâ* genaugenommen der *zâr,* der spontan seine Identität vorweist, indem er die Person, deren er sich bemächtigt hat, seine Devise hersagen läßt und demnach nicht danach gefragt zu werden braucht.

Das Thema der Geisterdressur findet sich im haïtischen Vaudou in der folgenden Form wieder: »Es gibt bossalische loâs (mit den gerade neu angekommenen Sklaven in Verbindung gebrachte Geister), die man auf dieselbe Weise taufen muß wie die Bossalneger in Santo Domingo«, schreibt Dr. Louis Mars, »La psychopathologie du vaudou«, in: »Psyché« 23–24, Paris, September–Oktober 1948, S. 1064–1088, vgl. S. 1082. Die Besessenheitskrisen der *ûsi bosal,* d. h. von Eingeweihten, die noch auf der untersten Stufe stehen, sind von einem regellosen Ungestüm geprägt; diese Krisen nehmen in der Folge eine bestimmte, geregelte Form an.

ausgeführte Bewegungen wird er gutheißen, zügellose und regellose Bewegungen dagegen beanstanden.

Darüberhinaus ist der *gurri* einer bestimmten Etikette unterworfen: Nicht jeder, der Lust hat, kann den *gurri* eines bestimmten *zâr* machen, und er kann ihn auch nicht machen, wann er will. Es kann z. B. geschehen, daß eine Adeptin, die dabei ist, den *gurri* zu machen, plötzlich innehält, weil sich bei einem der Versammlungsmitglieder ein anderer, wichtigerer *zâr* bekundet hat.[13] Dies zeigt, daß die Besessenheit zumindest eine kontrollierte Äußerung darstellt, bei der eine Zensur stattfindet.

Es muß übrigens von vornherein klargestellt werden, daß die meisten Patienten keine »Besessenen« im gewöhnlichen Sinne des Wortes sind, d. h. Individuen, die unter einem sich in mehr oder weniger heftigen Krisen manifestierenden Übel leiden und sich während dieser Krisen verhalten, als seien sie von einem fremden Wesen bewohnt, sondern lediglich Leute, die von einer Krankheit befallen oder Opfer eines Unfalles geworden sind bzw. irgendwelche anderweitigen Sorgen haben und ihr Unglück dem vermuteten bösen Willen eines Geistes zuschreiben. Die Besessenheitskrisen sind keineswegs das anfängliche und eigentlich zu heilende Übel, sie treten vielmehr in der Regel erst nach dem Eingreifen eines Heilspezialisten auf, wenn dieser, in der Absicht, mit dem angenommenen Urheber der Plage ins Gespräch und ins Einvernehmen zu kommen, den Geist dazu gebracht hat, von dem Patienten auf manifeste Weise Besitz zu ergreifen, oder, genauer gesagt, wenn er diesen letzteren daran gewöhnt hat, in seinem Verhalten – insbesondere während der Adeptenversammlungen – die anerkannten Zeichen einer Besessenheit durch diesen oder jenen Geist zu bekunden. Wenn auch die Aufrichtigkeit des Patienten hier wohl kaum in Zweifel gezogen werden kann, so ist es doch weit weniger leicht auszumachen, wie groß beim Vorgehen des Heilspezialisten der eventuelle Anteil frommer Täuschung ist. Nichts beweist jedoch einen Betrug seinerseits: Die Art des erlittenen Übels oder der Unannehmlichkeit, die körperliche und geistige Persönlichkeit des Patienten (»Ein *zâr* gleicht seinem Pferd«, lehrt ein anderes Sprichwort[14]), die

---

[13] So unterbrach die Adeptin Abičú am 6. Oktober 1932, einen Tag bevor die Expedition Dakar-Djibouti dem *zâr* Sayfu Çangar als Opfergabe einen Stier darbrachte, ihren *gurri*, weil der *zâr* Abbâ Lâfâ, ein sehr bedeutender Geist, den man zu den sogenannten Geistern des »linken Hauses« zählt, bei einer alten, blinden, Abbabač genannten Besessenen, die sich unter der Zuhörerschaft befand, in Erscheinung getreten war.

[14] *Zâr farasun yemaslâl*, »Der *zâr* gleicht seinem Pferd«, oder auch: *zâr enda farasu*, »Wie das Pferd,

Identität der Geister, die schon über längere Zeit hin andere Familienmitglieder beherrscht hatten, die Umstände, unter denen das betreffende Übel aufgetreten ist, sind Indizien, die es dem Heilspezialisten zu bestimmen erlauben, welcher Geist oder welche spezielle Art von Geistern verantwortlich zu machen ist; wenn diese vorläufige Diagnose einmal erstellt ist, arbeitet er in vollkommener Übereinstimmung mit seiner Theorie seinerseits daran, Besessenheitssymptome auszulösen, und nichts läßt darauf schließen, daß er nicht einfach glaubt, den Patienten dem besagten Verhör[15] zu unterziehen, welches den Geist zur offenen Bekundung seiner Identität bewegen soll.

Außer dieser direkten Unterweisung in den äußeren Formen der Besessenheit und insbesondere des *gurri* – eines klassischen Verfahrens des In-Trance-Versetzens, das hier (stilisiert, wie es ist, und als Anzeichen für das Verschwinden genauso wie für die Ankunft des Geistes) eher als das Symbol der Trance erscheint, denn als ein Mittel sie hervorzurufen[16] – setzt schon die Tatsache, daß die Betroffenen in

---

so der *zâr*«. Dem *alaqâ* Gassasa zufolge, dem ich diese beiden Sprüche verdanke, bedeuten sie, daß ein Kranker im allgemeinen von dem *zâr* besessen ist, der den natürlichen Neigungen seines Charakters entspricht. Vgl. in der Liturgie der Haoussa-Brüderschaft des *bori* folgendes Fragment eines Liedes, das dem Geist Mallam Ali Geshe, auch Sarikin Fuschi (»König des Zorns«) genannt, Sarikin Diya (»Chef der jungen Leute«), Zakuwa (»Löwe«) und Gadanga (»der Starke«) zugedacht ist:

»Wenn die Stute gut ist,
ist auch ihr *bori* gut
Dem Charakter des Pferdes entspricht der Charakter des *bori*
Dem Charakter des Hausherrn entspricht der Charakter seiner Frauen.«
Vgl. A. Tremearne, *The ban of the bori,* London (Heath, Cranton and Ouseley) 1914, S. 306 f. Auch der körperliche Typ des Patienten scheint in Betracht gezogen zu werden, denn die sehr hellhäutige Tochter Malkâm Ayyahus, Emmâwwâyeš, hat als hauptsächlichen *zâr* Abbâ Morâs Warqê, der »so weiß wie ein Europäer« sein soll.

[15] Ein Verfahren, das mit dem Verb *falaffala* bezeichnet wird, wahrscheinlich weil es die Vorstellung erweckt, das Innere von irgend etwas anzugreifen oder eine Sache ans Licht zu bringen, die in einem Gefäß verschlossen war: »1. enthülste mit den Fingern [. . .]; 2. höhlte aus; 3. zerfraß (Insekt); 4. aß, knabberte das Innere eines Kernes, einer Frucht; 5. riß einen gebrochenen Knochen aus einer Wunde, entfernte einen Stachel, eine Kugel, etwas, was ins Fleisch eingedrungen ist; 6. zerbrach die Eierschale, um herauszukommen (Küken); 7. riffelte ein Gewehr« (Baeteman, op. cit.). Nach Ato Makonnen, der vor der mussolinischen Aggression Handelsminister der äthiopischen Regierung war, soll das Verb *falaffala* »wimmeln, keimen, ausschlüpfen, aufblühen« bedeuten und das Verb *lafallafa* »reden machen, schwätzen«.

[16] »Bemerkenswerter (bei den Besessenheitstänzen) sind diese Bewegungen von Rumpf und Hals, die beide eine entfesselte Bewegung des Kopfes bewirken, der hierdurch in ein im eigentlichen Sinne schwindelerregendes Kreisen gerät und permanenten Schwankungen in alle Richtungen ausgesetzt ist. Diese unmäßigen Bewegungen führen schließlich zu einer *heftigen Reizung des Labyrinthes;* wir wissen zugleich, daß sie psychisch gesehen einen *Zustand spezieller Trunkenheit* erzeugen [. . .] Zu einem geringeren Grade werden insbesondere die an bestimmten dieser Bewegungen beteiligten

einer Art von Bruderschaft zusammengefaßt sind, deren Mittelpunkt jeweils durch einen zum Heilspezialisten gewordenen und seine Patientenschaft bei sich zu Hause empfangenden Besessenen gebildet wird – dies allein setzt schon weitere, der Einweihung zuzurechnende Praktiken voraus.

Zunächst einmal muß ein Besessener, bevor er den Beruf eines *bâlagandâ,* wörtlich »Meister der Tränke« (Inhaber einer Heilpraxis), ausüben darf, im Prinzip, wenn nicht in Wirklichkeit von einem bereits praktizierenden Heilspezialisten zum »Ausbreiten des *gandâ*«[17] autorisiert werden; so soll der Scheik Mahammad Sayd (genannt Abbâ Wâ, »der Großvater«, oder auch der *ğahdê,* nach dem arabischen Wort *ğihād,* der »heilige Krieg«), ein erleuchteter Moslem aus der Gegend von Tambên in Nord-Äthiopien, zahlreiche Heilspezialisten eingesetzt haben (die zur Zeit meiner Nachforschungen in der Mehrzahl in den nördlichen Provinzen zu praktizieren schienen, die jedoch genausogut das Recht gehabt hätten, sich in anderen Teilen des Landes niederzulassen).

Außerdem wird innerhalb einer Bruderschaft eine hierarchische Ordnung beachtet, die lediglich die Rangordnung widerspiegelt, nach der die Glaubensüberlieferung die unzähligen *zâr* einstuft. Die jeweilige Stellung eines Mitgliedes der Bruderschaft hängt in der Tat von dem Rang ab, den der Geist, für dessen »Pferd« es gehalten wird, in der unsichtbaren Welt einnimmt: im Anschluß an das Verhör ist in seinem

---

inneren Organe des Brust-, Bauch-, und Beckenraumes durch die Kreisbewegung des Beckens und die darauffolgenden Paroxismen unablässigen Erschütterungen ausgesetzt. Zur vorgängigen Erregung des propriozeptiven Systems kommt also in zweiter Linie noch die Erregung des interozeptiven Systems hinzu.« (Dr. H. Aubin, »Danse mystique, possession, psychopathologie«, in: *L'Evolution psychiatrique,* IV, Paris 1948, S. 191–215).

Die Verwendung – als Zeichen der Trance – eines der gebräuchlichsten Mittel der Tranceerzeugung stimmt mit der oben angeführten These des Dr. Filliozat überein, wonach es beim *gurri* um die systematische Reproduktion von Bewegungen geht, die an die Auslösung der Besessenheit gebunden sind: allgemein gesehen ein Abbild von »Zuständen der Besessenheit, die früher gegeben waren und deren einmal ausgeprägte Grundzüge rituell reproduziert werden«. Ich muß dazu anmerken, daß ich im Gebiet der Mandinge (Kita, Französisch-Sudan ⟨heute: Mali⟩) Frauen, die zu einer Bruderschaft der *dyide* (Wassergeister) gehörten, diese Technik des In-Trance-Versetzens auf eine augenscheinlich weniger symbolische Weise öffentlich haben anwenden sehen – mit weit ausgeprägteren Bewegungen des Oberkörpers, heftiger und längere Zeit andauernd als dies bei den äthiopischen Besessenen der Fall ist. (vgl. *L'Afrique fantôme,* op. cit., S. 50 und S. 73 f.).

[17] *zaraggâ:* »er breitete aus, entfaltete, wickelte aus« (J. Baeteman: op. cit.). Nach Abba Jérôme Gabra Moussié wird dasselbe Verb in der Redewendung »den David ausbreiten« gebraucht, die sich auf die offizielle Kirchenliturgie bezieht und das Aufschlagen des Buches der Psalmen Davids für die Verlesung bezeichnet.

Namen ein *derqâ* oder Sühneopfer dargebracht worden, wobei der Geist in der Person des »Pferdes« öffentlich ein wenig von dem Blut des Opfertieres trinkt und sein Fleisch oder gegebenenfalls auch nur einen Teil des Fleisches verzehrt. Je nach dem Umfang dieser Opfer werden nun aber dem Patienten Geister von höherem oder niederem Rang zuerkannt, und der Adept, der nicht »in den *morâ* eingetreten ist« (d. h. derjenige, der den Geistern nicht ein Schaf, ein Rind oder eine Ziege geopfert hat und demzufolge auch nicht das in der Bedeckung des Kopfes mit der *morâ,* dem Bauchfell des Opfertieres, bestehende Ritual ausführen konnte), sondern nur »in den *sêrâ*« (d. h. sich darauf beschränkt hat, als Opfergabe einen Hühnervogel darzubringen), kann als offiziellen Geist auch nur einen *werêzâ* oder Pagen und nicht einen großen *zâr* zuerkannt bekommen, für den ein Opfer von beträchtlicherem Wert vonnöten gewesen wäre. Jedes Opfer von der Art des *derqâ* läuft demnach praktisch auf den Erwerb einer Würde durch den Patienten hinaus, und es ist ganz so, als ob das Opfer die nötige Ausgabe zur Erlangung einer bestimmten Rangstellung innerhalb der Bruderschaft darstellte. Es versteht sich im übrigen, daß Sklaven wahrscheinlich aufgrund ihres niedrigen sozialen Ranges von ganz besonderen *zâr* heimgesucht werden.

Wenn der *zâr* einmal dem Patienten in gehöriger Form beim Opfer zugewiesen worden ist, stellt er für ihn in Zukunft so etwas wie einen Gewährsmann dar, und sein Name dient ihm als eine Art von Personenstand oder Paß. In der Fremde, wenn der Adept zu einer anderen Bruderschaft kommt, muß er in der Tat seinen *zâr*-Namen angeben und mitteilen, welcher *bâla-awlyâ,* welcher »Meister des *awlyâ*«, ihm nach dem üblichen Verhör diesen *zâr* als ständigen Geist zuerkannt hat. Malkâm Ayyahu zufolge »ist es tadelnswert und besitzt keine Gültigkeit, beim Namen eines *zâr* genannt zu werden, der den *gurri* ganz unvermittelt und überraschend macht.«[18] Von den zahlreichen Geistern, die ein und dasselbe Individuum beherrschen können, zählen also nur diejenigen, die ihm unter Beachtung der Regeln zugesprochen worden sind und auf die übliche Art von ihm Besitz ergreifen. Es versteht sich somit auch, daß ein in Trunkenheit ausgeführter *gurri* (in einem Zustand also, bei dem man annehmen darf, daß der *zâr* nicht den eigentlichen Grund der Entfesselung darstellt) nicht in Betracht gezogen wird: »*zâr* nennt man denjenigen, der den *gurri* mit leerem

[18] 236 B, Blatt 52.

Magen macht, wenn er jedoch den *gurri* macht, nachdem er gegessen und getrunken hat, heißt man ihn nicht *zâr*.«[19]

Ganz allgemein läßt sich feststellen, daß unter Adepten die Anschuldigung des Betruges bisweilen offen ausgesprochen wird. So wurde ich im Laufe eines in der Nacht vom 7. auf den 8. Oktober 1932 anläßlich einer Opfergabe der Expedition Dakar-Djibouti für den *zâr* Sayfu Čangar bei Malkâm Ayyahu stattfindenden *wadâǧâ* Zeuge folgender Szene: Gegen 1 Uhr morgens führte eine Frau den *gurri* aus und rezitierte dann einen *fukkarâ* (Losung des besitzergreifenden Geistes, den bei den Militärs gebräuchlichen Prahlgesängen nachgeahmt), in dem ein *zâr,* der sozusagen durch ihren Mund sprach, um seine Eigenschaften zu nennen und seine Großtaten aufzuzählen, erklärte, er sei an der Erkrankung des Kindes einer der beiwohnenden Frauen schuld; von dieser letzteren und von der übrigen Versammlung darum gebeten, das Kind in Frieden zu lassen, versprach der Geist, diesem Wunsche nachzukommen, und fügte hinzu, er habe so gehandelt, um die Mutter zu bestrafen, welche ihn als »falschen *zâr*« bezeichnet hatte. Die tatsächlichen Vorgänge dürften sich wie folgt darlegen lassen: Die Mutter des betroffenen Kindes hatte eine andere Frau beschuldigt, Besessenheit zu simulieren; da unterdessen das Kind erkrankt war, wurde das Übel dem Zorn des *zâr* zugeschrieben, den die Mutter anfänglich gekränkt hatte, als sie die von seinem »Pferde« gegebenen Zeichen der Besessenheit nicht hatte ernst nehmen wollen.

Dem *alaqâ* Gassasa gemäß kommt es zumal bei den neuen Besessenen häufig vor, daß der *zâr* durch ihren Mund erlogene Behauptungen über seine Identität aufstellt, was dem Patienten eine Geiselung durch den Heilspezialisten einbringt, der den Geist so zu größerer Wahrheitsliebe anhalten möchte. Man sagt, daß sich die so handelnden *zâr* wie *šeftâ* oder Rebellen benehmen, welche sich, um nicht als Gesetzlose und Straßenräuber erkannt zu werden, mit Titeln schmücken, die ihnen nicht zustehen, wie z. B. *fit-awrâri,* »General der Avantgarde« oder irgendeinem anderen kriegerischen Titel. Nach Sammâñ andererseits, die aus der Gegend von Balasâ stammt, wo es eine Unzahl von Besessenen und Heilspezialisten gibt, und in dem Viertel von Qwosqwâm in Gondar wohnt, begegnet man heutzutage überall solchen *zâr,* die sich als Könige oder Oberhäupter aller *zâr* ausgeben, obwohl es

---

[19] 236 B, Blatt 13 v. Vgl. dazu die Regel, wonach sich die Mitglieder der *bori*-Bruderschaft während der Ausübung der Riten berauschender Getränke enthalten müssen (Tremearne, op. cit., S. 275 f.).

ihrzufolge außer Gott kein Oberhaupt gibt, das eine allgemeine Befehlsgewalt über sie alle besitzen würde.[20]

Bestimmte *zâr* werden, wo es um ihre Identität geht, als ganz besonders unstet und trügerisch angesehen. So etwa Šifarrâ(w) Negus, der »König, der tausend [Personen] erschreckt«, ein moslemischer *zâr,* der sich, dem *alaqâ* Mazmur Ayyala, einem in Gondar praktizierenden *dabtarâ* und Heilspezialisten aus Samên zufolge, bei ihm zunächst als Šifarrâ Negus präsentiert und dann während eines *gurri* durch seinen Mund erklärt haben soll: »Mein Name ist anders.« Woraufhin er ihn mit den Formeln, die zusammen den *fukkarâ* bilden, habe verkünden lassen: »Ich bin Negus Manbar.«[21] In bezug auf denselben Geist erzählt Malkâm Ayyahu, wie sie sich bei der Scheidung ihrer Tochter Emmâw-wâyeš Boggâla an deren Gatten, dem *alaqâ* Hayla Mikâêl Abarrâ rächte, der sich unter anderem schuldig gemacht hatte, sie nicht, wie alle übrigen, mit ihrem männlichen Namen Abbâtê Čangarê, »mein Vater Čangar«, anreden zu wollen, einen Titel, den sie von dem Namen ihres bedeutendsten *zâr* ableitete und der für sie zu so etwas wie einem Pseudonym geworden war, hinter dem ihr Name Malkâm Ayyahu ganz zurückgetreten war: sie bewirkte, daß der große Raki-trinker Šifarrâ von ihm Besitz ergriff, was der Gesundheit des derart zum Alkoholiker werdenden »Pferdes« nur abträglich sein kann[22]; darüber hinaus ist Šifarrâ ein *zâr,* von dem sie glaubte, es sei sehr schwer, ein Einvernehmen mit ihm herzustellen und Frieden zu schließen, denn er spricht nur arabisch; und Malkâm Ayyahu fügt noch hinzu, daß sie ihm außerdem den lügnerischen Titel eines Königs verliehen habe, damit ihr Schwiegersohn nicht nur dem Trunk verfalle, sondern auch hochmütig und verschwenderisch werde.[23] Welchen Wert darf man dieser von Malkâm Ayyahu gegebenen Interpretation der Tatsachen beimessen? Soll man annehmen, daß es sich um ein von Anfang an von der listenreichen Magierin geplantes und bis zum Ende konsequent durchgeführtes Unternehmen handelt, oder aber, daß sie im nachhinein den Umstand, daß ihr Schwiegersohn angeblich von Šifarrâ besessen wurde und sich daraufhin als König ausgegeben hat – entsprechend der Gewohnheit dieses Geistes, dessen Aussagen man

---

[20] 236 B, Blatt 30 v.
[21] 236 B, Blatt 17.
[22] Der äthiopische *araqi* wird durch Brennen von *dâgussâ*-Korn (Eleusine tocusso, einer Art von Hirse) oder von *sendê* (Weizen) gewonnen.
[23] 236 C, Blatt 36.

nicht trauen kann (dasselbe gilt übrigens noch für andere *zâr,* wie z. B. Sankar, dem Spezialisten der das Verhör verwirrenden Lügen) – daß sie also diesen Umstand als ihre eigene Rache bzw. als die Rache Sayfu Čangars ausgibt, der darauf bedacht ist, die Interessen seines »Pferdes« zu vertreten und in dessen Person geachtet zu werden? Wie dem auch sei, die bei den Besessenen so häufig zu beobachtende Aufschneiderei hinsichtlich der Macht und der Fähigkeiten des *zâr,* auf den sie sich berufen, liegt hier klar auf der Hand, und zwar sowohl bei Malkâm Ayyahu selbst, als auch bei dem Mann, von dem sie sich – in ihrem eigenen Namen oder im Namen eines der großen und von ihr fast dauerhaft verkörperten *zâr* – rühmt, ihn zu ihrem Opfer gemacht zu haben.

Erscheint es nicht legitim, in diesen überheblichen Erklärungen oder gar Titelanmaßungen der im Namen ihrer Geister sprechenden Besessenen ein Pendant zu jenen nordafrikanischen Fällen von »Größenwahn« zu sehen, auf die Desparmet in seiner Arbeit über die Besessenheit in der Mettidscha hinweist?[24] Wir haben ja gesehen, daß der hierarchische Rang des zugesprochenen *zâr* ausschlaggebend ist für die Stellung des Besessenen zu den anderen Mitgliedern der Bruderschaft, und man erlebt außerdem beständig, wie ein Adept sich brüstet, zur Beute eines großen *zâr* geworden zu sein, als sei die Tatsache, von einem derart mächtigen *zâr* besessen zu sein, für ihn ein Grund des Stolzes: ein Gefühl des Hochmuts, das man in der folgenden Erklärung des *alaqâ* Mazmur über die Empfindungen beim *gurri* ausgedrückt sieht: »Für den *awlyâ* und für das Pferd ist es ein Vergnügen als wenn wir in einem Regierungspalast säßen.«[25] Darüber hinaus gibt es in der Provinz Tigre *zâr,* die man, wie oben schon erwähnt, als *kaberê* bezeichnet, was wahrscheinlich von dem Verb *kabarra,* »ehren«, kommt und denselben Sinn zu haben scheint wie *kebur,* »geehrt«. Marcel Griaule schreibt dazu: »In Schoa tragen die letzteren den Namen *Addo Kaberê* [. . .] Sie scheinen bei den Leuten, die sie beherrschen, gleich ob Männer oder Frauen, eine gutartige Nerven-

---

[24] »Die von unserer Medizin Größenwahn genannte Störung läßt sich bei den geisteskranken Frauen in Nordafrika oft durch den Glauben an einen inneren Dämon erklären; die Größenwahnsinnige, die sich des vertrauten Umgangs mit dem ihr eigenen Geiste bewußt ist und sich über das Ausmaß der Macht dieses Geistes täuscht, redet sich ein, ›wie eine Sultanin zu sein, die über Afrika herrscht‹ . . .« (J. Desparmet, *Ethnographie traditionnelle de la Mettidja. Le mal magique.* Publications de la Faculté des Lettres d'Alger, Algier (Imprimerie Jules Carbonnel), Paris (Librairie orientaliste Paul Geuthner), 1. Serie, LXIII, S. 227).
[25] 236 D, Blatt 19 v.

krankheit hervorzurufen, die im wesentlichen in einer übertriebenen Ausbildung der ritterlichen Gefühle besteht, aus denen sich jeder Abessinier eine Ehre macht. Selbst wenn es sich um eine Frau handelt, besingt die erkrankte Person unablässig kriegerische Themen und erzählt ihre wunderbaren Jagdabenteuer.«[26] In Anbetracht der ausgezeichneten Möglichkeiten, welche die Institution des *zâr* den ruhmessüchtigen Personen bietet, ihrer Leidenschaft zu frönen, scheint man dazu berechtigt, solche Phänomene durch bloße Eitelkeit und Aufschneiderei zu erklären, die man sonst versucht wäre, wie es Desparmet mit den Bräuchen der Mettidscha tut, einer Geistesstörung von der Art des Größenwahns anzulasten.

Aus all dem geht hervor, daß die Zuerkennung eines *zâr,* der den Patienten auf dauerhafte Weise beherrscht und sich regelmäßig bei den vom Ritual vorgesehenen Gelegenheiten wieder bekundet, ein reiflich geplantes und kontrolliertes Verfahren darstellt, das so weit wie möglich dem Einfluß der Phantasie und des Zufalls entzogen ist. Man muß dabei festhalten, daß eine solche Zusprechung praktisch zwischen dem Patienten und seinem Heilspezialisten ein dauerndes Abhängigkeitsverhältnis schafft, das regelmäßig erneuerte Kontakte nach sich zieht: Da jeder *zâr* gehalten ist, seinem Oberhaupt in regelmäßigen Abständen die Ehre zu erweisen, hat der seinen *zâr*-Titel tragende Besessene zu einem festgesetzten Zeitpunkt, in der Regel während der großen offiziellen Feste, seinem Heilspezialisten seine Aufwartung zu machen und ihm ein Weihegeschenk mitzubringen (Kaffee, Gewürze usw.) oder – falls er dazu nicht die Mittel besitzt – sich ihm als *kaddâm,* »Diener«, zur Verfügung zu stellen.[27] In genau bestimmten Abständen und ganz abgesehen von Opferzeremonien und anderen Versammlungen zu wechselnden Zeitpunkten, bei denen sein *zâr* möglicherweise eine Rolle zu spielen hat, nimmt der Patient also, auch wenn er sich gewöhnlich davon entfernt hält, wieder Kontakt mit dem Milieu auf, in dem sich herausgebildet hat, was er als seinen Zustand der Besessenheit betrachtet.

Der solchermaßen von einem Haupt der Bruderschaft zugewiesene *zâr* ist im allgemeinen ein Untergebener eines der großen *zâr,* welche die

---

[26] M. Griaule, op. cit., S. 130. Das Wort *addo* bezeichnet eine »Art von Auszeichnung, die man großen Raubtierjägern verleiht und die am rechten Arm getragen wird.« (Ibid., Anm. 3).

[27] Mit demselben Wort bezeichnet man in den moslemischen Bruderschaften Arabiens und Nordafrikas diejenigen, die bei den Würdenträgern das Amt eines Dieners übernehmen, um auf diese Weise ihre Einweihung zu erhalten.

zu benennende Person – dem Resultat des obligatorischen Verhörs zufolge – spontan in Besitz genommen haben sollen. Oft geschieht es mit Vorbedacht, daß der Heilspezialist der Person seines Klienten (damit dieser mit einem *bâldarabâ* versehen sei, wie er als Fürsprecher bei der großen Persönlichkeit nur zu wünschen ist, deren Vermittler er darstellt[28]) einen Geist zuerkennt, der zu den Untergebenen des ihn eigentlich beherrschenden *zâr* gehört und der außerdem als gelehrig genug gilt, um dem Patienten gegenüber eine mäßigende Rolle zu spielen und ihn gegen die ungestümeren *zâr* in Schutz zu nehmen. Es handelt sich in diesem Falle um eine Art von Schutzimpfung, und das künstliche Arrangement ist bei einem solchen Verfahren offensichtlich bis zu seinem Extrem gesteigert.

Es kommt ebenfalls vor, daß man einen *zâr,* der eine bestimmte Person beherrschte, absichtlich auf eine andere überträgt, weil man entweder annimmt, daß er diesem neuen »Pferd« weniger Schaden zufügen wird als dem vorherigen oder weil das neue, wohlhabendere »Pferd« in der Lage ist, Opfer zu bringen, die das erste nicht hätte bringen können, oder aus irgendwelchen anderen Gründen. Die Adeptin Fantây, aus Wagarâ stammend und ehemals Gattin eines berühmten *dabtarâ*, des *alaqâ* Tasammâ, erzählt z. B., wie der *zâr* Sayfu Čangar von ihr Besitz ergriffen hatte, nachdem sie auf das Zuraten einer Nachbarin hin von dem Fleisch eines Hühnchens gekostet hatte, welches ihr von Sayfu Čangar besessener Mann mit ihrer Stirn in Berührung gebracht und dann geschlachtet hatte. Am 4. Oktober 1932, bei einem Hühneropfer für verschiedene *zâr,* darunter die *zâr* von Fantây, Amor Čalât und Dirâ, habe ich selbst gesehen, wie Fantây ihre heranwachsende Tochter mit den folgenden Worten dazu aufforderte, am Opfermahl teilzunehmen: »Iß mit uns! Später wirst du eine der unsrigen sein . . .« Sie erzählt schließlich, daß ihr jüngerer Bruder von einem weiblichen *zâr* heimgesucht und daraufhin an den Augen erkrankt und impotent geworden sei und daß Malkâm Ayyahu zu seiner Heilung das folgende Verfahren angewandt habe: Nachdem sie zur Abwehr seiner bösen Geister ein schwarzes Huhn geschlachtet und in ein Gestrüpp geworfen hatte – ein Vorgehen, welches mit dem Ausdruck »den *danqarâ*

---

[28] 236 C, Blatt 35, Erklärung der Denqê, einer Adeptin von Malkâm Ayyahu. Nach Ignazio Guidi (*Vocabolario amarico-italiano,* Rom 1901) hat das Wort *bâldarabâ* folgende Bedeutungen: Sachwalter; Vormund; Beschützer; Diener, dem man von Zeit zu Zeit einen Fremden anvertraut, damit er ihn bei seinem Herrn einführt; bestellter Einführer; bestellter Fürsprecher (die Jungfrau und die Heiligen); Vermittler.

werfen«[29] bezeichnet wird –, wurde ein rotes Huhn als Opfer dargebracht. Während dieser letzteren Opferhandlung lehnte Fantây ihre Stirn an die mit Butter gesalbte Stirn ihres Bruders, und man übertrug dann die Butter vom Kopf des Bruders auf den Kopf der Schwester. Als schließlich das Huhn mit dem Bruder in Berührung gebracht worden war, wurde es geschlachtet und Fantây saugte das Blut der Wunde auf, während ihr Bruder sich darauf beschränkte, daran zu kosten. Zuletzt wurde der Bruder mit einer weißen Henne abgerieben, die man im Kreis um ihn herumführte und als Legehenne behielt, eine Behandlungsmethode, die häufig angewandt wird, wenn das Übel der Einwirkung eines weiblichen *zâr* zugeschrieben wird. All diese Praktiken zielten offenbar darauf ab, den Bruder endgültig von den unsichtbaren, seine Krankheit verursachenden Kräften zu befreien und insbesondere den weiblichen *zâr,* dem ein rotes Huhn als *derqâ* dargebracht wurde, auf seine Schwester zu übertragen, bei der er voraussichtlich weniger Schaden anrichten würde.

Als letztes Anzeichen dafür, wie sehr die Bruderschaften des *zâr* den in Afrika so verbreiteten Gemeinschaften von Eingeweihten nahekommen, möchte ich daran erinnern, daß abgesehen von den mehr oder weniger korrekt wiedergegebenen Fremdsprachen, die den angenommenen Herkunftsländern der für bestimmte Besessenheitskrisen verantwortlich gemachten *zâr* entsprechen, in den Bruderschaften eine besondere Sprache in Gebrauch ist, die von den angehenden Besessenen gesprochen wird oder von den Besessenen niederen Ranges, welche die als Kinder betrachteten *werêzâ* oder Pagen verkörpern, von denen man wiederum annimmt, sie könnten sich nur in einem phonetisch entstellten Amharisch ausdrücken. Außerdem werden in den Gesprächen unter Eingeweihten nicht wenige spezielle Ausdrücke verwandt, und dies erinnert an die in zahlreichen Geheimbünden gesprochenen Geheimsprachen.[30] Bisweilen wird die phonetische Entstellung eines Wortes bis zum Kalauer getrieben oder ein unverändert gebrauchter Ausdruck in einem ganz anderen als dem geläufigen Sinne genommen. Um z. B. von der »Seele« zu sprechen, sagt man nicht *nafs* (was in der gewöhnlichen amharischen Umgangssprache diesen Begriff

---

[29] Zu dieser Art von Opfern vgl. M. Leiris, »Un rite médico-magique éthiopien: le jet du danqarâ«, in: *Aethiopica* III, New York, 2. April 1934, S. 61–74.

[30] Über die Sprache der *zâr* vgl. M. Griaule, op. cit., S. 133 und M. Leiris, »Le culte . . .«, op. cit., S. 129. Über die geheimen und verabredeten Sprachen im allgemeinen vgl. M. Leiris, *La langue secrète des Dogons de Sanga (Soudan français),* Travaux et mémoires de l'Institut d'Ethnologie, L, Paris 1948.

bezeichnet), sondern *faš. Faš* jedoch ist nichts anderes als das Wort der Normalsprache *fas,* »Furz«, so wie es in der Sondersprache ausgesprochen wird.[31] Andererseits wieder wird der liturgische Ausdruck *amên* zu *abdan* abgeändert, dessen umgangssprachlicher Sinn mit »wir sind verrückt geworden« wiedergegeben werden könnte; und wenn man der Meinung eines anderen beipflichten möchte, gebraucht man anstelle von *ewnat naw,* »das ist die Wahrheit«, den Ausdruck *ya-qil naw,* »das ist eine Dummheit«. Schließlich – und hier erreicht das in den Riten der Gesellschaften von Eingeweihten verbreitete Thema der auf den Kopf gestellten Welt seine höchste Ausprägung – verkehrt sich in manchen Fällen der eigentliche Inhalt eines Diskurses in sein Gegenteil: Am 11. Oktober 1932 – kurze Zeit vorher war ein *aškar* (bewaffneter Diener) der Expedition Dakar-Djibouti gestorben – nahm ich die Glückwünsche einer Gruppe von Adepten entgegen, die mir, indem sie sich bei meiner Ankunft erhoben und mit einer *šammâ,* einer Art von Toga oder Tunika, bekleidet vor mich hintraten (so drapiert, wie es sich in Äthiopien gehört, um der Person, welcher man gegenübertritt, seine Achtung zu bezeugen) mit simuliertem Jammern sagten: »Um so besser! Wir beglückwünschen dich! Dein *aškar* ist zu deinem Schaden zusammengebrochen *(sammaṭabbeš)* [was in der Geheimsprache bedeutet: ist gestorben].«[32] Es ist im übrigen bei den Versammlungen der Bruderschaften so üblich, daß diejenigen, die sich im effektiven Zustand der Besessenheit befinden, alle Nichtbesessenen, gleich ob Männer oder Frauen, ausnahmslos nur in der weiblichen Redeform ansprechen[33], während sie selbst von allen Anwesenden mit dem entsprechenden grammatischen Geschlecht des jeweils verkörperten *zâr* angeredet werden müssen.

Mangels präziser Beispiele einer besonderen Gestensprache möchte ich außerdem noch folgendes, in seiner Bedeutung von den Gebräu-

---

[31] Nach M. Griaule (ibid., S. 133) ist das gewöhnliche Amharisch in der Sondersprache folgenden phonetischen Veränderungen unterworfen: Die Dentale *d* und *t,* sowie die Mitlaute *l* und *r* werden gegeneinander ausgetauscht, das *s* wird zu *š,* die emphatischen Laute werden durch die entsprechenden nicht-emphatischen ersetzt und umgekehrt.

In Schoa und Bêgamder stellt der Volksglauben eine ganz bestimmte Beziehung zwischen der Seele des Besessenen und den aus dem After entweichenden Winden her; man nimmt in der Tat an, daß bei dem Tode einer von einem *buda* besessenen Person, einem Geist, der seinen Besessenen dazu bringt, sich unsichtbar vom Blut und vom Fleisch anderer zu ernähren, deren Seele den Körper durch den After verläßt (M. Griaule, op. cit., S. 142).

[32] 236 B, Blatt 50.

[33] Abba Jérôme vermerkt allerdings, daß sich Malkâm Ayyahu im allgemeinen dieser Transposition der Geschlechter enthält.

chen festgelegte Gebahren anführen: Der Adeptin Fantây zufolge, die Abba Jérôme und ich eines Tages diese Geste ausführen sahen, bezeugt der Besessene, wenn er seine Aufmerksamkeit für die in seiner Gegenwart gehaltenen Reden zum Ausdruck bringen möchte, sein Zuhören, indem er seinen *šammâ* mit beiden Händen ausstreckt und über den Knien hält; nach Fantây »machen die *zâr* diese Geste, um nicht zu vergessen, wie man etwas aufschreibt«.

Aus all den angeführten Elementen läßt sich ableiten, daß das bei den angeblich durch den *zâr* erkrankten Personen angewandte Heilverfahren einem Einweihungsritual gleichkommt und daß es, insofern diese Behandlung zum Teil darin besteht, den Patienten zur Bekundung von Symptomen manifester Besessenheit zu bringen, keinen einzigen Fall regulärer Besessenheit durch den *zâr* gibt, der ganz ohne künstliches Arrangement auskäme. Dies läßt allerdings noch nicht darauf schließen, daß unter den Heilspezialisten und den Patienten nur normale Individuen zu finden sind. Die Bemühung um eine Regularisierung oder Formalisierung der Trance bedeutet nicht notgedrungen, daß man sie in allen Stücken künstlich fabriziert und daß nicht doch irgendeine tatsächliche Störung den Ausschlag gegeben hat. Es unterliegt übrigens keinem Zweifel, daß der Neurologie oder der Psychopathologie zuzuordnende Zustände gleichermaßen mit dem Einwirken der *zâr* in Zusammenhang gebracht werden können wie andere Krankheiten, so daß man in den Kreisen der »Besessenen« neben offenbar normalen Individuen auch Menschen begegnen wird, die auf die eine oder andere Weise unter nervösen oder geistigen Störungen leiden. Zumindest bei vielen dieser Besessenen darf man zudem fragen, ob nicht bereits die Tatsache, daß sie sich solchen offiziell verpönten Praktiken verschreiben, definitionsgemäß eine gewisse anfängliche Störung des seelischen Gleichgewichts voraussetzt, und es wäre schließlich interessant zu beobachten, in welcher Richtung – Akzentuierung oder Stabilisierung – diese sich unter dem Einfluß solcher Praktiken entwickelt.[34]

Im Kreise Malkâm Ayyahus wird z. B. erzählt, daß sie anfangs »wie verrückt« war, als ihr hauptsächlicher *zâr* Çangarê, alias Sayfu Çangar, von ihr Besitz ergriff: Da ihr Gatte Tabak schnupfte, eine Gewohnheit,

---

[34] Denqê, eine augenscheinlich ernsthafte und ausgeglichene Frau, ist der Ansicht, daß der Besuch der *wadâǧâ* (Versammlungen, bei denen die *zâr* beschworen werden) unter der Bedingung von Nutzen ist, daß man es »mit Maß und in Abständen tut«; wenn man zu oft hingeht, gesellen sich zu den Geistern, von denen man bereits besessen ist, noch weitere *zâr* oder *ǧenn* hinzu (236 C, Blatt 40).

die dem *zâr* mißfiel, lief sie unter dem Einfluß dieses letzteren von zu Hause weg, kletterte auf Bäume und stürzte sich hinunter, so daß alle sie für tot hielten; und als später dann Abbâ Qwasqwes seine Gegenwart bekundete, ließ er sie auf eine Sykomore steigen und auf die in Ruinen liegenden Türme der alten Kaiserpaläste[35]; sie sang kriegerische Lieder, und man glaubte, sie sei von einem *ğenn* besessen. Ob aufgrund ihres Alters, das sie hatte vernünftiger werden lassen bzw. ihr derartige Aufführungen erschwerte, oder weil die Riten, denen sie sich unterworfen hatte, eine mildernde Wirkung ausgeübt hatten oder aus irgendeinem anderen Grunde – als ich ihre Bekanntschaft machte, hatte sie jedenfalls alle diese Manifestationen aufgegeben.

Im Unterschied zu Malkâm Ayyahu, von der man lediglich erzählte, sie sei »wie verrückt« gewesen, wurde eine Besessene, der ich mehrere Male, bei Malkâm Ayyahu oder anderswo, begegnet war, geradezu als übergeschnappt angesehen, und überall, wo sie vorbeikam, zog sie die Neugier und den Spott der Leute auf sich. Es handelte sich dabei um eine gewisse Ğambarê Terunaš, eine Frau schon gesetzten Alters, die der *zâr*, wie behauptet wurde, dazu gebracht hatte, sich zum Islam zu bekehren; ohne eine feste Wohnung zu besitzen, obwohl das moslemische Viertel von Gondar, Addis Alam, als ihre nähere Heimat betrachtet wurde, lebte sie von Almosen und schlief und aß überall dort, wo man ihr Aufnahme gewährte. Malkâm Ayyahu erklärte ihre seelische Störung damit, daß sie von einem *gânên*, einem »Dämon«, besessen sei – eine Möglichkeit für sie, die *zâr* von der Schuld freizusprechen. Auch der besessene Moslem Sayd Mahammad, ein ehemaliger Händler, der in Balağeg, einem Dorf in der Umgebung von Gondar wohnte, wurde als geistesgestört angesehen. Emmâwwâyes, die Tochter von Malkâm Ayyahu, schrieb dies dem Umstand zu, daß seine *zâr* »noch nicht beruhigt seien«; da er keinen eigenen *gandâ* hatte, ging er, wie erzählt wurde, von Haus zu Haus, um sich Kaffee anbieten zu lassen. Als ich ihn selbst als Informanten heranzog, konnte ich mit eigenen Augen die Unbeständigkeit seiner Launen und die Absonderlichkeit seiner Erdichtungen bemerken, zu denen ihn seine freischweifende Einbildungskraft verleitete. Eine noch ausgeprägtere Unausgeglichenheit zeigte ein gewisser Berru aus Tigre, den, wie er sich selbst ausdrückte, sein *zâr* dazu zwang, »von einem Land zum anderen zu wandern«. – »Seitdem der *zâr* mich beherrscht«, fügt er hinzu, »hat er es mir verhaßt gemacht,

---

[35] Steingebäude, die aus der Zeit der Gründung Gondars (1633) durch den Kaiser Fasilides stammen und nach dem Modell der europäischen Burgen der gleichen Zeit gebaut worden sein sollen.

zu meinen Eltern zu gehen; wenn ich aufbreche und sage, daß ich zu ihnen gehe, bringt er mich vom Weg ab und ich gehe woanders hin.«[36] Unter den Heilspezialisten selbst gibt es schließlich auch Personen, bei denen niemand daran zweifelt, daß sie tatsächlich geistesgestört sind. So hatte der *alaqâ* Hayla Mikâêl Abarrâ, der ehemalige Schwiegersohn Malkâm Ayyahus und früher ein geschätzter Heilspezialist im Viertel von Baâtâ, zur Zeit meines Aufenthalts in Gondar den Ruf eines Säufers und Halbverrückten; da seit seiner Scheidung »seine Gier nach Frauen und Alkohol unersättlich« geworden war, trank er, wenn man hierin seiner Ex-Schwiegermutter Glauben schenken darf, die sich, wie gesagt, rühmte, seine Besessenheit durch Šifarrâ bewirkt zu haben, drei Liter Raki am Tag und fristete kümmerlich sein Leben in der Gegend von Attêgečâ am Nordufer des Țânâ-Sees, wo er bei einem alten Mann lebte, von dem er aufgenommen worden war. Und Asâmmanač, eine aus Tchelgâ stammende Adeptin, behauptet von dem *alaqâ* Kabbada, einem dort praktizierenden Heilspezialisten, der sie zum ersten Mal dem Verhör unterzogen hatte, daß er jetzt verrückt *(ebd)* geworden sei und Tag und Nacht den *gurri* mache, was ihn daran hindert, auf korrekte Weise seiner Arbeit nachzugehen.[37] Um mich noch auf ein Zeugnis anderer Art zu berufen, möchte ich anführen, daß Pater Sournac, ein französischer, dem Lazarenerorden angehörender Missionar, der in Karkar, in der Nähe von Gondar wohnte und allwöchentlich im italienischen Konsulat von Gondar die Messe las, der Ansicht war, in diesem Jahr 1932 habe die Zahl der Besessenen im Vergleich zum Vorjahr stark zugenommen. Seinen Angaben zufolge soll es in seinem Dorf drei Personen gegeben haben, die Symptome einer wirklichen Besessenheit durch Dämonen gezeigt haben. Nichts beweist jedoch, daß diese wahrscheinlich anormalen Personen gleichzeitig sowohl *bâla-zâr* als auch Besessene in dem Sinne gewesen sind, wie es ein Katholik und gleichermaßen ein rechtgläubiger äthiopischer Christ verstehen kann, also von dämonischen Kreaturen bewohnte Individuen, die nur durch Teufelsaustreibung geheilt werden können.

---

[36] Auch in Haïti werden bestimmte Arten des Ausreißens und Weglaufens dem Einfluß der *lwa* oder »Mysterien« zugeschrieben. Roland Dorcély, ein junger Maler und Dichter aus Port-au-Prince, erzählte mir, wie ihn seine Eltern, nachdem er mehrmals ausgerissen oder sonstwie vom geraden Wege abgekommen war – eine dieser, im Anschluß an die Lektüre der *Bekenntnisse eines Kindes der Zeit* von Alfred Musset unternommenen Fluchten führte ihn bis zum Cap Haïtien und brachte ihm eine Verhaftung wegen Vagabundierens ein – zu einem *ūgā* (Priester des *vaudou*) brachten, weil sie sein Verhalten dem Einfluß der *lwa* zuschrieben.

[37] 236 C, Blatt 52.

2. *Besessenheit, Unterhaltung und Ästhetik*

Allgemein gesehen unterliegen die äußeren Manifestationen der Besessenheit durch den *zâr* einer bestimmten, vom Kalender regulierten Periodizität: Sie fallen mit den Zeiten des Jahres, in denen die sozialen Kontakte am intensivsten sind, zusammen; sie treten ganz zurück, sobald die jahreszeitlichen Bedingungen oder die ökonomischen Verhältnisse den besagten Kontakten Hindernisse in den Weg legen.

Aus den weiter oben zitierten Ausführungen Marcel Griaules geht hervor, daß bei den christlichen Äthiopiern der Provinz Bêgamder »der Kranke des *zâr* an den Feiertagen und insbesondere am Neujahrstag gepflegt wird«.[38] Und ich habe meinerseits angemerkt, daß die Bruderschaften des *zâr* gewöhnlich zu feststehenden Zeitpunkten, anläßlich der bedeutendsten Feste der offiziellen Religion zusammentreten.[39] Eine von Wolf Leslau 1938 von einem in Paris wohnenden Tigreaner aufgenommene Information bezeugt ebenfalls den Bezug zwischen der Besessenheit durch den *zâr* und bestimmten offiziellen Festen, wobei der Informant gleichzeitig seine Zweifel an der Aufrichtigkeit der Frauen zu erkennen gibt, die unter dieser vermeintlichen Besessenheit leiden: »*Zâr* ist der Name für eine Krankheit. Aber Sie dürfen nicht glauben, daß es diese Krankheit gibt oder jemals gegeben hätte. Es ist eine Krankheit, die die Frauen und Mädchen in ihrer Einbildung geschaffen haben. Und wenn sie dann zu sehr daran glauben, werden einige von ihnen wirklich krank. Aber diese Krankheit ist nicht das, was sie *zâr* nennen. Durch zu viel Einbildung [bekommen sie] Kopfweh oder sie werden ohnmächtig. Im allgemeinen sind es Frauen, Mädchen oder Sklaven, die vom *zâr* heimgesucht werden. Und der Zeitpunkt dieser Heimsuchung durch den *zâr* ist bekannt, es ist die Zeit des Festes der Kreuzeserhöhung [oder des Tauffestes], die schönste Zeit des Jahres. Um das Kreuzfest herum beginnen die Blumen zu blühen und der Mais reif zu werden. Es ist das Ende der Regenzeit. Und wohin auch immer Sie während der Regenzeit gehen mögen, Sie werden keine einzige männliche oder weibliche Person finden, die vom *zâr* besessen wäre. Wenn Sie fragen, warum während der Regenzeit niemand vom *zâr* besessen ist, wird man Ihnen antworten, daß die *zâr* dann ihre Behausungen nicht verlassen. Das

---

[38] Op. cit., S. 132.
[39] *Le culte . . .*, op. cit., S. 125.

allein zeigt Ihnen schon zur Genüge, daß ihre Krankheit eine Lüge ist [. . .].«[40]

Die Besessenen treten also während des *kramt,* der Regenzeit, d. h. von Ende Juni bis September, nicht in Erscheinung, also in dem Teil des Jahres, in dem von der Aussaat bis zur Ernte nacheinander alle landwirtschaftlichen Arbeiten anfallen und gleichzeitig der allgemeine Rhythmus des gegenseitigen Austausches aufgrund der erschwerten Verkehrsverbindungen sich verlangsamt. Aus den Erklärungen mehrerer, zur unmittelbaren Umgebung von Malkâm Ayyahu gehörenden Frauen geht hervor, daß die Fälle von Besessenheit durch den *zâr* in den Zeiten des Überflusses zahlenmäßig zunehmen, wohingegen sie in Notzeiten fast gänzlich verschwinden. Abicu, eine Adeptin aus Tigre, berichtet denn auch: »Als die Zeit des Hungers gekommen war, die man die schlechte Zeit[41] nennt, war der *zâr* vollständig verschwunden. Wenn der Adam [»Mensch« in der Geheimsprache der *zâr*] Hungers stirbt, wer sollte den *gurri* machen für den *zâr?*« – »In den Zeiten des Überflusses«, so berichtet andererseits Emmâwwâyeš, »werden sich die *zâr* vermehren und die *gurri* werden sich vermehren«.[42] Und die aus dem Godscham stammende Denqê ist der Meinung, daß »das Wohlergehen des *zâr* vom Wohlstand des Landes abhängt« und daß »der *zâr* bei Entbehrungen unzufrieden ist und Leiden schickt«. Daß der *zâr* erst dann nach außen hin in Erscheinung tritt, wenn die Arbeit nicht zu stark in Anspruch nimmt und kein Mangel herrscht, verdeutlicht den institutionellen Charakter der Besessenheit, sowie insbesondere ihren Zusammenhang mit dem geselligen Leben.

Als feststehende Äußerung der Besessenheit durch die *zâr* – zumindest bei denen, die man für originäre äthiopische *zâr* hält, denn die sogenannten *zâr* »aus Jerusalem«, d. h. die nicht afrikanischen, bezeugen ihre Besitznahme nicht durch derart ungestüme Manifestationen – wird der *gurri* oft als ein Zeichen der Freude hingestellt, die der beherrschende Geist auf dem Umwege über den Patienten zum Ausdruck bringt. Eine junge Frau namens Allafač aus der Gegend von Endertâ (Tigre), Witwe eines Händlers aus der Umgebung von Tchelgâ, berichtet: »Wenn der *zâr* singt und den *fukkarâ* macht, indem er sein Pferd

---

[40] W. Leslau, *Documents tigrigna (Ethiopien septentrional). Grammaire et textes.* Collection linguistique publiée par la Société de Linguistique de Paris, XLVIII, C. Klincksieck, Paris 1941, S. 204–206.
[41] Das heißt, nach der Schlacht von Matammâ (1889), in der Kaiser Johannes im Kampf gegen die Derwische fiel.
[42] 236 B, Blatt 48.

den *gurri* machen läßt, so ist das für ihn selbst seine Freude, seine *fêstâ* ([italienisch:] Fest), das Vergnügen seiner Eingeweide, sein Ostern, seine Belustigung.«[43] Auch der *alaqâ* Alamu, ein ehemaliger Soldat, der sich nach seinem Übertritt zum Islam in Gondar als Heilspezialist niedergelassen hat, betrachtet den *gurri* als etwas, das wahrscheinlich von den *zâr* selbst ausgeführt wird, die auf diese Weise nach vollbrachtem Festmahle ihre Zufriedenheit in der unsichtbaren Welt zum Ausdruck bringen: »Wenn die *zâr* sich versammelt haben, wenn sie zufrieden sind, gegessen und getrunken haben und dann sehr schöne *wadâ ̌gâ* [Gesänge bei den gleichnamigen Versammlungen] vortragen, dann machen diejenigen, die im Walde, in den Steinen und im Schilfe sind, einen wunderbaren *gurri.*«[44] Aus den Aussagen bestimmter Adepten geht ganz deutlich hervor, welch große Bedeutung in den auf die *zâr* bezogenen Riten diesem Moment der Feier oder gar des reinen Vergnügens zukommt. Nach Abiču zum Beispiel ist dies der Fall, wenn man einem *zâr* den *maqwâdašâ*[45] gibt, anders gesagt, wenn man ihm als Weihegabe das vorgeschriebene Opfer darbringt, ein Opfer, das den Anforderungen seines Kultes entspricht und dazu bestimmt ist, den *zâr* für die Person einzunehmen, in deren Namen die Gabe dargebracht wurde – und das ist in der Regel diejenige, durch deren Mund er sie auch verlangt haben soll; es sei wichtig, versicherte Abiču, daß eine solche Zeremonie zu einem so großen Fest werde wie eine Hochzeit, und die Familie des Patienten müsse dabei mithelfen, daß alle erforderlichen Produkte im Überfluß vorhanden sind. Allafač gibt weiter die folgende Beschreibung der Empfindungen einer Frau in Erwartung

---

[43] 236 C, Blatt 49: *zâru farasitun eyyâsgworâ sizafen sifokker larsu larâsu zâr dassetâwnnâ* »*fêstâ*« *(baeâlu) yân̄gat dassetâ feseh čawatâw naw.*

[44] 236 C, Blatt 3. Der *gurri* kann auch die Wut des *zâr* über sein »Pferd« zum Ausdruck bringen. Dem *alaqâ* Alamu zufolge unterscheidet man einen, an besonderen Anzeichen erkenntlichen »*gurri* des Stockes« *(yabetter gurri)* oder *gurri* der Züchtigung und einen im Gegensatz dazu stehenden *gurri* der Verzeihung *(yamehrat gurri).* (Ibid., Blatt 3 v.).

[45] Von der dialektalen Form des Verbes *quaddasa*, »die Messe lesen«, abzuleitende Instrumentalform. Ein Einfluß von *qeddus*, »heilig« und vielleicht auch von *qwarraba,* »kommunizieren«, ist nicht auszuschließen. (M. Cohen, *Nouvelles études d'éthiopien méridional*, Paris (Edouard Champion) 1939, S. 229).

Der Terminus *maqwâdašâ* wird nicht nur für das Opfertier gebraucht, sondern auch für jede andere Art von Gabe (Speisen, Getränke, Parfum usw.), die man als die einem ganz bestimmten *zâr* zukommende Opfergabe ansieht.

Man bezeichnet mit dem Hauptwort *aqwâdâš* (Partizip des Kausativs *aqwâddasa*) das ist »derjenige, der die Heiligung veranlaßt« (dank dessen das Werk der Heiligung vollbracht wird), jede Person, die, ohne besessen zu sein, mit dem *zâr* in Verbindung tritt, indem sie ihm das entsprechende Opfer oder die entsprechende Gabe zukommen läßt.

einer den Geistern gewidmeten Versammlung, die für sie in einer
Perspektive des Festes steht: »Vom frühen Morgen an hält uns der *zâr*
von den Haushaltsarbeiten ab. Er sagt uns: Auf! Auf! und macht uns so
fröhlich, als wenn wir zum Hochzeitshause gingen oder zum Tanz- und
Sangeshause.«[46]

Dieses frivole Verhalten den Versammlungen des *zâr* gegenüber, das
bei vielen Adepten und zumindest bei einigen von diesen Versammlungen zu beobachten ist, ist nicht nur für Äthiopien hervorgehoben
worden. Oesterreich bemerkt in der Tat, daß in den gehobenen Kreisen der ägyptischen Gesellschaft »die Teufelsaustreibungen zu den
Vergnügungen des Tages zählen«,[47] und er erwähnt an anderer Stelle,
daß (nach Snouk Hourgronje) in Mekka die Besessenheit durch den
zâr derart entartet ist, daß sie den Frauen fast zu »einer Art von Sport«
geworden ist, denn in dem Maße wie die Teufelsaustreibung die
Befriedigung der weiblichen Bedürfnisse nach Kleidung und Putz
erlaubt, hat der Wunsch, vom *zâr* besessen zu sein, diesem Kult eine
weite Verbreitung geschaffen.[48]

Wie sich in Äthiopien feststellen läßt, bietet die Besessenheit durch
den *zâr* die Gelegenheit, Schmucksachen zu erwerben, sich herauszu-
putzen oder zu verkleiden. Abgesehen davon, daß der *zâr* oft durch
den Mund seines »Pferdes« den Wunsch äußert, es solle täglich einen
Ring, ein Armband oder einen Fußreifen aus Gold oder Silber tragen,
was für die besessene Frau darauf hinausläuft, ein solches Schmuckstück von ihrem Gatten oder irgendeinem ihrer Angehörigen einzufordern, abgesehen davon, daß er genausogut vorschreiben kann, die
Patientin solle z. B. ein neues Kleid anziehen oder sich frisch frisieren
lassen, gibt seine angebliche Stellung in der unsichtbaren Welt dem *zâr*
das Recht auf bestimmte Attribute und Kennzeichen, die praktisch
gesehen die Rangabzeichen des Adepten darstellen, mit denen er in
allen Bruderschaftsversammlungen von einiger Feierlichkeit versehen
ist.

Die großen offiziellen Festtage des Kalenders sind für die Besessenen
eine Gelegenheit, sich nach außen hin in vollem Staate zu zeigen. So

---

[46] 236 C, Blatt 49: *ka-ṭwâtu ğammero zâru yabêt serâ ayâsarâm hiğ hiği eyyâla das das yâsañâl wada-sarg-bêt wada-zafan endammihêd.*
[47] ⟨Traugott Konstantin⟩ Oesterreich, *Les Possédés,* ⟨dtsch. *Die Besessenheit*⟩ übers. von René Sudre, Paris (Payot) 1927, S. 285. »Exorzismus« ist für die Bruderschaften des *zâr* kein passender Terminus; das angestrebte Ziel ist in der Tat eher ein Pakt mit dem Geist als seine Austreibung.
[48] Ibid., S. 287.

empfingen wir in unserem Lager am 27. September 1932, am Tag des Kreuzesfestes, den Besuch von Malkâm Ayyahu und von einigen ihrer Adeptinnen, die alle den Schmuck ihrer jeweiligen *zâr* trugen. Sie brachten gemeinsam vor uns Gesänge und Tänze zur Aufführung und wurden für diese Attraktion mit ein paar Talern und mit kleinen Geschenken belohnt. Es kommt jedoch auch vor, daß die Besessenen ohne jeglichen offiziellen Anlaß und ohne Rechtfertigung karnevalartige Aufzüge veranstalten. In Gondar, wo dieser Brauch allerdings zur Zeit meines dortigen Aufenthaltes schon nicht mehr geübt wurde, war es z. B. Sitte, daß die Gefährten eines *bâla-zâr,* dem ein ungehöriger Laut entfahren war, eine Kollekte veranstalteten, indem sie eine Puppe aus Lumpen durch die ganze Stadt trugen und verkündeten, daß die besagte Person niedergekommen sei oder gezeugt habe, eine Kränkung, der der, bzw. die Betroffene nur durch das Angebot eines Gastmahles für die verschworenen Adepten entgehen konnte.

Das Kleidungszubehör, das den Adepten als Vertretern bestimmter und ihnen nach allen Regeln zuerkannter Geister zusteht, wird, dies scheint der Brauch zu sein, im Hause des Heilspezialisten aufbewahrt, zu dem die Adepten gehören. Am Abend des 17. Juli 1932, als wir für die Nacht zu Malkâm Ayyahu gegangen waren, in der Hoffnung, einem *wadâǧâ* am Vorabend von Sankt Michael beizuwohnen, wurde Abba Jérôme Gabra Moussié und mir ohne jegliche besondere Zeremonie gestattet, eine gewisse Anzahl jener Schmucksachen zu besichtigen, die Malkâm Ayyahu zu diesem Zwecke aus dem graubraunen Leinwandsack geholt hatte, in dem sie aufbewahrt wurden: den mit einer Löwenmähne besetzten Stirnreif[49], den grünen *buqdâdê,* ein Stirnband mit langen, wehenden Stoffenden[50], und den *lamd,* einen kurzen Umhang aus schwarzem Stoff mit aufgestickten mehrfarbigen Motiven, die zusammengenommen die Ausstattungen Sayfu Čangars ausmachen; einen grünen, dem *zâr* Sabrê gehörenden *buqdâdê,* nicht so lang wie der vorherige; einen schwarzen *buqdâdê,* der Abbâ Tuqur Gwošu, »Vater schwarzer Büffel« gehörte; einen roten *buqdâdê;* karierte Lendenschürze; ein Lendenschurz und ein Gürtel mit unregelmäßigen Schwarzweißmustern, Insignien von Abbâ Nabro, »Vater Leopard«, Malkâm Ayyahu zeigte sich uns einen Augenblick lang mit den Attributen Sayfu Čangars und verstaute die Schmucksachen dann wieder in dem als Requisitenkammer dienenden Sack. In der Regel von minde-

---

[49] Eine Jagdtrophäe, die oft von äthiopischen Würdenträgern getragen wird.
[50] Ein weiterer Schmuck für Jäger.

rer Qualität als im weltlichen Leben, vermittelten all diese Schmuck-sachen den Eindruck von billigen Kopien, wie dies so oft bei Theater- oder Karnevalskostümen der Fall ist.

Wenn sie Sayfu Čangar verkörpert, trägt Malkâm Ayyahu in der Regel einen *alangâ,* eine »Peitsche« aus fünf Lederriemen, an deren Griff-ende ein Glöckchen befestigt ist; diese Peitsche ist das Zeichen der Herrschaft Sayfu Čangars über die verschiedenen, ihm untergebenen *zâr.* Wenn sie *zâr* wie Taqwâr und Abbâ Yosêf verkörpert, hat sie bisweilen auch einen *ankâsê,* einen Stab mit Eisenspitze und nach außen gedrehten Haken am anderen Ende[51]. Am Nachmittag des 17. Oktober 1932 – am Morgen desselben Tages war ein von der Expedi-tion Dakar-Djibouti dargebrachter Widder für den von Malkâm Ayyahu verkörperten *zâr* Azzâj Deho geschlachtet worden – sah ich, wie sie sich im Anschluß an eine beinahe zur Schlägerei ausgeartete Auseinandersetzung zwischen einigen ihrer nächsten Verwandten und Bekannten und jungen Polizisten ihren *ankâsê* reichen ließ und ihn neben sich legte: die Polizisten waren als Zeichen des Friedens zu ihr gekommen, um den Kaffee zu trinken, und sie wurden im Namen von Abbâ Yosêf, dem Schlichter des Streites, gesegnet. So sah ich auch anläßlich eines Schafsopfers für den *zâr* Abbâs Morâs Warqê bei der Tochter von Malkâm Ayyahu gegen Ende des Nachmittags ein Mäd-chen mit einem *ankâsê* tanzen, nachdem sie sich zuvor aus einem gewundenen weißen Leintuch einen Turban gefertigt hatte. Sie gab sich als Sandaqê, den König der arabischen *zâr* aus, wohingegen andere Adepten behaupteten, sie sei lediglich betrunken.

Für gewisse *zâr* sind wieder andere Arten von Stöcken charakteristisch: lange, am oberen Ende leicht gebogene Stöcke z. B., die Insignien derjenigen *werêzâ* oder Pagen, die man als originär amharisch betrach-tet, und schließlich ein rotfarbener Rohrstock, der dem von *zâr* Qañ Bêt, »Rechtes Haus«[52], besessenen Patienten als Tanz-Accessoire dient, sowie ein schwarzer Rohrstock, den das »Pferd« von Abbâ Tuqur Gwošu ebenfalls verwendet.[53]

---

[51] Aus den Auskünften, die uns Malkâm Ayyahu am 29. August 1932 gab, geht allerdings hervor, daß Abbâ Yosêf (genau wie Abbâ Lesanâ Warq und Seltun, die beiden anderen großen *zâr malakwesê,* »Mönche«, als *maqwamyâ,* »Stock«, einen *batra musê,* »Mosesrute«, trägt und keinen *ankâsê* (236 A, Blatt 43 v.).

[52] Oder Qay Bêt, »rotes Haus«?

[53] Am 12. Oktober 1932 sollte ich denn auch die Adeptin Ballaṭač, die selbst ausgesprochen dunkelhäutig ist, den *zâr* Abbâ Tuqur Gwošu verkörpern sehen. Sie tanzte dabei mit einem schwarzen Rohrstock, den sie von einem der Anwesenden ausgeliehen hatte.

Der mit Löwenfell geschmückte Stirnreif, das Stirnband und der Umhang sind männliche Schmuckgegenstände, die im gewöhnlichen Leben ausschließlich von Kriegern oder Jägern getragen werden, und man muß hinzufügen, daß ich den Gebrauch des fast ausschließlich von Männern getragenen, eisenbeschlagenen *ankâsê* genau wie den Gebrauch andersartiger Stöcke immer nur dann beobachten konnte, wenn Malkâm Ayyahu oder andere Frauen männliche Geister verkörperten. Außerdem beschreiben Gazzâhañ aus Dangelâ in Godscham und Mangestu aus dem Dâmot unabhängig voneinander den *zâr* als einen Geist, der »zum Schreien bringt und nach Waffen rufen läßt« und die Adeptin Fantây erzählt ihrerseits, wie der ihre Großmutter beherrschende *zâr* verlangte, alle männlichen Schmuckgegenstände des Dorfes sollten herbeigeschafft werden. Allafač schließlich berichtet, daß »Mein Vater Čangar« (der Name, mit dem Malkâm Ayyahu gewöhnlich von ihren Anhängern angeredet wird) früher den ganzen Tag über mit Jackenkleid und Männerhose bekleidet dasaß; nach den eigenen Angaben Malkâm Ayyahus »bewirkt der *zâr* Qwasqwes, daß die von ihm bewohnte *bâla-zâr* Hosen trägt.«[54] Erst 1927 soll sie es aufgegeben haben, männliche Kleidung zu tragen, und es wird behauptet, daß diese Wandlung mit dem Zeitpunkt zusammenfällt, als Malkâm Ayyahu in dem Wunsch, ihre einzige Tochter möge andere Lebensmöglichkeiten erhalten als ihre Heilpraxis zu übernehmen und den Beruf einer professionellen Besessenen auszuüben, eine Reise nach Schoa unternahm, um dort ihre Interessen als *bâlâbbât* (Person aus einer adligen Familie mit erblichen Gütern) wahrzunehmen.

Wenn man Malkâm Ayyahu und dem *alaqâ* Enqo Bâhrey Glauben schenken darf, soll es umgekehrt vorkommen, daß ein von einem weiblichen *zâr* besessener Mann nicht allein den *fukkarâ* dieses *zâr* macht, indem er so redet als wenn er weiblichen Geschlechtes wäre, sondern daß er gleichzeitig auch Frauenarbeiten übernimmt und die Verwandlung gar so weit treibt, daß er zu menstruieren anfängt. Obwohl diese letzte Behauptung, auch wenn man sie durchaus auf Fälle von Simulation oder eventuell sogar von wirklichem Hermaphrodismus beziehen kann, nur mit allergrößter Vorsicht zu genießen ist, so zeigt sie doch jedenfalls, wie sehr den Vorstellungen der Einheimischen zufolge ein Individuum, je nach der Art des Geistes, der sich seiner bemächtigt, verwandelt werden kann und wie weit seine Identifizierung mit diesem Geist bisweilen geht.

[54] 236 C, Blatt 43.

Angesichts dieser Praktiken, die das eine gemeinsam haben, daß sie alle, in unterschiedlichem Ausmaß, auf Verkleidung beruhen, kann man sich fragen, ob sie nicht der erotischen Anomalie zuzurechnen sind, die der deutsche Sexologe Magnus Hirschfeld als »Transvestitismus« beschrieben und definiert hat als den »Drang, in der äußeren Gewandung des Geschlechtes aufzutreten, der eine Person nach ihren *sichtbaren* Geschlechtsorganen nicht zugehört.«[55] Man muß allerdings anmerken, daß es bei vielen Völkern reguläre und gebräuchliche Entsprechungen zu diesen Praktiken gibt: Nach Tremearne kann z. B. in der *bori*-Bruderschaft bei den Haoussa eine der wichtigsten Personen, der *boka* genannte Heilspezialist, eine weibliche Haartracht tragen – ein Brauch, den der englische Ethnologe in die Nähe der phönizischen Sitte rückt, derzufolge Männer und Frauen bei den Orgien des Astartekultes[56] die Kleider vertauschten. Desparmet wiederum berichtet von seinen Beobachtungen bei den Besessenen der Mettidscha, daß die *kahina,* »Magierin«, Mouda'lat »sich in der Regel mit einem grünen Kaftan und einem grünen Turban ausstaffiert wie ein Sheriff und anstelle eines Halsbandes einen riesigen Rosenkranz trägt, dessen einzelne Perlen die Größe einer blühenden Feige aus indischem Holz oder massivem Moschus besitzen«.[57] Und der Kapitän F. W. Butt-Thompson weiß schließlich zu berichten, daß die zur kongolesischen Bruderschaft des *mawungu* gehörenden Frauen in geliehener Männertracht auftreten und daß in der moslemischen Bruderschaft der *masubori* (alias *bori*) an der Westküste Afrikas von den Frauen Hosen getragen werden, wohingegen sich die Männer, die dem kriegerischen Bund des *ekongola* in Kamerun angehören, in Kleidungsstücken zeigen, die sie von ihren Frauen und Schwestern ausgeliehenen haben.[58]

---

[55] *Sexualpathologie,* Bd. II, 1918, Kap. 3, ⟨S. 140.⟩
[56] A. Tremearne, op. cit., S. 150 und Anm. S. 404. Der Astartekult beinhaltete die rituelle Prostitution. Nach Westermarck soll in der marokkanischen *djinniya,* einem weiblichen Geist sehr liederlichen Charakters, die Göttin Astarte fortleben, und ihr Name soll mit *kedecha,* der Bezeichnung für die Prostituierten der kanaäischen Tempel in Zusammenhang stehen (*Survivances païennes dans la civilisation mahométane,* übers. von Robert Godet, Paris (Payot) 1935, S. 31–33). Hinsichtlich des *zâr*-Kultes kann man sich fragen, ob in den häufigen Schäkereien der einen *werêzâ* verkörpernden weiblichen Besessenen den Männern gegenüber eine Spur der heiligen Prostitution zu sehen ist. Diese Schäkereien dienen im übrigen dazu, den Männern während der Versammlungen irgendeine Gabe abzulocken. Man wird später noch sehen, daß manche Adeptinnen der städtischen Bruderschaften in der Tat Frauen von lockeren Sitten sind und daß den Versammlungsorten dieser Bruderschaften gewöhnlich die Reputation von verrufenen Orten anhängt.
[57] J. Desparmet, op. cit., S. 50.
[58] F. W. Butt-Thompson, *West african secret societies,* London (H. F. und G. Witherby) 1929, S. 96.

Im Anschluß an die Feststellung, daß der Antrieb, die geschlechtsspezifischen Kleider vorübergehend zu wechseln, häufiger anzutreffen ist als der, sie dauerhaft zu wechseln, führt auch Havelock Ellis für beide Kategorien eine gewisse Anzahl von Fällen aus der antiken Geschichte, der Ethnographie und der Folklore an, bei denen dieses Verhalten mit dem Glauben und den Riten in Zusammenhang steht und demzufolge von der Tradition ausgeprägt erscheint.[59] Nichts berechtigt also dazu, im »Transvestitismus« der äthiopischen Besessenen eher das Resultat einer Anomalie zu sehen als eine sich lediglich in den Rahmen der kollektiven Vorstellungen und Riten einschreibende Praxis; man könnte höchstens annehmen, daß in bestimmten Fällen permanenter Travestierung, wie bei Malkâm Ayyahu, tatsächlich ein abartiger Trieb vorliegt, für den allerdings immer die Möglichkeit gegeben ist, sich in den rituellen Gesamtzusammenhang des *zâr*-Kultes einzufügen, der ja, wenn er auch nicht offiziell anerkannt ist, doch von weiten Kreisen akzeptiert wird.[60]

Es scheint, daß die Aufmachung als *zâr* der Gefallsucht vieler Frauen entgegenkommt und daß sie Vergnügen daran finden, sich in diesen

---

[59] Havelock Ellis bezeichnet die Anomalie, sich zu kleiden und zu betragen wie eine Person des anderen Geschlechtes und daran Gefallen zu finden, ohne gleichzeitig homosexuell zu sein, als »Eonismus«. Ihmzufolge kann ein Kleidungswechsel etwa auf den Befehl einer Göttin hin erfolgen, und die berühmten weibischen Männergestalten wie Sardanapal, Herkules, die Priester der Kybele, die Weib-Könige können sich »von einem weiblichen Geiste belebt geglaubt haben« (*Etudes de psychopathologie sexuelle*, übersetzt von Van Gennep, Paris (Mercure de France) 1933, Bd. XV, L'Eonisme ou l'inversion esthético-sexuelle, S. 76 ff.). Etwas weiter unten schreibt derselbe Autor: »Der allgemeine Trieb zur nur vorübergehenden Vertauschung der geschlechtsspezifischen Kleider ist noch häufiger anzutreffen als ein dauerhafter. Crawley hat Fakten über die primitiven Völker der verschiedensten Regionen der Erde zusammengetragen ... Seligman teilte mir mit, daß er diese zeremonielle Vertauschung bei den Insulanern der Marshall Bennet-Inseln in Melanesien und bei den Lotuko in Afrika angetroffen hat. / Der Kostümwechsel war bei den römischen Saturnalien die Regel. Bei dem mittelalterlichen Fest der Verrückten, das ebenfalls auf den Dezember fiel, verkleideten sich die Männer als Frauen und die Frauen als Männer. Dasselbe gilt noch jetzt für den Karneval. In Saint-Yves in Cornouailles bewahrte man noch vor einigen Jahren den alten Brauch des ›Verkleidungstanzes‹ während der zwei auf Weihnachten folgenden Wochen; man tauschte die Kleider aus und trug Masken.«

[60] Es ist hierzu anzumerken, daß die Homosexualität in den Kreisen der haïtischen Besessenen ziemlich verbreitet zu sein scheint. Zur Zeit als ich Port-au-Prince besuchte (September–Oktober 1948) waren mehrere *ũgã* (Priester) des Vaudou und andere beruflich damit befaßte Personen allgemein als Homosexuelle bekannt. Roland Dorcély erzählt im übrigen, daß seine Mutter die *kãzo*-Einweihung abgelehnt habe, weil ihre Familie gewöhnlich eine *mãbo* (Priesterin) konsultierte und der oder die Einweihende während der unter solchen Umständen unerläßlichen Periode der Zurückgezogenheit angeblich sexuellen Verkehr mit dem Einzuweihenden hat, ganz gleich, welchen Geschlechtes beide sind (?); wenn man Roland Dorcély hierin glauben darf, würde dies erklären, warum *ũgã* und *mãbo* so oft Homosexuelle sind.

pittoresken Vermummungen zu zeigen. So lud uns, Abba Jérôme und mich, z. B. eine gewisse Ballaṭač, die Tochter eines Händlers aus Gondar und Adeptin von Malkâm Ayyahu am 11. August 1932 zum nächsten, in der Nacht vom 18. auf den 19., anläßlich des Festes des heiligen Michael stattfindenden *wadâĝâ* ein: wir sollten sehen, wie schön sie im Schmuck von Abbaba Negusê, ihrem bedeutendsten *zâr* sein würde. Als ich dem *zâr* Abbâ Morâs Warqê ein Opfer darbrachte, fiel mir denn auch auf, daß die Ankunft bestimmter Adepten den Charakter einer »Vorstellung beim Maskenball« annahm: Am Morgen erschienen Fantây und Aggadač, die erstere als Amor Čelât, die zweite als Dabbab, und am Abend kamen Denqê und Webâluš, die Dam Ṭammâñ und Adâl Gwabanâ verkörperten.[61] Während im Laufe derselben Zeremonie Malkâm Ayyahus Tochter Emmâwwâyeš, in deren Person Abbâ Morâs Warqê mit einem Opfer geehrt wurde, mit dem *morâ* oder Bauchfell des gerade geschlachteten Schafes bedeckt dasaß, vermerkte Abba Jérôme seinerseits die Aussage einer gewissen Bezunaš, der Schwägerin von Malkâm Ayyahu: »Wenn Sie nur gesehen hätten, wie hübsch sie so war, als sie noch jung war!« Es unterliegt demnach keinem Zweifel, daß bestimmten rituellen Attributen der *zâr* bis zu einem gewissen Grade ein ästhetischer Charakter kleidsamer Schmuckelemente zuerkannt wird und daß an einer Opferzeremonie ein gut Teil Spektakel ist, das von den Teilnehmern auch als solches wahrgenommen und gewürdigt wird. In diesem Zusammenhang muß gleichfalls angemerkt werden, welchen Teil das Spektakel an dem sogenannten Ritus des *dam lebsu,* des »Blutkleides« hat, bei dem der Person, für die gerade ein Schaf oder eine Ziege geopfert wurde, das Fell des Tieres mit nach innen gekehrten Haaren wie eine Jacke über die Schultern geworfen wird. Dem entspricht, falls es sich um ein Rind handelt, der Brauch, dem Nutznießer des Opfers den gewaschenen und präparierten Tiermagen wie eine große Kapuze über den *morâ* zu stülpen, mit dem sein Kopf bedeckt ist. Und schließlich vollzieht sich auch das Hervortreten gar mancher *zâr* auf eine etwas theatralische Weise, insofern sich der Patient, wenn er den *gurri* machen will, Kopf und Gesicht mit seinem *šammâ* verhüllt und nach Beendigung des *gurri* wieder enthüllt.

---

[61] Ich notiere, daß Aggadač und Denqê beide ein Stirnband trugen und daß Fantây nicht nur mit ihrem Stirnband versehen war, sondern auch einen gelblichen Kittel anhatte. Außerdem hatte Denqê einen langen, eisenbeschlagenen Stock von der Art der sogenannten *ankâsê*.

Die körperliche Schönheit im allgemeinen – auch dies darf nicht unerwähnt bleiben – wird häufig mit der Besessenheit durch den *zâr* in Zusammenhang gesehen. Schöne Menschen gelten allgemein als besonders anfällig, und nach Mangašâ Kâsâ, einem ehemaligen Priester aus der Gegend des Dâmot, der der Expedition Dakar-Djibouti als Mauleseltreiber diente, geht der *zâr* außerdem auf das schönste der Kinder über, wenn er in einer und derselben Familie erblich übertragen wird; und die folgende Bemerkung eines Mannes ist hierfür immer wieder bezeichnend: während eines *wadâğâ* bei Malkâm Ayyahu am 11. Oktober 1932, betrachtete er die Frauen, die nach beendeter Trance gerade wieder von ihrem Geist verlassen worden waren, und meinte: »Wenn der *zâr* gegangen ist, geht auch der Charme[62] der Frauen. Ach! Es ist der *zâr*, der ihr Gesicht so schön macht . . .«[63] Hinzuzufügen ist noch, daß die *zâr* in einem Mythos als die Nachfahren von fünfzehn verheimlichten Kindern Evas erscheinen – fünfzehn von den dreißig, die sie von Adam bekommen haben soll und die auch, bestimmten Erzählern dieser Überlieferung zufolge, die schönsten gewesen sein sollen.[64] Nach Malkâm Ayyahu ist übrigens »die schönste Frau der Welt Werar«, d. h. der weibliche Geist, der nach einer anderen Überlieferung die Mutter aller *zâr* gewesen und einen leiblichen Verkehr mit dem Kaiser Iyâsu gehabt haben soll.

Außer dem körperlichen Reiz und edlen Wuchs, den man den meisten *zâr* zuschreibt, wird vielen von ihnen auch die Gabe von glänzenden Rednern und Unterhaltern zuerkannt. Als z. B. Abba Jérôme und ich eines Tages die Adeptin Denqê aufsuchten, zeigte sie uns den Holzsitz, auf dem sie sich immer dann niederließ, wenn sie, von Ğambar, einem ihrer bedeutendsten *zâr* besessen, erst den *gurri* machte und dann Raki trinkend brillante Reden führte. Es ist dies eine Verstandesfähigkeit, die ohne Zweifel mit jener Erfindungsgabe in Zusammenhang zu bringen ist, welche die Volkstradition, die hier gerne den Ursprung der dichterischen Eingebung ansetzt, so oft den Geistern zubilligt. Was Äthiopien anbetrifft, soll denn auch dem *alaqâ* Gassasa zufolge der große Dichter Tawâni, ein in Qolalâ Kidâna Mehrat bei Moţâ (God-

---

[62] *weqâbi:* »Prestige, Chance, schützende Macht«, hier im Sinne von Anmut oder Charme. Vgl. M. Leiris, *La Croyance . . .*, S. 123.

[63] 236 B, Blatt 55.

[64] M. Leiris, op. cit., S. 109. Manche behaupten, Eva habe die Hälfte ihrer Kinder verborgen, um von Gott nicht der Wollust beschuldigt zu werden; andere wieder geben an, sie habe sie der Zählung aus Furcht vor dem »bösen Blick« entziehen wollen. Das Thema der Wollust scheint logisch mit dem des körperlichen Reizes verknüpft zu sein.

scham) geborener Zeitgenosse des Kaisers Bakâffâ (1721–1730), in die Magie und die Poesie durch unsichtbare Frauen *(sewrân)* eingeweiht worden sein, die ihn in die Lüfte entführten und zu ihrem unterseeischen Reich in der Nähe von Daq Esṭifânos im Ṭânâ-See trugen.[65] Und eine von Marcel Griaule aufgenommene Überlieferung erklärt, wie die Krankheit des *zâr* in Schoa Eingang gefunden haben soll: »durch einen Jäger, der auf ruhmreiche Taten aus war und sich in die den See [Ašangi in Tigre] umgebende Wüste hineingewagt hatte«. Die Überlieferung weiß weiter zu berichten, daß »in diesem See ein *zâr* wohnt, der sich den an den Ufern lagernden Reisenden zu erkennen gibt. Am Abend, wenn das Feuer schon heruntergebrannt ist, erscheint mitten auf dem Wasser eine Frau und fängt an zu singen. Alle Worte ihres Gesanges sind den Reisenden klar verständlich: sie lernen sie auswendig und singen sie dann später auf ihren Fahrten. Die Schäfer vernehmen diese Gesänge, wiederholen sie in den Dörfern, und auf solche Weise verbreiten sich die neuen Lieder, die der Mode folgen und die doch kein Mensch komponiert hat.«[66] Nach Desparmet künden auch »viele Legenden von dem Umgang des magrebinischen *meddah* [»Sänger«] mit den Geistern; diese verkehren brüderlich mit ihm, oder ergreifen auf dieselbe Weise von ihm Besitz wie der Geist, der die heiligen Verrückten beherrscht. Es ist dies gleichzeitig der Grund dafür, weshalb die Grabstätten bestimmter moderner Dichter [. . .] Wallfahrtsorte sind.«[67] Demselben Autor zufolge werden darüber hinaus in Nordafrika die Wassergeister als große Liebhaber von Tanz und Gesang angesehen. Diese Vergnügungen nehmen deshalb auf den Pilgerfahrten auch einen großen Platz ein, und die Entführung der Sängerin durch die Geister ist ein geläufiges Thema der Legenden im Umkreis der Wasserstellen.[68] Der Verkehr mit den Geistern liefert also eine Erklärung nicht nur für die körperliche Anmut und die Gabe, angenehme Gespräche zu führen, die ihren glücklichen Besitzern so viel Charme verleiht, sondern ebenfalls für bestimmte, im eigentlichen Sinne ästhetische Gaben (Dichtung, Gesang).

Außer den Gesängen, die zur Beschwörung der *zâr* dienen und die genau wie die Versammlungen, bei denen sie eine Rolle spielen, *wadâǧâ* genannt werden – wobei den wichtigsten Geistern besondere

---

[65] 236 A, Blatt 9 und Blatt 13 v. (ergänzende Erklärung Malkâm Ayyahus).
[66] M. Griaule, op. cit., S. 131.
[67] Op. cit., S. 259.
[68] Ibid., S. 262.

Gesänge entsprechen, die ihnen (oder ihrer Kategorie von Geistern) eigen sind und mit denen man sie zum Hervortreten bewegen kann, so wie man es auch bei den *bori* der Haoussa und bei vergleichbaren Bruderschaften, etwa der *dyidé*-Bruderschaft der Mandinge, beobachten kann, die dem Kult der Wassergeister gleichen Namens geweiht ist – werden von den professionellen Besessenen vielfach Gesänge mit prophetischer Zielsetzung vorgetragen, die, wenn sie sich nicht auf sehr allgemeingehaltene Klagen über die Wechselfälle der Epoche beschränken, in der Ankündigung eines bevorstehenden großen Ereignisses bestehen.[69] Im übrigen werden im Laufe der Adeptenversammlungen und namentlich bei bedeutenden Opferzeremonien zahlreiche zur Unterhaltung dienende Gesänge vorgetragen, die bisweilen mit Gedichtrezitationen abwechseln, ähnlich wie z. B. bei den Hochzeitsfeierlichkeiten und anderen Festen. Zu wiederholten Malen hörte ich, wie im Verlauf eines *wadâĝâ* die eine oder andere der anwesenden Personen, Malkâm Ayyahu, ihre Schwägerin Bezunaš, ihre Tochter Emmâwwâyeš, eine Adeptin oder irgend jemand aus der Zuhörerschaft, den anwesenden *azmâri*, »Spielleuten«, den Text für die improvisierten Gesänge diktierte. Ein anderes Mal, in der Nacht vom 23. auf den 24. August 1932, als Abba Jérôme und ich zu Malkâm Ayyahu gegangen waren, um einer Versammlung im Anschluß an das am 16. des Monats *nahâsê* gefeierte Fest Mariae Himmelfahrt beizuwohnen, hörten wir eine Reihe von Liedern, welche abwechselnd von der Hausherrin und ihrer Tochter, die man allseits als talentierte Sängerin lobte, zum Vortrag gebracht wurden. Diese Gesänge bildeten zusammengenommen eine Art Dialog oder gar Diskussion, die uns anscheinend in der Absicht vorgespielt wurden, uns durch diesen Austausch von teils profanen, teils mit dem Geisterkult in Zusammenhang stehenden Gesängen zu zerstreuen – Darbietungen übrigens, in denen so manche, durchaus nicht immer harmlose Anspielung auf intime Sachverhalte zum Ausdruck kam.[70]

In den Bruderschaften von Besessenen, wie etwa den Songhai-Bruderschaften, die den sogenannten *hollé horé*-Ritus[71] praktizieren, werden

---

[69] So verkündete z. B. Malkâm Ayyahu 1932, daß Äthiopien bald von den Italienern überfallen und verwüstet werden würde.

[70] Ein Teil dieser Gesänge, deren Sinn als Anspielung in Wirklichkeit ziemlich undurchsichtig bleibt, ist von Abba Jérôme aufgezeichnet worden (236 A, Blatt 38 v., f.). Mehrere Gedichte wurden von ihm auf dieselbe Weise bei der Opferzeremonie für Abbâ Morâs Warqê festgehalten (ibid., Blatt 10 v., f.).

[71] Wörtlich »Fest (2) der Geister [oder: der Verrückten] (1)«. Ich habe im September 1931 anläßlich

die Geister *(ginni)* als die Inspiratoren der von den besessenen Patienten wiederholten oder improvisierten Lieder betrachtet. Bestimmte dieser Geister sollen angeblich selbst gut singen, während es von anderen heißt, sie könnten nicht singen. Die Adeptin Denqê gibt auch den weiblichen *zâr* Denqitu als eine ausgezeichnete Sängerin[72] aus und besteht im übrigen auf dem ergreifenden Charakter bestimmter Gesänge der *zâr:* »Es gibt«, wie sie sagt »*wadâǧâ,* die nicht nur die *zâr* zum Weinen bringen, sondern auch die Amhara.« Sie fügt allerdings hinzu: »Aber wir vermeiden sie absichtlich.«[73] Und man darf sich fragen, ob die von diesen Gesängen ausgelöste Gemütsbewegung in ihren Augen nicht so sehr deshalb zu vermeiden ist, weil sie nur auf exzessive Weise das Gefühl der Zuhörer anspricht, sondern vielmehr, weil es sich dabei um ein profanes Element handelt, unvereinbar mit dem Heiligkeitscharakter, den diese, in erster Linie zur Anrufung des *zâr* bestimmten Versammlungen besitzen. Wie dem aber auch sei, allgemein gesehen spielen ästhetische Elemente permanent eine Rolle: Sie vermischen sich entweder mit den magisch-religiösen Elementen oder gehen eine unlösliche Verbindung mit ihnen ein oder aber sie wechseln mit diesen Elementen ab und finden im Anschluß an die eigentlichen Höhepunkte des Ritus in den Momenten der Entspannung ihren Platz.

In diesem Sinne einer reinen Zerstreuung kommt es gelegentlich vor, daß Spiele veranstaltet werden, an denen eine mehr oder weniger große Zahl von Adepten teilnimmt und die manchmal sogar das Interesse der gesamten Versammlung finden. Die meisten dieser Spiele sind quasi Imitationen von bestimmten rituellen Handlungen oder sogar Parodien mit einer viel weiter gesteckten Themenstellung, wobei sowohl die eine als auch die andere Art von Spiel sich auf den Glauben an die Besessenheit durch den *zâr* oder auf die Praktiken des offiziellen religiösen oder sozialen Lebens bezieht. Das Vorkommen eines solchen komischen Elementes an bestimmten Stellen im Ablauf einer

---

des vorübergehenden Aufenthaltes der Expedition Dakar-Djibouti in Mopti (Französisch-Sudan ⟨heute: Mali⟩) rudimentäre Erkundigungen über diese Bruderschaft einziehen können. Eine umfangreiche Dokumentation über diese Frage ist von Jean Rouch zusammengetragen und publiziert worden, der seit 1941 wiederholt im Gebiete der Songhai und in der mittleren Nigerzone gearbeitet hat. Er hat insbesondere eine große Zahl von den Geistern zugeschriebenen Gesängen gesammelt und Zeremonien filmisch festgehalten.

[72] *baṭâm zafâñ* [Part. Aktiv von *zaffana,* »singen, tanzen«] *nât,* »sie ist vollkommen Sängerin und Tänzerin« (236 C, Blatt 17).

[73] 236 C, Blatt 40.

heiligen Zeremonie ist ein ziemlich verbreitetes Phänomen, auf das schon viele Autoren hingewiesen haben.[74]

Am 10. und 11. Oktober 1932 beobachtete ich an der Stelle, wo anläßlich eines Stieropfers für Sayfu Čangar am 8. Oktober 1932 im Hofe von Malkâm Ayyahus Haus ein vorübergehender Unterstand[75] aufgebaut worden war, das folgende Spiel von Adepten: Sich gegenseitig die Hände haltend standen sie sich gegenüber und drehten sich – wie man es bei den kleinen Mädchen unserer Pensionate beobachten kann – mit zusammengeschlossenen Füßen schnell um ihre Achse; gegebenenfalls feuerte eine Dritte ihre sich jeweils zwei zu zwei zur Schau stellenden Kameradinnen mit Händeklatschen und simulierten *gurri*-Bewegungen an. Am Abend des 12. September des gleichen Jahres hatte ich bereits gesehen, wie sich die Adeptinnen Denqê und Aggadač von Angesicht zu Angesicht gegenüberstanden und sich einen Augenblick lang damit vergnügten, ihre *mâtab* (von den christlichen Äthiopiern getragene Halsschnüre) und andere Halsketten bei den daran befestigten Anhängern zusammenzuknüpfen und auf diese Weise das Kreisen des Kopfes beim *gurri* zu mimen. Ein anderes Mal, am Spätnachmittag des 13. Oktober, fünf Tage nach dem Stieropfer, als ihr Freund, der *alaqâ* Enqo Bâhrey, gerade bei ihr angekommen war, nahm Malkâm Ayyahu einen großen, kolbenförmig gebogenen und noch mit Fleisch behangenen Knochen von der Wand, wo er abhing, schulterte ihn wie eine Hacke oder ein Gewehr und fing unter fortwährendem Gelächter vor ihrem Besucher zu tanzen an. Dieser hatte seinen Spaß daran, auf solche Weise den Kriegstanz *(dankarâ)* parodiert zu sehen, der häufig im Zustand der Besessenheit getanzt wird und immer einen ausgeprägten Spektakelcharakter besitzt.[76]

[74] So schreibt namentlich Professor Curt Sachs in seiner ⟨ *Weltgeschichte des Tanzes,* dtsch.: Berlin 1933⟩ *Histoire de la danse,* übersetzt von L. Kerr, Paris (Gallimard) 1938, S. 32: »Anstelle eines Gegenmittels und in einer Art von Rückschwung des Pendels erzeugt der heilige Wahnsinn burleske Tänze. Neben dem vom Geist des Heiligen besessenen Tänzer sieht man den Hanswurst hervortreten. Von den Indianern bis hin zur Südsee, nach Asien und Europa hat er einen oft entscheidenden Anteil an diesen Tänzen. Er karikiert die Ausführenden, erschreckt die Zuschauer, neckt die jungen Mädchen und durchdringt die Mysterien des Todes und des Lebens: beim Skalp-Tanz der Cheyenne-Indianer trugen Clowns das Kostüm des getöteten Feindes; in den Tänzen der tibetanischen Mönche treten neben zwei Spaßmachern auch zwei weitere Figuren mit Totenköpfen auf, auf deren enganliegende weiße Kleidung das menschliche Skelett gemalt ist.« Im haïtischen Vaudou sind es vornehmlich die *gede* genannten Todesgeister, die diese Spaßmacherrolle übernehmen.

[75] *dâs:* ein gewöhnlich aus Zweigen verfertigter Unterstand, der bei einer Hochzeit oder einer Totenfeier als Versammlungsort für die Gäste dient (J. Baeteman, op. cit., s. v.). Im vorliegenden Falle war der *dâs* ein großes, mit dem Material der Expedition Dakar-Djibouti errichtetes Zelt.

[76] Beim Tanz des *dankarâ* ist jede der Ausführenden mit einem Stock versehen, der genauso gehalten

Die Mimik und die kriegerischen Rezitationen der Adepten sind bisweilen wohl nichts anderes als purer Ulk, aber man kann sich fragen, ob auch im Falle dieser burlesken Tänze, oder *fukkarâ*, angenommen wird, die Protagonisten würden aus reinem Spiel handeln, d. h. ohne jegliche direkte Beeinflussung durch die *zâr*, die man gewöhnlich mit ihnen in Verbindung bringt. Mindestens zweimal sah ich, wie die Tigreanerin Abiču allein oder in Begleitung einer ihrer Kameradinnen solche komischen *fukkarâ* mimte und rezitierte, also das machte, was ich geneigt wäre, ihren »Auftritt« zu nennen. Dabei kam sie entweder ohne Zubehör aus, oder aber sie borgte sich von einem der Anwesenden eine Waffe, am Abend des 5. November 1932 z. B. das Gras-Gewehr eines meiner Bediensteten.[77]

Ein andermal, am 27. Oktober gegen 15 Uhr, nachdem sie sich zuerst eine gewisse Zeit lang mit dem Gewehr eines neben ihr sitzenden Polizeiwächters belustigt hatte, machte dieselbe Abiču mit dem Gewehr in der Hand den *gurri*, und es wurde behauptet, daß die tigreanischen *zâr* Sâbrê und Râs Abarrâ nacheinander auf sie herabgestiegen seien. Der letzte Fall zeigt, wie ein anfänglich rein spielerisches Verhalten einen gewissermaßen offiziellen Charakter annimmt: Abiču, die zunächst nur mit der Waffe eines Soldaten herumspielt, wird über den Ritus zur Verkörperung der *zâr* Sâbrê und Râs Abarrâ, die man sich beide als Krieger vorstellt und die als Tigreaner Abičus Landsleute sind. Zwischen Spiel und Ritus scheint es hier keinen Kontinuitätsbruch zu geben: Spielt Abiču mit dem Gewehr eines Soldaten herum, weil sie schon das Herannahen der beiden kriegerischen Geister zu spüren glaubt? Oder ruft die Tatsache, daß sie sich mit dem Gewehr vergnügt, als quasi logische Folge das Eingreifen der beiden kriegeri-

---

wird wie ein Soldat sein Gewehr oder seine Lanze hält, wenn er diese Art von Tanz ausübt, d. h. mit nach hinten gestrecktem Arm und die etwa vertikal gehaltene Waffe in der gesenkten Hand. Der *dankarâ* wird oft zu viert oder zu sechst getanzt, wobei sich kleine Zweier- oder Dreiergruppen gegenüberstehen, als wollten sie einander angreifen oder sich herausfordern.

[77] Von beträchtlicher Leibesfülle und fast immer heiterer Miene, liebte es Abiču, die danach strebte, sich eines Tages als *bâla-gandâ* niederzulassen und demnach wahrscheinlich bei Malkâm Ayyahu ihre Lehre als professionelle Besessene machte, den Spaßmacher vom Dienst zu spielen. In der Nacht vom 10. auf den 11. September 1932 (*wadâǧâ* am Abend des Sankt-Johannes-Tages) sah ich, wie sie die ganze Versammlung auf diese Art unterhielt: Sie bemächtigte sich der Laute eines der anwesenden Spielleute und parodierte ihn, auf der Trommel begleitet von Denqê. Und anläßlich des Stieropfers für Sayfu Čangar war eine der Spaßmacherinnen der Abendversammlung vor dem großen Tag, der Nacht vom 7. auf den 8. Oktober, die Schwägerin Malkâm Ayyahus, eine gewisse Bezunaš. Ich erinnere mich, daß sie mit ihrem Mund Furz-Laute imitierte, als die Leute anfingen, sich zum Schlafen hinzulegen und sie selbst sich schon niedergelegt hatte.

schen *zâr* hervor? Mit anderen Worten: Ist das Spiel nicht lediglich das erste Anzeichen, ein Vorspiel zum Auftreten der beiden *zâr,* und setzt es deshalb nicht auch schon eine gewisse Ernsthaftigkeit voraus? Oder ist das In-Trance-Geraten Abičus nur die geregeltere Fortführung des bereits begonnenen Spiels? Wie auch immer es mit der zeitlichen Abfolge und mit der genauen Natur der Motive bestellt sein mag, von denen sich Abiču leiten ließ, es zeigt sich doch jedenfalls, daß ein anfänglich nur in einem vagen Spiel mit einer Kriegswaffe bestehendes Benehmen sich in der Folge so weit präzisiert und konventionalisiert, daß es zur Mimik der Besessenheit durch kriegerische Geister wird. Die Kriegswaffe spielt dabei die Rolle einer Maske, einer Vermittlung zwischen dem Darsteller und der zu verkörpernden Gestalt.

Auch bei anderen Aktionen ist es schwer, eine Trennungslinie zwischen Spiel und Ritus festzulegen, denn es ist bei derartigen Fällen der Mechanismus des Ritus selbst, der zum Spiel verleitet. Im Verlaufe der Feste, bei denen *werêzâ* oder Pagen zugegen sind, haben diese z. B. das Recht, kleine Nahrungsdiebstähle zu begehen, deren Beute sie anschließend untereinander aufteilen. Am 27. Oktober, dem Tag des Opfers für Azzâj Deho, einer Zeremonie, anläßlich derer ich selbst zwei für die *zâr* Kader und Akraradis als Opfergabe bestimmte Hühner erhielt und von Malkâm Ayyahu den ersteren dieser beiden *zâr* als Schutzgeist zugesprochen bekam, schenkte mir denn auch die Adeptin Aggâdač ein kleines Stück *enǧarâ* (Pfannkuchen aus Gerste), den Teil eines größeren, von ihr entwendeten Stückes, von dem ich unbedingt meine Portion abbekommen sollte: Wahrscheinlich aufgrund der gerade erfolgten Beförderung durch die Bestimmung des *zâr* Kader als Schutzgeist, behandelte sie mich wie einen Kollegen. Es ist freilich bei solchen kleinen Diebereien unmöglich auszumachen, wie groß dabei der Anteil des reinen Spiels sein mag: Die Diebstähle werden im Prinzip von Geistern begangen, die man für noch jung hält und die aus diesem Grunde mehr oder weniger zu Schelmenstreichen aufgelegt sein sollen, was die solche *zâr* verkörpernden Adepten dazu verpflichtet, eine gewisse Ausgelassenheit an den Tag zu legen.

Unter den zahlreichen Manifestationen der *zâr,* zu denen die Opferzeremonien und anderen Versammlungen normalerweise Gelegenheit bieten, erweisen sich bestimmte als spektakulärer denn andere, und diese rufen jedesmal wieder die lebhafte Bewunderung der Anwesenden hervor. Man muß im übrigen hinzufügen, daß diese Auftritte anscheinend von solcher Komplexität sind, daß sie von dem Patienten, der den fraglichen *zâr* verkörpert, ein gewisses Schauspielertalent erfordern. Dies ist beim Hervortreten Azzâj Dehos[78] der Fall, den man sich als Aussätzigen vorstellt und der nach dem *alaqâ* Enqo Bâhrey niemand anderer sein soll als »die Wunde des Übels *(yamaqsaft qwesel),* welches über Hiob verhängt wurde«.[79] Da er sich am liebsten in der Herdasche aufhält und weder Schlamm noch feuchte Stellen liebt, wird der *zâr* Azzâj Deho als ein Mann von ziemlich heruntergekommenem Äußeren beschrieben, dessen Finger zu Stümpfen geschrumpft und dessen Nasenlöcher vom Übel zerfressen sind. Da er sich aufgrund seines Gebrechens nicht mit den Fingern schneuzen kann, schnaubt er, nach Malkâm Ayyahu, wie eine Katze, um den Rotz auszustoßen, und hat außerdem die Angewohnheit, die Person, deren er sich bemächtigen möchte, mit zweien seiner Fingerstümpfe zu kneifen. Diese verschiedenen Besonderheiten findet man Zug für Zug in dem Bild wieder, das der von Azzâj Deho heimgesuchte Adept gibt: Wenn sie durch die Nase spricht, schnüffelt und schnaubt, oder niederhockend und wiederaufspringend einen Froschtanz aufführt, ahmt die angeblich von diesem *zâr* ergriffene Person den durch sein Übel gebrechlich gewordenen Aussätzigen nach. Da die Wunden eines Leprakranken oft mit Fliegen bedeckt sind, gebraucht er zum Fächeln bisweilen einen kleinen Fliegenwedel; und wenn ihn die anderen Adepten, dem Brauch gemäß, um seinen Segen bitten, so erteilt er ihn nicht mit seinen beiden ausgestreckten Händen, wie es die Sitte wäre, sondern, Stümpfe imitierend, mit zurückgebogenen Fingern. Zu wiederholten Malen sah ich, wie die den *zâr* Azzâj Deho verkörpernde Malkâm Ayyahu auf diese Weise verfuhr. Eines Morgens, am 22. Oktober, als sie im Spiel die Stimme Azzâj Dehos und seine besondere

---

[78] Vielleicht auch bei dem *zâr* Wešit, »Hündin«, von dem Malkâm Ayyahu mir berichtete, er habe die Gewohnheit, sich auf dem Boden auszustrecken, um die sein *maqwâdašâ* bildenden Pfannkuchen *(enḡarâ)* aufzuessen. Auch der *zâr* Agaw Berellê gibt demjenigen, von dem er Besitz ergreift, eine ziemlich komplexe Pantomime ein: Der kniende Patient legt seine flachen Hände abwechselnd oben auf seinen Kopf und dann klatschend auf den Boden; er nähert sich dem Feuer und tut so, als wolle er Feuer essen. Am Abend des 19. September 1932, als Abičú den *zâr* Agaw Berellê verkörperte, wurde ich Zeuge dieses Spektakels. Am 9. Oktober schließlich sah ich, wie ein gewisser Webê, ein Adept der Bruderschaft, dem eine Augenkrankheit ein wenig das verdutzte Aussehen eines Dorftrottels verlieh, im Laufe des Abends einen die Form eines Theaterauftrittes annehmenden *gurri* ausführte, an dem wieder ein Teil der Anwesenden mitwirkte. Nachdem Webê einen *gurri* im klassischen Stil gemacht hatte, gab er in der Tat folgende Nummer zum besten: eine Reihe von in alle vier Himmelsrichtungen gehenden, ausgesprochen zahlreichen Kniefällen, die er – ausgehend von der vertikalen Haltung und im Anschluß an ein trommelndes Händeklatschen auf den Knien – ausführte, wobei jeder Satz des von Webê rezitierten *fukkarâ* gleichzeitig im Chor wiederaufgenommen wurde.

[79] 236 B, Blatt 47 v.

Weise nachahmte, durch das Kneifen mit den Gliedern seiner zurückgebogenen Finger nach den Leuten zu greifen, wurde sie von dem
gerade anwesenden Enqo Bâhrey dazu aufgefordert, diesen Scherz zu
beenden, an dem er ein nur mäßiges Vergnügen zu finden schien und
der ihn offenbar sogar in große Angst versetzte: Denn er nahm ohne
Zweifel an, daß ein derartiges Spiel das tatsächliche Eingreifen des *zâr*
hervorrufen könnte, dessen Verhalten Malkâm Ayyahu mit Vergnügen
nachahmte. Auch hier erscheint die Grenzlinie zwischen Vortäuschung
und realer Bekundung als ausgesprochen unbestimmt: Azzâj Deho zu
spielen, bedeutet dies nicht das Risiko eingehen, seinen Zorn zu
erregen und jedenfalls die spielerisch erhaschte Person der Gefahr
auszusetzen, daß die unerfreuliche Realität dieser Krankheit in die
Imitation hineinwirkt, die, auch wenn sie nur Theater ist, den *zâr* doch
in gewissem Maße gegenwärtig macht?

»Wenn Azzâj Deho herabsteigt und es ist ein Pferd zugegen, auf das
gewöhnlich Mâfodê herabsteigt [Mâfodê oder Mâfundê, ein weiblicher
zâr, der als die »Lendendienerin« bzw. Konkubine von Azzâj Deho
gilt] so steigt beim *gurri* von Azzâj zugleich auch Mâfodê herab,«[80]
erklärt die Adeptin Denqê. Sie spricht allerdings nicht davon, was
Azzâj Deho und Mâfodê bei diesem gemeinsamen Auftritt tun, und sie
gibt keinen Hinweis darauf, wie sich diese Szene mit Zweierbesetzung
abspielt. Daß sich *zâr* derselben Kategorie gleichzeitig oder unmittelbar nacheinander bekunden, ist im übrigen nichts Besonderes, und
nichts berechtigt hier also zu der Behauptung, der Auftritt des Paares
Azzâj Deho und Mâfodê habe einen besonders ausgeprägten Spektakelcharakter.

Bei den großen und bedeutenden Zeremonien – bedeutend durch die
Anzahl der teilnehmenden Leute und aufgrund des relativen Aufwan-
des, zu dem die Feier den Anlaß gibt: z. B. Darbringung eines erlese-
nen Tieropfers für einen großen *zâr* – scheint das Spiel den Grad seiner
höchsten Ausprägung zu erreichen. Der Vorwand zum Spiel wird
manchmal durch die Befolgung des Rituals selbst geliefert. Es ist z. B.
Sitte, bestimmte Verbote hinsichtlich der Kräuter (*çaffê*: Schilf oder
andere, am Ufer wachsende Pflanzen) zu beachten, die man zur
Ehrung der erwarteten *zâr* auf dem Boden ausbreitet: das Verbot, die
Stengel dieser Pflanze aufzuheben und sie entzweizuschneiden, zu
schälen oder der Länge nach zu spalten, was bedeuten würde, daß man

---

[80] 236 C, Blatt 17 v.

176

»das Glücksholz[81] des *zâr* zerbräche«; das Verbot, diese Pflanzen wegzunehmen oder mit dem Ende eines Stockes oder einer Gerte die Erde aufzukratzen oder Löcher zu bohren; das Verbot, sie zum Abwischen der Hände oder irgendeines anderen Körperteiles zu verwenden; solange der Versammlungsort mit diesen Kräutern bedeckt ist, die stellvertretend für die als Wahlheimat der meisten *zâr* geltenden Bäume des Buschlandes[82] eine Art von symbolischem Dekor darstellen, solange gilt das Verbot, Insekten, wie Fliegen, Mücken, Flöhe, Wanzen oder jede sonstige Art von Ungeziefer, zu töten, denn »in einem Hause des *awlyâ* darf man nur Tiere töten, die man essen kann«, d. h. eßbare Haustiere, anders gesagt: Tiere, die als Opfer dargebracht werden können, und Jagdwild. Andere Verbote wieder beziehen sich auf den *gandâ* (Tränke): wenn er aufgedeckt ist, d. h. wenn der Stoff abgenommen ist, der bei weggeräumtem Tablett die Tassen bedeckt, gilt das Verbot, »sich hinzusetzen und die Beine auszustrecken, außer wenn man ohne Bewußtsein ist, weil man vom Schlafe übermannt wurde«; und man darf auch nie selbst seine Tasse auf die Erde oder zurück auf das Tablett stellen, wenn man getrunken hat: man hat sie vielmehr dem als *kaddâm*, »Diener«, fungierenden Adepten zu geben. Diese Verbote nun liefern Vorwände für kleine Schikanen und Bestrafungen: Die subalterne *zâr* verkörpernden Adepten, insbesondere diejenigen, welche die Rolle der *werêzâ* spielen, machen sich einen Spaß daraus, die Anwesenden bei Zuwiderhandlungen zu ertappen und den Fall einem improvisierten Gerichtshof zu unterbreiten, der von dem Adepten, welcher den großen *zâr* verkörpert, sowie von anderen wichtigen Adepten gebildet wird. Es ergeben sich daraus burleske Prozesse, bei denen man die Schuldigen verurteilt und zu Geldstrafen verdammt, mit denen Getränke erstanden werden. Die Bußen sind auf der Stelle zu entrichten oder durch eine Kaution abzudecken, andernfalls bekommen die Schuldigen ihre Tunika abgenommen, oder sie werden, dem Brauche gemäß, von den *werêzâ* an den Kläger gefesselt.[83]

[81] Abba Jérôme notiert, nach Enqo Bâhrey: *'eṭâ*, »Holz [des Glückes]« (236 B, Blatt 47 v.). Vgl. das amharische *eṭâ*, »Schicksal« (J. Baeteman: op. cit., s. v.), Ge'ez: *'eṣâ*, »Schicksal« und *'eṣ, 'eṣâ*, »Baum, Holz«, (A. Dillmann, *Lexicon linguae aethiopicae*, Leipzig 1865, 1025–6).

[82] Aus diesem Grunde darf man nach Enqo Bâhrey auch die Stengel nicht zerbrechen: genauso wie man im Busch nicht den Baum beschädigen darf, auf dem der *zâr* wohnt (seinen Ruhebaum: *mârafyâ zâf*), wenn man ihn sich nicht zum Feind machen will (236 B, Blatt 47).

[83] 236 B, Blatt 45 v. und 46. Mit diesen Prozessen vergleichbar sind die Prozesse, die in Bêgamder und in Godscham bei den die Hochzeiten begleitenden Festen veranstaltet werden. M. Griaule, der der Ansicht ist, daß »es sich dabei offensichtlich um Rudimente eines (im übrigen inexistenten)

Die hier auf die juristischen Institutionen abzielende Parodie nimmt bisweilen den Charakter eines Sakrilegs an. Am 5. November, als ich zur Zeit der Abendmahlzeit gegen 19 Uhr zu Malkâm Ayyahu kam, sah ich, wie sich die Hausherrin mit der Austeilung kleiner Speisehäppchen an die sie umgebenden Adepten vergnügte. Sie steckte sie ihnen in den Mund und sprach dabei das Wort *qeddus,* »heilig, geweiht«, aus, genau wie ein Priester, der den Gläubigen die Kommunion erteilt.[84] Am 17. Oktober 1932, am Vorabend des Tages, an dem die Expedition Dakar-Djibouti dem großen *zâr* Sayfu Čangar ein Stieropfer darbrachte, wohnte ich gegen 6 Uhr abends der folgenden Zeremonie bei. Im Hofe des Hauses von Malkâm Ayyahu gingen mehrere, mit Sonnenschirmen versehene Adeptinnen im Gänsemarsch und sangen dabei:

Lâlibalâ yammetehêdu
ârgârgâ naw mangadu
»Ihr, die ihr nach Lâlibalâ geht
Der Weg führt von Bett zu Bett«[85]

Wie mir gesagt wurde, ahmten sie die Nonnen nach, die sich auf der Pilgerfahrt zu den berühmten monolithischen Kirchen von Lâlibalâ in der Provinz Lâstâ befinden. »Der Weg führt von Bett zu Bett«, d. h. ist

Theaters handelt«, beschreibt diese parodistischen Spiele folgendermaßen (*Jeux et divertissements abyssins,* Paris (Ernest Leroux) 1935, S. 171): »Während der Lustbarkeiten bei den Hochzeitsfeierlichkeiten bilden die jungen Leute eine Schauspieltruppe, die die großen Persönlichkeiten des politischen und religiösen Lebens parodiert: den König, den Patriarchen, das Oberhaupt des regulären Klerus, den Chef der Justiz usw. Jeder schminkt und kostümiert sich seiner Rolle entsprechend: der Patriarch z. B. ist, wie die Mönche, mit einer Stierhaut bekleidet und befestigt sich am Kinn einen langen Bart mit weißen Haaren. Während der Mahlzeiten nehmen diese Gestalten bestimmte festgelegte Plätze ein: Der Bräutigam sitzt in der Mitte, rechts neben ihm der Patriarch und zu dessen Rechten wiederum der afa negus (Mund des Königs). Links von dem Bräutigam kommt der König und dann das Oberhaupt des regulären Klerus. Es wird so ein grotesker Hof gebildet, dessen Funktionieren Gelegenheit zu tausend Späßen bietet. Die beliebteste ist dabei die Zusammenstellung eines Tribunals zur Aburteilung eines Hochzeiters, der es einem der Würdenträger gegenüber an Respekt fehlen ließ. Die Plädierenden liefern sich sehr lebhafte Wortgefechte. Die Urteilsbegründungen der Richter sind voller burlesker Betrachtungen. Die Vollstreckung des Urteils bietet einen Vorwand für alle möglichen Narreteien und der Verurteilte wird sehr streng bestraft.«

[84] Eine ähnliche Verteilung wurde bei dem Opfer für Abbâ Morâs Warqê veranstaltet. Nach der Abendmahlzeit ahmte eine Adeptin, die sich halblaut mit ihren Kameradinnen in Geheimsprache unterhielt, das Krähen des Hahnes nach und anschließend teilte Malkâm Ayyahu, in ihrer Eigenschaft als Sânqit, den die *werêzâ* verkörpernden Adeptinnen die Überreste des *enĝarâ* aus, die die letzteren mit imitiertem Hühnergegacker in Empfang nahmen.

[85] 236 B, Blatt 45. Der Ausdruck *ârgârgâ* ist nichts anderes als das nach dem üblichen Verfahren der Geheimsprache der *zâr* abgewandelte Wort *âlgâ-bâlgâ.*

bequem, angenehm, dürfte als ironische Antiphrase gemeint sein, denn der Weg nach Lâlibalâ ist in Wirklichkeit ausgesprochen beschwerlich.

Auf demselben Fest, am Tage nach dem Opfer, d. h. am 9. Oktober, kam im Laufe des Nachmittags, der zum großen Teil mit burlesken Prozessen der oben beschriebenen Art verbracht worden war, noch ein Gast an, ein gewisser Sayd, ein zum Islam übergetretener Amhara, der sich als *bâla-gandâ* im Viertel von Qañ Bêt niedergelassen hatte und dessen *zâr*-Name Dam Ṭammâñ war. Fast unmittelbar nach seiner Ankunft unter dem provisorischen Unterstand, der – in der Mitte einen freien Raum lassend – an der Peripherie aufgebaut war und als Versammlungsraum diente, fing der besagte Sayd an, den *gurri* zu machen. Dann lief er quer durch die Versammelten und teilte hier und da ein paar, übrigens leichte Peitschenhiebe aus, während die Anwesenden – Männer und Frauen, die meistens auf dem Boden saßen – den folgenden Gesang anstimmten:

tewâgu endahᵂon baaṭṭu tewâgu
en-dam ṭammâñ bariyâ zallaqu
ya-sayfê aškaroč ṭaqᵃqenoču
yenadfăllu enda neboču

»Wenn ihr kämpft, kämpft wie es sich gehört:
Dam Ṭammâñ und die Seinen steigen auf dieser Seite herab.
Die *aškar* von Sayfu sind sehr klein,
sie stechen wie Bienen.«[86]

Anschließend spielte Sayd unter allgemeinem Gelächter die folgende Szene, eine Art von improvisierter Komödie, an der die Anwesenden anscheinend spontan mitwirkten: Nachdem ihm Adepten ganz zu Anfang einen Krug voll Gerstenbier *(ṭallâ)* gegeben hatten, ließ er den Krug mehrmals über seinem Kopf kreisen und sagte dabei: *madânit madânit,* »Arznei! Arznei!«. Dann trank er mit zurückgelegtem Kopf den Inhalt des Kruges und tat so, als wenn er ein Abführmittel zu sich nähme (*kosso,* ein Mittel aus Blüten der brayera anthelmintica gegen Bandwürmer). Er ging etwas zur Seite, tat so, als würde er exkrementieren und fiel dann, eine Agonie vorspielend, zu Boden. Man trug ihn daraufhin wieder in die Mitte der Versammlung zurück, und die gerade anwesende Abbabač, eine alte und blinde Besessene, ließ ihn ein aus

[86] 236 B, Blatt 47.

çaffê-Zweigen gefertigtes Kreuz küssen, woraufhin er, einen Toten simulierend, unbeweglich und lang ausgestreckt liegenblieb und sich mit einem Stück weißen Tuches zudecken ließ. An dieser Stelle griff Malkâm Ayyahu als Abbâ Qwasqwes in das Spiel ein. Sie tat, als erwecke sie ihn wieder zum Leben, indem sie ihn mit einem Stück *dâbbo,* Weizenbrot, kommunizieren ließ. Als dann Sayd wieder ins Leben zurückgekehrt war, verlangte er Raki und nannte diesen Likör »Blut Christi«, was wahrscheinlich damit zusammenhängt, daß sein *zâr*-Name »ich habe Durst nach Blut« bedeutet.

Man bemerkt, daß Sayd, der erste Protagonist dieser Szene, im Moment des Spiels als vom *zâr* Dam Ṭammâñ besessen angesehen wird und daß Malkâm Ayyahu außerdem als Abbâ Qwasqwes auftritt. Besessenheit und Theater erscheinen hier, bei einer Veranstaltung, deren eigentlicher Sinn in der Ehrung eines der wichtigsten *zâr* der alten Heilspezialistin besteht, als offen miteinander vermischt. Dasselbe scheint für die beiden folgenden Szenen zu gelten, in denen Čangarê, alias Sayfu Čangar, die Hauptrolle innehat – verkörpert von Malkâm Ayyahu, die hier allerdings eher ihre eigene Rolle als Heilspezialistin, die von aller Welt »Abbâtê Čangarê« genannt wird, zu spielen scheint und nicht die Rolle dieses großen *zâr* als mytische Person.

Am 10. Oktober 1932, einen Tag nach der eben beschriebenen komischen Szene, wurde ich zunächst also Zeuge der folgenden Darbietung. Sie hatte zum Schauplatz den *wadâǧâ bêt,* das »Haus des *wadâǧâ*«, d. h. die Hütte, die im Anwesen Malkâm Ayyahus gewöhnlich für die Versammlungen bestimmt ist. Die von der Versammlung des Vorabends noch übriggebliebenen Personen hatten sich im Laufe des Morgens dorthin begeben, nachdem die Zweige, mit denen der provisorische Unterstand bis dahin ausgelegt war, entfernt und in ein nahegelegenes Gestrüpp geworfen worden waren. Eine Sühnezeremonie für den *zâr* Azzâj Deho, genannt »Blutkehrer«, (d. h. für den *zâr,* der das Ritual der Entfernung der Kräuter und *çaffê*-Zweige leitet, mit denen der Boden bei einem Blutopfer bedeckt wird) war unter der Leitung von Malkâm Ayyahu, die Azzâj Deho verkörperte, in dem seinerseits mit Schilf ausgelegten »Haus des *wadâǧâ*« veranstaltet worden. Gegen 11 Uhr morgens, nachdem sie zuvor den *gurri* gemacht hatte, was zeigt, daß man den Zustand der Besessenheit für ihre Handlungen verantwortlich machen mußte, verließ eine alte, aus dem Wagarâ stammende Frau namens Emmâwwâyeš die Hütte. Kurze Zeit darauf kam sie, einen Sonnenschirm über sich haltend und den Kopf mit einem Schleier bedeckt, mit dem Spazierstock meines Gefährten Abba Jérôme zurück. Wie man uns erklärte, stellte sie eine alte Nonne dar, die zu Abbâtê Çangarê zur Konsultation kam. Nachdem ihr Stock in dem in einer Scherbe brennenden Weihrauch geräuchert worden war, führte die Alte vor dem Weihrauch einen parodistischen *gurri* auf und warf ihren *mâtab* (Halsschnur) weg – genau wie die Personen, die von einem als moslemisch angesehenen *zâr* besessen sind und sich im Moment der Trance ebenso verhalten. Man unterzog sie daraufhin einer gespielten Untersuchung zur Bestimmung des von ihr bekundeten *zâr,* und sie verließ anschließend das Haus wie sie hereingekommen war, durch die einzige Tür des »Hauses des *wadâğâ*«, die auf den Garten-Hof des Anwesens führte. Die von ihr gespielte Szene wiederholte, wie man uns sagte, die Geschichte einer ihrer Verwandten, einer Nonne, die als Vergeltung für ihre Verachtung der Geister von einem *zâr* heimgesucht worden war. Nach kurzer Abwesenheit kam die alte Frau wieder zurück und ging zu einem der Adepten, einem gewissen Leğ Mangestu Debâlqaw, welcher einen Priester darstellen sollte, der von ihr um die Absolution gebeten wurde. Nachdem sie aber der angebliche Priester auf gröbste Weise abgewiesen hatte, indem er ihr statt eines »Gott segne dich!« *(egzêr yeftâš)* ein »Gott möge dich f . . .!« *(egzêr yebdâš)* mit auf den Weg gegeben hatte, macht die Alte erneut den *gurri*, nahm ihren Kopfschleier ab und warf ihn Malkâm Ayyahu zu, als Zeichen dafür, daß sie die Religion aufgebe. Man legte ihr dann den Schleier wieder an und Malkâm Ayyahu unterzog sie einem weiteren gespielten Verhör. Eine Adeptin, die genau wie ihre Kameradinnen eine Person aus dem Umkreis der Nonne darstellte, sagte voraus, daß der Priester, der seinem Beichtkinde die Erlaubnis verweigert hatte, dem *zâr* ein Opfer *(maqwâdašâ)* darzubringen, von diesem heimgesucht werden würde. Die Nonne fragt ihre Freundinnen um Rat, wie sie geheilt werden könnte, und diese antworten ihr, sie müsse zu Çangarê gehen und dort den *gurri* machen. Die Nonne läßt sich von ihrer Tochter, die ebenfalls von einer Adeptin gespielt wird, mit Weihrauch beräuchern und diese letztere begibt sich zu Çangarê, ihn um Rat zu fragen, d. h. sie begibt sich zu Malkâm Ayyahu, die wahrscheinlich vorhin nur irgendeinen beliebigen Heilspezialisten darstellte, und nicht den großen Çangarê. Çangarê jedoch lehnt es ab, sich der Nonne anzunehmen. Diese legt sich wimmernd auf die Ruhebank an der Wand der Versammlungshütte; sie erklärt, daß sie bald sterben werde und verlangt von dem Priester (Leğ Mangestu), er solle ihr die

Beichte abnehmen; dieser willigt ein, unter der Bedingung, daß man ihm ein Rind zum Geschenk mache. Danach Abtritt der alten Frau in ihrer Rolle als Nonne. Nach kurzer Zeit kommt sie ohne ihre Requisiten zurück und gibt den ringsherum sitzenden Adepten Handküsse, eine Begrüßungsgeste, die bei der Manifestation eines neuen *zâr* auf einem *wadâǧâ* geläufig ist: der den *zâr* verkörpernde Adept begrüßt die Anwesenden[87], wie jemand, der gerade neu zur Versammlung hinzugestoßen ist, eine Begrüßung, die in diesem Falle bedeuten könnte, daß die alte Frau als eine andere Person angesehen wird, seitdem sie sich ihrer Requisiten als Nonne entledigt hat. Zwei Adeptinnen beenden die Komödie, indem sie die Beerdigung der Nonne ankündigen, die wegen ihrer Mißachtung der *zâr* von Čangarê nicht behandelt worden war. Gegen Mittag erhält dieselbe Alte, die auch die Nonne gespielt hat, von Malkâm Ayyahu eine Kopf-, Nacken- und Brustmassage, doch nichts läßt darauf schließen, daß zwischen diesem therapeutischen Eingriff und dem am Morgen gespielten kleinen Lustspiel ein Zusammenhang besteht.

Am 29. desselben Monats, zwei Tage nach einem Opfer, das ich dem *zâr* Azzâj Deho dargebracht hatte, wurde im selben »Haus des *wadâ-ǧâ*« von Malkâm Ayyahu und einer ihrer hauptsächlichen Adeptinnen eine Szene aufgeführt, die ebenfalls den Sinn einer gegen den Klerus gerichteten Satire hatte. Gegen 7 Uhr morgens, ungefähr eine Stunde, nachdem man dem Brauche gemäß die Zweige, mit denen der Boden des Versammlungshauses anläßlich des Opfers ausgelegt worden war, zusammen mit verschiedenen Opfergaben in ein Gebüsch geworfen hatte, kam Abiču gebückt und auf einen Stock gestützt herein und trug zwei weitere Stöcke auf der Schulter. Mit ihrer Kürbisflasche in der Hand spielte sie den Bettler und bat die Anwesenden, ihr das Haus von Čangarê zu zeigen. Den Angaben zufolge, die andere Adepten meinem Dolmetscher Abba Jérôme gegenüber machten, sollte sie einen alten Priester darstellen, der wissen möchte, auf welche Weise Čangarê die Kranken behandelt. Mit gebeugten Knien schleppte sie sich zu Malkâm Ayyahu. Diese lag seit einiger Zeit auf der Ruhebank ausgestreckt, da sie angeblich von dem *zâr* Yaṭaqarâ Ṭor, »Rußlanze«, einem Untergebenen Azzâj Dehos geschlagen worden war, der unzufrieden und verärgert war wegen bestimmter Nachlässigkeiten in der Wartung des

---

[87] Die genaue Bedeutung dieser Geste wäre der Dank an diejenigen, die zur Begleitung des Tanzes oder des Gesanges des betreffenden Geistes in die Hände geklatscht haben.

Hauses und insbesondere, weil gerade in dem Augenblick, als man den Kaffee zubereiten wollte, das Wasser fehlte. Den anderen Adepten zufolge ging es dem alten, von Abiču dargestellten Priester darum, eine Tochter behandeln zu lassen, die er noch als Fünfzigjähriger bekommen hatte. Plötzlich stand Malkâm Ayyahu auf und Abiču, die Angst vorspielte und der Hausherrin ihre drei Stöcke vor die Füße warf, entfernte sich eilends; diese ergriff einen der drei Stöcke und verjagte Abiču aus der Versammlungshütte, indem sie ihr ein paar, im übrigen harmlose Schläge versetzte.

Von diesen ausdrücklich auf Verulkung und Possenhaftigkeit abgestellten drei Szenen läßt sich zunächst einmal der Charakter der Unehrerbietigkeit gegenüber der offiziellen Religion[88] festhalten, gleichzeitig aber auch ihre aufbauende und belehrende Funktion für den Glauben an die *zâr*. Denn bei diesen Episoden, deren Gesamtheit eine Art von heroisch-komischem Epos bilden könnte, geht es immer darum, die große Macht der Geister über die Krankheit unter Beweis zu stellen. Bei den beiden ersten Szenen wird man schließlich bemerken, daß der Hauptdarsteller (Sayd, die alte Emmâwwâyeš) eine Person im Zustand der Besessenheit ist, was auch klar aus der Tatsache hervorgeht, daß sie vor Beginn der Szene den *gurri* macht. In der dritten Szene habe ich keinen vorherigen *gurri* Abičus bemerkt. Man muß dazu allerdings sagen, daß sie eine halbe Stunde vor dem beschriebenen Auftritt mit ihrer Kameradin Aggadač als *werêzâ* fungierte, um von dem zur Versammlung erschienenen *alaqâ* Enqo Bâhrey eine Buße einzufordern: Dieser hatte für eine Frau gebürgt, die schuldig befunden worden war, in einer der vorausgegangenen Nächte nur deshalb zu

---

[88] Die gleiche Bedeutung eines Sakrilegs schreibt Desparmet gewissen Versammlungen der magrebinischen Besessenen zu: »Ein anscheinend geläufiges Thema stellt uns die Hexe vor, welche die in der magrebinischen Folklore eine zentrale Stellung einnehmende Gemeinschaft der Heiligen parodiert und nach deren Vorbild einen Rat der Dämonen aufstellt. Eines Nachts hielt Dekna einen Diwan *(diouân)* ab. Aus einem der Teufel machte sie einen Sultan und bedachte ihn mit dem Namen Eldjilani (Sultan der Heiligen). Sie gab ihm als Kleidung einen Seidenkaftan, der mit einer Holzschere zugeschnitten, mit allen Farben bestickt und mit Spinnenfäden genäht war, und sie verlieh ihm den Titel Sultan des Diwans. ›Sultan aller Sultane‹, sagte sie zu ihm, ›du, der du in allen Revieren deine Behausung hast, enthülle mir das Unbekannte. Wo bist du, Elghoutsi, Herr von Tlemcen, dessen Ruf bis in die fernsten Gebiete gedrungen ist! Und du, Sid Ahmed elkbîr, der du so viele Beweise deiner Macht gegeben hast und dem so viele Stämme von Dämonen das Geleit geben? Wo bist du, Ben Naçeur, der du die Gipfel der Berge bewohnst usw.‹ Sie gab vor, einen Diwan der Heiligen um sich versammelt zu haben, und diejenigen, die um sie herum saßen, waren doch in Wahrheit Blaïssa (Dämonen). Diese nächtliche Versammlung erinnert in ihrer Zusammensetzung an die Sabbate und durch ihren burlesken und Sakrilegcharakter an die schwarzen Messen der mittelalterlichen Hexen.« (Op. cit., S. 56–57).

Malkâm Ayyahu gekommen zu sein, um dort einen Liebhaber zu treffen. Man darf also annehmen, daß Abičᵘ in dem Moment als sie ihre Szene spielte noch als besessen galt – genau wie Sayd und die alte Emmâwwâyeš bei ihren jeweiligen Auftritten. Auch der Fall Abičᵘ scheint deshalb einen Nachweis dafür zu liefern, daß für die Jünger des *zâr* Besessenheit und Theater miteinander verknüpft sind, wobei die Besessenheit selbst auf der Ebene der reinen Unterhaltung als die Vorbedingung für das Theater erscheint. Ausgehend von einem Besessenen, der den ersten Anstoß gibt und zu einer Art von Spielleiter wird, bildet sich unter Mitwirkung aller Anwesenden eine Komödie heraus, bei der einerseits Personen mitspielen, die nicht unbedingt als im Zustande der Besessenheit betrachtet werden, und bei der andererseits das Haupt der Bruderschaft selbst teilnimmt: Ihm fällt die zentrale Rolle zu, zu deren Verkörperung ihm ein bestimmter großer *zâr*, als dessen Repräsentant er gilt, das Recht gibt.

3. Der zâr als Symbol einer Seinsweise und als Urheber einer Handlung

Aus den angeführten Tatsachen geht hervor, daß das Theater als solches bei bestimmten, vom *zâr*-Kult veranlaßten Zeremonien seinen festen Platz hat. Ist darin etwas mehr oder weniger Zufälliges zu sehen? Oder ist der *zâr* in seinem eigentlichen Wesen eine typisierte Gestalt, deren Seinsweise sich auf eine gemimte und gesprochene Handlung hin auslegt, anders gesagt: Ist der *zâr* nicht selbst gewissermaßen eine »Theaterfigur«?

Genau wie bei den *wadâǧâ* und anderen Versammlungen sind gewisse *zâr* offenbar auch im Alltagsleben der Bruderschaft bestimmten Funktionen zugeordnet und erscheinen zumindest in den Augen des profanen Beobachters als wahrhafte *dramatis personae,* deren Rollen von den professionellen oder nicht-professionellen Besessenen übernommen werden, in deren Haut diese Geister dann angeblich schlüpfen.

Während des *wadâǧâ* bei Malkâm Ayyahu in der Nacht vom 10. auf den 11. September 1932, dem Vorabend von Sankt Johannes dem Täufer, übte denn auch die Adeptin Adânač, eine aus dem Wagarâ stammende Frau, deren eines Auge aufgrund einer Krankheit ein glasiges Aussehen angenommen hatte, in ihrer Eigenschaft als *zâr*

184

Aggadaw Berru (Portier der *zâr*) die Funktion des Türhüters zur Versammlungshütte aus. Abba Jérôme, der zu Beginn der Sitzung einen Moment hinausgegangen war, wurde deshalb auch von Adânač, bevor sie ihn wieder in die Versammlung hineinließ, nach dem Namen eines Gewährsmannes gefragt, worauf Abba Jérôme den Namen von Berhânê, »mein Licht«, angab, einen Beinamen, den er von Malkâm Ayyahu anläßlich eines seiner ersten Besuche bei ihr erhalten hatte.

Am 12. desselben Monats – im Hause von Emmâwwâyeš, der Tochter Malkâm Ayyahus –, nachdem das von mir dem *zâr* Abbâ Morâs Warqê dargebrachte Schaf geschlachtet worden war, erklärte Malkâm Ayyahu, welche die vom Opferblut befleckte Stelle gerade mit frischen Zweigen bedeckte und die zum Aufwischen des Blutes benutzten Pflanzenbüschel nach draußen geworfen hatte, daß sie Kabbalê sei, der »Diener und *zâr*, der das Blut abwischt«. Und sie ist Grâñ Sellâtê, wenn es darum geht, einem Huhn den Kopf abzudrehen, das anschließend in ein Gebüsch geworfen wird[88a], wenn es zur Gewinnung des *sallabâ*, »Balg, Trophäe«, zerlegt werden muß, mit dem sich der Nutznießer des Opfers zu bedecken hat, oder wenn eine Kopfbedeckung ähnlicher Bestimmung aus den Eingeweiden und dem Bauchfell *(morâ)* eines größeren Opfertieres herzustellen ist.

Gegen Ende unseres Aufenthaltes in Gondar, am Abend des 15. November, als die Frau des *alaqâ* Enqo Bâhrey in den Wehen lag, wandte Malkâm Ayyahu, die auch hier eine entlehnte Identität mythischer Natur angenommen hatte, zur Beschleunigung der Entbindung ein medizinisch-magisches Verfahren an, das wir sie auch bei anderen Gelegenheiten hatten praktizieren sehen. Das Verfahren besteht im Kauen von *čât*-Blättern (Catha oder Celastrus sedulis, ein Strauch, bei dem Blätter und Rinde der jungen Zweige ein Alkaloid enthalten, das, wenn man es kaut oder in abgekochtem Zustand trinkt, eine erregende oder berauschende Wirkung hervorruft), die anschließend dem Patienten ins Gesicht, oder, wie in diesem Falle, auf seine Geschlechtsteile gespuckt werden. Dies soll angeblich wie eine »Feuerpeitsche« auf den das Übel hervorrufenden Geist oder eine andere Macht wirken und das Übel vertreiben. Nach dem, was wir von den Verwandten und Freunden erfuhren, die sich um die Gebärende bemühten, ist der *zâr* Abbâ Koso Šat, »Vater *koso*-Zweig«[89] für diese Behandlungsart zuständig, und

---

[88a] Vgl. S. 153, Anm. 29.

[89] D. h. ein *zâr,* dessen Name seine Verbindung mit dem *kosso* anzeigt, einer Pflanze, deren medizinischen Gebrauch wir oben kennengelernt haben.

jedesmal, wenn Malkâm Ayyahu bei einem ihrer Patienten dieses Verfahren anwandte, verkörperte sie demnach diesen *zâr*.

Als Sayfu Čangar in Person nimmt Malkâm Ayyahu schließlich jenen Opfertypus des »Wurf des *danqarâ*« vor, bei dem sie zusammen mit dem Patienten in das Wasser eines Wildbaches zu steigen und den Patienten mit Blut und Mageninhalt eines vorher am Ufer geschlachteten schwarzen Zickleins zu waschen hat. »Hier ist sie für dich! Ich habe für dich besorgt *(adalâddeyêllehâllahu)*«, spricht dann Sayfu Čangar und wendet sich an den untergeordneten Geist, den er auf seinen Patienten überträgt und für den anschließend das *derqâ* genannte Opfer vollzogen wird.[90]

Wenn ich Bekundungen der *zâr* Kabbalê, Grâñ Sellâtê und Abbâ Koso Šat nur bei rituell genau festgelegten Anlässen beigewohnt habe, so hatte ich dagegen zu unzähligen Malen die Gelegenheit, Malkâm Ayyahu die Negerin Šânqit verkörpern zu sehen, einen weiblichen *zâr,* der ihr zufolge aus Schoa stammt. Sie hatte übrigens selbst eine Reise nach Schoa unternommen und schien ihn gewissermaßen von dort mitgebracht zu haben. Wenn Malkâm Ayyahu bei ihrer Verkörperung des *zâr* Abbâ Qwasqwes gerne ein martialisches Aussehen annahm, sich in die Brust warf, eine Faust auf die Hüfte stemmte und stolz den Kopf erhob, und wenn sie bei der Darstellung Abbâ Yosêfs eine Haltung voller Würde und geistlicher Salbung an den Tag legte, so nahm sie als Šânqit ein geziertes Gehabe an, was – obwohl sie, Abba Jérôme zufolge, der ein guter Kenner auf diesem Gebiet ist, normalerweise ein ausgezeichnetes Amharisch sprach – mit einer besonderen Ausdrucksweise, halb *zâr*-Sprache, halb Galla, einherging. Am 13. August finde ich in meinem Reisetagebuch die folgende Beschreibung einer der ersten Bekundungen Šânqits, der ich beiwohnen konnte: »Letzte Überraschung; gerade als wir [Abba Jérôme und ich] wieder auf unsere Maultiere gestiegen sind, kommt Malkâm Ayyahu auf uns zu, trippelnd wie ein kleines Mädchen, [den *šammâ*] hochgeschürzt, um ihn in den Pfützen nicht mit Kot zu bespritzen. Geziert kokettierend umhüllt sie ihr Gesicht mit dem Schleier, lächelt uns zu, macht uns verliebte Augen. Denn plötzlich ist sie nicht mehr Abba Qwosqwos, der heldenmütige Krieger, sondern Chankit, die kleine Negerin, Dienerin von Rahiélo, die uns nicht abreisen lassen möchte, ohne daß wir etwas gegessen haben.«[91] Ihren Pflichten als Gastgeberin

---

[90] M. Leiris, »Un rite médico-magique . . .«, op. cit., S. 69–70. Vgl. 236 D, Blatt 8 v.
[91] *L'Afrique fantôme,* op. cit., S. 340.

kommt Malkâm Ayyahu als Šânqit nach, und sobald der Zeitpunkt gekommen ist, den Anwesenden ein Mahl oder einen Imbiß anzubieten, muß sie deshalb notwendigerweise von diesem *zâr* besessen sein. In dieser selben Nacht des 10. auf den 11. September, als die besagte Adânač den Türhüter spielte, ging Bezunaš gegen 22 Uhr zu ihrer Schwägerin Malkâm Ayyahu und erinnerte sie diskret daran, daß es für Šânqit Zeit sei, ihre Anwesenheit zu bekunden: die Stunde der Abendmahlzeit war gekommen. Eine knappe halbe Stunde später bedeckte sich Malkâm Ayyahu Kopf und Gesicht mit ihrem Schleier und die Adepten halfen ihr durch Händeklatschen, sich in Trance zu versetzen. Nach Beendigung des *gurri* rezitierte sie dann den *fukkarâ* von Šânqit, deren Erscheinen wie gewöhnlich durch *elelele* . . .-Schreie (eine Art von Johojoho) der Adepten begrüßt wurde. Diese Manifestationen Šânqits zu den Zeitpunkten der Verteilung von Speisen und Getränken entsprechen einem Moment der Entspannung für die gesamte Gemeinschaft und anscheinend auch für Malkâm Ayyahu selbst, die es als Šânqit nicht verschmäht, Gerstenbier zu trinken, wohingegen sie es sich versagt, wenn sie von bestimmten anderen *zâr*, wie z. B. Abbâ Qwasqwes, besessen ist. Man wird daher auch feststellen können, daß die, Šânqit eigenen und zu ihrer Beschwörung dienenden Lieder in einer unverhohlenen Atmosphäre der Fröhlichkeit gesungen werden – genau wie der Tanz, den sie gewöhnlich aufführt und den die von Šânqit heimgesuchte Person allein oder zusammen mit anderen Adepten tanzen kann: ein profaner Tanz aus Schoa, bestehend aus Kopfbewegungen von hinten nach vorn, bewirkt durch Beugung des Halses und Rucken der Schultern in der gleichen Richtung, das ganze begleitet von einem Mundlaut, der durch Drücken der Zunge gegen den Gaumen erzeugt wird und sich in etwa als mehrmals wiederholtes *aketket* . . . notieren ließe.[92] Man könnte sagen, daß Šânqit in dem Tanzhaus oder Kaffeehaus mit Gesang, welches die Wohnung Malkâm Ayyahus in gewisser Hinsicht darstellt, das Amt einer »hostess« bzw. eines »entertainer« versieht – und Malkâm Ayyahus Funktionen sind ja auch nicht ausschließlich magisch-religiöser Art, sondern erstrecken

---

[92] Ich habe bemerkt, daß in Port-au-Prince die Tanzversammlungen des Vaudou oft mit der Anrufung der *zaka* zu Ende gingen. Die *zaka* sind bäurische Geister, deren Manifestationen Gelegenheit zu lustigen Schwänken und zu Tänzen fröhlichen und ländlichen Charakters bieten. Dieses abschließende Auftreten der *zaka* scheint dem Bedürfnis zu entsprechen, die Versammlung in einer Athmosphäre der Entspannung zu beenden.

sich auf das gleichfalls profane Gebiet der Aufnahme und Beherbergung von Reisenden.[93]

Abbâ Qwasqwes, dessen Name, Abba Jérôme zufolge, die Vorstellung von »jemand, der Feuer schürt« erwecken soll, ist seinerseits ein Geist von stark ausgeprägtem männlichen Charakter: Abgesehen davon, daß er, wie auch Sayfu Čangar und Abbâ Yosêf, zu denen gehört, die Malkâm Ayyahu angeblich verkörpert, wenn sie die *zâr* in der Gestalt ihrer »Pferde« befragt und rügt und auch abgesehen davon, daß er hin und wieder – immer auf Vermittlung durch Malkâm Ayyahu – Vorhersagen in Liedform macht, ist er auch ein Fachmann des Häuserbaus, und ich wurde eines Tages Zeuge davon, wie er – in der Person Malkâm Ayyahus, deren Kopf unbedeckt und deren Füße mit Schlamm verschmiert waren – bei dieser letzteren eine Reparatur der Bank aus getrocknetem Schlamm vornahm, die sich in der Versammlungshütte befand. Diese Arbeit war wahrscheinlich als Instandsetzung des Hauses für einen entscheidenden Moment des Kalenderjahres gedacht, denn sie fand wenige Tage vor Sankt Johannes dem Täufer statt, dem Tag, an dem in Äthiopien das neue Jahr beginnt. Seiner durch und durch männlichen Autorität zugeschrieben wurde auch der am 12. September 1932, dem Tag eines Schafsopfers für Abbâ Morâs Warqê, erzielte Vergleich zwischen einer Verwandten Malkâm Ayyahus, deren Tochter am Vortage entführt worden war, und dem Entführer dieser letzteren: Nachdem sie sich einen Augenblick vom Versammlungsort entfernt hatte, um den Vergleich zwischen den beiden Familien zu verhandeln, kam sie, begleitet von ihrer Tochter Emmâwwâyeš, wieder zurück und führte mit ihren beiden Adeptinnen Aggadač und Fantây einen Kriegstanz zur Feier des gerade beschlossenen Friedens auf, dessen Preis angeblich von Abbâ Qwasqwes festgesetzt worden war. Auf die Rechnung dieses ziemlich rachsüchtigen *zâr* gehen nach Malkâm Ayyahu übrigens auch verschiedene Gewaltakte:

---

[93] Am Abend des 17. Juli 1932 kam Abba Jérôme in Gondar an, wohin ihn der Kaiser Hâyla Sellâsê abgeordnet hatte, damit er der Expedition Dakar-Djibouti bei ihren Arbeiten beistehe. Er hatte keine Unterkunft, denn der *fit-awrâri* Makuryâ, der Gouverneur der Stadt, schützte die späte Stunde vor und lehnte es ab, ihn zu empfangen. Da bewahrte ihn sein vorübergehender Reisegefährte, der *alaqâ* Gêtê Jeremias, ein Fallacha (äthiopischer Jude) und Lehrer in Abba Samuel, nahe Azazo in der Gegend von Gondar, davor, im Regen stehenbleiben zu müssen, der an diesem Abend reichlich niederging. Er führte ihn zu Malkâm Ayyahu, deren Haus er ihm als einen Gasthof angab, wo man pro Monat vier Taler Pension zahlte. Abba Jérôme wohnte bei Malkâm Ayyahu, bis er sich in unserem Lager einrichten konnte.

Wie sie behauptet, soll es Abbâ Qwasqwes gewesen sein, der bei einer
ihrer Auseinandersetzungen mit ihrem Schwiegersohn anläßlich der
Scheidung von Emmâwwâyeš den Hauptstützpfosten des Hauses mit
einem Fußtritt zerbrochen hat; und er war es auch, der während meines
Aufenthalts in Gondar der Adeptin Adânač einen Peitschenhieb versetzt hat, weil sie zu einer anderen, rivalisierenden Heilspezialistin
gegangen war, um den *gurri* zu machen, und dort das Stirnband
empfangen hatte, das ihr einen *zâr* zuerkannte – ein ziemlich kräftiger
Peitschenhieb übrigens, denn Adânač blutete am rechten Augenlid und
auf der Nase, worauf Malkâm Ayyahu freilich, nachdem ihr Zorn
verraucht war, die betroffenen Stellen behandelte und mit Butter
einrieb. Es ist darüberhinaus wahrscheinlich, daß sich die Affinität
dieses *zâr* zu Explosivstoffen und leicht entflammbarem Material wie
Schießpulver oder Magnesium aus seinem militärischen Charakter
erklärt: Als Abba Jérôme und ich am 13. August Malkâm Ayyahu
aufgesucht und ihr auf den Rat von Abba Jérôme hin, der aus Erfahrung wußte, daß eine derartige Gabe willkommen sein würde, als
Geschenk ein paar Unzen Kanonenpulver auf dem Markt gekauft
hatten, sahen wir in der Tat, wie sie augenblicklich die Persönlichkeit
Abbâ Qwasqwes annahm, nachdem wir ein wenig von diesem Pulver
wie bei einer Weihrauchverbrennung ins Feuer geworfen und dadurch
entzündet hatten. Und am 20. September, dem Tag, als die Expedition
Dakar-Djibouti dem *zâr* Râhêlo ein Mutterschaf als Opfer darbrachte,
wohnten wir im Laufe des Morgens – das Schaf war noch nicht einmal
geschlachtet – der sofortigen Ablösung Šânqits durch Abbâ Qwasqwes
als beherrschendem Geist Malkâm Ayyahus bei, eine Reaktion dieser
letzteren auf einen Magnesiumblitz, den Marcel Griaule für eine
photographische Innenaufnahme abgebrannt hatte. Der ausnehmend
energische Charakter dieses *zâr* geht schließlich auch aus dem folgenden Traum hervor, den Malkâm Ayyahu am 13. November erzählte:
Mitten in der Nacht bricht ein Streit aus zwischen Leuten ihrer Bekanntschaft und Unbekannten, die sich in der Nähe eines Hauses
befinden, in dem sie tatsächlich die vorausgegangene Nacht verbracht
hatte. Nachdem er seine Hosen angezogen und seinen *ankâsê* in die
Hand genommen hat, geht Abbâ Qwasqwes – alias Malkâm Ayyahu
– hinaus, zerstreut die Leute und kehrt dann ins Haus zurück, wo ein
wadâĝâ veranstaltet wird.
Man sieht hier ziemlich deutlich, wie ein *zâr* an bestimmte Umstände
gebunden sein und fast automatisch von ihnen aufgerufen werden

kann: Größere Arbeiten am Haus, große Auseinandersetzungen oder sogar bloße Streitereien und Zornanwandlungen gehören zum Zuständigkeitsbereich Abbâ Qwasqwes'; Malkâm Ayyahu handelt folglich in all diesen Situationen als Abbâ Qwasqwes, so wie sie auch die Haltung, das Benehmen und die Identität dieses *zâr* annimmt, sobald irgend etwas vorfällt, das, wie das plötzliche Aufflammen von Pulver oder Magnesium, zu heroischen Posen anregt: ein Bild der Gefahren, die mit dem Militärberuf in einem Lande verbunden sind, das mit den Feuerwaffen derart vertraut ist, daß die Patronen des Gras-Gewehres als Kleingeld Verwendung finden.

Genauso deutlich zeichnet sich die Gestalt des frommen Abbâ Yosêf ab, der unter den von Malkâm Ayyahu verkörperten Personen gewissermaßen den adligen Vater darstellt, neben Šânqit, der Soubrette, und dem Großsprecher Abbâ Qwasqwes. Im Namen dieses *zâr* »aus Jerusalem« gab Malkâm Ayyahu jedes Jahr ein Gastmahl für die Priester und Notabeln der Sankt-Johannes-Gemeinde, und es ist gleichfalls Abbâ Yosêf, der am Dreikönigsfest, bei der in Äthiopien traditionsgemäß an diesem Tag des Jahres vorgenommenen rituellen Waschung der heiligen Geräte die Gestalt der alten Heilspezialistin annahm, um zusammen mit seinem Schüler Abbâ Lesâna Warq, der von einer der Adeptinnen dargestellt wurde, in den Qahâ-Fluß zu steigen. Im Laufe eines *wadâ ĝâ* bei Malkâm Ayyahu in der Nacht vom 23. auf den 24. August sah ich, wie die von Abbâ Yosêf besessene Hausherrin mehreren Personen der Versammlung, die der Reihe nach einen Kniefall vor ihr machten, um ihren Segen einzuholen, Ratschläge für eine sinnvolle Lebensführung erteilte. Zu ihrer Adeptin Denqnaš, der man lockere Sitten nachsagte und der Abbâ Qwasqwes auf dem *wadâ ĝâ* in der Nacht vom 10. auf den 11. September seinerseits Schmähsucht und Lasterhaftigkeit vorwerfen sollte, sagte sie: »Du tust unrecht daran, mit den Bediensteten zu schlafen«; einer jungen Frau, die Kâsâhun, einer der Diener Abba Jérômes, durch ihre Vermittlung kennengelernt und zu seiner Geliebten gemacht hatte, sagte sie : »Du schaust zu sehr nach den Offizieren«; und zu Kâsâhun selbst, der ein großer Jäger war, sagte sie: »Töte keine Antilopen«. Am 25. desselben Monats hatte Malkâm Ayyahu, die mit einigen ihrer Adepten ausgezogen war und die Gondar durchfließende Qahâ durchwatet hatte, ziemliche Schwierigkeiten, den durch einen Gewitterregen beträchtlich angeschwollenen Fluß auf dem Rückweg wieder zu durchqueren. Am nächsten Tag erzählte sie, daß sie ertrunken wäre, wenn ihr nicht der *zâr* Markab,

»Schiff«[94], mit fünfzig weiteren unsichtbaren Geistern zu Hilfe gekommen wäre, und daß sie außerdem kurz vor der Überquerung des Flusses beinahe von Abbâ Yosêf niedergeschmettert worden wäre, der aus Entrüstung über ihre Gottvergessenheit, am Tag des Apostelfestes auszugehen und zu arbeiten, einen Blitz abgesandt hatte.

Einige Zeit später, am Tage des Opfers für Abbâ Morâs Warqê erzählte die als Çangarê sprechende Malkâm Ayyahu, wie Abbâ Yosêf in der Affäre des entführten Mädchens die ganze Nacht im Hause von Emmâwwâyeš verbracht hatte, um zu verhindern, daß in dem Konflikt zwischen den beiden Familien ein Mord geschehe. Sie stellte so denselben *zâr* als Friedensstifter dar. Gegen Ende dieses Tages, nachdem der Priester Ayyala, der als jüngerer Bruder Malkâm Ayyahus gekommen war, um die Zeremonie durch seine Gegenwart zu heiligen, beim Ausschenken des Biers ein Gebet gesprochen hatte, bedeckte sich Malkâm Ayyahu den Kopf mit einem Taschentuch und sang – nunmehr als Abbâ Yosêf – mehrere Lieder mit moralisierender Tendenz und rezitierte dazu Sprichwörter. Am nächsten Tag – ich war wieder zu Emmâwwâyeš gegangen, um der Fortsetzung des Festes beizuwohnen – wurde mir von dem immer auf korrekte Bekleidung bedachten Abbâ Yosêf vorgehalten, daß ich mit Shorts gekommen war: durch meine »Nacktheit« würde ich Kader, meinen Schutzgeist, verärgern. Kurz zuvor hatte sich Abbâ Yosêf über eine Adeptin aufgeregt, welche sich beklagt hatte, bei einer Bierverteilung übergangen worden zu sein, und Emmâwwâyeš wurden Vorhaltungen gemacht, weil sie den von einer Frau anläßlich des Festes Sankt Johannes dem Täufer gestifteten Taler nicht restlos in Speisen und Getränke umgesetzt hatte. Im übrigen schrieb sie auch einen während einer Schwangerschaft erlittenen Unfall den Reinheitsforderungen Abbâ Yosêfs zu: »Vor 23 Jahren«, erklärte sie Abba Jérôme, »hat Abbâ Yosêf sein Pferd vorzeitig abtreiben lassen, denn er kommt nur da hin, wo Reinheit herrscht.«[95] Als Zeichen der Nächstenliebe dieses *zâr* berichtete sie auch noch folgenden Vorfall: Bei einem Brand des italienischen Konsulatsgebäudes hatte Abbâ Yosêf – der als *zâr* aus »Jerusalem«, ein Terminus, der in

---

[94] Zwei Tage später, als Emmâwwâyeš in meiner Gegenwart über Schmerzen klagte, schrieb ihre Mutter dieses Übel dem Wirken Markabs zu: die Strafe dafür, daß sie am Tag des Gewitters ihre Mutter nicht bis zum Fluß hatte begleiten wollen. Emmâwwâyeš Schmerzen verschwanden, als ihre Mutter sie im Namen Markabs gesegnet und ihr dabei mit den beiden Handflächen kräftig auf den Rücken geklatscht hatte.

[95] *ṭuârâ*, »rein, sauber«. Aussage Malkâm Ayyahus anläßlich eines Besuches bei ihr am 17. Juli 1932, Vorabend von Sankt Michael.

einem sehr weiten Sinne zu nehmen ist, mit den Europäern verwandt ist und ihnen beisteht – dem abgebrannten Konsul[96] Asyl gewährt, wohingegen die anderen Leute sagten: »Die Hyäne möge ihn fressen!« Schließlich habe ich Malkâm Ayyahu zu Beginn eines *wadâǧâ* am 19. Oktober 1932 in der Gestalt Mansurs, des *aškar* von Abbâ Yosêf, die bevorstehende Invasion Ober-Äthiopiens prophezeien und verkünden hören: »Das Land ist verraten worden!« Lange Jahre nach meinem eigenen Aufenthalt in Äthiopien erfuhr ich, daß die Frömmigkeit Abbâ Yosêfs nie in Vergessenheit geraten sollte. Am 11. August 1949 erhielt ich einen Brief von Joseph Tubiana, der heute Professor für Amharisch an der Ecole nationale des Langues Orientales vivantes ist und seinerzeit mit einer Mission in Äthiopien betraut war. Er schrieb mir aus Gondar, wo er Malkâm Ayyahu einen Besuch abgestattet hatte, daß meine ehemalige Informantin körperlich und geistig stark heruntergekommen und unter dem Einfluß von Abbâ Yosêf zur Nonne geworden sei, ohne jedoch deshalb ihre Wohnung in Baâtâ aufgegeben zu haben: »Über ihrem zusammengeschrumpelten und mit Falten bedeckten Gesicht trägt sie den weißen Qob der Mönche und Nonnen, denn Abbâ Yosêf ist nach einer Pilgerfahrt nach Lâlibalâ Mönch geworden. An die Haube ist vor ihrem linken Auge ein langer weißer Lappen genäht, denn sie hat ein Auge verloren und das andere ist auch nicht mehr das beste [. . .] Ich hatte den Eindruck, daß ihr Haus nunmehr ordentlich geworden war. Es scheint nicht mehr sehr besucht zu sein, und in ihrer Umgebung wird Malkâm Ayyahu nicht mehr die geringste Hochachtung entgegengebracht [. . .] Mit all dem scheint definitiv Schluß zu sein. Und was Malkâm Ayyahu angeht, so entspricht sie voll und ganz der Definition der äthiopischen Nonne: Wenn eine Frau zu alt ist, um versucht zu werden oder selbst durch ihre Reize in Versuchung zu führen, und wenn sie aus diesen selben Gründen anfängt, ernsthaft an ihr Seelenheil zu denken, dann bleibt ihr nichts anderes übrig, als Nonne zu werden.«

Diese Einzelheiten zeigen, wie die *zâr* auch außerhalb der rituellen Anlässe beständig in das alltägliche Leben eingreifen: sei es, daß man sie zur Rechtfertigung einer Anwandlung übler Laune oder einer Entscheidung heranzieht, sich zur Einwirkung auf andere mit ihrer Autorität den Rücken stärkt oder daß man sie einfach zu Urhebern

---

[96] Ostini, auf den der Kommandant Pollera folgte, welcher selbst Vorgänger von Raffaele die Lauro war, dem Konsul in Gondar zur Zeit des Aufenthaltes der Expedition Dakar-Djibouti.

gewisser menschlicher Ereignisse macht, als deren Helden sie betrachtet werden, und die man gegebenenfalls in ihren Mythos mit einbezieht. Weitere Beispiele lassen erkennen, mit welcher Leichtigkeit der *zâr* von einem Besessenen zur Abwälzung der eigenen Verantwortung gebraucht werden kann, indem er diesem oder jenem Geist eine Handlung in die Schuhe schiebt, die er aus irgendwelchen Gründen nicht auf sich nehmen möchte.

Am 23. Oktober 1932 z. B. hatte uns Malkâm Ayyahu mit einer Tonaufnahme sitzen lassen, die unter ihrer Mitwirkung und der von einigen ihrer Adeptinnen in unserem Lager stattfinden sollte. Wir erfuhren vom Gatten einer Adeptin, einer gewissen Yaši Arag, die an einer Krankheit litt, die man gewöhnlich als Erguß der Gelenkschmiere bezeichnet, und in unserem Lazarett behandelt wurde, daß an dem Ausbleiben Malkâm Ayyahus ihre plötzliche Heimsuchung durch Abbâ Qwasqwes schuld sei, welcher ihr Vorhaltungen gemacht habe, daß sie uns, Abba Jérôme und mich, ohne seine Erlaubnis die zur Begleitung der *wadâǧâ* dienende kleine, einfellige Trommel mit rundem Boden hatte mit ins Lager nehmen lassen; außerdem hätte sie nicht darin einwilligen sollen, zu unserem Lager zu kommen, ohne vorher bezahlt worden zu sein. Wir wußten nun allerdings, daß Malkâm Ayyahu aus persönlichen Gründen nicht gekommen war: Ihr Amtsbruder, der *alaqâ* Alamu, ein ehemaliger Soldat, der seit seiner Besessenheit zum Islam übergetreten war, und der besagte Leǧ Mangestu hatten sie in der Tat gegen uns aufgebracht und dazu angehalten, mehr Geld zu verlangen. Im übrigen hatten meine häufigen Besuche bei ihr und ihrer Tochter Emmâwwâyeš, die bei der Tonaufnahme mitwirken sollte, einiges Gerede aufkommen lassen, von dem diese letztere wohl eine Schädigung ihres guten Rufes befürchtete, auf den sie sehr bedacht zu sein schien. Wenn Malkâm Ayyahu dann meinen Ärger bemerkt und meint, daß sie zu weit gegangen ist und ein endgültiges Zerwürfnis riskiert, wird sie sich als Abbâ Qwasqwes wieder mit mir versöhnen und sich auch etwas später auf ihn berufen, wenn sie mich unter der Hand wissen läßt, dieser *zâr* solle konsultiert und um Erlaubnis gebeten werden, in einer der folgenden Nächte ein *wadâǧâ* in unserem Lager veranstalten zu können. Anlaß zu diesem *wadâǧâ* war dann die Behandlung der hospitalisierten Adeptin, die wir dazu bewegt hatten, sich der Pflege des Sanitäters im italienischen Konsulat anzuvertrauen, wozu sie von ihrem *zâr*, den Malkâm Ayyahu in einem *wadâǧâ* befragt hatte, ausdrücklich autorisiert geworden war.

Die vorgeschlagene Sitzung, während der wir die gewünschten Aufnahmen vornehmen konnten, fand tatsächlich in der Nacht vom 25. auf den 26. statt, und mehrere der *zâr* Malkâm Ayyahus bekundeten im Laufe der Versammlung ihre Ergebenheit und erklärten sich durch ihren Mund zu »Sklaven der Franzosen«. So konnte Malkâm Ayyahu nach zwei Seiten hin das Gesicht wahren: Einerseits versöhnte sie sich mit uns, ohne etwas zurücknehmen zu müssen, auf der anderen Seite war sie dadurch in der Lage, jede Verbesserung im Zustande der Patientin den *zâr* zuzuschreiben, anstatt dem Krankenpfleger des Konsulats.

Am 11. desselben Monats, als wir uns anläßlich eines Hühneropfers für einige ihrer Adeptinnen bei Malkâm Ayyahu befanden, wurden wir Zeugen der folgenden Szene: Gegen Mittag oder etwas später betritt eine gewisse Mân Asseboš die Versammlungshütte, eine Frau, die wir schon von mehreren Auftritten der Besessenheit durch Azzâj Deho her kennen und deren Gesicht die Spuren einer Hautkrankheit trägt, was ihre Affinität zu diesem *zâr* erklären mag, dem man die Lepra und andere, als verwandt geltende Krankheiten zuschreibt.[97] Während des Festes im Anschluß an das Stieropfer für Sayfu Çangar hatte sie den Entschluß gefaßt, sich von ihrem Gatten zu trennen, den man für leprakrank hielt – die Schuld daran wurde Azzâj Deho angelastet – und dessen Krankheit sie sich zuzuziehen fürchtete. Ihr Gatte jedoch hatte ihr das Beispiel einer Frau aus Azazo, einem Dorf in der Nähe von Gondar, zu bedenken gegeben, die in einer vergleichbaren Situation von dem Manne erwürgt worden war, den sie hatte verlassen wollen. Der Zwist der beiden Eheleute war vor den Richter gebracht worden und Mân Asseboš kam soeben vom Gericht und erzählte, daß sie geschworen habe, auf alles, notfalls sogar auf ihr letztes Hemd zu verzichten, wenn sie sich nur scheiden lassen könne. Gleich nach der ersten der üblichen drei Kaffeevergaben geriet Mân Asseboš plötzlich und ohne sich vorher verschleiert zu haben in Trance: Sie machte den *gurri*, rezitierte den *fukkarâ* von Adâl[98] und stieß dann im Chor mit den

---

[97] Nach Enqo Bâhrêy hat der *zâr* Šeh Ambaso, »Scheik Löwe«, dem Azzâj Deho die »große Krankheit« *(telleq baššetâ)* gegeben, um dessen ungestümen Charakter zu bändigen. Azzâj Deho seinerseits verleiht die Lepra (*lamṭ*, Abba Jérôme zufolge »weiße Lepra«) sowie das *qumṭennâ* genannte Übel (nach Abba Jérôme »schneidende Lepra« und nach I. Guidi, op. cit.: ätzende Lepra und andere, Geschwüre hervorrufende Krankheiten). (236 C, Blatt 19).

[98] Es gibt mehrere Geister dieses Namens: Adâl Mahammad, Adâl Qâlečâ, Šeh Adâl, die vielleicht nur ein und denselben moslemischen *zâr* darstellen, von dem der *kaberê* oder *kabir* Adâl Gwabanâ möglicherweise nur ein Double ist.

anderen Adeptinnen Joho-Schreie aus. Danach verabschiedete sie sich lächelnd von der Versammlung und ging – immer noch fröhlich –, ihren draußenstehenden Mann zu begrüßen: Der *zâr* hatte erklärt, daß er dem Manne gegenüber die tiefsten Gefühle der Zuneigung hege und daß sein »Pferd« verrückt sei, sich scheiden lassen zu wollen. Diese Versöhnung blieb allerdings – wie wir einen Monat später erfuhren – ohne Folgen. Ein Beispiel unter vielen anderen für das Eingreifen der *zâr* in Eheangelegenheiten: Wir hörten etwas später, daß der *kabir* Adâl Gwabanâ[99] angeblich die Ehe der – als wir sie kennenlernten – etwa fünfzehnjährigen Adeptin Webâluš mit einem gewissen Gabra Yohânnes verhindert habe: Gabra Yohânnes, dem Dolmetscher des italienischen Konsulats, wurde von dem *kabir* anscheinend vorgeworfen, daß er sein Morgenmahl zu spät einnehme. Es versteht sich im übrigen, daß eine Frau vom *zâr* ergriffen werden kann, wenn sie z. B. von ihrem Gatten mitten in der Nacht geschlagen wird, zu einem der Zeitpunkte also, wo die *zâr* umgehen, und man nimmt an, daß eine bereits besessene Frau immer dann von *gurri*artigen Krisen gepackt wird, wenn die schlechte Behandlung durch ihren Mann oder ihre miserable Lage für sie Grund zu Trauer oder Empörung sind.[100]

Ein anderes Beispiel illustriert die Art und Weise, wie die verschiedenen *zâr* als eine Art von Gestaltwerdung der gegensätzlichen Gefühlsregungen den unterschiedlichen Launen ein und derselben Person zugeordnet werden können: Am 13. September 1932 weint die den Abbâ Yosêf verkörpernde Malkâm Ayyahu am späten Vormittag über eine Schlägerei, die in der Nacht stattgefunden hat und bei der der Goldschmied zu Schaden gekommen ist, welcher ihr Halskreuz angefertigt hatte; am Nachmittag erklärt die schlecht gelaunte Malkâm Ayyahu, daß dies nur deshalb passiert sei, weil ihr der Goldschmied noch zehn Taler vom Kaufpreis eines Hauses schulde und dadurch den Fluch Šânqits auf sich gezogen habe.

Wenn es *zâr* gibt, die auf bestimmte technische oder rituelle Aktivitäten spezialisiert sind, mit denen sie gewissermaßen beauftragt sind, so zeigen diese wenigen, aus dem Leben gegriffenen Vorfälle, daß, allgemein genommen, bestimmte rein private Handlungen eines Besessenen

---

[99] *Gwabanâ* oder – in der Übersetzung Abba Jérômes – der »Liebesrivale«. Diese Bezeichnung verdankt er vielleicht der Rolle, die er bei den Eheaffären spielen soll. Der Mutter der jungen Webâluš zufolge würde Adâl Gwabanâ bei einer Besessenen eine Fehlgeburt verursachen, wenn ihr Gatte sie mißhandelt.

[100] 236 A, Blatt 13 v. und 236 C, Blatt 2.

oft dem Dazwischentreten eines Geistes zugeschrieben werden, wobei die betreffende Handlung entweder mit der Vorstellung übereinzustimmen scheint, die man sich vom Charakter dieses Geistes macht (Beispiel: Malkâm Ayyahu, die unter dem Einfluß von Abbâ Yosêf Nonne wird), oder aber die fragliche Aktion auf die Laune einer der mythischen Gestalten zurückgeführt wird, mit denen die betreffende Person in Verbindung stehen soll (Beispiel: Mân Asseboš, die sich unter dem Einfluß von Adâl mit ihrem Gatten wieder versöhnt, obwohl man sich hier fragen kann, ob dieser *zâr* nicht an sich schon ein Spezialist für Ehestreitigkeiten ist, denn sein partieller Namensvetter oder Double Adâl Gwabanâ tritt seinerseits in der Affäre einer verhinderten Hochzeit hervor).

Die Veränderungen, die im Charakter oder im gewöhnlichen Verhalten einer Person auftreten können, werden ausdrücklich bestimmten *zâr* zugeschrieben. Abba Jérôme definiert z. B. Šeh Aggâč als »denjenigen, der den Charakter verdirbt und jähzornig macht«,[101] und Malkâm Ayyahu erzählt, wie dieser *zâr* zur Strafe dem italienischen Konsul von Gondar, Raffaele di Lauro, auf den Hals geschickt wurde, weil dieser eines Tages eine Beschäftigung als Ausrede vorgeschützt hatte, um Abbâ Qwasqwes nicht empfangen zu müssen, der gekommen war, ihm selbstgeflochtene Körbe anzubieten.[102] Auch die Adeptin Adânač – eine Frau, deren Sittenlosigkeit allgemein bekannt war und die dem »Schattenblick«[103] ihr glasig aussehendes Auge und ihren Hang zur Trunksucht verdankte – soll, wie sie behauptete, unter dem Einfluß des *zâr* Aggadaw Berru das Betragen eines »verspielten Serviermädels« angenommen haben, während sie vorher immer große Zurückhaltung an den Tag gelegt habe. Der Anlaß zu diesem Umschwung wurde von dem sie damals behandelnden Heilspezialisten geschaffen, dem berühmten *fit-awrâri* Ṣaggâyê aus der Gegend von Enfrâz, der es für angebracht gehalten hatte, von den sie beherrschenden *zâr* gerade

---

[101] 236 B, Blatt 2.

[102] 236 A, Blatt 50: ein von Malkâm Ayyahu stammender und von Abba Jérôme kommentierter Text.

[103] Der *ayna ṭelâ* oder »Schattenblick, Schattenauge« ist ein böser Geist, der dem guten Gang der Geschäfte schadet, Augenkrankheiten gibt, abmagern läßt und der Heilung Hindernisse in den Weg legt, indem er die Besessenen davon abhält, sich zu den Versammlungen zu begeben und die vorgeschriebenen Gaben darzubringen. Außerdem »verschließt er dem *zâr* den Mund«, d. h. er hindert ihn daran, seine Identität zu enthüllen. Im Kreise Malkâm Ayyahus schrieb man den etwas mondsüchtigen, wankelmütigen Charakter Kabbadas, eines der Maultiertreiber unserer Expedition, dem Einfluß des »Schattenblickes« zu.

diesem, d. h. Aggadaw Berru, freien Lauf zu lassen.[104] Schließlich erzählt die aus Tchelgâ stammende Adeptin Asâmmanač, sie könne als Besessene vorübergehend eine Haltung annehmen und Dinge tun, die sie ablehnt oder jedenfalls als mit ihrer normalen Verhaltensweise für unvereinbar erachtet: Als *zâr* tanzt sie gekonnt den *danqarâ*, während sie als Frau diesen Tanz mißbilligt, ihn für eine »Kinderei« hält – was zur Folge hat, daß sie von ihren *zâr* gepeinigt wird – und nur den *gurri* gelten läßt; denn im Unterschied zum *danqarâ*, der zwar, wie sie zu verstehen gibt, ebenfalls im Zustand der Unbewußtheit ausgeführt wird, wird der *gurri* »im Zustand der Beherrschung« und »aus Zwang« gemacht;[105] obwohl sie geizig ist, kann es doch geschehen, daß sie der *zâr* Dinge verteilen läßt, die sie bei sich zu Hause hat, und sie erklärt, wie ein nicht »abgekühlter«[106] *zâr* häufig im Hause befindliche Eßwaren und Parfums an die eingeladenen Nachbarn austeilt – sogar dann, wenn das »Pferd« in seinem Normalzustand Sorge getragen hat, diese Reichtümer zu verbergen, damit der *zâr* sie nicht finden und folglich auch nicht vergeuden kann.[107] Diese Beteuerungen drücken wohl nur aus, wie Asâmmanač, eine ernsthafte und ordnungsliebende Frau, durch ihren Glauben dazu gebracht wird, Dinge zu tun (Zurschaustellung bei den Versammlungen, Ausgaben für zu Hause vollzogene Riten), die sie später bedauert und im nachhinein – weil sie sich nicht zu ihnen bekennen möchte – auf ihren Zustand der Unbewußtheit zurückführt.

Ob der *zâr* nun aber, in dem Maße wie sein Aktionsfeld den Bereich der Krankheit oder sonstiger Unfälle überschreitet, als Fachmann für eine besondere, rituelle oder technische Aufgabe erscheint, als Träger eines bestimmten Charakters, der auf Dauer oder nur vorübergehend zum Charakter seines »Pferdes« wird, oder ob er lediglich seinen jeweiligen Launen entsprechend die Handlungen dieses letzteren bestimmt – unter all diesen Fällen gibt es keinen einzigen, bei dem das angeblich auf dem Wege über eine reale Person agierende bzw. auf

---

[104] 236 C, Blatt 11.

[105] 236 C, Blatt 51 v.: »Wenn ich Bewußtsein hätte (*yammâwâq behon*, wörtl.: »wenn ich wissend wäre«) würde ich nicht den *danqarâ* machen, das ist von Übel. Aber der *gurri* ist gut [...] Der *danqarâ* ist ein Spiel für Kinder. Zu was ist er nütze? Aber der *gurri* wird in Beherrschung (*tagaztan*, wörtl.: »Wir, beherrscht seiend«), aus Zwang (*gedd*) gemacht.«

[106] *sakkana:* »abkühlen, sich beruhigen«, ein Verb, das im Zusammenhang mit dem Kaffee gebraucht wird, der sich nach dem Kochen setzt und dabei abkühlt.

[107] 236 C, Blatt 52 r.–v.

diese Person ihren Einfluß ausübende Wesen nicht praktisch die Symbolgestalt einer bestimmten, wenn auch noch so unbeständigen Verhaltensweise wäre.[108] Wenn der *zâr* nun eine Persönlichkeit darstellt, mit der man gewissermaßen behaftet sein soll, indem man bestimmte Gesten macht oder Gedanken ausspricht, die mit dem ihm traditionell zuerkannten Charakter zusammenstimmen, der im übrigen oft auch mehr oder weniger klar in seinem Namen zum Ausdruck kommt – was dann gleichfalls seinen Bezug zu der repräsentierten Verhaltensweise verdeutlicht und in gewissem Sinne seine Verwendungsweise definiert[109] – so wird er doch auf jeden Fall als der eigentliche Urheber dieses Verhaltens angesehen oder zumindest ausgegeben; das Verhalten wird also der Einwirkung zugeschrieben, die er durch Besessenheit oder auf indirektem Wege ausübt. Als eine Wesenheit, der man nicht nur ein charakteristisches Ensemble von Eigenschaften, sondern auch eine positive Effizienz zuerkennt und die demnach gleichzeitig als Typus und als Kraft gedacht ist, erscheint diese Figur schließlich als Träger einer Funktion, die sie zu mehr als einer bloßen Verbildlichung macht. Im Lichte seiner verschiedenen Eingriffe in den gewöhnlichen Lauf des Lebens erweist es sich, daß der *zâr* insgesamt als eine Art von verantwortlicher Instanz behandelt wird, die man spontan oder willentlich immer dann ins Spiel bringt, wenn man – sich selbst oder anderen gegenüber – das Bedürfnis verspürt, entweder ein Verhalten zu erklären, zu rechtfertigen oder zu entschuldigen, oder aber das Gewicht einer Handlung oder einer Äußerung zu erhöhen, so daß diese dann letzten Endes auf das Konto einer bis zu einem gewissen Grad angesehenen und einflußreichen Macht gehen und gleichzeitig zum Rang von dramenartigen kleinen Spielen erhoben werden, in denen diese Macht die Rolle des ersten Protagonisten einnimmt.

Auf medizinisch-magischem Gebiet[110] erscheint der *zâr* außerdem

---

[108] Man bezeichnet die *zâr* gerne als launisch, und dies hat zur Folge, daß jedweder *zâr* außer den besonderen Charakterzügen, die man ihm zuspricht und als deren Symbol man ihn betrachten kann, auf jeden Fall auch schon für ein launisches Verhalten steht. Man erkennt darüber hinaus an, daß sich die Gewohnheiten bestimmter *zâr* im Laufe der Zeit ändern können: Wie mir gesagt wurde, hat es z. B. eine Zeit gegeben, zu der Abbâ Qwasqwes nicht den *wadâğâ* »heranzog« (*sâba*, »nachschleppen, ziehen« und auch »evozieren«) und auch keinen Kaffee trank; er begnügte sich damit, sein »Pferd einen ungestümen *fukkarâ* machen zu lassen und verschwand anschließend.

[109] So z. B. bei Sayfu Çangar, einer heroischen Gestalt, deren hauptsächliche Attribute der Degen *(sayf)* und die Peitsche *(çangar*, »Stöckchen, Gerte«) sind; bei Abbâ Qwasqwes, dessen Namen seinen aufbrausenden Charakter evoziert, bei Abbâ Yosêf mit seinem jüdisch-christlichen Namen, bei Šânqit, der »kleinen *šânqallâ*«: dieser Name gibt sie als Sklavin oder Dienerin aus, die einer der schwarzen Völker angehört, welche von den Amhara verächtlich als Šânqallâ bezeichnet werden, usw.

[110] Vgl. zu diesem Aspekt des *zâr*-Kultes die bereits zitierten Artikel von M. Leiris.

nicht nur als das Symbol einer Seinsweise, sondern als wirkende Individualität und verantwortliche Autorität, auf die man sich jeweils beruft: Als Urheber einer Krankheit, deren Symptome bereits in gewissem Maße anzeigen, in welcher Richtung man den Übeltäter zu suchen hat – denn jeder Geist hat seine ihm eigenen Weisen sich zu bekunden – muß er zunächst dazu gebracht werden, seine Identität preiszugeben. In der Mehrzahl der Fälle wird dies dadurch erreicht, daß man den Patienten in Trancen versetzt, die gewissermaßen immer stilisierter werden und in denen sich die ursprünglich diffuse in eine genau umschriebene Besessenheit verwandelt, deren wirkende Kraft sich zu erkennen gibt. Es wird somit möglich, zu erfahren, um welcher Klagegründe willen er den Patienten heimgesucht hat und unter welchen Bedingungen eine Übereinkunft mit ihm zu erzielen wäre. Diese lange Reihe von Operationen, in deren Verlauf zahlreiche Geister in die Schranken treten oder zu Hilfe gerufen werden können, wird von einem Heilspezialisten geleitet, der nicht als menschliche Person agiert, sondern als *zâr,* der seinen Zunftgenossen die Stirn bietet. Dabei treten die mythischen Figuren gleichzeitig als Ursache auf, durch die man sowohl die Zustände des Patienten als auch die Macht des Heilspezialisten erklärt, und als Symbole, die ihre jeweiligen Verhaltensweisen andeuten und das Protokoll ihrer Beziehungen definieren. Das Ganze spielt sich nun insofern auf theatralische Weise ab, als jedes Stadium der Behandlung – und ganz besonders die Blutopfer, ihre feierlichsten Augenblicke – einer dargestellten Handlung gleichkommt, deren Helden die beherrschenden Geister und deren Schauspieler die Besessenen sind, die die jeweiligen Geister verkörpern[111]: der Patient, der Heilspezialist und die Adepten, welche ihm bei dem *wadâǧâ* oder den anderen Zeremonien beistehen, an denen der Patient teilnimmt.
Sowohl im Bereiche des alltäglichen Lebens als auch auf dem Gebiete der Therapie sieht man also, wie die *zâr* eine Galerie von charakteristischen Gestalten konstituieren, die immer an eine Handlung gebunden sind, und es scheint so, als ob sie keine andere Existenzberechtigung hätten, als diese Handlung zu bestimmen und zu bedeuten. In dieser Hinsicht ähneln sie den Figuren des Theaters, denn diese existieren nur

---

[111] Der »Wurf des *danqarâ*« z. B. scheint mit einer Jagd im Busch gleichgesetzt zu werden, ausgeführt von dem das Ritual leitenden *zâr* und von seinen durch die Adepten verkörperten Helfershelfern (M. Leiris, »Un rite médico-magique . . .«, op. cit., S. 68–69: Jagd- und Kriegslieder, die von Malkâm Ayyahu und ihren Adepten nach der Rückkehr von der Zeremonie gesungen werden).

im Hinblick auf die szenischen Ereignisse, die sie bedingen und in denen ihr Charakter seine Veranschaulichung findet.

4. *Bewußtheit und Unbewußtheit bei den Protagonisten der Besessenheitsszenen*

Im Prinzip ist eine Theaterhandlung eine nicht gelebte, sondern von ihren Protagonisten lediglich gespielte Handlung, und die Protagonisten bleiben sich des Spiels auch dann bewußt, wenn sie sich ihm mit einiger Leidenschaft überlassen. Wenn die Besessenen nun aber – wie sie übereinstimmend versichern – sich dessen nicht bewußt sind, was sie während ihrer Krisen tun und sagen, ist dann die Bezeichnung dieser Krisen als »theatralisch« nicht lediglich ein sprachlicher Fehlgriff, ein unzulässiger Wortgebrauch? Es muß deshalb an dieser Stelle untersucht werden, welchen Glauben man dieser einstimmigen Versicherung beimessen kann.

Wenn irgendeine Person – gleich ob Heilspezialist oder Adept – von einem *zâr* besessen war und anschließend zu ihrem Normalzustand zurückgekehrt ist oder von einem anderen *zâr* besessen wurde, dann tut sie üblicherweise so, als habe sie überhaupt keine Erinnerung an diese nunmehr abgeschlossene Phase bewahrt, die einer Krise korrespondiert, deren sie sich angeblich nicht einmal bewußt ist. So erzählt Denqê, daß sie ihr *zâr* Dam Ṭammâñ, »ich habe Durst nach Blut«, eines Tages zwei Flaschen Raki verstecken ließ, die ihr Gatte ihr gegeben hatte, und daß sie nach dem Weggang des *zâr* nicht mehr wußte, wo diese Flaschen sich befanden; Asâmmanač ihrerseits behauptet, daß sie nach dem Verschwinden des *zâr* absolut nichts von den Geschenken weiß, die sie erhalten hat und beiseite legen konnte, als sie sich noch im Zustande der Besessenheit befand.[112] Am 12. Oktober schließlich, als ich im Laufe des Tages mit der jungen Webâluš über eine Geldbuße spreche, die sie mir in der vergangenen Nacht auferlegt hatte – ich hatte meine Kaffeetasse auf eine, dem Brauch zuwiderlaufende Weise hingestellt –, versichert sie mir, daß sie sich an nichts mehr erinnere, weil der sie damals beherrschende *zâr* nicht mehr da sei. Und in der Nacht des 26. August 1932, kurz bevor Abba Jérôme und ich das Haus von Malkâm Ayyahu verlassen, kommt Aggadač auf mich zu

[112] 236 C, Blatt 58.

200

und entschuldigt sich, mir beim *wadâğâ* der vergangenen Nacht nicht auf Wiedersehen gesagt zu haben: Ich erinnere mich nun allerdings sehr gut daran, ihr die Hand gegeben zu haben; von einem Dritten erfahre ich, daß sie sich am Vorabend als *zâr* Dabbab verabschiedet hat und daß derjenige, der sich jetzt an eine Ungehörigkeit erinnert, für die er sich entschuldigen zu müssen glaubt, der *zâr* Saggwedem ist und nicht Aggadač.

Ganz gleich aber, ob eine derartige Demonstration von Vergeßlichkeit oder Unwissenheit einer psychischen Realität entspricht oder nur eine fromme Fiktion darstellt – eine Person, deren Besessenheit durch einen *zâr* ein Ende genommen hat, wird sich jedenfalls immer so benehmen, als wenn all das, was sie hat vollbringen können, während sie angeblich unter der Einwirkung einer fremden Macht stand, nicht ihrer eigenen Persönlichkeit anzulasten wäre, sondern dem unsichtbaren Wesen, das durch ihre Vermittlung gehandelt und geredet hat, ohne daß sie sich dessen im geringsten bewußt gewesen wäre. Auf den ersten Blick scheint es so, als ließe sich in dieser Hinsicht keinem der Besessenen ein Verstoß nachweisen. Beobachtungen wie die beiden folgenden lassen es jedoch als fraglich erscheinen, ob es sich hierbei wirklich um mehr als eine bloße Konvention handelt und ob die Undurchlässigkeit zwischen der von dem Besessenen während der Krise bekleideten Persönlichkeit und seiner normalen Persönlichkeit tatsächlich so perfekt ist, wie die Beteiligten behaupten.

Am Morgen des 12. Oktober kniet die Tigreanerin Abiču vor dem *gandâ,* der für das Austeilen des Kaffees auf dem Boden aufgestellt worden ist. Sie zeigt einigen ihrer engeren Freunde und Freundinnen, die gerade zugegen sind, wie sie in der vergangenen Nacht einen für die moslemischen *zâr* eigentümlichen *gurri* (Pendelbewegung des Oberkörpers abwechselnd nach vorn und nach hinten[113]) gemacht und dabei – was an sich der Regel zuwiderläuft – ihre beiden Hände auf die Erde gestützt hat; anschließend führt sie zur Illustration weitere regelwidrige *gurri* aus. Es ist sicher nicht auszuschließen, daß man annahm, Abiču sei in dem Augenblick, als sie diese Vorführung gab, von demselben *zâr* besessen, der sie auch in der vorausgegangenen Nacht einen regelwidrigen *gurri* hatte ausführen lassen – in welchem Falle das Prinzip gerettet wäre: genau wie bei Aggadač und dem *zâr* Saggwedem ist es nicht Abiču, die sich erinnert, sondern der *zâr*. Der Spielcharakter, den sie dieser ganzen Vorführung verlieh, läßt jedoch eher darauf

---

[113] Was eine Stilisierung der Gesten des moslemischen Gebetes darstellen würde.

schließen, daß sie einfach Spaß daran hatte, vor ihren Kameradinnen Gesten zu wiederholen, die sie eben deshalb nicht vergessen hatte, weil sie sich ihrer voll bewußt gewesen war; es ist aber durchaus auch möglich, daß z. B. eine von den Personen, die der nächtlichen Versammlung beigewohnt haben, es für angebracht hielt, ihr diese Gesten im nachhinein zu beschreiben.

Acht Tage nachdem ich diese erste Beobachtung gemacht hatte, am 20. Oktober, im Laufe des Nachmittags, machte Malkâm Ayyahu einer ihrer Adeptinnen, Adannaquš, der Konkubine des Hausangestellten Kâsâhun, deren Mutter sich mit kochendem Wasser verbrüht hatte, Vorwürfe: Malkâm Ayyahu – die sich nicht zu der Verunglückten begeben hatte, um ihr ihr Mitgefühl zu bezeugen, und die ihre Tochter ausschimpfte, weil diese es für notwendig erachtet hatte hinzugehen – schrieb dieses Unglück (das nicht das erste war, von dem die Familie betroffen wurde, denn ein früher von Malkâm Ayyahu vorgeschriebenes Opfer für einen der vom *zâr* geschlagenen Familienmitglieder war nicht befolgt worden) der Tatsache zu, daß Adannaquš am Tage des Stieropfers für Sayfu Čangar beim *gurri* zwei Krüge zerbrochen hatte und daß weder sie noch Kâsâhun sich deswegen entschuldigt hatten: die Schuldige war dann in der Person ihrer Mutter für diesen Fehler bestraft worden. Obwohl im Prinzip allein der *zâr* der Urheber all dessen ist, was sein »Pferd« in unbewußtem Zustande vollbringt, sieht man in diesem Falle doch, wie eine Heilspezialistin einer Adeptin zumindest einen Teil der Verantwortung für eine Tat aufbürdet, an der, der Theorie zufolge, der *zâr* schuld ist, und wie sie folglich die unüberwindbare Trennwand nicht beachtet, die zwischen der normalen Persönlichkeit des Besessenen und derjenigen bestehen soll, die er in seinen Krisen momentan annimmt: Adannaquš, deren *zâr* zwei Krüge zerbrochen hat, wird als so verantwortlich für diesen *zâr* angesehen, daß sie selbst sich ins Unrecht setzte, als sie sich dafür nicht entschuldigte – wobei diese Entschuldigungen nicht die des *zâr,* sondern jedenfalls ihre eigenen gewesen wären, denn ihr Liebhaber Kâsâhun (ihr Nächster und nicht der Nächste des *zâr*) war berechtigt, sie an ihrer Stelle vorzubringen.

Aus dieser zweiten Beobachtung geht zumindest hervor, daß ein Besessener sich nicht vollkommen von dem freisprechen kann, was ihn der *zâr* hat ausführen lassen, dessen passives Werkzeug er im Prinzip nur war: Wenn auch keinesfalls angezweifelt wird, daß nicht Adannaquš, sondern der *zâr*, dessen »Pferd« sie war, die Krüge zerbrochen hat, so hatte sie doch für dieses unfreiwillige Vergehen um Verzeihung zu bitten, und da sie dies nicht getan hat, hat sie sich eines Verstoßes schuldig gemacht, der ihr unmittelbar angelastet werden kann und dessen Konsequenzen sich auch unverzüglich bei einer Person ihrer näheren Umgebung gezeigt haben. Und wenn sich Asâmmanač der brillanten *danqarâ* zu schämen scheint, die sie im Zustand der Besessenheit ausgeführt hat, so genügt das Alibi, sie habe damals in der Macht des *zâr* gestanden, keineswegs, um ihr die Scham darüber zu ersparen, daß sie ihr gewöhnliches ernsthaftes Gebaren aufgegeben hat. Es sieht ganz so aus, als würde stillschweigend zugegeben, daß nicht die mythische Gestalt, sondern die menschliche Person gehandelt hat – in einem Zustand freilich, der zwar als grundverschieden von seinem Normalzustand betrachtet wird, der aber dennoch keine Entsprechung zu der zeitweiligen Namens- und Statusänderung schafft, der die betreffende Person dann unterworfen ist.

Wenn es also, wie mir scheint, einen zwar formellen aber nicht absoluten, bis zu seinen letzten Konsequenzen getriebenen Glauben an die Substituierung der Persönlichkeit gibt, so stellt sich doch die Frage, wie genau sich die Zeloten des *zâr* den Bezug zwischen dem angeblich treibenden Geist und dem angeblich »umgetriebenen« Individuum vorstellen, den Bezug also, der in der vorliegenden Studie bis jetzt als »Besessenheit« bezeichnet wurde. In Verbindung mit einer gewissen Anzahl von Zeugnissen der Adepten oder Heilspezialisten, die sich auf ihre persönliche Erfahrung berufen, soll die Untersuchung der amharischen Verben, die gebraucht werden, um die Einwirkung der Geister auf die von ihnen, wie wir sagen, »besessenen« Individuen zu bezeichnen, den Ansatz zu einer Antwort auf diese Frage liefern.[114]

Von diesen Verben scheint das am häufigsten gebrauchte *yâza*, »nehmen, greifen, die Hand darauf legen, packen«, zu sein, und man findet dieselbe Vorstellung der Aneignung oder Gefangennahme in dem ebenfalls geläufigen Gebrauch eines Verbes wie *gazzâ*, »kaufen, besitzen, unterwerfen, herrschen über«, wieder[115]; diese Verben, die unter-

---

[114] An dieser Stelle vor allem habe ich Herrn Joseph Tubiana meinen Dank auszusprechen, der mir bei dem philologischen Teil meiner Arbeit freundlicherweise mit seiner profunden Kenntnis der amharischen Sprache zur Seite gestanden hat.

[115] Vgl. hierzu auch den nahestehenden Gebrauch des Verbes *naggasa*, »König sein, regieren«: der *zâr* »regiert« die Person, die von ihm besessen ist. In diesem Zusammenhang sei vermerkt, daß Enqo Bâhrey der aus dem Bauchfell des Opfertieres gefertigten Kopfbedeckung, die mit Hilfe der geleerten, aufgeblasenen und um den Kopf gewundenen Gedärme dem Nutznießer des Opfers an der Stirn befestigt wird, das gleiche Gewicht zumißt wie einer »Krone«. Malkâm Ayyahu erklärt

schiedslos die Handlung eines *zâr* bezeichnen, der auf die eine oder andere Weise (und nicht unbedingt durch die Besessenheit) ein menschliches Wesen seinem Willen unterwirft, werden bald aktiv, bald passiv gebraucht, je nachdem ob das fragliche Ereignis vom Standpunkt des »besitzenden« Geistes oder von dem des Besessenen aus beschrieben wird. Zu diesem sehr allgemeinen Begriff der Inbesitznahme durch den Geist, dem genauen Äquivalent unseres Begriffes der Besessenheit, kommt eine spezielle Vorstellung hinzu, die im übrigen durch die Bezeichnung »Pferd« veranschaulicht wird: Es wird der »Pferd« genannt, der die Einwirkung des Geistes auf bestimmte und deutliche – wenn auch notfalls rein zufällige – Weise erfährt. Der *zâr* wird verstanden als derjenige, der »sich aufhält« (*addara*), »kampiert, sich einrichtet« (*saffara*), oder einfach »auf« (Präpositionen *ba, ka* und manchmal *lây*) dem- oder derjenigen »ist« (*nabbara, hʷona*), den (bzw. die) er beherrscht – ein Begriff des Auferlegens, In-Beschlag-nehmens, dessen zwingender Charakter bisweilen noch deutlicher im Gebrauch von Verben wie *taçâna,* »sich darauf setzen, in den Sattel steigen«, (Passiv von *çâna,* »ein Lasttier beladen«), *tasaqqala* (Passiv von *saqqala*, Synonym von *çâna*), *taqammata,* »auf dem Pferd sitzen, reiten«, zum Ausdruck kommt, von Verben also, die alle die Vorstellung einer Herrschaft erwecken, die der *zâr* über die zum »Pferd« erkorene Person – wie der Mensch über das Reittier – ausüben soll.[116] Die Besessenheit im engeren Sinne, d. h. der besondere Zustand, den der *zâr* durch seine effektive Gegenwart herbeiführt, scheint also genau wie der körperliche Schaden oder irgendein anderes Übel, für das er verantwortlich zu machen ist, eher das Ergebnis eines von außen kommenden Eingriffes als das einer inneren Bewohnung zu sein. Neben Verben wie *warrada,* »herabsteigen«, oder *mattâ,* »kommen, ankommen, geschehen«, die zum Ausdruck der Bewegung dienen, die der *zâr* im Augenblick der tatsächlichen Inbesitznahme ausführt (und die in der Trance ihre Entsprechung findet), begegnet man allerdings auch anderen, die mit derselben Bedeutung besetzt sind und deren

übrigens: »Da die Strafe des *awlyâ* härter ist als die Strafe des Königs, muß man im Hause des *awlyâ* auch in Furcht und Strenge verweilen.« (236 B, Blatt 46 v.)

[116] Neben anderen heldischen Auszeichnungen, die sich der *zâr* Abbâ Morâs Warqê in seinem *fukkarâ* verleiht, ist der Ausdruck *gâlâbi*, »Gallopierer [von jemand]«, hervorzuheben, eine Metapher, die ebenfalls aus dem Bereich des Reitens stammt (236 A, Blatt 46). Manche behaupten, daß der Geist auf die Schultern desjenigen steigt, den er beherrscht. Einer gewissen Walalâ zufolge, einer älteren Nachbarin von Emmâwwâyeš, befindet er sich auf ihm wie ein kleines Kind, das von seiner Mutter auf dem Rücken getragen wird.

geläufigster Sinn eine starke Zweideutigkeit aufkommen läßt: so z. B. *gabbâ*, »eintreten«, und *warrara*, »einfallen, eindringen«; das erste dieser Verben wird jedoch in der Umgangssprache auch in dem Sinne von »heiraten« oder auch »sich um eine Angelegenheit kümmern« gebraucht und das zweite in dem Sinne von »gemeinsam herfallen über, eine Razzia veranstalten«[117], so daß sie also nicht als wesentlichsten Faktor die Vorstellung des Eindringens zu enthalten scheinen. Selbst wenn im Gebrauch des Wortes *gabbâ* zum Ausdruck gebracht würde, daß der Bezug zwischen dem Besessenen und dem »besitzenden« Geist einer Ehe gleichkommt, handelte es sich doch immer noch um eine Beziehung, bei der der eine Teil nicht von dem anderen bewohnt wird, sondern ihm vielmehr als Partner oder höchstens als Untergeordneter gegenübersteht.[118] Andererseits lassen sich aus der

---

[117] Der Name des weiblichen *zâr* Werar, einer Spezialistin für Epidemien wie ihre Tochter Râhêlo, hängt vielleicht mit dem Verb *warrara* zusammen (von dem sich das den Täter bezeichnende Substantiv *warâri* herleitet).

[118] Die Besessenheit scheint, zumindest unter bestimmten Bedingungen und in gewissen Fällen, einer Ehe oder sogar einer ausdrücklich sexuellen Beziehung gleichgesetzt zu werden. Die Person, für die gerade zum ersten Mal ein *derqâ* veranstaltet wurde (d. h. das Opfer, welches ihn an einen bestimmten *zâr* bindet), erhält den Namen *mušerrâ*, »Braut, Bräutigam«; dieser Terminus wird für einen neu zugesprochenen *zâr* gebraucht und kommt namentlich in einem Liede vor, mit dem der *zâr* dazu angehalten werden soll, auf den Neuling herabzusteigen:

gebâ basewr mušerrâ zâr
addisu zâr gebâ basewr
»Komm heimlich herein, junger Gemahl *zâr*.
Neuer *zâr*, komm heimlich herein!« (236 B, Blatt 55 v.)

Die Institution der unter den Anwesenden ausgewählten *mizê* oder Ehrenknaben und die burlesken Prozesse bei den Zeremonien, wie sie ähnlich im Rahmen der Lustbarkeiten bei den Hochzeitsfeiern veranstaltet werden, tragen ebenfalls dazu bei, diese großen Opferzeremonien in die Nähe von Hochzeitsfeierlichkeiten zu rücken. Der *alaqâ* Gassasa ist darüber hinaus der Ansicht, daß die geläufigste Form der Besessenheit in der Verbindung einer Frau mit einem männlichen *zâr* oder eines Mannes mit einem weiblichen *zâr* zu sehen ist – mit Geistern also, die bei ihren menschlichen Partnern die Rolle des Inkubus bzw. Sukubus spielen würden (236 A, Blatt 32); und Denqê vergleicht außerdem die sexuelle Vereinigung mit der manifesten Besessenheit: »Wenn der *zâr* im *gurri* auf sein Pferd herabsteigt, so ist das wie ein Gatte, der sich im Geschlechtsakt mit seiner Frau vereinigt *(bâl-wand ka-meštu ba-gebrâ–segâ endammiwwâhâd).* So ist es *(endazih naw)* während des *gurri* bei dem *zâr* und dem Pferd. Da der *zâr* wie ein Gatte ist und er das Pferd zu seiner Frau gemacht hat *(ersu zâr endabâl farasitu endamešt selamâdragu naw),* stellt er sich dem gemeinsamen Leben des Ehepaares in den Weg *(nuro tedâr yâmmikalakkelât)*« (236 C, Blatt 50). Ein moslemischer *zâr* schließlich, der sogenannte »Schlächter von Čarčar« (Gebirge in der Gegend von Harrar) rühmt sich in seinem *fukkarâ*, »der Gatte der Männer«, *(yawandoču bâl)* zu sein (236 A, Blatt 40).

Zu den Hochzeitsfesten und speziell zur Zusammensetzung des gespielten Gerichtshofes, der »so etwas wie dramatische Vorführungen gibt, bei denen die improvisierten Rollen mit dem üblichen Schwung und Witz der Abessinier verkörpert werden« vgl. M. Griaule, »Mythes, croyances et coutumes du Bégamder (Abyssinie), in: *Journal Asiatique*, CCXII, 1, Paris, Januar–März 1928, S. 95–96, sowie die oben zitierten *Jeux...*, S. 171.

Versicherung des *alaqâ* Gassasa keinerlei Schlüsse ziehen; er behauptete – und stand dabei letzten Endes mit seiner Meinung allein –, daß der *zâr* nicht auf den Kranken »steigt«, sondern wirklich in seinen Körper eindringt. Es kann in diesem Fall jedoch eine Verwechslung zwischen dem *zâr* selbst, als beherrschendem Geist, und dem ganz inneren Schmerz oder Übel vorliegen, das er auszulösen in der Lage ist. Bestimmte Personen behaupten kategorisch, daß das »Pferd« eine totale Bewohnung durch den *zâr* nicht ohne tödliche Folgen ertragen könnte; der *zâr* wirft lediglich seinen Schatten (*ṭelâ*) aus, und eben dies veranlaßt die Ausführung des *gurri:* als Zeichen des vom *zâr* über den Patienten errungenen Sieges und als Ausdruck sowohl seiner Freude als auch der Schrecken, die der Besiegte durchzustehen hat.[119]

Obwohl die Einwirkung des *zâr* (insoweit es überhaupt möglich ist, sich in Vorstellungskomplexen zu orientieren, die keineswegs eine ausgearbeitete Doktrin darstellen) nur als ein Einfluß angesehen wird, der selbst im Moment der eigentlichen Besessenheit von außen kommt, nimmt man doch an – was auch immer die inneren Konsequenzen sein mögen –, daß der Patient während der ganzen Dauer der Krise, deren Ende und Lösung durch die Ausführung eines *gurri* angezeigt wird, kein Bewußtsein davon hat, was er tut: er spürt nichts[120], ohne sein

Vergleichend läßt sich anführen, daß sich Desparmet ausführlich über den Glauben an den Inkubus und Sukubus in den Brüderschaften von Erleuchteten der Mettidscha äußert: Es kommt häufig vor, daß ein Schüler einer *zaouia*, nachdem er von einer in ihn verliebten *djannia* heimgesucht worden ist, die Ehe mit ihr schließt; und auch »Bräute der Geister sind nicht gerade selten [. . .], wenn sie verheiratet sind, weigern sie sich, ihren Pflichten als Mutter und Ehefrau nachzukommen; sie kleiden sich nur noch in einer bestimmten Farbe und benutzen nur noch ein bestimmtes Parfum und ein bestimmtes Aromat, denn diese allein gefallen ihrem Freunde« (op. cit., S. 199–201). »Wenn man nach dem Grund sucht, weswegen derjenige, der auf ihrer Schulter ist, eine Frau plagt«, schreibt derselbe Autor weiter unten, »so begegnet man oft der Auffassung, daß er in sie verliebt ist. Man sagt, daß er sie aus Eifersucht steril macht [. . .] Es gibt Frauen, die es nicht ertragen, daß ihr Gatte ihnen nahekommt [. . .] Ist der Mann einmal beiseite geschoben, dann gibt sich die Frau, besessen von dem, der auf ihrer Schulter ist, gänzlich dem Geiste hin«; sodann »vollzieht sie alle Rituale der Eheschließung«, und wenn sie ihr Hochzeitskleid angezogen hat, »versucht sie, nur noch diese Art von Geisterkauderwelsch zu sprechen, das man – wie schon erwähnt – auch im Umgang mit den Kindern anwendet [. . .] und das aus nichts als Onomatopöen, Diminutiven und kindlichen Entstellungen besteht.« (ibid., S. 229–232).

Man kann noch hinzufügen, daß im haïtischen Vaudou die Hochzeit eines Geistes mit einem männlichen oder weiblichen Adepten sehr gebräuchlich ist (Alfred Métraux, »Le mariage mystique dans le Vodou«, in: *Cahiers du Sud,* Nr. 337, Marseille, Oktober 1956, S. 410-419).

[119] Emmâwwâyeš und Fantây, 236 B, Blatt 48 v.; Malkâm Ayyahu: ibid., Blatt 37. Dieser letzteren zufolge sind die Bewegungen des *gurri* mit den Zuckungen eines geschlachteten Huhnes oder eines vom Jäger tödlich verwundeten Tieres vergleichbar, das noch um sich schlägt, bevor »seine Seele entweicht«. Vgl. auch die Aussagen des *alaqâ* Mazmur (236 D, Blatt 17).

[120] Denqê und Allafač: 236 C, Blatt 49: *menem attâwqem,* »sie [die Besessene] spürt nichts.«

Bewußtsein ist er nicht mehr als ein Kadaver[121], mit dem der *zâr* nach Belieben umspringt; und dies ist so, erklärt die Adeptin Denqê, die wie ihre Gefährtinnen den Geisterkult in den christlichen Glauben integriert, weil Gott aus dem Menschengeschöpf einen Spielball für den *zâr* gemacht hat.[122] Die Zeugnisse stimmen dahingehend überein, daß das Bewußtsein des Besessenen nicht auf einmal verschwindet, sondern erst nach und nach verblaßt: Herzklopfen, Kribbeln, stechende Schmerzen, Zittern, Schluckauf, Ohrensausen und ganz allgemein ein Gefühl der Schwere und der Angst[123] sind Anzeichen für eine bevorstehende Trance, und während dieses vorbereitenden Stadiums kann man den Patienten beim Gähnen und beim Gliederrecken beobachten[124], nachdem er die Empfindung hatte, von Ameisen oder Bienen »überfallen« oder »verwüstet« zu werden[125], gleitet der Patient – des-

---

[121] *Alaqâ* Gassasa: 236 A, Blatt 32 v.: »Aber die Frau ist ein Pferd, es gibt nichts [was sie spürt] *(menem yallawm); sie ist ein Kadaver (baden), ihr Herz spürt nichts (lebbenâ [sic] yammihonawn hullu ayâwqawm)«.* Vgl. Baeteman, op. cit., s. v.: *baden,* »1. Kadaver; 2. (fig.) schlaffer, schlapper, lebloser Mann«.

[122] 236 C, Blatt 49 v.: *egzêr kwâs maççâwatâ* [sic] *ekko adergon naw,* »es ist Gott, der einen wahrhaftigen Spielball aus uns gemacht hat.«

[123] Asâmmanač: 236 C, Blatt 51 v.: »Kurz vor Beginn des *gurri,* während man den *wadâğâ* anlockt *(sisâb),* [macht es] in meinem Bauch *(bahodê) beṭbeṭ beṭbeṭ . . .* Mein Bauch und mein Herz zusammen zerstören sich nach und nach *(hodênna lebbê andegâ feresres feresres),* und mein ganzer Körper verliert sich *(hullantennâyo* [sic] *teffett yelaññâl).* Auf meinen Schultern, auf beiden Seiten, [an der Stelle] wo mein Blut pulsiert [= eine Vertiefung über dem Schlüsselbein, in der die Schlagadern pulsieren (Abba Jérôme)], sticht es mich, sticht es mich *(e-tekeššâyê ba hulat waganu ba ergebgebtâyê mawgât mawgât).* Danach verstehe ich überhaupt nichts *(kaziyâ wadyâ menem alw âwqawm).* [Es ist] wie die Pein, die ich erdulden müßte, wenn ein großes Eisen auf mich geladen würde *(telleq berat siççannan endammeççannaqaw çenq).* Habt ihr noch nie die Herzensangst verspürt, wenn man einen steilen Abhang hinaufsteigt *(telleq aqabat setwaṭu taçanqâču attâwqumene)?«*
Yaši Arag, 236 D, Blatt 13: »Am Anfang hat sich [der *zâr*] auf meinen ganzen Körper gestürzt *(wererr adarragañ,* wörtl. »hat mich *wererr* gemacht«); er machte mich gähnen *(yâfašgaññâl),* er machte, daß ich meine Glieder reckte *(yantârerraññâl),* er umklammerte mich *(yeçaqqʷenaññâl)* wie ein Raubvogel *(amorâ)* mit großen Flügeln, bevor er mich den *gurri* ausführen ließ. Mein Herz [machte] *derreč derreč derreč;* es verhüllte sich *(yessawwarâl),* während er [mich] zittern machte *(eyyânqaṭaqqaṭâ).«*
Alaqâ Mazmur: 236 D, Blatt 19 v.: »Wenn die Person anfängt, sich zu strecken *(saw manṭârârât yammiğammeraw),* dann wirft der *awlyâ* einen Augenblick lang seinen Schatten auf sie *(awlyâ ṭelâwn ṭâl siyâdarg naw).* [Das] wird zum Seitenstich und zum Schluckauf *(wegât »faq« yehʷonâl);* sie ist so schwer, als wenn fünf oder sechs Personen auf ihr lasteten *(yekabdawâl ammest seddest saw barâsu endataçânaw).«*
Denqê: 236 C, Blatt 49 v.: »Es ist, als ob man von einer Lanze getroffen wäre *(ṭor endawegât yâhel naw).«*

[124] Vgl. in der vorausgehenden Anmerkung die Aussagen Yaši Arags und des *alaqâ* Mazmur; vgl. auch Denqê (ibid.).

[125] Denqê: 236 C, Blatt 49: »Wenn es anfängt, überflutet es mich *(yewarrañâl)* wie Tausende von roten Ameisen *(gundân).«*

sen Geist (wörtl.: dessen »Herz«) durch die Anhörung der *wadâǧâ*-Ge-
sänge[126] schon teilweise »verhüllt« ist und der in bestimmten Fällen
lange Zeit verharrt, ohne mit dem Rest der Versammlung zu singen
oder in die Hände zu klatschen[127] – allmählich in den Zustand hinüber,
in welchem er unter dem Druck des *zâr* und mit von ihm umnebelten
Geiste den *gurri* ausführt.[128] Ohne daß man irgendeine klar abgegrenzte Schwelle anzugeben wüßte, läßt sich also eine Verdunkelung und
letztlich vollständige Aufhebung der Klarsichtigkeit festhalten. Handelt es sich aber deshalb wirklich um ein Eintauchen in die Unbewußtheit im eigentlichen Sinne?

Wenn dies so wäre, dann könnte ein Besessener selbstverständlich
nicht in der Lage sein, aus der eigenen Erinnerung von seinem Zustand
während der Krise Rechenschaft abzulegen. Ohne zu bemerken, daß er
mit einem impliziten Eingeständnis auf meine Fragen antwortete,
nahm jedoch der *alaqâ* Mazmur Ayyala, einer der berufsmäßigen
Besessenen, die ich in Gondar kennengelernt habe, gerade einen
solchen Standpunkt ein. Ich habe seine Aussagen bei einer Unterhaltung in meinem Arbeitsraum aufgenommen, in dem sonst nur noch
Abba Jérôme zugegen war, so daß er sich, wie anzunehmen ist, frei von
jeglichen rituellen oder protokollarischen Zwängen äußern konnte.
Nachdem er – im Gegensatz zu den im übrigen keineswegs wider-
spruchsfreien Aussagen anderer Besessener – ausdrücklich erklärt hat,
daß »sich das Bewußtsein nicht verliert, wenn man anfängt, den *gurri*
zu machen«, sondern erst im Anschluß daran verschwindet, behauptet
Mazmur schließlich: Während dieser Krise ohne Bewußtsein »sind wir
der *zâr*, der andere dagegen ist Amhara.«[129] Nach dieser Versicherung,
aus der schon hervorgeht, daß die manifeste Besessenheit für ihn ein in

---

Yaši Arag, ibid.: »Wenn er uns überfällt *(siwarran)* wie ein Bienenschwarm *(neb)* und dabei *werrerr
werrerr* macht, so sind wir uns dessen bewußt *(yammittâwaqan);* aber danach, wenn er uns aufstehen
heißt, wenn er uns wirft, spüren wir nichts *(menem annâwqem).*«
Vgl. auch das vom *bâla-zâr* Sayd gesungene Lied (S. 179). Vgl. im *Prometheus* von Äschylos die nach
dem Stich der Bremse vom Wahn *(mania)* gepackte Io. (H. Jeanmaire, *Dionysos,* op. cit., S. 116).

[126] Emmâwwâyeš und Fantây, 236 B, Blatt 48 v.: »Wenn man zu Beginn des *wadâǧâ* die verschiedenen Lieder für den *zâr* singt, stumpft er sein Pferd ab *(yâfazzâl),* indem er ihm allmählich das Herz
verdunkelt *(lebben sewwerr sewwerr eyyâderraga).*«

[127] Dies ist nach Denqê (236 C, Blatt 49 v.) der Fall bei Denqnaš und Adanač: Bevor ihr *zâr* sie den
gurri machen läßt, schickt er ihnen die Ameisen und bewirkt, daß sie weder an den Gesängen noch am
Händeklatschen teilnehmen.

[128] Emmâwwâyeš und Fantây, ibid.: »Nach und nach, wenn er den Geist vollständig umnachtet hat
(belo belo čarreso lebben sawro naw), läßt er den *gurri* anfangen.«

[129] *Alaqâ* Mazmur: 236 D, Blatt 19 v.: *eññâ zâr nan andu amârâ naw.*

der ersten Person erlebtes Ereignis ist, obwohl sie für den Besessenen theoretisch die Entfremdung seines Ich beinhaltet, versäumt er es nicht, die während der Krise sowohl vom »Pferd« als auch vom *awlyâ* verspürte Empfindung mit dem Vergnügen zu vergleichen, »in einem Palast zu sitzen«[130] – was keinen Zweifel mehr an seiner Fähigkeit bestehen läßt, sich an solche Zustände zu erinnern, und schließlich darauf hinausläuft anzuerkennen, daß von seiten des »Pferdes« keine – oder wenigstens keine totale – Unbewußtheit vorliegt. Die allgemeine Behauptung, derzufolge ein Besessener sich seiner Handlungen und Aussagen nicht bewußt ist, wenn ein *zâr* auf ihn »herabgestiegen« ist, muß deshalb mit größter Vorsicht betrachtet werden: Selbst in dem Fall, daß dies bei der großen Masse der Nicht-Professionellen zuträfe – obgleich mehrere von ihnen von einem erst allmählichen Nachlassen ihrer Klarsichtigkeit und von einem Kampfe sprechen, dessen Ausgang dann ihre Besessenheit durch den *zâr* wäre[131] (was die Vorstellung einer plötzlichen Zustandsänderung und einer restlosen Substituierung der normalen Persönlichkeit durch eine Zweitpersönlichkeit ausschließt) – läßt sich doch jedenfalls bei bestimmten Besessenen, insbesondere bei den Professionellen oder Halb-Professionellen, eine verdächtige Fähigkeit feststellen, jeweils im passenden Augenblick von dem entsprechenden Geist heimgesucht zu werden.[132] Es scheint hier so, als wenn ihre Krise aus einer bewußten Wahl, hinsichtlich der anzunehmenden Haltung, hervorginge, d. h. von der zu spielenden Rolle abhänge, und als wenn die angeblichen Veränderungen ihrer Persönlichkeit wenigstens zum großen Teil durch ein schon feststehendes Szenario bestimmt würden. Daß ein *gurri* ohne rituellen Zweck und Zusammenhang willentlich ausgeführt werden und dabei doch ein regelrechter *gurri* bleiben kann, wird im übrigen, trotz der darin

---

[130] Ibid.: »Für den *awlyâ* und für das Pferd ist es ein Vergnügen, als wenn wir in einem Palast der Regierung säßen [. . .] *(dassetâw la-awlyâm la-farasun bêta mangest enda taqammaṭen yemaslanâl).*«
[131] Denqê, ibid.: »Wenn der Herr ankommt, schlägt er stärker zu *(sidarsu kefuñâ naw yammimatu gêtoč).* Es ist, als wenn er tief im Innern zerschmettern würde *(maṭalu wešṭ la-wešṭ* [sic] *naw):* ein robuster Kerl, nachdem er uns besiegt hat, liefert er uns dem *zâr* aus *(and hâylânâ* [sic] *gʷobaz ašannefo lânden zâr sisaṭan naw).*« Man sieht, daß Denqê dasselbe Phänomen, das sie in einer weiter oben (S. 205) zitierten Erklärung mit einer sexuellen Vereinigung verglich, hier mit einem Kampf ineins setzt. Denqê und ihre Freundin Allafač erklären im übrigen (236 C, Blatt 49): »Das Pferd hat den Befehl erhalten, es ist gezwungen *(tâzzâ ged hʷonobbât);* es ist, als ob ein strenger Herr einem *aškar* gebiete *(lammiyâzzaw);* [dieser letztere] gehorcht wie jemand, der einen Befehl bekommt *(taḍanneqo endammittâzzaz),* er ist Vollstrecker des Willens *(faqâd faṣâmi).*«
[132] So z. B. Malkâm Ayyahu, die gerade dann von Sânqit besessen ist, wenn es an der Zeit ist, den Imbiß zu servieren (vgl. S. 186 f.).

begründeten Regelwidrigkeit, durchaus anerkannt. Am 10. Oktober, im Laufe des Tages, sagte denn auch eine ihrer Kameradinnen zu Abiču: »Möchtest Du, daß ich den *gurri* mache wie Du und daß ich Deinen *zâr* übernehme?« Und Abiču antwortete: »Nimm ihn! Das ist mir gleich, wenn ich nur wieder gesund werde und vom Weben leben kann.«[133] Der vorliegende Fall liefert also einen schlagenden Beweis dafür, daß der *gurri* auch das Ergebnis einer bewußten Wahl des Ausführenden sein kann.

Unter solchen Umständen muß man zugeben, daß auf jeden Fall nur ein verschwindend geringer Teil der hier betrachteten Verhaltensweisen unter dem Vorzeichen der Unbewußtheit zu sehen ist: Gleich, ob es sich um den *Magier* handelt, für den seine eigenen Krisen sowohl als auch diejenigen, die er bei anderen hervorzurufen hat, bestimmten technischen oder ganz einfach sozialen Notwendigkeiten entsprechen, oder ob es sich um den *Patienten* handelt, der sich (wie groß letzten Endes auch sein Widerwille davor sein mag) von der Krise einen unmittelbaren Nutzen verspricht und in dem Bewußtsein gekommen ist, sie durchzumachen: die manifeste Besessenheit erscheint fast immer als ein Phänomen, das – auch wenn es bei den Personen, die weniger mit diesen Praktiken vertraut sind als der *alaqâ* Mazmur, eine zeitweilige Unbewußtheit zur Folge haben sollte – jedenfalls mit Bewußtsein erwartet, wenn nicht sogar willentlich herbeigeführt wird. Es fehlt zwar nicht an Erzählungen, in denen der überraschende Ausbruch der Krise bei nicht vorbereiteten Personen dargestellt wird; bei derartigen Fällen darf man jedoch annehmen, daß der der Mehrheit gemeinsame Glaube (d. h. kollektive Vorstellungen auf der Ebene des klaren Denkens) immer wieder seine Rolle spielt: auch wenn die betreffende Person nicht darauf gefaßt war, tatsächlich vom *zâr* heimgesucht zu werden, so mußte sie doch notwendigerweise durch die früher gesehenen Beispiele schon in gewissem Maße in die Besessenheit eingeweiht sein; außerdem befand sie sich nicht in einem Zustande der Isolation, in dem sie alles aus sich selbst hätte schöpfen müssen, sondern in Gegenwart von anderen Personen, deren mehr oder weniger großen Einfluß sie sich schwerlich hätte entziehen können.

Wenn auch nichts dazu berechtigt, kategorisch zu leugnen, daß die Bewußtheit unter bestimmten Umständen und bei bestimmten Indivi-

---

[133] 236 B, Blatt 49. Vor der teilweisen Lähmung ihrer linken Hand übte Abiču in der Tat den Beruf einer Weberin aus.

duen im Augenblick der Krise aussetzt, so gilt doch, daß solche Umnachtungen in einem traditionellen Rahmen und in von der Konvention ausgeprägten Formen auftreten. Die Umnachtung, oder zumindest ihre theoretische Aufmachung, scheint übrigens von der Logik des Systems gefordert zu werden: Von dem Augenblick an, wo der *zâr* als der Handelnde angesehen wird und nicht die menschliche Person, versteht es sich, daß diese nur noch ihre Unkenntnis dessen bekunden kann, was die mythische Person gesagt und getan hat, die an ihrer Stelle in Aktion getreten sein soll[134]; das Gegenteil zu tun, liefe darauf hinaus, anzuerkennen – wenn auch nur sich selbst gegenüber –, daß sie nicht wirklich besessen und folglich auch nicht ihrer Identität beraubt war, so daß ihr Tun und Treiben während der Krise nichts als bloßes Theater gewesen wäre und – selbst wenn dabei keine Schwindelei im Spiele war – unzulänglich und folgenlos bleiben müßte.

Zusammen mit der Aufdeckung von Vorstellungen, welche die Besessenheit schließlich eher als eine vom *zâr* ausgeübte Herrschaft erscheinen lassen (eine Vorstellung, die gegenüber der Substituierung, auf die das Protokoll zugeschnitten zu sein scheint, abgeschwächt ist), machen alltägliche Beobachtungen, aus denen die partielle Verantwortlichkeit eines Besessenen für sein Verhalten während der Krise hervorgeht, und eine Inkonsequenz wie die des *alaqâ* Mazmur, der sich in seinen Aussagen an Zustände zu erinnern scheint, deren er sich im Prinzip nicht bewußt ist, es also wahrscheinlich – wenn nicht gar sicher –, daß das System zumindest nicht so perfekt ist, daß es keine Unsicherheitsmomente aufweisen und seine Verfechter davor bewahren würde, sich bei einem flagranten Widerspruch mit sich selbst ertappen zu lassen. Bevor man jedoch den Betroffenen Scheinheiligkeit, im landläufigen Sinne des Wortes, unterstellt, muß man um der Gerechtigkeit willen die grundsätzliche Unmöglichkeit in Betracht ziehen, gelebte Erfahrungen vollständig mit den von der Tradition übernommenen Ideen zur Deckung zu bringen und, auf der anderen Seite, die ersteren zu leben, ohne daß sie auf die eine oder andere Weise von den letzteren geformt würden. Die Auswirkungen dieses Umstandes werden dadurch nicht vermindert, daß man sich in einer abgestimmten Anstrengung darum bemüht, etwas in eine wenigstens einigermaßen stimmige Doktrin zu verwandeln, was man nicht einmal als organisierten Korpus von Dog-

---

[134] Ich entlehne diese Idee den Betrachtungen Alfred Métraux' zum haïtischen Vaudou in seinem Artikel »La comédie rituelle dans la possession«, in: *Diogène*, Nr. 11, Paris, Juli 1955, S. 26–49.

men, sondern lediglich als ein summarisch zusammengepaßtes Ensemble von Anschauungen und Glaubenselementen betrachtet. Wenn es bei diesen Manifestationen aber auch wirkliches Theater gibt, so doch jedenfalls eine Art von Theater, dem seine eigene Grundlage verbietet, sich jemals als solches zu bekennen, in Anbetracht seiner engen Bindung an ein Ritual, dessen Sinn verlorenginge, wenn man annähme, daß die mythischen Wesen, auf die es sich bezieht, nicht tatsächlich ins Spiel gebracht würden.

5. Gespieltes und gelebtes Theater im Kult der zâr

»Die Fähigkeit vor allem, an alle ihre Lügen zu glauben«, ist die wesentliche Gabe, die der große romantische Historiker Michelet gegen Ende seiner Studie über das Hexenwesen im französischen Mittelalter und während des Ancien Régime der Hexe zuschreiben zu können glaubt.[135] Wenn es nun aber auch unter den verschiedensten Beobachtungen, die ich im vertrauten Umgang mit einer Gruppe von *bâla-zâr* habe machen können, zahlreiche der Besessenheit zuzurechnende Momente gibt, bei denen die Aufrichtigkeit des hauptsächlich Betroffenen kaum in Zweifel gezogen werden kann, so lassen sich doch ebenfalls zahlreiche Fälle anführen, wo diese Aufrichtigkeit mehr als strittig ist. Eine Kranke wie Yaši Arag, die an einem Erguß der Gelenkschmiere litt, stand jedesmal große Schmerzen aus, wenn sie den *gurri* machte, und es versteht sich, daß sie nicht auf eine für sie so schmerzhafte Weise gestikuliert hätte, wenn sie nicht von einem tiefen Glauben an die Macht des *zâr* bewegt gewesen wäre. Eine andere, wahrscheinlich schwindsüchtige Klientin Malkâm Ayyahus, von deren Verscheiden ich noch im Laufe meiner Nachforschungen erfahren sollte, unterwarf sich ebenfalls Praktiken (Trancen, Waschungen usw.), die ihr Gesundheitszustand ihr sicher zu beschwerlich machte, als daß man sie des Komödienspielens hätte verdächtigen können. Wenn sich der *alaqâ* Enqo Bâhrey über Malkâm Ayyahu entsetzt, die sich damit vergnügt, die Leute auf die Art des Azzâj Deho zu kneifen, so ist – auch wenn es sich für die Heilspezialistin um ein letzten Endes

---

[135] *La Sorcière,* definitive Ausgabe der Sämtlichen Werke von Michelet, Paris (Flammarion) o. J., S. 330.

harmloses Spiel handelt – zumindest der Schrecken des Adepten nicht gespielt, sondern zeigt, daß dieser durchaus davon überzeugt ist, eine solche Mimik könne unheilvolle Folgen haben. Es fällt andererseits schwer, an die vollkommene Aufrichtigkeit Malkâm Ayyahus zu glauben, wenn diese z. B. genau in dem Moment von Šânqit besessen wird, in welchem dieser *zâr* dem Ausschank des Biers vorzustehen hat, wie ihr eine mitwisserische Vertraute leise in Erinnerung gerufen hat; ohne daß man sie einer Betrügerei im eigentlichen Sinne beschuldigen könnte – denn eine Besessenheitskrise braucht selbstverständlich nicht unbedingt spontan aufzutreten: sie wird vielmehr sehr oft erst im Hinblick auf die Erfordernisse des Rituals und mit Hilfe von Mitteln wie Gesängen, Händeklatschen und anderen evokatorischen Verfahren hervorgerufen –, darf man doch zu Recht verwundert sein über die Beständigkeit ihres Erfolges, wenn die Umstände die Bekundung eines bestimmten Geistes bei ihr oder einem der Adepten erfordern: Daß die jeweils gelegen kommenden Besessenheitszustände mit solcher Sicherheit erreicht werden, ist – auch wenn man den Verdacht einer effektiven Schwindelei nicht erheben möchte – ohne ein Mindestmaß an »Entgegenkommen« ihrerseits kaum zu denken. Und was soll man von einem Fall halten wie dem der Kameradin von Abiču? Insofern sie den *gurri* machen möchte, der für den *zâr* Abičus charakteristisch ist, ist sie letzten Endes auch zum Schwindeln bereit; gleichzeitig ist sie aber davon überzeugt, daß sie sich den auf diese Weise aufgerufenen Geist tatsächlich anzueignen vermag. Wie wir weiter oben gesehen haben, ist unter Adepten die gegenseitige Anschuldigung der Betrügerei nicht gerade selten. Damit solche Verdächtigungen in den Beziehungen der *bâla-zâr* untereinander eine Rolle spielen können – bei Leuten also, die weit davon entfernt sind, diesen Dingen eine apriorische Skepsis entgegenzubringen –, müssen sie sich notgedrungen entweder auf die persönliche Erfahrung der Betroffenen stützen, die sich ihres eigenen »Entgegenkommens« bewußt sind, oder aber auf Beobachtungen von Fällen beruhen, bei denen die Schwindelei offen genug zutage trat, um selbst für sie nicht mehr zweifelhaft zu sein – wie groß auch immer ihr Respekt vor dem sein mag, was sich unter dem Deckmantel des *zâr* darstellt.

Wenn aber auch die Betrügereien im Zusammenhang mit dem Kult der *zâr* oft sowohl von den Anhängern als auch von Außenstehenden denunziert werden – der Glaube an die Echtheit der Besessenheit wird für den Gläubigen anscheinend weder durch die Fälle manifesten

Betruges ernsthaft beeinträchtigt, die er bei anderen hat beobachten können (oder durch etwaige Schwindeleien, deren er sich selbst bezichtigen müßte), noch durch die Beispiele von »Entgegenkommen« in Frage gestellt, wie sie ihm von seiner eigenen Erfahrung als Besessenem geliefert werden, der daran gewöhnt ist, gewissermaßen auf Bestellung von dem jeweils in die Situation passenden *zâr* heimgesucht zu werden. Eine Adeptin wie Abiču kann in einer Anwandlung übler Laune erklären: »Wenn es den *zâr* gibt, dann laßt uns die Türen und die Fenster schließen. Laßt uns die Häuser verbrennen und die *zâr* mit ihnen!« Ihr Anfall von Ungläubigkeit scheint jedoch offenbar hier haltzumachen: sie wird zur Strafe für ihre Unverschämtheit auf der Stelle vom *zâr* heimgesucht – ein Szenario, in das sie sich einfügt –, und später nimmt sie dann wieder am *wadâğâ* desselben Abends und an den übrigen Zusammenkünften der folgenden Tage teil, als sei nichts geschehen.[136] Und wenn Asâmannač versichert, daß der *danqarâ* eine »Kinderei« sei, so betrifft diese ihre Kritik doch nicht den Kern ihres Glaubens, denn sie fügt sofort hinzu, daß dies nicht auf den »in Beherrschung« ausgeführten *gurri* zutreffe. Wenn die Besessenheit aber auch eine Lüge sein sollte, so scheint es sich für die Adepten doch wenigstens um eine Lüge zu handeln, an die sie insgesamt glauben und die sie in ihrer Gesamtheit akzeptieren, selbst wenn sie nicht immer und in jeder Hinsicht vor Anzweiflungen sicher ist. Neben Fällen, bei denen der Anteil der Lüge zu überwiegen scheint und man demnach zu Recht von gespieltem Theater sprechen könnte, gibt es wieder andere, bei denen die tatsächliche, reale Besessenheit weder für den Betroffenen selbst noch für irgendeinen der Anwesenden in Frage steht und die dem entsprechen, was man als gelebtes Theater bezeichnen könnte, anders gesagt, als ein Theater, das wohl auch gespielt ist, aber mit einem Minimum an Kunstgriffen und ganz ohne die Absicht, dem Zuschauer zu imponieren.

Wie es scheint, erweckt die Besessenheit Verdächtigungen hauptsächlich in dem Maße, wie sie eine theatralische Form annimmt, die ganz besonders geeignet ist, zu bestechen und die Vorstellungskraft zu beeindrucken – und der strittige Charakter von spektakulären Praktiken wie Tanz und *gurri* der Besessenen scheint gewissen Adepten durchaus nicht zu entgehen. Wie wir gesehen haben, bringt Asâmannač

---

[136] Dieser Vorfall, der sich am Nachmittag des 23. Oktober bei Malkâm Ayyahu abgespielt haben soll, wurde Abba Jérôme und mir im Laufe des *wadâğâ* derselben Nwcht berichtet.

dem *danqarâ* genannten Tanz keine besondere Wertschätzung entgegen, sie steht nun aber mit ihrer Ansicht keineswegs allein da, und verschiedene andere *zâr*-Gläubige, die bestimmte, ihnen bekannte Erleuchtete rühmen, geben an, daß bei diesen nur sehr wenig oder überhaupt nicht getanzt wird. Adânač versichert, daß es bei dem *alaqâ* Haddis von der Madhânê Alam-Gemeinde in Gondar »weder Händeklatschen noch Tänze« gibt, »man denkt nicht einmal daran«, fügt sie hinzu.[137] Derselben Informantin zufolge »wird bei dem *fit-awrâri* Şaggâyê wenig getanzt, lediglich zu Sankt Michael, zu Sankt Gabriel und beim Apostelfest«.[138] Es ist ebenfalls bekannt, daß bestimmte große *zâr,* die zu den geachtetsten gehören, bei den von ihnen besessenen Personen keinen *gurri* auslösen und auch kein »Blut« (anders gesagt: keine Tieropfer) erhalten; dies ist der Fall z. B. bei dem heiligen Abbâ Yosêf und bei Abbâ Qwasqwes. Andererseits unterscheiden manche deutlich zwischen den kollektiven Praktiken der moslemischen Erleuchteten und den Versammlungen der Besessenen, die mehr oder weniger eine Imitation dieser Praktiken darstellen. Ein zum Islam übergetretener Heilspezialist, der *alaqâ* Alamu, ist in der Tat der Ansicht, daß »der Gesang und die *gurri* des *zâr* Dinge sind, die sich von dem eigentlichen reinen[139] *wadâğâ* unterscheiden«, und der *alaqâ* Tagañña von Fit Mikâêl in Gondar, ein christlicher Heilspezialist, bemerkt, daß es für den berühmten Wundertäter des Tambên, Sheikh Mahammad Sayd, genannt Abbâ Wâ, weder Tanz – zumindest keinen profanen – noch *gurri* gibt: »Er öffnet lediglich die *hâdrâ* für den Propheten.«[140] Aus einem derartigen Bemühen um Unterscheidung und dem darin liegenden durchaus abfälligen Urteil über die hier behandelten Praktiken muß man ohne Zweifel zumindest den Schluß ziehen, daß der *zâr*-Kult sogar von bestimmten seiner berufsmäßigen Vertreter den in Äthiopien verbreiteten großen monotheistischen Religionen gegenüber (monophysitisches Christentum, Islam) als stark von Heidentum oder von Magie geprägt empfunden wird.

Fromme Bestrebungen, die darauf abzielen, den Geisterkult mit den Lehren der offiziellen Religion in Einklang zu bringen, lassen sich zwar sowohl bei den christlichen als auch bei den moslemischen Anhängern

---

[137] 236 C, Blatt 8 v.

[138] Ibid., Blatt 10 v.

[139] *ţuarâ,* »rein, sauber«. (236 C, Blatt 3).

[140] (arabisch) *hadhra,* wörtl. »Gegenwart, Versammlung«, Sitzung mit Litaneien und ekstatischen Tänzen (E. Dermenghem, *Le culte des saints dans l'Islam Maghrébin,* Paris (Gallimard) 1954, Glossar). 236 A, Blatt 23.

verzeichnen, und die offenbar am meisten verehrten Geister sollen angeblich jeweils einem der beiden großen Bekenntnisse angehören; die Vielzahl und Mannigfaltigkeit dieser Wesenheiten jedoch, ihre Ansiedlung an bestimmten Orten oder in bestimmten Gegenden[141,] sowie ihre Bindung an Personen operieren im Vergleich zu den grundlegenden Dogmen des einen wie des anderen Monotheismus auf einer zu wenig entwickelten Ebene, als daß diese nicht Abstand von einem Kult mit derartigen Glaubenssätzen nähmen. Man bemerkt jedenfalls bei den Technikern des *zâr* den Wunsch, über die Bewahrung des würdigen Charakters der verschiedenen Zeremonien zu wachen (wobei selbst die Augenblicke der Entspannung in das Ritual einbezogen sind), und es versteht sich im übrigen, daß die anfänglich regellosen Besessenheitskrisen sich in der Folge einem ziemlich strengen Protokoll unterwerfen müssen. Obwohl aber dem, was bloß Spiel oder Entfesselung[142] sein könnte, diese gleichzeitig theoretischen und praktischen Grenzen gezogen sind, bleibt doch der Angelpunkt des Systems, das von den verwendeten schamanistischen Verfahren und durch die angestrebten Ziele in die Nähe der Magie gerückt wird, das zweideutige Phänomen der Trance, bei der es so aussieht, als würde eine Zweitpersönlichkeit an die Stelle der normalen Persönlichkeit treten.

Dieser offiziell verworfene, aber ausgiebig praktizierte Kult, den allein sein kollektiver Charakter von der puren Magie zu unterscheiden und als religiös zu bezeichnen erlaubt und der im wesentlichen auf Ekstasetechniken begründet ist und weit mehr auf die Befriedigung individueller Anliegen aus ist (Heilung von Krankheiten, Erfolg bei Unternehmungen usw.) als auf das Wohl einer, wenn auch vielleicht auf eine Gesellschaftsklasse beschränkten Allgemeinheit[143] und darüber hinaus

---

[141] Vgl. die zitierten Artikel von M. Leiris.

[142] Abba Jérôme vermerkt in einem *zâr*-Gesang den Gebrauch des Wortes *azubâ,* das den Vorgang des Sich-Entfesselns in der Trance evozieren soll: »*azubâ : yasiqâ mawçâ yafukkarâ mawçâ malat naw yalebbu awaṭṭâ*«, »*azubâ* = den *siqâ* herauslassen [d. h., der von Abba Jérôme aufgenommenen Information zufolge, »seinen Begierden eine hemmungslose Befriedigung verschaffen«], den *fukkarâ* herauslassen; aus ganzem Herzen holte er aus sich heraus« (236 B, Blatt 29). Manche Personen möchten dieses Wort für die weiblichen *zâr* oder sogar für die Gesamtheit der *zâr* und *bâla-zâr* gebrauchen. Die Idee der Entfesselung scheint aber auf jeden Fall in dem Ausdruck: »den *siqâ* herauslassen/herausholen« enthalten zu sein. Nach I. Guidi (Nachtrag zum dictionnaire) bedeutet *siqâ* »Erregung, Elan«.

[143] Man muß immerhin anmerken, daß gewisse *zâr* (z. B. Râhêlo) keine individuellen Übel, sondern öffentliche Plagen wie Epidemien oder Tierseuchen hervorrufen sollen. Der ihnen geweihte Kult entspricht demnach einem allgemeinen Interesse.

von Spezialisten geleitet wird, die von ihren Klienten direkt und offen entlohnt werden (der betreffende Spezialist kann freilich noch den Schein wahren, indem er seine Entlohnung nicht in seinem eigenen Namen, sondern im Namen eines der ihn beherrschenden Geister in Empfang nimmt). Dieser Kult enthält ein Element, das ihn gleichzeitig in Verruf bringt und ihm eine spezielle Anziehungskraft verleiht: seine theatralischen Aspekte, die hier ausgeprägter sind als in den eigentlichen religiösen Zeremonien des Christentums oder des Islam. Denn im Kult der *zâr* treten – in der Person der Besessenen, von denen die Rollen übernommen werden – Wesenheiten in Erscheinung, die nicht lediglich mythische oder legendäre Gestalten darstellen, sondern durchaus Personen sind, welche sich der Zuhörerschaft mit einer sie charakterisierenden Sprache und, in den meisten Fällen, durch besondere Kennzeichen vorstellen: durch den *fukkarâ* oder Wahlspruch, eine ziemlich freie Anhäufung von Stereotypen, die an die homerischen Attribute[144] erinnern; durch ihre Gesten, ihre Verhaltensweisen und bei manchen Gelegenheiten durch die ihrem angeblichen Charakter entsprechende Bekleidung. Schließlich besitzt jede dieser Gestalten ihren besonderen Geschmack und stellt bisweilen sogar bestimmte,

---

[144] Als Beispiel sei ein Bruchstück eines am 7. September 1932 nach Auskünften von Malkâm Ayyahu und Enqo Bâhrey aufgezeichneten *fukkarâ* Sayfu Čangars angeführt (236 A, Blatt 50 v.):

arbâ aqwâdâš	Opferstifter der Vierzig!
arbâ mallâš	Entlohner der Vierzig!
yârbâw mari	Führer der Vierzig!
yârbâ sari	Organisator der Vierzig!
ši nadâfi	Der Tausend verwundet!
ši asnaddâfi	Der Tausend verwunden läßt!
ši garâfi	Der Tausend auspeitscht!
ši asgarrâfi	Der Tausend auspeitschen läßt!
Sayfu Čangar	Sayfu Čangar!
yâwlyoč mâgar	Stütze der *awlyâ!*
[. . .] *ğenn ṭayyâqi*	[. . .] Inquisitor der Djinn!
bâhr ṭalâqi	Der ins Meer taucht!
ya Râhêlo wandem	Bruder Râhêlos!

In diesem Text wird auf zwei Sayfu Čangar betreffende mythische Vorgänge angespielt: wie er auf dem Rückweg von Jerusalem, in Begleitung der *zâr*, die sich mit ihm zusammen dort hatten unterweisen lassen und mit denen er die Gruppe der Vierzig bildet, das rote Meer durchquerte und sich zu ihrem *aqwâdâš* machte, indem er ihnen ihre *maqwâdašâ*, d. h. die ihnen zukommenden rituellen Opfergaben darbrachte; wie er seine Schwester Râhêlo befreite, die ein Djinn entführt und bis in den weißen Nil geschleppt hatte – eine Episode, an die derjenige, der als Sayfu Čangar die Zeremonie leitet, in seinem *fukkarâ* auf jeden Fall erinnert, wenn die Spielart »Wurf des *danqarâ*« zelebriert wird, die zum Schauplatz ein Wildwasser hat.
Als guter Christ beginnt Sayfu Čangar seinen *fukkarâ* immer mit der Formel *basmulab (ba-semu la-ab)* oder *basmâab (ba-sema-ab),* »Im Namen des Vaters, des Sohnes und des heiligen Geistes.«

quasi bühnenmäßige Ansprüche hinsichtlich der Beleuchtung[145], so daß sie sich in ihrer Funktion kaum von denen unterscheiden, die unser Theater in seinen traditionellsten Formen in Szene setzt.

Zwischen einer echt zu nennenden Besessenheit, die entweder spontan ist oder willentlich herbeigeführt wird, aber jedenfalls in aller Ehrlichkeit in einer magisch-religiösen Perspektive erlitten wird, bei der die Trance von keiner bewußten Entscheidung abhängig sein dürfte, und dem, was man im Gegensatz dazu als unechte Besessenheit bezeichnen könnte, eine Besessenheit, die absichtlich vorgespiegelt wird, um sich zur Schau zu stellen oder auf andere Druck auszuüben, der sich in der Folge in materiellen und moralischen Vorteilen auszahlt, gibt es zu viele Abstufungen, als daß man die Grenzlinie einfach zu ziehen vermöchte. In vielen Fällen hat die Besessenheit für den Besessenen z. B. die Funktion eines Alibi, das es ihm erlaubt, Dinge zu sagen oder zu tun, die er vermeiden würde, wenn sie auf die Rechnung seiner normalen Persönlichkeit gingen. Bedient er sich dieses Alibis mit Vorsatz (in welchem Falle seine Besessenheit eine Komödie wäre, denn er hätte ihr Szenario selbst festgesetzt)? Oder beschränkt er sich darauf, mehr oder weniger hellsichtig aus einer von ihm selbst nicht geschaffenen Situation Nutzen zu ziehen (in welchem Falle es unklug und voreilig wäre, ihn der Schwindelei zu bezichtigen, auch wenn seine Ehrlichkeit nicht hundertprozentig ist)? Und der Patient, für den die Trance einen Schritt auf dem Wege zur Heilung darstellt und der gelehrig ihre Gesten ausführt, als würde er einer ärztlichen Verordnung folgen – handelt er nicht gleichfalls mit einer gewissen Unaufrichtigkeit, die auch keineswegs durch die Tatsache gemindert wird, daß er lediglich seine Gesundheit wiedererlangen und nicht etwa die Zuschauer beeindrucken möchte? Unterscheidet sich sein Fall – abgesehen davon, daß das von ihm angestrebte Ziel ein ernsthaftes ist und keinen Gedanken an ein Spiel aufkommen läßt – hinsichtlich der Echtheit der Besessenheit wirklich merklich von dem Fall jenes Patienten, für den die Trance ein Vergnügen ist und der, wie dies bei Frauen häufig vorkommt, schon seit dem frühen Morgen (genau wie man sich anderswo auf einen Ball freuen kann) vom *wadâğâ* träumt, wo er sicher

---

[145] Wenn sich der weibliche *zâr* Šašitu auf einem *wadâğâ* bekundet, dann wird, Enqo Bâhrey zufolge, die Lampe so weit heruntergeschraubt, bis sie »dämmerig« wird. Im Gegensatz zu den anderen *awlyâ,* für die man die Beleuchtung und sogar die Flamme des Herdfeuers vermindern muß, liebt Sayfu Čangar das grelle Licht und Arab Zaynê »möchte ein ziemlich intensives, aber gedämpftes Licht auf seinem Gesicht« (236 D, Blatt 19 v.).

ist, die Erfüllung seiner Wünsche zu finden?[146] Im einen wie im anderen Falle wird die Besessenheit zumindest herbeigesehnt, und die ins Spiel kommenden *zâr* sind Gestalten, an deren Verkörperung einem gelegen ist, weil man entweder von einem ernsthaften Wunsch nach Heilung oder von dem frivoleren Gedanken an die unmittelbar daraus zu gewinnenden Freuden dazu angeregt wurde. Da solche Zwischenstufen bei weitem die häufigsten zu sein scheinen, läßt sich die Besessenheit durch die *zâr* – so wenigstens, wie sie in den Jahren 1932–1933 fast offen in Gondar praktiziert wurde – wohl auch aus gutem Grunde als gelebtes und nicht als gespieltes Theater oder gar als Ausdruck eines kollektiven Wahns definieren.

Diese besondere Art von Theater, die niemals ihren theatralischen Charakter zugestehen kann, wird nicht nur vom Schauspieler gelebt, der keine sonderliche Mühe hat, sozusagen in die Haut der Rolle zu schlüpfen, und dazu durch das umgebende Milieu und von seinem eigenen Glauben an die Realität des *zâr* als eines sich normalerweise in der Besessenheit bekundenden Geistes ermutigt wird. Dies Theater wird auch vom Zuschauer gelebt, der selbst jeden Augenblick heimgesucht werden kann; er ist jedenfalls nie bloßer Beobachter, denn er trägt nicht allein durch sein Händeklatschen und sein Singen zur Beschwörung der Geister bei, er hat vielmehr Verkehr mit ihnen, sobald sie einmal »herabgestiegen« sind, und von den die Geister verkörpernden Personen wird er auch keineswegs auf Distanz gehalten. Selbst wenn er nicht seinerseits besessen ist und nur am Rande in die Zeremonie eingreift, wirkt der solcherart beteiligte Zuschauer an einem Ereignis mit, das er zusammen mit den Protagonisten erlebt, anstatt daß er es nur als passiver Zeuge beobachtet. Dank dieser Beteiligung aller, dieser beständigen Osmose zwischen Darstellern und Publikum, sind derartige Manifestationen, auch wenn sie einen Bruch mit dem gewöhnlichen Lauf des Lebens darstellen, nicht wie die eigentlich theatralischen Veranstaltungen in einer besonderen Sphäre angesiedelt, in der die darin beschlossenen und sich entwickelnden

---

[146] Allafač vergleicht den Geisteszustand einer Frau, die sich zum *wadâǧâ* begeben soll mit der Verfassung, »in der man zum Hochzeitshause oder zum Sanges- oder Tanzhause geht« (236 C, Blatt 49). Wenn andererseits oft Zwietracht herrscht in einer Ehe, bei der die Frau besessen ist, so immer wieder deshalb, weil der Frau vorgeworfen wird, sie nehme nur um der Zerstreuung willen an den Zeremonien des *zâr* teil. Die Klagen, die am häufigsten gegen eine der Bruderschaft angehörende Frau gerichtet werden, betreffen die Vernachlässigung ihres Gatten und den Umstand, daß sie Ausgaben für den *zâr* in der Form von Opfern und sonstigen Gaben von ihm fordert.

Wesen von den übrigen abgetrennt und aus diesem Grunde außerhalb des Lebens gestellt sind. Es dürfte sich letzten Endes um bevorzugte Momente handeln, in denen das kollektive Leben selbst eine theatralische Form annimmt.

Es läßt sich ganz allgemein feststellen, daß der *zâr*-Kult auf dem Lande einen familiären Charakter besitzt, der in den großen Ballungsgebieten mehr oder weniger in den Hintergrund tritt. Im dörflichen Milieu ist es in der Tat die Mutter, die als der Sammel- und Auffangspunkt für die *zâr* der Familie betrachtet wird; wenn ein Mitglied der Sippe krank wird, opfert man ihren offiziell zugesprochenen Geistern; ihr Kaffeetablett stellt das materielle Zentrum des Kultes dar. Wenn ein *alaqâ* oder sonstiger Spezialist die Leitung der Zeremonien übernimmt, so hat er praktisch nur die Funktion eines von außen herangeholten Technikers. Im städtischen Milieu gibt es umfangreichere Gruppen, von denen jede eine Art von Bruderschaft bildet, deren Basis und Rekrutierungsspielraum den Rahmen der Familie oder des Stadtviertels weit überschreitet. Der Mittelpunkt einer jeden dieser im allgemeinen miteinander rivalisierenden Gruppen wird durch einen professionellen Besessenen, einen *bâla-gandâ* oder Inhaber des *gandâ* gebildet, dessen Haus ein Durchgangsort ist, an dem die unterschiedlichsten Menschen miteinander in Berührung kommen: Mitglieder der Hausgemeinschaft wie Verwandte und Bedienstete des Oberhauptes der Bruderschaft; Adepten (ehemalige Kranke mit einem offiziell zuerkannten *zâr,* die weiterhin zu den Zeremonien kommen, um ihre Ehrerbietung zu bezeugen oder weil sie selbst später Magier werden möchten, Personen mit der Funktion von *kaddâm* oder *aškar,* die ihre Einweihung oder Behandlung durch eine unbestimmte Zeit des Dienens erkaufen); Klienten und regelmäßige Besucher (in Behandlung befindliche Kranke, in Untersuchung stehende Personen, Leute, die zur Konsultation kommen, fromme Menschen, die dem *zâr* ihre Ehrfurcht bezeugen und ihn für sich einnehmen möchten, Magier oder Anhänger anderer Gruppen, Liebhaber von Tanz und Gesang usw.). Das Haus des Bruderschaftsoberhauptes erweist sich demnach als eine Konsultationsstätte, als Hospital, als Kirche (d. h. als der Ort, an dem die Versammlungen stattfinden und die Mehrzahl der Riten ausgeübt wird, der Treffpunkt außerdem für die gemeinsamen Auszüge) und ist auch für bestimmte Personen eine Vergnügungsstätte[147]; darüber hinaus werden dort, wie

---

[147] So daß zu einer bestimmten Zeit in Addis Abeba die Häuser des *zâr* derselben Besteuerung

in einer Schenke, gegorene, alkoholhaltige Getränke konsumiert, und wir haben bereits gesehen, daß es gegebenenfalls auch als Pension dienen kann.[148]

Von dem Augenblick an, wo er nicht mehr nur die Angelegenheit eines kleinen Kreises von Verwandten und Nachbarn ist, sondern zu einer Bruderschaft mit größerer Mitgliederzahl und ausgedehnterer Rekrutierungsbasis wird, nimmt der *zâr*-Kult – dessen wichtigste Offizianten dann professionelle oder halb-professionelle Personen sind, die im Bezug zur Gruppe der Gläubigen eine Art von Klerus bilden – einen kommerzielleren Charakter und spektakulärere Formen an. Das Haupt der Bruderschaft wird nicht allein für seine Konsultationen und Krankenbehandlungen entlohnt, die von den Gläubigen mitgebrachten Opfergaben stellen auch einen Gutteil der Ressourcen des Hauses dar, sie sind das Äquivalent für eine Bezahlung in Naturalien. Gleichzeitig jedoch erwartet man, daß der »große *awlyâ*« einen gewissen Prunk und Aufwand entfaltet und diese Gaben also, anstatt sie zu horten, im Laufe der verschiedenen, von ihm geleiteten Zeremonien dem Konsum übergibt.[149] Während eine kleine Gruppe von Bauern kaum imstande ist, eine große Inszenierung zu veranstalten und letzten Endes auch kein wirkliches Interesse daran hat, ist dies für den Chef einer Bruderschaft ganz anders; denn dieser verfügt nicht nur über das notwendige Personal und über weniger beschränkte Mittel, für ihn bedeutet es auch eine Zunahme der Ausstrahlungskraft seines Hauses, wenn die dort stattfindenden Versammlungen als solche einen gewissen Anreiz besitzen und als Illustration des hohen Niveaus seiner Talente erscheinen. In seinem Hause *wadâǧâ* zu veranstalten, bei denen die Teilnehmerzahl sehr hoch ist, die Tänze und Gesänge zu einem gewissen Grade Attraktionen darstellen und beeindruckende Besessenheitskrisen zu verzeichnen sind, liegt offenbar, zumindest im Hinblick auf das Gros der Kundschaft, im Interesse der Werbung. Es kann also kaum Wunder

---

unterworfen waren wie die »Häuser des *ṭaǧ*«, Kneipen, in denen Honigwasser ausgeschenkt wird und die praktisch Freudenhäuser sind.

[148] Vgl. S. 188, Anm. 93. Auch nachdem sich Abba Jérôme in unserem Lager eingerichtet hatte, blieben seine beiden Bediensteten Kâsâhun und Unatu weiter in Pension bei Malkâm Ayyahu.

[149] Im Kreise Malkâm Ayyahus wurde gelegentlich der Niedergang ihres ehemaligen Schwiegersohnes, des *alaqâ* Hayla Mikâêl Abarrâ, der nach einer Zeit großer Hochschätzung als Heilspezialist ins Unglück gekommen war, dem Umstand zugeschrieben, daß ihn seine *zâr* zugunsten einer professionellen Besessenen, die sie mit Geschenken anzulocken wußte, verlassen hätten. Hat man darunter zu verstehen, daß seine Kundschaft zu einer Konkurrentin übergegangen war, bei der (vielleicht aufgrund ihrer überlegenen Ressourcen) ein größerer Aufwand entfaltet wurde?

nehmen, wenn der Heilspezialist leicht versucht ist, die ästhetischen oder theatralischen Aspekte des Rituals herauszustreichen oder sogar zur Betrügerei Zuflucht zu nehmen, um die gewünschte Atmosphäre zu schaffen.

Ein weiterer Faktor, der die städtische Spielart des *zâr*-Kultes kompliziert macht, liegt darin begründet, daß er im Übergang vom ländlichen zum städtischen Milieu zur Angelegenheit einer nicht allein ausgedehnteren, sondern auch zunehmend heterokliten Gruppe von Gläubigen wird. In solchen Gruppen begegnet man in der Tat neben ausgesprochen ehrbaren Leuten z. B. auch Frauen, die in dem mehr als zweifelhaften Ruf von Prostituierten[150] oder zumindest von lasterhaften Personen[151] stehen. Da nun das Haus eines Heilspezialisten definitionsgemäß ein offenes Haus ist, in dem jeder das Recht hat, Beistand zu suchen[152], und da die Sitte bei den Opfern oder den *wadâǧâ* Gastfreundschaft vorschreibt, kommt es ebenfalls vor, daß sich Männer oder Frauen Zutritt verschaffen, die der Heilspezialist – wenn auch nur im Hinblick auf die notwendige Bewahrung seines Prestiges – als erster für unerwünscht hält[153]. Bestimmte Personen sind schließlich bekannt dafür, daß sie von einem *gandâ* zum anderen gehen, wobei ihr hauptsächlicher Beweggrund entweder in der Suche nach Abenteuern, dem

---

[150] So z. B. bei Aggadač, einer ehemaligen Prostituierten aus Asmara.

[151] Dies war der Fall bei Denqnaš und Adânač, denen Malkâm Ayyahu übrigens beständig Vorhaltungen wegen ihrer Liederlichkeit machte.

[152] Ein Heilspezialist kann allerdings dennoch eine Person, die er nicht behandeln möchte, immer unter dem einen oder anderen Vorwand hinauskomplimentieren. Es ist außerdem üblich, daß sich der Heilspezialist vor Beginn der Behandlung durch Weissagung (z. B. die Beobachtung der Verbrennung eines vom Konsultierenden mitgebrachten Weihrauchstückes) vergewissert, ob seine Chance, *gembâr*, wörtl. »Stirn«, mit derjenigen seines Patienten zusammenstimmt, und man versäumt es nie, die Redlichkeit eines Heilspezialisten zu preisen, wenn dieser feststellt, daß sein Eingreifen erfolglos bleiben müßte, und den Ratsuchenden wieder wegschickt, oder ihm rät, zu einem anderen, womöglich passenderen Amtsbruder zu gehen. Denqê erzählt, daß ihr ein dunkelhäutiger Heilspezialist aus Tchelgâ gesagt habe, er könne sie nicht behandeln, weil ihre Haut »rot«, d. h. hell sei und sie deswegen nicht zu seiner »Abteilung« *(kefel)* gehöre: er wollte damit wahrscheinlich sagen, daß sie von *zâr* geplagt wurde, über die die seinigen keine Macht besaßen und hielt sie demzufolge an, sich an Čangarê zu wenden (236 C, Blatt 16 v.).

[153] Am Abend des 13. September 1932 machte Malkâm Ayyahu denn auch Miene, eine bei ihr befindliche Frau vom *wadâǧâ* auszuschließen. Als sie merkte, wie sie sich in der Mitte des Raumes dahinschleppte und dabei Bewegungen vollführte, als wolle sie den *gurri* machen, erklärte Malkâm Ayyahu, ihr Haus sei kein »Irrenhaus«, und fragte dann, wer diese Frau mitgebracht habe. Als ihr eine Adeptin geantwortet hatte, dies habe ein Unbekannter getan, der sofort wieder gegangen sei, sagte sie, daß sie nichts mit einem »prostituierten *zâr*« zu tun haben wolle. Aber schließlich machte sie dann doch keine Einwendungen mehr gegen die Anwesenheit der unerwünschten Person, die sie übrigens von früher her kannte: zwei Jahre zuvor hatte sie sie behandelt und durch ihre Pflege die Geburt eines Kindes ermöglicht.

Wunsch, sich zu amüsieren, oder im Schmarotzertum zu sehen ist. Wie aber auch immer der Heilspezialist sich dazu stellen mag, die regelmäßige oder zufällige Anwesenheit solcher Elemente ist ganz offensichtlich wenig geeignet, die rein magisch-religiöse Würde der Versammlungen zu bewahren.

Obwohl die Versammlungen und die anderen vom *zâr*-Kult angeregten Zeremonien durchaus keine primär theatralische Funktion haben, sieht man doch, daß dieser Kult die Keime für eine mögliche Entwicklung in Richtung auf das Theater in sich birgt: Seine Anhänger werden im Laufe der Behandlung nicht allein in die Erzeugung von Trancen eingeübt, die – insofern sie dem Charakter der zu verkörpernden Gestalt entsprechend stilisiert sind[154] – einen merklich theatralischen Anstrich haben; auf dem Gebiet des mündlichen Rituals müssen sie nicht allein in der Lage sein, die besagten halbimprovisierten Tiraden der *fukkarâ,* der Wahlsprüche oder der Gelegenheitsgedichte mit stereotypen Formeln zu rezitieren – der Kult bietet ihnen auch dann immer wieder die Gelegenheit, mehr oder weniger gutgläubig an komödienartigen Aufführungen teilzunehmen, wenn es nicht gerade ausdrücklich darum geht, ein kleines Lustspiel zur Unterhaltung der Versammlung zu inszenieren. Ist es im übrigen nicht bezeichnend, daß eines der charakteristischsten Merkmale der Entwicklung dieses Kultes – wenn man einmal davon ausgeht, daß seine ländlich-bäurischen Formen seinem ursprünglichsten Zustand entsprechen – häufig, wenn nicht sogar immer, in der Verstärkung seiner ästhetischen Aspekte besteht? In einer Bewegung, deren konkrete soziale Bedingungen ziemlich klar auszumachen sind und die man deshalb auch nicht ohne übertriebene Schematisierung allein am Verfall des Glaubens festmachen kann, gleitet man nach und nach vom gelebten zum gespielten Theater hinüber; der Anteil ernsthafter Beteiligung nimmt ab, macht allmählich der Oberflächlichkeit und Frivolität Platz, und neben dem,

---

[154] Angesichts des *bori* der Haoussa spricht H. Jeanmaire von der Bedeutung dieser Stilisierung als Übergang zum Theater im eigentlichen Sinne: »Die individuelle Besessenheit mittels eines psychischen Mechanismus der Autosuggestion ist klassisch geworden durch die auf den ›großen Anfall‹ der Hysterie zurückgeführten halluzinatorischen Phänomene; sie entwickelt sich zum ›Charakter‹, den der Besessene zu verkörpern hat, insofern man dem ihn beherrschenden Geist einen bestimmten Charakter zuschreibt. Wenn somit die Neugier von der spektakulären Seite dieser ›Nachahmungen‹ erweckt wird, ergibt sich auf natürliche und fast notwendige Weise der Übergang zur kleinen Szene oder, wie man auch sagen könnte, zum Sketch, der bereits eine elementare Stufe des Theaters darstellt.« (*Dionysos,* op. cit., S. 307–308).

was schlimmstenfalls eine fromme Lüge war, tritt immer mehr die auf Vorteil und auf Gewinn abgestellte Betrügerei hervor.

Das theatralische Element, oder, allgemeiner gesehen, der l'art-pour-l'art-Charakter dieser Rituale scheint letzten Endes kein zufälliges Element, d. h. die bloße Konsequenz einer Verkünstelung, sondern viel eher etwas Grundlegendes darzustellen, das tendenziell an Bedeutung gewinnt, sobald die Umstände eine solche Entwicklung ermöglichen. Die Besessenheit ist in sich schon Theater, insofern sie, objektiv gesehen, auf die Darstellung einer mythischen oder legendären Gestalt durch einen menschlichen Schauspieler hinausläuft. Die zur Beschwörung der Geister verwandten Musikstücke und Gesänge sind gleichzeitig Mittel, eine Atmosphäre zu schaffen und den Enthusiasmus[155] der Versammelten hervorzurufen. Und wenn man den Tänzen – in dem Maße wie der *zâr* durch sie Genugtuung und Befriedigung erfährt – einen heilenden Wert zuschreibt, so sind sie doch als solche und in sich selbst schon Belustigung und Spektakel. Man hat es hier demnach mit einer Art von Ritual zu tun, bei dem der Kunst- und Spielanteil von Anfang an ungemein gewichtig erscheint und von dem man, ohne ins Paradox zu verfallen, behaupten könnte, daß selbst die Mißerfolge eine Quelle ästhetischer Bereicherung darstellen: Oft wird für diese Mißerfolge irgendeine Nachlässigkeit verantwortlich gemacht (woraus sich die Notwendigkeit ergibt, noch mehr Sorgfalt auf die Ausgestaltung der Inszenierungsdetails zu verwenden) oder die Unzufriedenheit irgendeines Geistes, an den man nicht gedacht hatte – was zur Folge hat, daß neue Figuren ins Spiel gebracht oder gar neu erfunden werden, daß es also zu einer Vervielfältigung der dargestellten Charaktere kommt, ganz abgesehen von der damit verbundenen Anregung zu neuen Zeremonien.

Von einem streng magisch-medizinischen Standpunkt aus gesehen stellt die quasi unbegrenzte Fähigkeit eines solchen Systems, Mißerfolge zu erklären und immer wieder neue Versuche zu starten, unzweifelhaft einen Faktor dar, der die Weiterverwendung dieser sich gleichwohl immer wieder als wirkungslos erweisenden Heilmethoden begünstigt. Außer dieser im Wesen des Systems selbst begründeten Einfachheit seiner Perpetuierung gilt es, neben anderen, möglicherweise in die gleiche Richtung weisenden Elementen die moralische Stärkung und

---

[155] Im doppelten Sinne des Wortes, das bei Aristoteles »die Besessenheit, die Empfindung einer göttlichen Gegenwart und eines göttlichen Einflusses« bezeichnet (Jeanmaire: ibid., S. 317 f.).

das effektive Vergnügen in Betracht zu ziehen, welches die Gläubigen im allgemeinen in der regelmäßigen Teilnahme an den Versammlungen finden. Selbst Adeptinnen wie Denqê und Asâmannač, die Malkâm Ayyahu immer wieder kritisieren und sie namentlich als eine gewinnsüchtige und auf ihre eigenen Vorrechte eifersüchtig bedachte Frau hinstellen, sprechen von der Fürsorge, die sie ihnen wie den anderen Kranken hat zuteil werden lassen.[156] Eine quasi familiäre Beziehung verbindet die Mitglieder derselben Bruderschaft untereinander und all diejenigen, die von Malkâm Ayyahu behandelt worden sind, reden sie im allgemeinen, wenn sie vertraulich von ihr sprechen und sie nicht beim Namen ihres großen *zâr* Abbâtê Čangarê, »mein Vater Čangar«, nennen, mit »unsere Mutter« an. Eine oft aufsässige und zu allem Spott aufgelegte Adeptin wie Abiču erklärt gleichwohl, als sie Abba Jérôme *zâr*-Namen in sein Notizbuch vermerken sieht und befürchtet, daß er sie sich dadurch zu eigen machen könne: »der *zâr* ist wie mein Vater und meine Mutter. Nehmen Sie ihn mir nicht durch das Papier weg! Ich sterbe, wenn der *zâr* von mir weggeht.«[157] Man hat im übrigen gesehen, welche Faszination der *wadâ ǧâ* auf die Frauen auszuüben vermag, und die Angaben der jungen Witwe Allafač[158] erinnern durchaus an den Passus aus *La Sorcière*, wo Michelet darlegt, daß »für die Basken jene Tänze angeblich die unwiderstehliche Verlockung darstellten, welche die ganze weibliche Welt, Frauen, Mädchen und Witwen (letztere in großer Zahl) zum Sabbat lockte.«[159]

Die meisten Mitglieder der Bruderschaften, wenn nicht gar die Mehrzahl der Heilspezialisten sind Frauen und weitere Tatsachen legen die Vermutung nahe, daß der *zâr* eine eher weibliche als männliche Einrichtung ist: Die offenbar am weitesten verbreitete Überlieferung läßt den Ursprung der *zâr* auf Eva zurückgehen; ihre Genealogien folgen der weiblichen Linie, und in der Geheimsprache der Bruderschaften bezeichnet das Wort »Adam« das Menschengeschlecht, insofern es als solches mit dem Geschlechte der Geister gerade nichts gemein hat. Bei den Männern steht die Besessenheit einerseits in schlechterem Ruf und ist andererseits auch weniger häufig anzutreffen als bei den Frauen: Dem Priester Ayyala, dem Bruder Malkâm Ayya-

---

[156] Vgl. 236 B, Blatt 57 v.–58 und 236 C, Blatt 16 v. und 52.
[157] 236 B, Blatt 47 v.
[158] Siehe oben, S. 159 f. und S. 219, Anm. 146.
[159] Op. cit., S. 515. Nach Pierre de Lancre, *Tableau de l'inconstance des mauvais anges et démons*, Paris 1612.

hus, zufolge könnte ein Mann, »der den *zâr* hat« und aus diesem Grunde als *awtâttâ,* »unbeständig, unruhig, unstet«, gilt, weder Mitglied der sich um einen Schutzheiligen gruppierenden Gemeinschaften werden noch an den auf gegenseitiger Hilfe basierenden Landwirtschaftsgenossenschaften beteiligt sein.[160] Für diese weibliche Mehrheit läßt sich festhalten, daß die mit dem *zâr*-Kult in Zusammenhang stehenden Praktiken – ganz gleich mit welcher Einstellung die betroffene Person sich ihnen überläßt – die Möglichkeit einer momentanen Unabhängigkeit bieten, durch die geschaffenen Anlässe und Gelegenheiten, von zu Hause wegzukommen, und außerdem in der Trance ein Mittel bereitstellen, auf die Umgebung Druck auszuüben, vergleichbar etwa den Nervenkrisen und Ohnmachtsanfällen in unseren Gesellschaften; und da das Männergeschlecht im Bereiche des *zâr* auch nicht mehr Privilegien besitzt als in den Bünden von Erleuchteten überhaupt[161], vermögen die Frauen sich hier außerdem als Gleichberechtigte neben den Männern zu behaupten – auf dem Umwege über Wesenheiten, die ihnen die öffentliche Übernahme männlicher Rollen erlauben, was auf einer ausgesprochen bildhaften Ebene der obigen Behauptung entspricht.

Allgemein gesehen ist schließlich anzunehmen, daß, wenn das Theater als solches schon ein gewisses Vermögen der *Katharsis* oder »Reinigung« der Leidenschaften besitzt – Leidenschaften, deren Schädlichkeit abnimmt, sobald sie in einer szenischen Handlung ihre Äußerung gefunden haben –, in dieser Hinsicht eine noch größere Wirkung von einem Theater erreicht werden muß, bei dem die Person keineswegs zur Passivität verdammt oder zugunsten einer reinen Spielhandlung von sich selbst abgelenkt wird, sondern vielmehr als Person gänzlich mit in das Spiel hineingezogen ist und darüber hinaus in einem gewissen Maße die Szenen selbst erfinden kann, zu deren Protagonist sie wird. Bei den Versammlungen und Zeremonien, zu denen der Kult des *zâr* den Anlaß liefert, ist dies der Fall, und die Annahme scheint berechtigt, daß der Adept als sicheren Gewinn darin zumindest eine

---

[160] Der Fall des Adepten und *marigêtâ* (Chorleiter der *dabtarâ* seiner Gemeinde) Enqo Bâhrey widerspricht dieser Behauptung keineswegs: Er war wohl besessen gewesen, aber diese Besessenheit war jetzt vorbei und seine *zâr* waren auf seine Frau übertragen worden (236 A, Blatt 53). Es ist außerdem wahrscheinlich, daß die Behauptung nicht auf die als Heilspezialisten praktizierenden Besessenen zutrifft.

[161] Zur Zeit meines Aufenthaltes in Gondar war der berühmteste Erleuchtete Nordäthiopiens ein Mann mit dem Beinamen Abbâ Wâ. Man muß jedoch auch anmerken, daß zur gleichen Zeit eine gewisse Šebbâš, genannt »Unsere Frau von Arusi«, ein großes Ansehen als Prophetin genoß.

gewisse Euphorie findet, die dann unweigerlich dazu beiträgt, ihn an diese Praktiken zu binden – wie entmutigend die Ergebnisse im übrigen auch sein mögen. Man berührt hier etwas, was unerachtet der fortwährenden Dementi, welche die Erfahrung ihr auferlegt, die große Stärke der Magie ausmacht: die von ihr aufgerufenen affektiven Elemente mit ihrem Material an Mythen und Bildern und dem Anteil an Dramatik und Spektakel, welches sie enthalten.

Das Heilige im Alltagsleben (1938)

Was ist für mich das *Heilige?* Oder genauer: Worin besteht *mein* Heiliges? Welche Gegenstände, Orte und Situationen erwecken in mir jene Mischung aus Furcht und Hingabe, jene zweideutige, vom Herannahen eines sowohl verlockenden als auch gefährlichen, glorreichen und zurückgestoßenen Etwas bestimmte Einstellung, jene Mischung aus Respekt, Begierde und Schrecken, die für das psychologische Anzeichen des Heiligen gelten kann?

Es geht hier nicht darum, meine Wertskala zu definieren, deren Spitze dann das einnehmen würde, was für mich am gewichtigsten und (im gewöhnlichen Sinne des Wortes) am heiligsten ist. Es geht vielmehr darum, durch einige unauffällige, dem alltäglichen Leben entlehnte Züge hindurch – die außerhalb dessen stehen, was heute das offizielle Heilige ausmacht (Religion, Vaterland, Moral) – die Momente aufzudecken, welche die qualitative Charakterisierung meines Heiligen erlauben und zur Bestimmung der Grenze beitragen könnten, von der an ich weiß, daß ich mich nicht mehr auf dem Boden der gewöhnlichen (unbedeutenden oder ernsthaften, angenehmen oder schmerzlichen) Dinge bewege, sondern in eine radikal verschiedene Welt eingetreten bin, die von der profanen Welt ebenso klar geschieden ist wie das Feuer vom Wasser.

Es scheint auf der Hand zu liegen, daß in erster Linie das befragt werden muß, was uns während der Kindheit faszinierte und uns die Erinnerung an eine solche Verwirrung gelassen hat. Denn von allen uns zur Verfügung stehenden Materialien, sind diese aus dem Nebel der Kindheit hervorgezogenen Elemente wahrscheinlich noch die unverfälschtesten.

Wenn ich mich im Geiste in meine Kindheit zurückversetze, finde ich zunächst einige Idole, verschiedene Tempel und, allgemeiner gesehen, ein paar heilige Orte.

An erster Stelle verschiedene Gegenstände, die meinem Vater gehörten: Symbole seiner Macht und Autorität. Sein hoher Zylinder mit flachen Rändern, den er abends, wenn er aus dem Büro kam, an den Kleiderständer hing. Sein Trommelrevolver, gefährlich wie alle Feuerwaffen und um so verlockender, als er aus vernickeltem Metall gefertigt war: ein Smith and Wesson, den er gewöhnlich in der Schublade eines Schreibtisches oder in seinem Nachttisch verwahrte und der im eigentlichsten Sinne das Attribut desjenigen darstellte, dem es unter anderem oblag, Haus und Familie zu unterhalten und vor Dieben zu schützen. Seine Goldschatulle, in der er Louisdor aufbewahrte, eine Art von Geldkassette und Schmuckstück, die lange Zeit die ausschließliche Apanage des Ernährers war und uns, meinem Bruder und mir, solange als Kennzeichen des Mannesalters erschien, bis wir eine ebensolche als Kommunionsgeschenk bekamen.

Ein anderes Idol war der mit einem Frauenbildnis (ähnlich einem Brustbild der Republik) geschützte Heizofen, die »Radieuse«. Im Eßzimmer thronend als wahrer Schutzgeist des Heimes; anziehend durch die Hitze, die sie verbreitete, die Glut ihrer Kohlen; gefürchtet gleichzeitig, denn wir wußten, wir würden uns verbrennen, falls wir sie berührten. Nachts, wenn ich, von nervösen Hustenanfällen, Symptomen der falschen Diphterie, geplagt, erwachte, wurde ich in ihre Nähe gebracht: gepackt von einem übernatürlichen nächtlichen Übel, geschüttelt von dem, wie ein Fremdkörper in mich eindringenden Husten und umhegt andererseits von der Besorgnis und dem zärtlichen Bemühen meiner Eltern, hatte ich die Empfindung, auf einmal zu einer glorreichen Gestalt zu werden, gleich dem Helden einer Tragödie.

Bei den Orten tritt zunächst das elterliche Zimmer hervor, das erst nachts seine volle Bedeutung gewann, wenn mein Vater und meine Mutter dort schliefen – bei offener Tür, um besser über die Nachkommenschaft wachen zu können – und wenn ich undeutlich im Lichte der Nachtlampe das große Bett wahrnahm: den Inbegriff der nächtlichen Welt der Alpträume, die den Schlaf durchfahren und wie eine schwarze Antwort auf die Pollutionen sind.

Ein weiterer geheiligter Pol des Hauses war für uns das WC: der linke, zum Verbotenen neigende Pol, im Vergleich zum elterlichen Zimmer, das selbst den rechten Pol darstellte, den der gegründeten Autorität und des Allerheiligsten der Pendeluhr und der Bildnisse der Großeltern; das WC, in dem einer meiner beiden Brüder und ich jeden Abend wegen eines natürlichen Bedürfnisses sich einschlossen, zugleich aber auch, um uns von einem Tag auf den anderen eine Art von Fortsetzungsgeschichten mit Tierfiguren zu erzählen, die wir abwechselnd erfanden. Es ist dies der Ort, an dem wir uns am meisten als Komplizen fühlten, wo wir Komplotte schmiedeten und eine ganze, quasi geheime Mythologie (die Nahrung der im eigentlichsten Sinne erfindungsreichen Zeit unseres Lebens) entwarfen, die jeden Abend wieder aufgenommen und bisweilen in ein Heft ins Reine geschrieben wurde. Tiere, die als Soldaten, als Jockeys, als zivile oder militärische Flieger an kriegerischen oder sportlichen Wettkämpfen beteiligt oder in Kriminalintrigen verwickelt waren. Undurchsichtige politische Machenschaften mit versuchten Staatsstreichen, Morden und Entführungen. Entwürfe für eine Verfassung, die eine ideale Regierung garantieren sollte. Liebesintrigen von unüberbietbarer Ärmlichkeit, die immer in einer glücklichen, von der Geburt zahlreicher Kinder gefolgten Heirat und Ehe ihre Lösung fanden (obwohl die Schlußphase des Witwenstandes nicht notwendigerweise unterschlagen wurde). Erfindung von Kriegsmaschinen, von unterirdischen Gängen, Klappen und Fallen (bisweilen aus nichts als einem durch Blattwerk verborgenen Graben bestehend, dessen Wände mit geschärften Messern besetzt und in dessen Boden Pfähle eingerammt waren, um den Hineinstürzenden in Stücke zu schneiden und zu durchbohren). Nach jeder Schlacht detaillierte Statistiken mit Angabe der genauen Zahl der Gefangenen, Verwundeten und Toten bei jeder der beiden gegnerischen Parteien, die z. B. von den Katzen und den Hunden (ersteren als Royalisten und letzteren als Republikanern) gebildet wurden. Das Ganze trugen wir dann genau in unsere Hefte ein und hielten es dort in der Form von Erzählungen, Tabellen, Plänen und Skizzen mit Inhaltsverzeichnissen und Stammbäumen fest.

Außer der Folge von erfundenen Geschichten und unserem Heldenpantheon trug von diesen langen, im Klo verbrachten Augenblicken vielleicht gerade die Heimlichkeit unserer Zusammenkünfte am deutlichsten die Prägung des Heiligen. Die übrigen Familienmitglieder wußten selbstverständlich, daß wir dort waren, aber sie konnten nicht wissen, was wir hinter verschlossener Tür erzählten. Unser Tun hatte jedenfalls etwas mehr oder weniger Verbotenes an sich, denn wir zogen uns einen Verweis zu, wenn wir zu lange im Klo eingeschlossen blieben. Wie in einem »Männerhaus« irgendeiner Insel Ozeaniens – wo die Eingeweihten sich versammeln und wo von Mund zu Mund, von Generation zu Generation die Geheimnisse und Mythen übertragen werden – bastelten wir in unserem »Klub« ohne Unterlaß an unserer Mythologie und suchten unermüdlich die Antworten auf die verschiedenen Rätsel, die uns im Sexuellen keine Ruhe ließen. Mein Bruder, auf dem großen Sitz thronend wie ein Eingeweihter höheren Grades, und ich, der Jüngere, auf einem gewöhnlichen Nachttopf, der die Rolle eines Schemels für die Neulinge spielen mochte. Die Wasserspülung und das Loch waren schon als solche mysteriöse und in der Tat gefährliche Dinge, denn als ich beim Spielen einmal wie ein Zirkuspferd um die Öffnung herumtrabte, passierte es mir, daß ich mit dem Fuß hineingeriet, und meine zu Hilfe gerufenen Eltern hatten große Mühe, mich wieder loszubekommen; wären wir älter gewesen und etwas gebildeter, so hätten wir nicht gezögert, eine direkte Verbindung zu den chthonischen Gottheiten zu sehen.

Im Vergleich zum Salon – dem Olymp, der uns an Empfangstagen verschlossen blieb – war dieser Abort wie eine Höhle, eine Unterwelt, von der man seine Inspirationen bezieht, indem man mit den trübsten und unterirdischsten Mächten in Verbindung tritt. Im Gegensatz zu dem aufrechten Heiligen der elterlichen Majestät, nahm dort die zwielichtige Magie eines linken Heiligen Gestalt an: dort, wo wir uns allen anderen gegenüber am meisten als Außenseiter fühlten und uns von der Welt abgeschnitten vorkamen, wo wir jedoch, in dem Embryo eines Geheimbundes, den wir zwei Brüder zusammen bildeten, gleichzeitig am meisten Seite an Seite und im Einvernehmen miteinander lebten. Es handelte sich für uns letzten Endes um jenes eminent Heilige, das in jeder Art von Pakt gegeben ist – so z. B. in dem Band der Komplizenschaft, das die Schüler derselben Klasse gegen die Lehrer zusammenschließt. Dieses Band ist so zwingend und solide, daß von all den moralischen Imperativen, die dem Gewissen der Erwachsenen gebieten, sich nur sehr wenige mit demjenigen vergleichen lassen, mit dem die Kinder untereinander sich das gegenseitige »Verpetzen« untersagen.

Von den Orten im Freien stehen mir – im zeitlichen Abstand und in den Begriffen, die ich seitdem erworben habe – noch zwei vor Augen, die dem übrigens frommen Kind, das ich damals war, von einem Charakter der Heiligkeit geprägt zu sein schienen: die Art von Buschland oder Niemandsland, das sich zwischen der Zone der Befestigungen und der Rennbahn von Auteuil erstreckte, sowie diese Rennbahn selbst.

Wenn uns unsere Mutter oder unsere ältere Schwester bald im Bois de Boulogne, bald in den öffentlichen Anlagen neben den »Treibhäusern der Stadt Paris« spazierenführte, hatten wir oft diesen ungenau definierten Bereich zu durchqueren (der sich von der bürgerlichen Welt der Häuser genauso unterscheidet wie für die Angehörigen der sogenannten »primitiven« Zivilisationen das Dorf sich dem Busch gegenüberstellt: der unbestimmten Welt, dem eigentlichen Schauplatz aller mythischen Abenteuer und seltsamen Begegnungen, welche schon unmittelbar nach Verlassen der gebührend abgesteckten und ausgewiesenen Welt des Dorfes beginnt), diese tatsächlich von Räubern und Unholden unsicher gemachte »Zone«. Wenn wir uns schon einmal dort zum Spielen aufhielten, warnte man uns denn auch vor den Unbekannten (in Wirklichkeit, wie ich heute weiß: vor den Satyren, den Lüstlingen), die unter irgendwelchen fadenscheinigen Vorwänden hätten versuchen können, uns ins Dickicht zu locken. Ein Milieu außerhalb des Normalen, mit außerordentlichen Tabus belegt, ein tief vom Übernatürlichen und Heiligen durchdrungener Bereich, grundverschieden von den öffentlichen Anlagen, in denen alles vorhergesehen ist, geordnet, mit dem Rechen geglättet; ihnen konnten auch die Schilder, die das Betreten des Rasens verbieten – Zeichen des Tabus immerhin auch sie – nur ein stark abgekühltes Heiliges verleihen.

Die Rennbahn von Auteuil: der andere Ort unter freiem Himmel, der mich und einen meiner Brüder faszinierte. Von einem Reitweg aus, der teilweise um sie herumführte, konnten wir die Jockeys in ihren mehrfarbigen Dress beobachten, wie sie auf ihren Pferden mit glänzendem Fell eine Hecke übersprangen und dann einen rasenbedeckten Erdhügel hinaufritten, hinter dem sie verschwanden. Wir wußten, daß hier der Ort war, wo bestimmte Leute (dieselben, die wir auf den Tribünen zusammengedrängt sahen und deren Gejohle wir beim Zieldurchgang vernahmen) für diese Reiter mit den funkelnden Ausrüstungen Wetten abschlossen und sich ruinierten – wie es einem ehemaligen Kollegen meines Vaters ergangen war, der, nachdem er einmal »Pferd und Wagen« besessen hatte, sein ganzes Vermögen beim Spiel verlor und jetzt jedesmal meinen Vater um ein paar Groschen anhaute, wenn er ihm an der Börse begegnete. Übrigens einer der wunderbarsten Plätze überhaupt, wegen des dort sich abspielenden Spektakels und der beträchtlichen Summen, die da gewonnen oder verloren wurden; gleichzeitig auch einer der unmoralischsten Orte, denn dort wird ausschließlich nach Glück oder Unglück abgewogen, ein Ort schließlich, gegen den mein Vater wetterte, beunruhigt von der Idee, wir könnten später einmal zu Spielern werden.

Es war immer eine unserer größten Freuden, wenn der Start zum Rennen ungefähr an der Stelle gegeben wurde, wo wir standen. Der Starter in seinem Gehrock auf einem Pferd mit Ringkämpfermuskeln: ein massiges Tier neben den Vollblutpferden, die am Rennen teilnahmen. Mit Trippelbewegungen gleich denen der Hähne, in einem Hin-

und Herwogen wie von Schwänen, formiert sich die Gruppe der Wettstreiter zum Start; dann, nach der stets mühsamen Aufstellung, der jähe Galopp des ganzen Feldes, der Lärm der Hufe auf dem Boden, von dem wir noch die leisesten Vibrationen zu registrieren meinten. Obwohl ich nie besonders viel Sinn für den Sport hatte, ist mir von dieser Zeit der Eindruck einer Bezauberung in Erinnerung geblieben, der mich jede sportliche Veranstaltung als eine Art von ritueller Parade betrachten läßt. Das Sattelzeug der Jockeys, die weißen Seile der Boxringe und all die vorbereitenden Anstalten: der Vorbeimarsch der Konkurrenten, die Vorstellung der Gegner, das Amt des Starters oder des Schiedsrichters, all das auch, was man im Hintergrund vom Einfetten und Massieren, von Doping, speziellen Diäten und streng zu beachtenden Vorschriften mitbekommt. Es ist, als wenn die Protagonisten sich in einer anderen, eigenen Welt betätigten und als ob sie dem Publikum zugleich näher und ferner stünden als z. B. die Schauspieler und Artisten auf einer Bühne. Denn hier ist nichts falsch: welche Bedeutung auch immer der Inszenierung zukommen mag, die sportliche Veranstaltung mit ihrem theoretisch unvorhersehbaren Ausgang ist eine reale Handlung und kein Scheinvorgang, dessen sämtliche Auflösungen einem vorher festgelegten Plan folgen würden. Zugleich mit einem viel ausgeprägteren Bewußtsein der Trennung, daher auch eine unendlich größere Beteiligung; denn die Wesen, von denen wir hier getrennt sind, sind nicht die üblichen konventionellen Mannequins – vage Reflexe von uns selbst, die im Grunde nicht viel mit uns gemein haben –, sondern Wesen wie wir, mit einer zumindest gleichgroßen Dichte, Wesen, die wir selbst sein könnten.

Während dieser ganzen Zeit der Begeisterung für die Pferderennen stellten wir uns oft vor, mein Bruder und ich, wir würden später einmal Jockeys – wie so mancher Junge aus ärmeren Vierteln davon träumen mag, Radrennfahrer oder Boxer zu werden. Wie der Religionsstifter, der große Revolutionär oder der große Eroberer scheint auch der Champion ein Geschick zu haben, und sein schwindelerregender Aufstieg – denn er stammt ja vielfach aus den benachteiligsten Schichten der Bevölkerung – erscheint als das Zeichen eines Glückes oder einer überlegenen magischen Kraft, eines außergewöhnlichen *Mana,* welches ihm erlaubt, mit einem Sprung die ganze gesellschaftliche Stufenleiter zu erklimmen und einen bestimmten Status zu erreichen: einen sozialen Rang, der zwar irgendwie marginal ist, aber mit all dem, was der gewöhnliche Mensch, gleich welcher Geburt, vernünftigerweise zu erwarten berechtigt ist, nicht verglichen werden kann. In gewisser Hinsicht erinnert er an den *Schamanen*, der ursprünglich auch nichts anderes ist als ein Unbemittelter und Benachteiligter und der dem Schicksal gegenüber eine spektakuläre Revanche und Vergeltung erzielt, insofern er ganz allein, unter Ausschluß der anderen, im Einvernehmen mit den Geistern steht.

Ohne Zweifel hatten mein Bruder und ich eine undeutliche Ahnung von all dem, wenn wir uns mit einem Jockey-Dress – als einer Art von Wappen – oder mit liturgischen Gewändern bekleidet sahen, die uns von den anderen gleichzeitig unterschieden und auch mit ihnen vereinigt hätten: als Zielpunkte, Träger der kollektiven Erregung, als Konvergenzpunkte und Auffänger für ihre, sich wie Nadeln zum Anklammern des Prestiges auf uns heftenden Blicke. Deutlicher noch als der Zylinderhut, der Trommelrevolver und die Goldschatulle des Vaters hätten diese dünnen Seidenblusen unsere Macht zum Ausdruck gebracht, unser spezifisches *Mana* von Leuten, die alle Hindernisse unter dem Bauch ihrer Pferde vorbeiziehen lassen und sich siegreich allen Gefahren des Sturzes aussetzen.

Neben den Gegenständen, Orten und Darbietungen, die auf uns eine so besondere Anziehung ausübten (die Anziehung all dessen, was nicht zur normalen Welt zu gehören scheint, wie z. B. ein Hurenhaus – erfüllt von Nacktheit und vom stehenden Geruch schwitznasser Hitze –, das unendlich weit von der bekleideten und gelüfteten Welt der Straße entfernt ist, auch wenn diese Straße nur durch eine bloße Schwelle, die Konkretisierung des den Ort der Verderbnis treffenden Tabus, von ihm getrennt ist), finde ich Situationen, gewissermaßen unwägbare Elemente, die mir die durchdringende Erfahrung von der Existenz eines anderen Reiches vermittelt haben, eines Reiches, das sich von der Menge des Profanen mit derselben überwältigenden Gewaltsamkeit abhebt wie bei der Zurschaustellung der Frauen in den Nachtlokalen die enthaarten und gepuderten Körper, wenn sie unvermittelt in zwei Finger Entfernung neben den Tischen der trüb schwitzenden Esser auftauchen. Ich denke an bestimmte sprachliche Phänomene, an Worte, die in sich selbst reich an Ausweitungen sind, oder an nicht richtig gelesene oder gehörte Wörter, die plötzlich eine Art von Schwindel auslösen, wenn man gewahr wird, daß sie nicht das sind, was man bis dahin gedacht hatte. Derartige Worte hatten in meiner Kindheit oft die Funktion von *Schlüsseln*, denn durch ihren Klang eröffneten sich entweder überraschende Perspektiven, oder aber die plötzlich vollständige Erfassung eines Wortes, das man vorher immer entstellt hatte, wirkte gewissermaßen wie eine Enthüllung, wie das plötzliche Zerreißen eines Schleiers oder das Aufbrechen irgendeiner Wahrheit. Einige dieser Wörter oder Ausdrücke sind an Orte, Umstände, Bilder gebunden, deren Natur schon die emotionale Kraft erklärt, mit der sie beladen waren. So z. B. das »leere Haus«, ein Name, den meine Brüder und ich einer Gruppe von Felsen in der Nähe von Nemours verliehen hatten, die sich um eine Art von natürlichem Dolmen herumlagerten und nicht weit von dem Haus entfernt waren, wo wir mit unseren Eltern mehrere Jahre hintereinander die Sommerferien verbrachten. Das »leere Haus«: das ist wie der Klang unserer Stimmen unter dem granitenen Gewölbe, es ruft die Vorstellung von der verlassenen Behausung eines Riesen hervor, von einem, in Gestein gewaltigen Alters und außerordentlicher Brüchigkeit hineingehauenen Tempel mit gigantischen Ausmaßen.

Zum Gebiet des Heiligen im engeren Sinne gehört auch ein Name wie *Rebekka*, den ich in der biblischen Geschichte gefunden hatte und der für mich auch ein typisch biblisches Bild evozierte: eine Frau mit kupferfarbenem Gesicht und kupferfarbenen Armen, in eine lange Tunika gekleidet und einen weiten Schleier über dem Kopf tragend, mit einem Krug auf der Schulter und den Ellbogen auf einen Brunnenrand gestützt. In diesem Falle wirkte sich die Lautform des Namens selbst auf eine genau bestimmbare Weise aus: Sie erweckte einerseits die Vorstellung von etwas Süßem und Aromatischem, wie Rosinen oder Muskatreben, und erinnerte andererseits – aufgrund des anlautenden *R* und hauptsächlich wegen des . . . *ekka*, von dem ich eine Spur heute in Wörtern wie »Mekka« oder »perfekt« wiederfinde – an etwas Hartes und Eigensinniges.

Eine andere Vokabel hatte für mich eine Zeitlang den Wert eines Losungswortes oder magischen Abrakadabra: der Ausruf »Baoukta!«, den mein Bruder als Kriegsgeschrei erfunden hatte, als wir Indianer spielten und er den großen, heldenmütigen und gefürchteten Häuptling verkörperte. Was mich hier wie bei dem Namen *Rebekka* besonders beeindruckte, war hauptsächlich die exotische Form des Wortes, die Absonderlichkeit, die es verbarg, als wenn es der Sprache der Marsmenschen oder der Dämonen entstammte oder aber einem speziellen Vokabular entrissen und mit einer besonderen Bedeutung beladen sei, in deren Geheimnis allein mein älterer Bruder, als erster Offiziant, eingeweiht gewesen wäre.

Außer diesen Worten, die sozusagen durch ihre eigene Gestalt zu mir sprachen, gibt es andere sprachliche Phänomene, welche mir die unbestimmte Erfahrung dieser Art von Abweichung oder Verschiebung vermittelten, die für mich immer noch den Übergang vom gewöhnlichen Zustand charakterisieren, das Hinübergleiten vom Profanen ins Heilige. In Wirklichkeit handelt es sich um sehr geringfügige Entdeckungen: die Richtigstellung von Hör- oder Lesefehlern und – in der Gegenüberstellung zweier Varianten ein und desselben Wortes – um die Aufdeckung einer Divergenz, von der eine spezifische Verwirrung ausging. Man hätte sagen können, daß die Sprache hier wie verdreht war und daß in der kleinen Abweichung, die die beiden Vokabeln voneinander schied – beide waren sie jetzt voller Fremdheit, wenn ich die eine mit der anderen verglich (so als wenn die eine nur jeweils das entstellte und verzerrte Bild der anderen wäre) – eine Bresche sich auftat, aus der eine Welt von Offenbarungen hervorzudringen vermochte.

Ich erinnere mich, wie ich eines Tages beim Spielen mit Zinnsoldaten einen davon auf den Boden fallen ließ, ihn wieder aufhob und, als ich sah, daß er nicht zerbrochen war, ausrief: »glicheweis!« Woraufhin irgend jemand, der sich in meiner Nähe befand – meine Mutter, meine Schwester oder mein älterer Bruder – mich darauf aufmerksam machte, daß man nicht »glicheweis« sagt, sondern »glücklicherweise« – was auf mich die Wirkung einer verblüffenden Entdeckung hatte. Und auch von dem Augenblick an, wo ich erfuhr, daß der Name *Moïse* (Moses) nicht »Moisse« ausgesprochen wird, wie ich es die ganze Zeit über immer angenommen hatte, als ich die biblische Geschichte lernte und noch kaum lesen konnte, nahmen diese beiden Worte für mich einen ausnehmend verwirrenden Klang an: »Moïse«, »Moisse«, das Abbild seiner Wiege, vielleicht wegen des Wortes »osier« (Korbweide), an das das erste der beiden erinnert, oder ganz einfach deshalb, weil ich – ohne darauf zu achten – schon gehört hatte, daß man bestimmte Wiegen »moïses« nannte. Als ich dann später die Namen der Départements auswendig lernte, vermochte ich nie den Namen *Seine-et-Oise* ohne besondere Gemütsbewegung zu lesen, denn in meinem Geist hatte dieser ehemalige Lesefehler bei einem biblischen Wort all den Worten, die mehr oder weniger Ähnlichkeit mit »Moïse« oder »Moisse« aufweist, für immer einen gewissen Einmaligkeitswert verliehen.

Ähnlich wie das Wort »glicheweis« seiner berichtigten Form »glücklicherweise« gegenüberstand, unterschieden meine Brüder und ich auch in einer Gegend, wohin uns unsere Eltern in den Ferien mitnahmen, die *Sandgrube* von der *Kiesgrube,* zwei gleichermaßen sandige Stellen in der Landschaft, die sich voneinander eigentlich nur durch die viel weiträumigeren Dimensionen der letzteren unterschieden. Später dann, wenn wir zwei unterschiedliche von uns fabrizierte Sorten von Papierflugzeugen je nachdem als *geradlinig* oder aber als *kurvenförmig* apostrophierten, genossen wir dies genauso wie man wohl auch jene Art von sogenannten »haarspalterischen« oder »byzantinischen« Debatten genießen mag. Wir verfuhren dabei nach der Art von Ritualisten, für die das Heilige letzten Endes auf ein subtil nuanciertes System des *Distinguo* hinausläuft, auf eine genaue Vergleichung der Nadelspitzen und auf Detailfragen der Etikette.

Wenn ich diese verschiedenen Elemente vergleiche: der Zylinderhut, Zeichen der Autorität des Vaters; der Trommelrevolver Smith and Wesson, Zeichen seines Mutes und seiner Stärke; die Goldschatulle, Zeichen des Reichtums, den ich ihm, als der finanziellen Stütze der Familie, zuschrieb; der Heizofen, an dem man sich verbrennen kann, obwohl er eigentlich der Schutzgeist des Hauses ist; das elterliche Zimmer als Verdichtung und Quintessenz der Nacht; das WC, in dessen Heimlichkeit man mythologische Erzählungen und Hypothesen über die Natur der sexuellen Dinge austauscht; die gefährliche Zone jenseits der Befestigungen; die Pferderennbahn, wo große Summen auf das Glück oder die Geschicklichkeit prächtig gekleideter Gestalten mit herrlichen Gesten gesetzt werden; die von gewissen sprachlichen Elementen eröffneten Ausblicke auf eine Welt, in der man den Boden unter den Füßen verliert – wenn ich all diese, meinem alltäglichen Leben während meiner Kindheit entlehnten Faktoren zusammennehme, so zeichnet sich allmählich ein Bild dessen ab, was für mich das Heilige ist.

Etwas Glorreiches, Ehrwürdiges wie die väterlichen Attribute oder das große Felsenhaus. Etwas Ungewöhnliches wie die Ausstattung der Jockeys oder bestimmte Wörter mit exotischem Klang. Etwas Gefährliches wie die glühenden Kohlen oder das von Strolchen unsicher gemachte Buschland. Etwas Zwiespältiges wie die Hustenanfälle, die einen peinigen und gleichzeitig zum Helden einer Tragödie erheben. Etwas Verbotenes wie der Salon, in dem die Erwachsenen ihre Rituale vollzogen. Etwas Geheimes wie die Zusammenkünfte im Gestank des Aborts. Etwas Schwindelerregendes wie der Sprung galoppierender

Pferde oder die immer wieder doppelbödigen, bodenlosen Baukästen der Sprache. Etwas, das für mich – und ich wüßte kaum, wie ich es mir anders vorstellen sollte – auf die eine oder andere Weise vom Übernatürlichen geprägt ist.

Wenn eines der »heiligsten« Ziele, die der Mensch sich vorschreiben kann, darin besteht, eine – soweit wie nur möglich – genaue und intensive Kenntnis seiner selbst zu erwerben, so erscheint es wünschenswert, daß ein jeder seine Erinnerungen mit der größtmöglichen Aufrichtigkeit durchforscht und daß er zu diesem Zwecke untersucht, ob er nicht einen Hinweis entdeckt, welche *couleur* gerade für ihn der Begriff des Heiligen besitzt.

Programm des Collège de Sociologie

COLLÈGE DE SOCIOLOGIE

ANNÉE 1937-1938 .. LISTE DES EXPOSÉS

Samedi 20 novembre 1937
LA SOCIOLOGIE SACRÉE et les rapports entre "société", "organisme", "être", par Georges Bataille et Roger Caillois.

Samedi 4 décembre 1937
LES CONCEPTIONS HÉGÉLIENNES, par Alexandre Kojève.

Samedi 19 décembre 1937
LES SOCIÉTÉS ANIMALES, par Roger Caillois.

Samedi 8 janvier 1938
LE SACRÉ, dans la vie quotidienne, par Michel Leiris.

Samedi 22 janvier 1938
ATTRACTION ET RÉPULSION. I. Tropismes, sexualité, rire et larmes, par Georges Bataille.

Samedi 5 février 1938
ATTRACTION ET RÉPULSION. II. La structure sociale, par Georges Bataille.

Samedi 19 février 1938
LE POUVOIR, par Roger Caillois.

Samedi 5 mars 1938
STRUCTURE ET FONCTION DE L'ARMÉE, par Georges Bataille.

Samedi 19 mars 1938
CONFRÉRIES, ORDRES, SOCIÉTÉS SECRÈTES, ÉGLISES, par Roger Caillois.

Samedi 2 avril 1938
LA SOCIOLOGIE SACRÉE du monde contemporain, par Georges Bataille et Roger Caillois.

■ Les exposés des mois de mai et juin 1938 seront entièrement consacrés à la MYTHOLOGIE.

■ Le COLLÈGE DE SOCIOLOGIE se réunira dans la Salle des Galeries du Livre, 15, rue Gay-Lussac (5e). Les exposés commenceront à 21 h. 30 précises ; ils seront suivis d'une discussion. L'entrée de la salle sera réservée aux membres du Collège, aux porteurs d'une invitation nominale et (une seule fois) aux personnes présentées par un membre inscrit. L'inscription est de 5 fr. par mois (8 mois par an) ou de 30 fr. par an (payables en novembre). La correspondance doit être adressée à G. Bataille, 76 bis, rue de Rennes (6e).

INVITATION NOMINALE valable le _____ ■_____

Brief an Georges Bataille

Lieber Georges!
Ich schreibe hier nur Dir, denn Caillois ist nicht da.

Bei der Arbeit am Rechenschaftsbericht über die Aktivitäten unseres Collège de Sociologie seit seiner Gründung im März 1937 – einem Bericht, den ich auf der morgigen Sitzung verlesen sollte – sah ich mich dazu genötigt, eingehender als ich es bisher getan habe, über das nachzudenken, was während dieser letzten zwei Jahre die Arbeit und Funktion des Collège gewesen ist; und hinsichtlich der Strenge und Genauigkeit, mit der dieses Unternehmen durchgeführt wurde, kommen mir immer mehr Zweifel, so daß ich mich nicht mehr als geeignet betrachten kann, morgen als Wortführer unserer Organisation aufzutreten.

Wenn die Idee des Kongresses, die wir zusammen mit Caillois und einigen anderen erwogen haben, im neuen Semester Gestalt annehmen sollte, werde ich meine Einwände im Laufe dieser Diskussionssitzungen darlegen. Heute mag es genügen, wenn ich hier die hauptsächlichen Punkte anführe, in denen ich anderer Meinung bin.

1. Im 1. Absatz der »Anmerkung zur Gründung eines Collège de Sociologie«, die in *Acéphale* erschienen ist und in *La nouvelle revue française* vom Juli 1938 wieder abgedruckt wurde, wird darauf abgehoben, daß das Collège sich als hauptsächliches Ziel die Erforschung der »sozialen Strukturen« setzt. Ich bin nun allerdings der Ansicht, daß im Collège nicht selten gewichtige Verstöße gegen die von Durkheim – der Autorität, auf die wir uns immer wieder beriefen – erarbeiteten methodischen Verfahrensregeln begangen wurden: eine von ungenau definierten Begriffen ausgehende Arbeit und Vergleiche zwischen Fakten, die aus grundsätzlich verschiedenen Gesellschaften stammen usw.

2. Im 2. Absatz ist die Rede davon, daß wir uns in einer »geistig-moralischen Gemeinschaft« zusammenschließen wollten, die etwas grundsätzlich anderes darstellen würde als die üblichen Zusammenschlüsse von Wissenschaftlern. Einverstanden. Aber diese »geistig-moralische Gemeinschaft« bleibt in ihrer Gesamtheit noch zu definieren, und ich fürchte sehr, daß Personen aus dem intellektuellen Milieu – wenn sie eine Religion stiften oder einen Orden begründen wollen – es letzten Endes doch nur bis zum Debattierzirkel bringen.

Die Gründung eines Ordens scheint mir auf jeden Fall verfrüht, solange es uns nicht gelungen ist, eine Doktrin zu definieren. Die Orden werden nicht gegründet, um dann anschließend eine Religion aus ihnen hervorgehen zu lassen, sie entstehen vielmehr erst im Rahmen einer gegebenen Religion.

3. Der 3. Absatz derselben »Anmerkung« spricht von der Ausbildung einer »Soziologie des Heiligen«. Obwohl ich keineswegs die Bedeutung des Heiligen bei den sozialen Phänomenen verkenne, noch die vitale Funktion, die es für uns erfüllt, so bin ich doch der Ansicht, daß die Herausstreichung der Rolle dieses Komplexes in dem Maße, wie wir dies getan haben – wir sind beinahe so weit gegangen, aus dem Heiligen das einzige Erklärungsprinzip zu machen – in Widerspruch zu den Erkenntnissen der modernen Soziologie steht, und namentlich zu Mauss' Begriff des »Gesamtphänomens«.

Ich bin weit davon entfernt, aus dem Collège eine gelehrte Gesellschaft machen zu wollen, in der man sich ausschließlich den rein soziologischen Forschungen widmen würde. Aber man muß sich schließlich entscheiden, und wenn wir uns auf die Wissenschaft der Soziologie berufen, wie sie von Leuten wie Durkheim, Mauss und Robert Hertz entwickelt wurde, so kommen wir auch nicht umhin, uns nach ihren Methoden zu richten. Andernfalls müssen wir – um jede Zweideutigkeit zu beseitigen – aufhören, uns »Soziologen« zu nennen.

Zur Klärung all dieser Fragen und um unserem Unternehmen die endgültige Orientierung zu geben, setze ich meine ganze Hoffnung auf die für den Anfang des Semesters vorgesehen Diskussionssitzungen, und ich versichere Dir und unseren Freunden meine ungeteilte Bereitschaft, mich voll für die Vorbereitung dieses Kongresses einzusetzen, den ich für notwendig erachte.

Michel Leiris
Mitglied des Collège de Sociologie

Bibliographie zum Werk von Michel Leiris

1. Arbeiten von Leiris

Vorbemerkung

Die Angaben zu den einzelnen Arbeiten sind chronologisch, nach dem Jahr der Erstveröffentlichung angeordnet. Wo der Zeitpunkt der Erstveröffentlichung und der Zeitraum der Entstehung weit auseinander liegen, wird auch dieser in eckigen Klammern verzeichnet. Gegebenenfalls enthalten die Angaben zu den einzelnen Arbeiten einen Verweis auf Sammelbände, in denen die betreffende Arbeit später erneut abgedruckt wurde. Die Sammelbände finden sich unter dem Jahr ihres ersten Erscheinens.

1924a »Désert de mains«, in: *Intentions,* 3. Jahrg., Nr. 21, 23–26, (vgl. auch 1947a).

1925a »Le Pays de mes Rêves«, in: *La Révolution surréaliste,* 15. Jan., 1. Jahrg., Nr. 2, 27–29, (vgl. auch 1943a) [auch die weiteren, in *La Révolution surréaliste* bis 1926 erschienenen Träume und Gedichte sind in spätere Arbeiten aufgenommen].

1925b *Simulacre,* mit Lithographien von A. Masson, Paris (Galerie Simon), (vgl. auch 1969d).

1927a *Le Point cardinal,* Paris (Sagittaire) (vgl. auch 1969d).

1927b (Rez.) J. Dee, La Monade hiéroglyphique, in: *La Révolution surréaliste,* 1. Okt., 3. Jahrg., Nr. 9/10, 61–63, (vgl. auch 1966a).

1929a »Notes sur deux figures microcosmiques des XIVᵉ et XVᵉ siècles«, in: *Documents,* Nr. 1, 48–52.

1929b »A propos du ›Musée des sorciers‹«, in: *Documents,* Nr. 2, 109–116.

1929c »Civilisation«, in: *Documents,* Nr. 4, 221–222.

1929d (Rez.) W. B. Seabrook, *L'Ile magique* [Haïti], in: *Documents,* Nr. 6, 334–335.

1930a »Saints noirs«, in: *La Revue du Cinéma,* 2. Jahrg., Nr. 11, 30–33.

1930b (Rez.) J. G. Frazer, *Myths of the Origin of the Fire,* in: *Documents,* 2. Jahrg., Nr. 5, 311–312.

1930c (Rez.) J. Brunhes und M. Jean-Brunhes Delamarre, *Races,* in: *Documents,* 2. Jahrg., Nr. 6, 375–376.

1930d »L'Oeil de l'ethnographe«, in: *Documents,* 2. Jahrg., Nr. 7, 404–414.

1931a »Le ›caput mortuum‹ ou la femme de l'alchimiste«, in: *Documents,* 2. Jahrg., Nr. 8, 21–26.

1933a »Danses Funéraires Dogon«, in: *Minotaure,* 1. Jahrg., Nr. 1, 73–76. [Nachdruck, New York 1968]

1933b »Faîtes de case des rives du Bani (Bassin du Niger)«, in: *Minotaure,* 1. Jahrg., Nr. 2, 18–19. [Nachdruck, New York 1968]

1933c »Objets Rituels Dogon«, ebd., 26–30.

1933d »Masques Dogon«, ebd., 45–51.

1933e »Le Taureau de Seyfou Tchenger«, ebd., 74–82.

1933f (Rez.) E. Simmel, *Comment l'homme forma son dieu,* in: *La Critique sociale,* 2. Jahrg., Nr. 9, 146.

1933g (Rez.) M. Raphael, *Proud'hon, Marx, Picasso,* ebd., 147.

1933h (Rez.) M. Bonaparte, *Edgar Poe,* in: *La Critique sociale,* 2. Jahrg., Nr. 10, 185–187.

1934a *L'Afrique fantôme,* Paris (Gallimard). [Vorwort und Anmerkungen datieren von 1950] (Neuaufl. 1951, 1968).

1934b (Rez.) H. Ellis, *Etudes de psychologie sexuelle,* Bde. 12 und 13, in: *La Critique sociale,* 2. Jahrg., Nr. 11, 252–253.

1934c »Rhombes dogon et dogon pignari«, in: *Bulletin du Musée d'Ethnographie du Trocadéro,* Nr. 7, 3–10.

1934d »Le Culte des zârs à Gondar (Ethiopie septentrionale)«, in: *Aethiopica* (New York), 2. Jahrg., Nr. 3 und 4, 96–103, 125–136.

1934e »Rites de circoncision namchi«, in: *Journal de la Société des Africanistes,* Bd. 4, I, 63–79.

1934f »L'Art des Iles Marquises«, in: *Cahiers d'art,* 9. Jahrg., Nr. 5/8, 185–192.

1934g »Graffiti abyssins«, in: *Arts et métiers graphiques,* Nr. 44, 56–57.

1935a »Un rite médico-magique éthiopien: le jet du danqârâ«, in: *Aethiopica,* 3. Jahrg., Nr. 2, 61–74.

1935b »L'Abyssinie intime«, in: *Mer et Outremer,* Juni, 43–47.

1936a (Rez.) M. Lachin und D. Weliachew, *L'Ethiopie et son destin,* in: *La Nouvelle revue française,* 24. Jahrg., Nr. 268, 123–125.

1936b »Les Kamites orientaux«, in: *Encyclopédie française,* Paris, Bd. 7, 34.14.

1936c »Les Nilotes et les demi-Kamites«, ebd., 34.16.

1936d »Bois rituels des falaises [de Bandiagara]«, in: *Cahiers d'art,* 11. Jahrg., Nr. 6/7, 192–199.

1936e »Les Rites de circoncision chez les Dogon de Sanga« (zus. mit A. Schaeffner), in: *Journal de la Société des Africanistes,* Bd. 6, 2, 141–161.

1936f *La Néréide de la mer Rouge,* o. Ort (Mesures), 15. Jan. (vgl. auch 1969b).

1937a *Tauromachies,* (mit einer Zeichnung von A. Masson), Paris (G. L. M.) (Neuaufl. 1964).

1938a *Miroir de la tauromachie,* (mit drei Zeichnungen von A. Masson), Paris (G. L. M.), (Neuaufl. 1964).

1938b »La Croyance aux génies ›zar‹ en Ethiopie du Nord«, in: *Journal de psychologie normale et pathologique,* 35. Jahrg., Jan.–März, 108–125.

1938c »Le Sacré dans la vie quotidienne«, in: *La Nouvelle revue française,* 26.

Jahrg., Nr. 298, 26–38 (›Pour un Collège de Sociologie‹) und in: *Change*, Nr. 7, 1970, 63–72.

1938d »Du Musée d'Ethnographie au Musée de l'Homme«, ebd., Nr. 299, 344–345.

1938e (Rez.) M. Leenhardt, *Gens de la Grande Terre*, ebd., Nr. 302, 853–854.

1939a *L'Age d'homme*, Paris (Gallimard). [1930–35; Vorwort: 1946] (Neuaufl. 1946, 1969, 1973). Dtsch.: *Mannesalter*, Neuwied (Luchterhand) 1963, Frankfurt/M. (Suhrkamp) 1975.

1939b »Les Statuettes magiques [bavili]«, in: *La Revue des voyages*, Januar, 22.

1939c »La Sculpture [dogon et bavili] au Musée de l'Homme«, in: *XXe siècle*, 2. Jahrg., Nr. I, 55.

1939d »Les Races de l'Afrique«, in: *Races et racisme*, 3. Jahrg., Nr. 16/18, 13–15.

1939e *Glossaire: j'y serre mes gloses*, (illustriert von A. Masson), Paris (Galerie Simon) [1925–39; zuerst erschienen in: *La Révolution surréaliste*, Nr. 3, 1925; Nr. 4, 1925; Nr. 6, 1926], (vgl. auch 1969d). Fortsetzung in Chappuis 1973.

1941a »La Notation d'awa chez les Dogon«, in: *Journal de la Société des Africanistes*, Bd. 11, 229–230.

1943a *Haut mal*, Paris (Gallimard) [1924 ff.] (vgl. auch 1969b).

1944a »Bagatelles végétales«, in: *Sources de la poésie*, Paris (Seghers), (vgl. auch 1956a und 1969d).

1945a *Nuits sans nuit et quelques jours sans jour*, Paris (Fontaine, Gallimard), (Neuaufl. 1961).

1945b »Prestige de la Gold Coast«, in: *Echange*, Nr. 2, 66–79.

1946a *Aurora*, Paris (Gallimard) [1927 ff.], (Neuaufl. 1972).

1947a *André Masson et son univers* (zus. mit G. Limbour), Genf/Paris (Ed. des Trois Collines).

1947b *The prints of Joan Miró*, New York (Curt Valentin).

1947c Vornotiz, zu J.-P. Sartre: *Baudelaire*, Paris (Gallimard), (vgl. auch 1966a; Neuaufl. 1963, 1972).

1948a *Biffures (La Règle du jeu I)*, Paris (Gallimard) [1940–47].

1948b *La Langue secrète des Dogons de Sanga*, Paris (Institut d'Ethnologie, Bd. 50).

1948c »Rien à gagner avec ce genre d'hybrides«, in: *Combat*, 25. Juni, 4.

1948d »Message de l'Afrique«, in: *Le Musée vivant*, 12. Jahrg., Nr. 36/37, 5–6.

1949a »Antilles et poésie des carrefours«, in: *Conjonction* (Port-au-Prince), Nr. 19, 1–13.

1949b (Rez.) A. Breton, *Martinique. charmeuse de serpents*, in: *Les Temps modernes*, 4. Jahrg., Nr. 40, 363–364.

1949c »Mission [. . .] aux Antilles françaises et à la République d'Haïti [. . .]«, in: *Basse-Terre,* 21 f.

1949d »Perspectives culturelles aux Antilles françaises et en Haïti«, in: *Politique étrangère,* 14. Jahrg., Nr. 4, 341–354.

1950a »Martinique, Guadeloupe, Haïti«, in: *Les Temps modernes,* 5. Jahrg., Nr. 52, 1345–1368.

1950b »Trois chansons guadeloupéennes«, ebd., 1394–1396.

1950c »Biguines et autres chansons de la Martinique«, ebd., 1397–1407.

1950d »Noms de véhicules terrestres dans les Antilles de langue française«, ebd., 1408–1413.

1950e »Le Problème culturel dans les Antilles de langue française«, in: *Trait d'union* (Martinique), Paris, 1. Jahrg., Nr. 3, 3–4.

1950f »L'Ethnographe devant le colonialisme«, in: *Les Temps modernes,* 6. Jahrg., Nr. 58, 357–374, (vgl. auch 1966a, 1969c und Neuaufl. 1972).

1951a »Race et civilisation«, Paris (Unesco). 1960 in: *Le Racisme devant la science,* (vgl. auch 1969c und Neuaufl. 1972).

1951b *Toro,* Lithographies en couleurs de André Masson, avec un poème de Michel Leiris, Paris (Galerie Louise Leiris).

1951c »Sacrifice d'un taureau chez le Houngan Jo Pierre-Gilles«, in: *Présence africaine,* Nr. 12, 22–36.

1952a »L'Expression de l'idée de travail dans une langue d'initiés soudanais«, ebd., Nr. 13, 69–83.

1953a »Note sur l'usage de chromolithographies catholiques par les vodouïsants d'Haïti«, in: *Les Afro-Américains* (Dakar), 201–207, (vgl. auch 1966a).

1953b »Les Nègres d'Afrique et les arts sculpturaux«, in: *L'Originalité des cultures* [. . .], Paris (Unesco), 336–373, (Neuaufl. 1954).

1953c »Une Marionette d'Ubu«, in: *Arts et traditions populaires,* Nr. 4, 337–338, (vgl. auch 1966a).

1953d »Henri Martin et le colonialisme«, in: *L'Affaire Henri Martin.* Commentaire de Jean-Paul Sartre [. . .], Paris (Gallimard), 71–79; 214–216.

1954a »Conception et Réalité chez Raymond Roussel«, in: *Critique,* Nr. 89, Okt., 821–853; 1972: Einl. zu R. Roussel, Epaves, Paris (Pauvert).

1955a *Le Culte des zâr à Gondar (Ethiopie du Nord),* Paris (vervielf.), 10 f.

1955b *Contacts de civilisations en Martinique et en Guadeloupe,* Paris (Unesco/Gallimard), (Neuaufl. 1974).

1955c *Fourbis (La Règle du jeu II),* Paris (Gallimard) [1948–55].

1956a *Bagatelles végétales,* Paris (J. Aubier), (vgl. auch 1969d).

1956b »L'Education des illettrés en Chine nouvelle«, in: *Le Patriote du Sud-Ouest* (Toulouse), Nr. 3105, 9.

1956c »A travers ›Tristes Tropiques‹« [de Claude Lévi-Strauss], in: *Les Cahiers de la République,* Nr. 2, 130–135, (vgl. auch 1966a, 1969c).

1957a *Balzacs en bas de casse et picassos sans majuscules, lithographies* de Pablo Picasso, Paris (Galerie Louise Leiris).

1958a *La Possession et ses aspects théâtraux chez les Ethiopiens de Gondar,* Paris (Plon).

1958b Préface à l'exposition »L'Art de l'Afrique noire«, Besançon (Palais Granvelle), 12. Juli – 5. Okt.

1958c »Don Juanisme de Georges Bataille«, in: *La Ciguë,* Nr. 1, Jan., 37–38.

1958d »Le Réalisme mythologique de Michel Butor«, in: *Critique,* 11. Jahrg., Nr. 129, 99–118.

1959a Catalogue de l'exposition »Sculpture of the Tellem and the Dogon«, London (Hanover gallery).

1960a «La Possession par le zâr chez les chrétiens du Nord de l'Ethiopie«, in: *Désordres mentaux et santé mentale en Afrique au Sud du Sahara,* London, 168–175.

1961a *Marrons sculptés pour Miró,* Paris (Gallimard), (vgl. auch 1969d).

1961b *Vivantes cendres, innommées.* Illustré de gravures à l'eau forte par Alberto Giacometti, Paris (J. Hugues) [1957–58], (Neuaufl. 1969).

1961c *Marrons sculptés pour Miró,* Genf (Galerie Engelberts), (Neuaufl. 1962; vgl. auch 1969d).

1962a Vorwort zu J./M.-J. Tubiana, *Contes zaghawa,* Paris (Les Quatre Jeudis) 9–11.

1963a »Un grand ethnologue« [Alfred Métraux], in: *N. R. F. Bulletin,* Nr. 181, 19. [zum Tod von Métraux, im April 1963].

1963b »Regard vers Alfred Métraux«, in: *Mercure de France,* Nr. 1200, 411–415. 1964: in: *L'Homme,* Bd. 4, Nr. 2, (vgl. auch 1969c und Neuaufl. 1972).

1964a *Grande fuite de neige,* Paris (Mercure de France) [1927 ff.].

1964b »Le Témoignage de Michel Leiris au procès des 18 jeunes Martiniquais«, in: *Aletheia,* Nr. 3, 183–186.

1964c »Paysans de la Chine d'aujourd'hui«, in: *NRF Bulletin,* Nr. 193, I. [Notiz zu J. Myrdal].

1965a »Qui est Aimé Césaire?«, in: *Critique,* Nr. 216, 395–402, (vgl. auch 1966a).

1965b »Entretien avec Georges-Henri Rivière«, in: *Chefs d'œuvre du Musée de l'Homme,* Paris, 13–15.

1965c »Afrique noire«, ebd., 39–42.

1965d »Notices relatives aux œuvres d'Afrique noire« (zus. mit J. Delange) ebd., 46–91.

1965e »Réflexions sur la statuaire religieuse de l'Afrique noire«, in: *Rencontres internationales de Bouaké,* Paris (du Seuil), 171–197.

1966a *Brisées,* Paris (Mercure de France) [teils 1928–30 entstanden und in *Documents* und *La Révolution surréaliste* erschienen].

1966b *Fibrilles (La Règle du jeu III),* Paris (Gallimard) [1956–66].

1967a »Du temps de Lord Auch«, in: *L'Arc,* Nr. 32 (»Bataille«), 6–15.

1967b *Afrique noire: la création plastique,* (zus. mit J. Delange), Paris (Gallimard). Dtsch.: *Afrika,* München (Beck) 1968.

1967c Vorwort zu J. Delange: *Arts et peuples de l'Afrique noire,* Paris (Gallimard).

1967d *Titres et Travaux,* Paris (Eigendruck).

1967e Vorwort zu: M. Jacob, *Le Cornet à dés,* Paris (Gallimard).

1968a »Communication au Congrès culturelle de la Havane. Réflexions sur la recherche scientifique, les études sociologiques et la création artistique dans la formation de la culture d'un pays sortant du sous-développement«, in: *Les Lettres nouvelles,* März–April, 104–112 (vgl. auch 1969c).

1968b »Zar«, in: *Dictionnaire des civilisations africaines,* Paris (Hazan), 442–443.

1968c Vorwort zu A. Métraux: *Le Vaudou haïtien,* Paris (Gallimard), 7–10.

1969a »Plus rien«, in: *L'Ephémère,* 11, 338–343.

1969b *Haut Mal,* suivi de *Autres lancers,* Paris (Gallimard).

1969c *Cinq Etudes d'Ethnologie,* Paris (Gonthier), (Neuaufl. 1972).

1969d *Mots sans mémoire* [Nachdruck der frühen Texte: »Simulacre«, »Le Point cardinal«, »Glossaire: j'y serre mes gloses«, »Bagatelles végétales«, »Marrons sculptés pour Miró«], Paris (Gallimard).

1970a (Rez.) R. Bastide: *Les Amériques noires. Les civilisations africaines dans le Nouveau Monde,* in: *Journal de la Société des Américanistes,* Bd. 57, 173–176; [erschienen 1970; angegebenes Erscheinungsjahr 1968].

1970b Vorwort zu: P. Guyotat, *Éden, Éden, Éden,* Paris (Gallimard) 7–8.

1970c *Fissures* (eaux-fortes de Miró), Paris (Maeght).

1970d *Wilfredo Lam,* Mailand (Fratelli Fabbri Editori).

1970e »Folklore et culture vivante«, in: *Tricontinental,* Nr. 3, Nov., 67–79.

1971a *André Masson. Massacres et autres dessins,* Paris (Hermann).

1972a Vorwort zu F. Bacon: *Expositions,* Paris (Galerie Maeght 1966 und Grand Palais 1971–72). 1976 in Bacon: *L'Art de l'impossible,* Genf (Skira), (Neuaufl. 1976).

1972b Vorwort zu G. Limbour: *Soleils bas,* Paris (Gallimard).

1974a »C'est illusoirement que le racisme fait état de différences [. . .]«, in: *Aux peintres et sculpteurs,* Paris (Mouvement [. . .]).

1976a »Panorama du ›Panorama‹« [Über einen Text von Limbour], in: *Critique,* Aug.–Sept., Nr. 351–352, 791–799.

1976b *Frêle Bruit (La Règle du jeu IV),* Paris (Gallimard).

1977a Vorwort: »Le grand jeu de Francis Bacon«, in: *Francis Bacon. Œuvres récentes.* Paris (Galerie Bernard).

Alexandrian, S., *Le Surréalisme et le rêve,* Paris (Gallimard) 1974, 346–366.
Bachelard, G., *La Terre et les rêveries de la volonté,* (J. Corti) 1948, 278–281.
– *La Terre et les rêveries du repos,* 1948, 125–128, 223–233.
Beauvoir, S. de, *In den besten Jahren,* Reinbek (Rowohlt) 1961.
– *Der Lauf der Dinge,* 1966.
– *Alles in allem,* 1974. 1976[2].
Bellour, R., »Entretien avec Michel Leiris«, in: *Les Lettres françaises,* 29. 9. 1966.
Bersani, J., *La Littérature en France depuis 1945,* darin: Kap. XIX »Les Inventeurs«, Paris (Bordas) 1970.
Blanchot, M., *La Part du feu,* darin: »Regards d'Outre-Tombe«, Paris (Gallimard) 1949, 1972[2], 247–258.
– *L'Amitié,* darin: »Combat avec l'Ange« und »Rêver, écrire«, Paris (Gallimard) 1971, 150–170.
Bondy, F., »Michel Leiris – Archäologe seiner selbst«, in: *Aus nächster Ferne. Berichte eines Literaten in Paris,* München (Hanser) 1970, 152–161.
Boyer, A.-M., *Michel Leiris,* Paris (Editions Universitaires) 1974.
Bréchon, R., *L'Age d'homme de Michel Leiris,* Paris (Hachette) 1973.
Butor, M., *Répertoire I,* darin: »Une autobiographie dialectique«, Paris (Minuit) 1960; 1967 in: ders., *Essais sur les modernes,* Paris (Gallimard); dtsch. in: *Repertoire 3,* München (Biederstein) 1965.
Chambers, R., »Michel Leiris et le théâtre orphique«, in: *Saggi e richerche di letteratura francese,* Bd. VIII, Pisa 1967, 243–308.
Chappuis, P., »Michel Leiris poète«, in: *N. R. F.,* Nr. 212, Aug. 1970, 71–77.
– *Michel Leiris,* Paris (Seghers) 1973.
Chapsal, M., *Quinze écrivains,* darin: »Michel Leiris«, Paris (Julliard) 1963, 81–89.
– »Leiris ou l'ouverture de la poésie«, in: *Quinzaine littéraire,* Nr. 14, 15. Okt. 1966.
Durand, X., »Michel Leiris et la substance verbale«, in: *Cahiers Dada Surréalisme,* Nr. 4, 1970, 79–92.
Finkielkraut, A., »L'Autobiographie et ses jeux«, in: *Communications,* Nr. 19, 1972, 155–169.
Glissant, E., »Michel Leiris ethnographe«, in: *Les Lettres Nouvelles,* Nov., 1956, 609–621.
– *L'Intention poétique,* Paris (Seuil) 1969.
Grössel, H., »Die Autobiographie zum Tode. Michel Leiris und ›La Règle du jeu‹«, in: *Neue Rundschau,* 85. Jahrg. 1974, 2. Heft, 292–303.
Heißenbüttel, H., *Zur Tradition der Moderne. Aufsätze und Anmerkungen*

1964–1971, darin: »Anmerkungen zu einer Literatur der Selbstentblößer«, Darmstadt (Luchterhand) 1972, 80–94.

Juin, H., »Michel Leiris et les autres«, in: *Chroniques sentimentales,* Paris (Mercure de France) 1962, 183–197.

Juliet, Ch., »La Littérature et le thème de la mort chez Kafka et Leiris«, in: *Critique,* Nr. 126, Nov. 1957, 933–945.

Lanes, J., »Langage, acte, acte de mourir: l'esthétique de l'Age d'homme«, in: *Symposium,* Nr. 4, 1970, 340–353.

Lejeune, Ph., »De Glossaire à Biffures: la construction du texte«, in: *Le Pacte autobiographique,* Paris (Seuil) 1975.

– *Lire Leiris. Autobiographie et langage,* Paris (Klincksieck) 1975.

Levinas, E., »La Transcendance des mots«, in: *Les Temps Modernes,* Nr. XLIV, Juni 1949, 1090–1095.

Matthews, J.-H., »Michel Leiris. Aurora«, in: *Surrealism and the Novel,* Ann Arbor (University of Michigan Press) 1966, 107–123.

– »Michel Leiris«, in: *Surrealist Poetry in France,* Syracuse (Syracuse University Press) 1969, 80–89.

Mauriac, C., *L'Alittérature contemporaine,* darin: »Michel Leiris«, Paris (Albin-Michel) 1969, 69–88.

Mehlmann, J., *A Structural Study of Autobiography: Proust, Leiris, Sartre, Lévi-Strauss,* Cornell University Press, 1974, 65–150.

– »Toward Leiris. On Literature and Bull-fights«, in: *Genre,* VI, Nr. 2, 1973, 204–219.

Moré, M., »L'Afrique fantôme«, in: *Accords et dissonances,* Paris (Gallimard) 1967, 74–81.

Nadeau, M., *Michel Leiris et la quadrature du cercle,* Paris (Julliard), Dossiers des Lettres Nouvelles, 1963.

– »La preuve par l'œuvre«, in: *La Quinzaine littéraire,* 15. Sept. 1966.

Pfeiffer, J., »Michel Leiris et la question de l'autobiographie«, in: *Cahiers du Chemin,* Nr. 21, 15. Apr. 1974, 129–141.

Picon, G., *Panorama de la Nouvelle littérature française,* Paris (Gallimard).

– *L'Usage de la lecture,* Paris (Mercure de France) 1961. Bd. II, 147–153.

Pontalis, J.-B., »Michel Leiris ou la psychanalyse interminable, in: *Après Freud,* Paris (Gallimard) 1968; dtsch. in: *Nach Freud,* Frankfurt/Main (Suhrkamp) 1974, 273–293.

Ronat, M., »Le passé composé« und »Une ethnographie particulière«, in: *la langue manifeste. littérature et théories du langage.* Sondernr. von *action poétique,* Paris 1975, 55–67; 103–112.

Rousseaux, A., »Inventaire de Michel Leiris«, in: *La Littérature du XXᵉ siècle,* Paris (Albin-Michel) 1958, 132–140.

Sontag, S., »Michel Leiris' *Mannesalter*«, in: *Kunst und Antikunst,* Reinbek (Rowohlt) 1968, 95–101.

Substance, Nr. 11–12, Madison (University of Wisconsin) 1975.

Vercier, B., »Le mythe du premier souvenir et sa place dans le récit: Pierre Loti, Michel Leiris«, in: *Revue d'histoire littéraire de la France,* Nr. 6, 1975.

Yvert, L., »Bibliographie des écrits de Michel Leiris 1924–1974«, in: *Bulletin du Bibliophile,* Nr. 1 und 3, 1974, 8–49; 271–314.

Nachweise

Ethnographie und Kolonialismus (L'Ethnographe devant le colonialisme): Les Temps modernes, 6. Jahrg., Nr. 58, 1950, S. 357–374.

Rasse und Zivilisation (Race et civilisation): Paris (Unesco), Reihe »La Question raciale devant la science moderne«, 1951.

Kulturelle Aspekte der Revolution (Communication au Congrès culturel de la Havane. Réflexions sur la recherche scientifique, les études sociologiques et la création artistique dans la formation de la culture d'un pays sortant du sous-développement): Les Lettres nouvelles, März-April 1968, S. 104–112. Auch erschienen in: Michel Leiris, »Cinq Etudes d'ethnologie«. © 1969 by Michel Leiris et Editions Denoël, Paris.

Graffiti abyssins: Arts et métiers graphiques, Nr. 44, 1934, S. 56–57.

Die Besessenheit und ihre theatralischen Aspekte bei den Äthiopiern von Gondar (La Possession et ses aspects théâtraux chez les Éthiopiens de Gondar): © 1958 by Librairie Plon.

Das Heilige im Alltagsleben (Le Sacré dans la vie quotidienne): La Nouvelle revue française (Gallimard), 26. Jahrg., Nr. 298, 1938, S. 26–38.

Leiris' Brief und das Programm des »Collège de Sociologie« sind dem Bd. II der Gesammelten Werke von Georges Bataille, Paris (Gallimard) 1970, S. 447 und 454/55 entnommen.

Herausgeber und Verlag danken den Rechtsinhabern für die freundliche Genehmigung der Übersetzung.

Taschenbücher Syndikat / EVA

Hinweis

Die Edition der ethnologischen Schriften von Michel Leiris im Syndikat wird fortgesetzt. Für einen zweiten, ebenfalls von Hans-Jürgen Heinrichs herausgegebenen Band sind folgende Komplexe vorgesehen:

I. *Erweiterungen ethnologischer Forschung,* mit frühen Texten seit 1927: »Das Auge des Ethnographen«, »Die Nereide des Roten Meers« und Essays zu Rimbaud, Métraux, Lévi-Strauss, Césaire und Bataille.

II. *Afrika,* mit Aufsätzen zur Kunst der Skulptur, zu Beschneidungsriten und zur Idee der Arbeit bei Völkern in West- und Schwarzafrika sowie zum »Stieropfer des Seyfou Tschenger in Äthiopien«.

III. *Martinique, Guadeloupe, Haiti.* Hier sollen Aufsätze zur Sozialstruktur dieser Regionen und zu den weit verbreiteten Riten, vor allem zum »Vaudou«, zusammengestellt werden.

IV. Der vierte Teil soll unter dem Titel *Magie und Alchemie* stehen. Wie der dritte Teil wird er Arbeiten umfassen, die zum Teil 1950 in »Les Temps modernes« zum anderen Teil zwischen 1927 und 1931 in »La Révolution surréaliste« und in »Documents« veröffentlicht worden sind.